Joseph Dominic Carl Brugger

Geschichte der Gründung und Entwicklung des Vereins der deutschen Reinsprache

Joseph Dominic Carl Brugger

Geschichte der Gründung und Entwicklung des Vereins der deutschen Reinsprache

ISBN/EAN: 9783743682559

Hergestellt in Europa, USA, Kanada, Australien, Japan

Cover: Foto ©Thomas Meinert / pixelio.de

Weitere Bücher finden Sie auf **www.hansebooks.com**

Geschichte

der Gründung und Entwicklung des Vereins

der

deutschen Reinsprache

mit

Angabe der vorzüglichsten Mitglieder von 2400, deren
Ansichten und Leistungen; mit Aufzählung sämmtlicher
453 Ortschaften und der 8 Zweigvereine; mit Veröffent=
lichung vieler Briefe

(darunter von Hammer-Purgstall, Dr. Eduard Duller, Nees von
Esenbeck, Dr. Kannegießer, v. Großheinrich in Petersburg u. s. w.)

und Vorträge vom Jahre 1848 bis 1861.

Herausgegeben von dem

Gründer des Vereins

M: (D:) J. D. C. Brugger.

Heidelberg.
J. C. B. Mohr.
1862.

Zur Verständigung.

Um ängstliche und aufgeregte Gemüther zu beruhigen erklären wir hier im Voraus, daß wir keineswegs allen und jeden Fremdwörtern Verbannung und Tod geschworen haben, sondern nur jene verdrängen möchten, für welche schon längst gut deutsche Wörter vorhanden sind, und jene, die noch ganz das Ausland-gepräge an sich tragen, die wir auch gut übersetzen können. Alle Stoffe, Zeuge, fremde Nahrungsmittel und Getränke, Kunstausdrücke in Wissenschaften u. s. w. lassen wir gelten.

Mit Geduld wirst du den Wunsch erreichen
Und durch Thätigkeit den Stahl erweichen.
                    Freiherr von Hammer-Purgstall.

Allen

Mitgliedern und Freunden

des

Reinsprachvereins,

welche rüstig Hand an das Werk legen und mit
Ausdauer daran fortarbeiten,

der Verfasser.∴.

Deutschland.

Deutschland, Deutschland!
O heil'ger Name, o süßer Klang!
Dich lieb' ich, preis' ich mein Leben lang.
Wie schlägt mir vor Lust
Das Herz in der Brust.
Deutschland, Deutschland!
Bei deinem Namen.

Deutschland, Deutschland!
Umsonst nicht bist du Europa's Herz!
Streb' immer höher, streb' himmelwärts!
Daß jedes Gemüth
Erbebt und erglüht,
Deutschland, Deutschland!
Bei deinem Namen.

Deutschland, Deutschland!
Sei uns, die liebend dir zugewandt,
Ein freies, glückliches Vaterland,
Daß Süd dir und Nord
Singt einig hinfort;
Deutschland, Deutschland!
Heil deinem Namen.

Deutschland, Deutschland!
Daheim und ferne, stets denk ich dein!
Dein ist mein Leben, dein soll es sein!
In Freud' und Leid
In Fried' und Streit
Deutschland, Deutschland!
Heil deinem Namen.

Hoffmann v. Fallersleben.

————————

Vorrede.

Unser Verein der deutschen Reinsprache hat in den 13 Jahren seines Bestehens sich als lebensfähig, in seinen Wirkungen bildend und dem Geiste der Zeit angemessen gezeigt. Die Richtigkeit des Grundgedankens, daß viele tausend Fremdwörter entbehrlich sind, wurde von Gelehrten und Ungelehrten, von Gebildeten und Ungebildeten gleichmäßig anerkannt. Wenn auch die Verdrängung derselben Anfangs nur langsam vor sich geht und durch viele Hemmnisse erschwert wird, wie durch Gewohnheit, Umgang, Lesen der Tageblätter, Gleichgültigkeit, Gedankenlosigkeit, Bequemlichkeit, Eitelkeit, Großthuerei u. s. w., so wird später die Sache doch einen immer größern Aufschwung nehmen, wenn einmal die Jugend in den Schulen an deutsche Töne gewöhnt sein

wird, wozu die mehreren hundert Lehrer das Ihrige
beitragen werden.

Der Verein hat eine anziehende und in einzelnen Theilen vielleicht sogar merkwürdige Geschichte,
wenn man ihn genauer kennt. Vergleicht man die
Zahl der Mitglieder mit den Vereinen des
17ten Jahrhunderts, so überragt sie dieselbe weit.
Eben so werden die Leistungen des Vereins in
Betreff der Bücher, Schriften, Vorträge, Versammlungen ꝛc. ꝛc. einen bedeutenden Fortschritt nachweisen. Somit steht unser Verein im 19ten Jahrhundert auf diesem Gebiete und in dieser
Ausdehnung einzig da und er wird seine Blüthen und Früchte erst in kommenden Geschlechtern
reifen sehen. Man pflanzt nicht blos für die Gegenwart, sondern noch mehr für die Zukunft. Mit
Freuden können wir auf diesen mit vieler Mühe
und Anstrengung aufgeführten Bau blicken, der immer eine ehrenvolle Stelle in der Geschichte
der deutschen Sprache einnehmen wird.

Vor 60 und 70 Jahren wirkten auf diesem
Felde Adelung, Campe, Behrend, Kolbe
u. A. mit großer Thätigkeit. (Auch wir nehmen
Campe's gekrönte Preisschrift als Grundlage
unserer Verbesserungen an.) Mit Verehrung und
mit Dank blicken wir auf ihre Leistungen und bedauern nur, daß nach ihrem Ableben ihr Werk
nicht sogleich rüstig fortgesetzt und weiter geführt
wurde; denn nachher trat ein arger Stillstand ein
und es wurde durch die staatliche Fremdherr-

schaft unter Napoleon I. auch die sprachliche wieder über alle Maßen heimisch in unserm Vaterlande. Möchten wir von einer traurigen Wiederholung jener **Zwingherrschaft** verschont bleiben!

Daher mußten wir mit verdoppelter Kraft an das Werk gehen und mit aller Anstrengung gegen den Strom schwimmen, auch auf die Gefahr hin unterzugehen; doch wir hielten uns oben und fanden viele Freunde und Theilnehmer unserer Bestrebungen, denen wir voll Rührung und Dank im Geiste die Hand drücken. Wir konnten unsere Freude und Anerkennung nur dadurch kundgeben, daß wir sehr viele Briefe, Vorträge u. s. w. von ihnen hier mittheilten, bedauern nur, daß wir wegen Mangel an Raum nicht von allen Gebrauch machen konnten.

Doch traten uns auch mancherlei Hindernisse hemmend in den Weg. Unser Verein war in keinem Staate, selbst in den Zeiten des größten Druckes, nicht in Oesterreich und Kurhessen verboten, weil er sich ja nur mit harmlosen Wörtern beschäftigte. Daher zählen wir auch viele Mitglieder im Kaiserreich und im Kurfürstenthum Hessen. Aber dessen ungeachtet standen uns andere Dinge feindselig im Wege, nämlich: viele Gelehrte und Gebildete sahen es nicht gerne, daß man die Scheidewand niederreiße, die sie bisher vom Volke trennte, und daß sie eine und dieselbe Sprache wie das Volk reden sollten. Durch die Fremdwörter konnten sie sich einen Anschein von höherer Bildung und Gelehrtheit geben und so sich vor dem Volke auszeichnen, auch sich über dasselbe erhaben dünken. So bald sie sich aber in rein deutschen Ausdrücken bewegen und der Flitter der Fremdwörter hinwegfällt, so sind sie auch ein Theil des Volkes, von dem sie sich gar zu gern lostrennen möchten. Das ist ein gewaltiges Hinderniß, das immer noch nicht beseitigt ist.

Ferner die Gewohnheit, Bequemlichkeit und Gedankenlosigkeit hindern mächtig den Fortschritt der Reinsprache, weil die Leute sich nicht besinnen, ob sie deutsche oder Fremdwörter gebrauchen, sondern sich behaglich gehen lassen und Fremdes sprechen, oft sogar in der Meinung, als sei es ganz gut deutsch, z. B. adieu, amüsant, Madame, Theater, Bibliothek, Majorität, Situation u. s. w. Ja sogar ihren eigenen Erfindungen geben sie lieber fremde als deutsche Namen. So trageu von 186 deutschen Erfindungen 62, also ein Dritttheil, fremde Namen.

Ein anderes Hinderniß ist mein Name, als Gründer des Vereins. Weil ich in den Augen der Frommen ein arger Ketzer bin, so witterte man auch im Sprachverein sogar Ketzereien. Davon wird man später in diesem Buche Proben von Karlsruhe, Freiburg ꝛc. ꝛc. finden. Obgleich alle diese Hindernisse sich mir in den Weg stellten, so trat ich doch denselben kühn und muthig entgegen, und so erscheint nun hier das 9te Buch, als die

Geſchichte unſeres Vereins, ohne Fremd=
wörter (von meiner Seite) — was vielleicht das
letzte dieſer Art ſein dürfte? Doch ſetze ich die
Hoffnung auf mehrere tüchtige junge und begeiſterte
Mitglieder, welche die Sache nach meinem Tode mit
Eifer fortführen werden.

Zugleich werden manche Streiflichter auf wich=
tige Zeitverhältniſſe fallen und hie und da
ein kleines Lebensbild auftauchen. Beſonders
ſind die Schickſale des Vereins innig mit denen
ſeines Gründers verwebt und dürften manches An=
ziehende darbieten, hauptſächlich in Betreff des zehn=
jährigen Rückſchrittes und Druckes, der
wie ein ſchwerer ferner Traum hinter uns liegt, ſo
daß wir nur mit Wehmuth jener Zeit gedenken
können.

Die Abtheilung in größere und kleinere Ab=
ſchnitte in dieſer Schrift, ſo wie die Beobachtung
der Zeitfolge, wodurch ſie eine Art von Jahr=
büchern wird, ſoll den Zweck erfüllen, um die
jährliche Zunahme des Vereins an Mitglie=
dern und Ortſchaften, ferner die Leiſtungen jener
durch Schriften, Vorträge, Verſammlungen u. ſ. w.
deutlich darzulegen. Andere mögen ſpäter dieſe That=
ſachen zu einer eigentlichen Geſchichte ver=
arbeiten. Bei meinen vielen Unterrichtsſtunden, in
meinem 66ten Jahre und der mir knapp zugemeſ=
ſenen Zeit, konnte ich es nicht thun.

So möge denn dieſes Buch als ein Denkmal
des Vereins in alle deutſchen Gauen hinausgehen

X

und den endlichen Sieg der Reinsprache verkünden! Möge der Deutsche zeigen, daß er nicht nur im Denken, sondern auch im Sprechen, Schreiben und Handeln deutsch sein könne und sein soll! Das war der Grundgedanke meines Lebens und Strebens; all mein Thun und Wirken ging aus demselben hervor und brachte einen Bau zu Stande, der später, wenn er erhalten und fortgebaut wird, von den segensreichsten Folgen für die Sprach= und Volksbildung sein dürfte.

Heidelberg, den 18. Brachmonat 1862.

Denke, o Deutscher, an diesen Tag des Jahres 1815, wo 20 000 Mann mit ihrem Blute die Fremdherrschaft hinwegwuschen.

Der Verfasser.

Inhaltsverzeichniß.

§. 1. Aufruf an die Deutschen im J. 1844.

Die Vorbereitungen zu dem Reinsprachverein fingen schon viel früher an, deßwegen verdienen sie hier eine Stelle.

Schon im J. 1844 erschien von mir in vielen öffentlichen Blättern folgender Aufruf, den man aber alle Jahre wieder auf's Neue bekannt machen sollte, den ich auch im Jahre 1855 in der Vorrede meines Fremdwörterbuches mit 14,000 Fremdwörtern abdrucken ließ, weil ich weiß, daß man dergleichen Dinge den lieben, langsamen Deutschen hunderttausendmal sagen muß, bis sie Eingang finden. So wird es auch mit dem von mir gegründeten Reinsprachverein ergehen; es müssen wohl hundert Jahre verfließen, bis man seine Tragweite erkennt und seinen Einfluß bemerken wird. Doch das geht alles nach ewigen Gesetzen vor sich, die wir nicht ändern, sondern nur erkennen und erforschen können.

Folgendes ist der Wortlaut genannten Aufrufs:

Aufruf an die Deutschen!

Müßt nicht erschrecken, ihr lieben Landsleute! Das ist kein Aufruf zum Kriege mit einem auswärtigen Volke, sondern eine Einladung an die Deutschen in allen Gauen zu einem Kampfe gegen fremde Wörter, die sich wider Fug und Recht durch Mißbrauch und gedankenlose Gewohnheit in unsere schöne kraftvolle deutsche Sprache eingenistet haben. Zwar lesen wir oft in Blättern und Flugschriften Mißbilligungen verständiger Männer über das in unserer Zeit sich immer mehrende Unwesen der Fremdwörter-Einmischung; allein immer bleibt es beim Alten. Ist es denn nicht möglich, die Deutschen zur Ausführung eines Entschlusses zu bewegen, die unnöthigen Fremdwörter

1

mit Kraft und Gewalt aus dem Heiligthum unserer Sprache hinauszujagen? Was ist wohl die Ursache, daß es nicht geschieht, daß nicht einmal Hand angelegt wird, unsere herrliche Sprache von dieser schmählichen und entehrenden Entstellung zu reinigen und ihr unter den vorzüglichsten europäischen Stamm-Sprachen den ihr längst gebührenden ehrenvollen Rang anzuweisen, den sie einzunehmen verdient? Die Ursachen mögen folgende sein.

Niemand will so recht entschieden den Anfang bei diesem schwierigen und undankbaren Geschäfte machen, das eben so viele Gegner als Freunde zählt; und wenn einzelne Männer und Gesellschaften dafür wirken, so sind ihre Kräfte zu schwach, um einen durchgreifenden Erfolg hervorzubringen. Ferner sind die Gebildeten und Gelehrten und die höheren Stände so sehr an die Fremdwörter gewöhnt, daß sie ihnen zum wahren Bedürfnisse und geläufiger als selbst die eigenen ächtdeutschen Wörter geworden sind. Ja, sehr viele würden in Verlegenheit sein, wenn sie für manches Fremdwort einen passenden deutschen Ausdruck angeben sollten. Hierbei ist Niemand übler daran als das Volk, indem es gar viele deutsche Schriften, Bücher, Tageblätter, Zeitungen u. s. w. ohne Hülfe eines Fremdwörterbuchs gar nicht versteht. Sein Wunsch ist also gewiß der sehnlichste und aufrichtigste, daß diese Schmarotzerpflanzen aus unserer Sprache ausgerottet werden möchten. Allein was kann es dabei thun? Es kann nur bedauern, daß mit seinem Eigenthum so übel verfahren wird, und klagen, daß man mit dem, was aus seinem innersten Leben hervorging, so leichtsinnig wirthschaftet, und es kann sich nur nach Verbesserung dieses traurigen Zustandes sehnen, worin es bald die Hälfte seiner eigenen Sprache nicht mehr versteht. Das Volk hat diese Fremdlinge nicht hereingeschwärzt und kann sie auch nicht hinaustreiben; nur die Gelehrten und Gebildeten vermögen einem Mißbrauch das Ziel zu stecken, der auch nur durch sie, durch ihre Liebe zum Fremden, durch ihre Gleichgültigkeit, Bequemlichkeit und Nachgiebigkeit entstand.

Am frühesten kamen die Wörter aus der lateinischen Sprache durch Umgang mit den Römern an den Grenzen und durch Verpflanzung des römischen Rechtes und römischer Schulgelehrtheit auf deutschen Grund und Boden. Diese beiden Gebiete wimmeln daher von Fremdwörtern. Es ist wohl noch eine Frage, ob das römische bürgerliche und kirchliche Recht den Deutschen nicht eben so viel geschadet als genützt habe.

Im Verlauf der Zeit brachten auch die übrigen Wissenschaften, Gottgelehrtheit, Arznei- und Naturwissenschaften, Weltweisheit u. s. w. jede ihren Theil mit. In neuerer Zeit wetteiferten sogar Staatswissenschaft, Künste, Gewerbe, Handwerke bei Erfindungen und Entdeckungen mit einander, um alles Neue vielmöglichst mit fremden und am meisten mit französischen Wörtern zu bezeichnen, besonders seit den traurigen Zeiten der Fremdherrschaft über Deutschland, gleichsam als wäre unsere Sprache zu arm an Ausdrücken oder als würde die Sache dadurch besser und mehr werth, wenn sie fremden Namen trüge. Welche Verblendung! So wurde eine Unzahl Fremdwörter in allen Wissenschaften, Künsten, Gewerben, im Staats- und Kriegswesen, kurz in allen Theilen des Lebens und Treibens nach und nach heimisch, so daß wir zu unserer Schande bald eben soviele fremde als eigene Wörter besitzen. Wo soll das hinaus? Muß nicht endlich das Wesen und die Eigenthümlichkeit der Sprache selbst darunter leiden? Werden nicht die meisten Menschen aus dem Volke die übrigen aus den gelehrten und höheren Ständen fast gar nicht mehr verstehen? Führt das wohl zur Eintracht und Einheit unter den deutschen Ständen und Stämmen des deutschen Volkes, welche zu erhalten und zu fördern immer mehr noth thut?

Nachdem wir kurz und im Allgemeinen dargethan, wie diese Fremdlinge sich in unsere Sprache eingedrängt haben, wollen wir noch beweisen, daß wir derselben nicht bedürfen. Unsere Sprache gehört zu den reichsten, bildsamsten beugungs- und zusammensetzungsfähigsten der neuen europäischen Sprachen und ist ein wahrer Ausfluß und Abdruck

des deutschen ursprünglichen Gefühls, dem an Tiefe, Edelmuth, Zartheit und Fülle, als dem Herzpunkte unseres
Erdtheils, nicht leicht ein anderes Volk gleichkommen dürfte.
Der Reichthum derselben ist so groß, daß keine andere sie
daran übertrifft und nur sehr wenige ihr gleich stehen können, ja daß selbst nur wenigen Deutschen alle Wörter des
ganzen deutschen Sprachschatzes und deren Bedeutung mit
Einschluß aller Kunstausdrücke für Gewerbe und Künste
(nicht gerechnet die Besonderwörter einzelner Landschaften
und Gegenden) bekannt sein dürften. Wozu also noch
Fremdwörter, da wir einen so großen Vorrath an eigenen
besitzen, für Dinge, die wir ganz gut mit deutschen Wörtern bezeichnen können? — Ueberdies können wir noch viele
neue Wörter durch Vor- und Nachwörtchen, durch Zu-
sammenfügung mit andern und durch Umbildung schaffen,
so daß wir im Stande sind, alle Anschauungen, Begriffe,
Dinge und Verhältnisse mit ächt deutschen Wörtern zu
bezeichnen. Wozu also unnöthige fremde? (Die Fremdwörter für fremde Stoffe, Zeuge, Nahrungsmittel, Getränke 2c. wollen wir keineswegs verdrängen.)

Nun, wie soll denn die Ausrottung der Fremdwörter geschehen? Welche Mittel sind hiezu die zweckmäßigsten,
welche Art dürfte den besten Erfolg versprechen? — Am
kürzesten wäre freilich der Weg, wenn jene, die selbe in
unsere Sprache hineingebracht haben, sie auch wieder aus
derselben hinausschafften. Allein das ist kein so leichtes
Unternehmen, wie manche glauben; denn alle sind jetzt so
daran gewöhnt, daß es große Ueberwindung und Selbst-
verläugnung kosten wird, bis sich nur ein großer Theil der
üblichsten Fremdwörter entäußern kann. — Wir wollen daher nur einige unmaßgebliche Vorschläge hier machen, welche
vielleicht auch nur fromme Wünsche, wie so manche andere
(in Bezug auf das große Vaterland) bleiben werden; doch
mag es nicht schaden, dieselben angeführt und die Sache
in Anregung gebracht zu haben. Und wer weiß, es kann
doch ein Samenkorn auf gutes Erdreich fallen!

Erstens. Da Männer auch mit dem besten Willen,
mit Kenntnissen und Kraft ausgerüstet, vereinzelt, dennoch

in unserer Zeit wenig ausrichten, so könnten die deutschen Regierungen und Fürsten wegen ihrer hohen Stellung und ihres mächtigen Einflusses mit Leichtigkeit den ersten Anfang machen, indem sie, nach dem erhabenen Beispiele Karl's des Großen, selbst zur Sprachreinigung schritten — (in Baden ging bereits der erlauchte Fürst und die Regierung mit gutem Beispiele voran) — und sie dürften gewiß des Beifalls des Volkes und der Gebildeten versichert sein, wenn sie ihren Angestellten und Beamten im gerichtlichen und verwaltlichen Verfahren und überhaupt in der ganzen Geschäftsschreibart den Gebrauch der Fremdwörter aus dem Lateinischen, Griechischen, Französischen u. s. w. untersagten und eine ächtdeutsche Sprache an die Stelle dieser gemischten, undeutschen und dem Volke unverständlichen zu setzen beföhlen. (Von Preußen lesen wir soeben: „Berlin den 9. Schneemonat 1862: Seit dem 1. d. M. gehen den hiesigen Hochstaatsmännern (Diplomaten) sämmtliche Mittheilungen nach Verfügung des Grafen Bernstorff in deutscher Sprache zu. Dies verursacht einiges Aufsehen. Ebenso sollen die für die preußischen Gesandten im Auslande bestimmten Anweisungen in deutscher Sprache abgefaßt werden, mit Ausnahme derjenigen, von welchen den auswärtigen Regierungen Abschrift gelassen wird.") Das ist auch ein Fortschritt, wenn er anhält?

Zweitens. Vorzüglich wohlthätigen Einfluß auf die Sprachreinigung könnten alle Lehrer an Hoch-, Mittel- und Volksschulen haben, wenn sie sämmtlich beim Unterricht nur ächtdeutsche Wörter gebrauchten und auch ihre Zöglinge mit Strenge und Ausdauer zur Vermeidung der Fremdwörter und zur Anwendung der eigenen anhielten. Die Zöglinge, welche diesen Grundsätzen treu blieben, werden dann später in ihren Berufskreisen sehr viel zur Erhaltung der reindeutschen Sprache beitragen.

Drittens. Deutschlands Schriftsteller sollten es sich zum unverbrüchlichsten Gesetze machen, in ihren Werken die deutsche Sprache rein und ohne Beimischung von unnöthigen Fremdwörtern zu schreiben, um nicht nur in

Volksschriften, sondern auch in streng wissenschaftlichen Abhandlungen nach und nach die Fremdlinge zu vertreiben, und durch ächtdeutsche Ausdrücke zu ersetzen.

Viertens. Ausgebreitete Wirkung müßte für die Sprachreinigung erwachsen, wenn die Verfasser, Herausgeber, Mitarbeiter und Brieffreunde der Zeitungen, Tagblätter, Flug-, und Zeitschriften u. s. w. sich nach und nach der unnöthigen Fremdwörter enthielten. Doch wird es hier am meisten Mühe kosten, bis sich die ehrenwerthen Herren dazu verstehen, weil in dergleichen Blättern gar oft Uebertragungen aus französischen, englischen, italienischen u. s. w. Schriften enthalten sind, wobei es gar zu bequem ist, die Fremdwörter beizubehalten, statt gute deutsche, die oft etwas mühevoll zu finden sind, an deren Stelle zu setzen. Doch Uebung und guter Wille erleichtert auch dieses Ungemach. Und gerade in solchen Blättern wird der größte Unfug mit Fremdwörtern getrieben, und zwar bis zum Unglaublichen, indem fast in jeder Zeile ein solches vorkommt, so daß Bürger und Leute ohne wissenschaftliche Bildung beständig das Fremdwörterbuch nachschlagen müssen, um ihre eigene deutsche Zeitung lesen und verstehen zu können.

Fünftens. Der Jugend sollte man zu Hause und in der Schule tief einprägen, wie so sehr schimpflich es sei, immer Fremdes in die deutsche Sprache und in den deutschen Verkehr zu bringen, wo wir an eigenen Ausdrücken so reich sind. Man sollte sie stets belehren, daß es keine Schande sei, deutsch zu denken und deutsch zu sprechen mit Offenheit, Wahrheit und Biederkeit, wie es kräftigen deutschen Jünglingen und Männern zukommt, die ihre vaterländische Sprache höher achten als jede fremde, ohne diese jedoch zu verachten.

Sechstens. Die höheren, gebildeten und gelehrten Stände, bei denen selber die meisten Fremdwörter einheimisch sind, weil man durch sie sich vom niedern Volke unterscheiden und einen Anstrich von Bildung und Gelehrtheit zeigen will, sollten es sich zur Ehre machen, nun auch wieder am meisten für die Reinigung der Sprache

thätig zu sein und in ihren Gesellschaften, Zusammenkünften und Unterhaltungen sich nur ächtdeutscher Wörter zu
bedienen, so wie auch im Umgange, denn ihr Beispiel würde
mächtig nach allen Seiten hin wirken. Auch bei der Erziehung dürften Eltern hierauf Rücksicht nehmen und im
jugendlichen Alter mit der reinsten deutschen Sprache beginnen.

Siebentens. Da unsere Zeit ihr Heil in Vereinen sucht, so dürften hauptsächlich auch Vereine zur
Reinigung der deutschen Sprache in allen Gauen unseres Vaterlandes zeitgemäß sein, welche diesen Gegenstand
zur angelegentlichsten Aufgabe machen.

Achtens. Eben so wünschenswerth wäre eine eigene
Zeitschrift und zwar eine für alle gebildeten Stände,
welche nebst der deutschen Sprachreinigung auch ächtdeutsche
Gesinnung in die Herzen, Gemeinsinn in die Gemüther und Eintracht in die deutschen Stämme zu pflan-
zen suchte. Aufsätze hierüber, Beispiele aus der deutschen
Geschichte, Edelthaten aus der Vorzeit und Gegenwart,
schöne Züge deutschen Lebens und Wirkens, nebst Lebensbeschreibungen vorzüglicher Deutscher würden das Blatt
sicher gemeinnützig und durch Scherz und Laune unterhal-
tend machen.

So glauben wir, könnten allmählig die unnützen und
undeutschen Fremdwörter verdrängt und die Reinheit
und Gediegenheit unserer schönen Sprache wieder hergestellt werden, welche wahrlich ein Schatz des gesammten
deutschen Volkes ist, den man hoch und höher halten muß,
als Manche glauben, weil mit der Sprache auch die Denkart und Gesinnung in nächster Verbindung stehen. Mit
der Einpflanzung ächt deutscher Wörter wird unvermerkt
auch ächt deutsche vaterländische Gesinnung, Liebe zum theuren, schönen Heimathlande, Verständniß mit dem Gesetz,
Begeisterung für Recht, Verfassung, vernünftige bürgerliche
Freiheit in die Herzen eingepflanzt und die Eintracht und
Liebe der Stämme unter sich befestigt. Müssen wir uns
nicht schämen, den Nachkommen eine solche verhunzte, halb-
ausländische Sprache zu hinterlassen, wie sie gegenwärtig

in vielen Kreisen besteht? Wollen wir denn ewig Knechte fremder Wörter, fremder Ansichten und Meinungen sein?

Möchte doch jeder Deutsche in seinem engern oder weitern Wirkungskreise aus allen Kräften dazu mitwirken, daß die Söhne des Vaterlandes den Glanz und die Erhabenheit ihrer Muttersprache endlich erkennen, fühlen und schätzen lernen, und nicht immer dieselbe durch eitle, nichtige Fremdanhängsel zu entstellen suchen.

§. 2. Erstes Buch ohne Fremdwörter.

Einige Jahre vor der Gründung des Vereins arbeitete ich auf meiner an dem Rheine schön gelegenen und ruhigen Pfarrei Kadelburg bei Waldshut das erste Buch ohne Fremdwörter aus, welches damals zu den großen Seltenheiten gehörte. Eben darum soll hier auch der Inhalt desselben kurz angeführt werden, der von der ächt deutschen Gesinnung des Verfassers Zeugniß gibt. Es erschien im Jahre 1844 in der Frankh'schen Verlagshandlung in Stuttgart, unter der Aufschrift:

„Das Fremdwörterwesen und seine Nachtheile

für deutsche Sprache, Gesinnung und deutsches Leben. Ein Gedenkbuch für vaterlandliebende Deutsche."

Der erste Abschnitt handelt von den Fremdwörtern in den Wissenschaften und Volkschriften und begreift folgende Unterabtheilungen in sich: Gottglaube und Gottgelehrtheit, Sittenlehre, Rechtswissenschaft, Staatswissenschaft und Verwaltung, Arzneiwissenschaft und Wundarzneikunde, Weltweisheit, Größenlehre, Naturgeschichte und Naturbeschreibung, Naturlehre, Scheidekunst oder Mischungskunde, Geschichte, Erdbeschreibung, Schönheitswissenschaft, Alterthumskunde, Sternkunde, Kalender (Zeitweiser) und Volksbücher, Zeitungen und Tagschriftnerei.

Im zweiten Abschnitt erscheinen die Fremdwörter in den Künsten, mit folgenden Abtheilungen: „Dicht- und Redekunst, Malerei, Zeichnen- und Kupferstecherkunst, Steindruck, Tonkunst, Baukunst, Schauspiel und Schauspielkunst, Tanzkunst, Buchdruckerkunst.

Der dritte Abschnitt stellt die Fremdwörter in
Lebenszweigen dar mit diesen Ueberschriften: Erfindungen und Entdeckungen, Heer- und Kriegswesen, Festungs-
bau, Seewesen, Adel, Brief- und Postwesen, Volks-, Mit-
tel- und Hochschulwesen, Ackerbau und Landwirthschaft,
Handel und Handelsgegenstände, Groß- und Getriebwerk-
stätten, Spiele, Hausgeräthe und Kleidung, Speisen, Getränke, Umgang und Gesellschaftsleben.

Der vierte Abschnitt führt die Fremdwörter
von verschiedenen Völkern vor, nämlich: Fremdwörter von den Römern und Griechen, von den Franzo-
zosen, von den Italienern; aus dem Englischen, aus dem
Spanischen und Portugisischen, aus dem Holländischen, aus
dem Arabischen, aus dem Hebräischen, aus dem Türkischen,
aus dem Russischen, Dänischen, Schwedischen, Syrischen,
Persischen, Tartarischen und Ostindischen.

Der fünfte Abschnitt enthält folgende Dinge: Wer
brachte die Fremdwörter in unsere Sprache? nach den einzelnen Zweigen der Wissenschaften, Künste und Gewerbe,
in mehreren Unterabtheilungen.

Der sechste Abschnitt beantwortet die Frage: Warum haben die Deutschen so viele und mehr Fremdwörter
als andere Völker?

In dem siebenten Abschnitt werden die Nachtheile der Fremdwörter in Bezug auf Sprache, Gesinnung, Bildung, Vaterlandliebe und Einheit der Deutschen
geschildert.

Im achten Abschnitte werden in 10 Abtheilungen
die Mittel zur Verdrängung der Fremdwörter angegeben.

Nur Schade daß auf diesen 234 Seiten sich durch Nachlässigkeit des Verbesserers gegen 100 Druckfehler eingeschlichen haben, da ich als Verfasser wegen allzu großer
Entfernung vom Druckorte die einzelnen Bogen selbst nicht
durchgehen konnte.

§. 3. Zweites Buch ohne Fremdwörter.

Ebenfalls vor Gründung des Reinsprachvereins erschien von mir ein Buch, das immer merkwürdig sein wird, mit der Aufschrift: „Das Urbild der deutschen Reinsprache, aus der Geschichte, dem Wesen und dem Geiste unserer Sprache dargestellt." Heidelberg, Verlag von Julius Groos. 1847. Da diese Schrift in ihren Hauptgrundsätzen und Zügen die bedeutendste Vorarbeit für den künftigen Reinsprachverein ist*), so müssen wir uns mit derselben hier etwas ausführlicher beschäftigen und zuerst ihren Inhalt angeben, dann einige Urtheile und Ansichten Anderer darüber mittheilen. Sie ist das zweite Buch ohne Fremdwörter.

Am Eingange steht folgendes Gedicht des Verfassers, das von seiner ächt deutschen Gesinnung Zeugniß gibt.

*

Was ist der höchste aller Hochgedanken,
An den sich schließt mit allen Herzensranken
Des Deutschen Geist und Wesen innig an,
Der ihm ist Leuchte auf des Lebens Bahn,
Der ist sein Richtstern auf dem weiten Meere,
Wann Stürme brausen und die wilden Heere
Durchsausen alle Lüfte ohne Schranken? —
Es ist das deutsche Vaterland.

* *

Was dringet tief hinab in deutsche Herzen,
Was lindert herben Gram und heilet Schmerzen?
Was ist es für ein seltsames Getön,
Das klingt, wie Glocken sanft, wie Harfen schön,
Das rollt, wie Donner bald, bald säuselt linde,
Wie über Wiesen fächeln Abendwinde,
Die regen Quellgemurmel auf zu Scherzen? —
Es ist die deutsche Muttersprach.

---

*) wenn sie auch in ihrer strengen Folgerichtigkeit hie und da etwas zu weit geht.

* * *

Was stehet ewig fest, wie deutsche Eichen,
Die mit dem Wipfel bis an Himmel reichen
Und mit den Füßen ruh'n im Erbenschooß,
Die trotzen Wettern, die sich winden los
Aus tiefster Hölle Grund und Finsternissen,
Wann Sonn' und Stern' die lichten Höhen küssen,
Und hoch auf Bergen flammen Freiheitszeichen? —
Es ist das große deutsche Volk.

In dem Vorwort ist eine Stelle aus Jochmann's Buch „Ueber die Sprache" und eine Aeußerung des Geh. Kirchenrathes Dr. H. E. G. Paulus über das Fremdwörterwesen angeführt.

Der Inhalt gliedert sich in drei Haupttheile:

I. Der deutschen Sprache Verderbniß.

Schilderung des jetzigen Zustandes der Mischsprache. — Hauptübel sind die Fremdwörter. — Folge davon ist Vernachläßigung der Sprache. — Nichtkenntniß derselben. — Unzufriedenheit mit diesem Zustande und Sehnsucht nach einer Verbesserung. — Alter der deutschen Sprache. — Ursprung der deutschen Sprache', des Namens Germanen. Die drei Zweige des Stammes der deutschen Sprache. — Ueber Geschichte der Fremdwörter. — Wenig Fremdwörter im Gothischen. Ulfilas. — Fremdwörter im 7, 8, 9, 10, 11, 12 und 13 Jahrhundert. Ferner im 14, 15, 16 und 17 Jahrhundert. — Aus welchen Sprachen Fremdwörter zu uns herüberkamen. — Wer brachte die Fremdwörter herein? — Immer mehr Fremdwörter in der Folge.

II. Der deutschen Sprache Reinigung.

Reinigung durch Uebersetzung. Beispiele mit dem Worte Natur. Reinigung durch Neuwörter. — Vorschriften zur Bildung der Neuwörter. — Zusammensetzungen mit wiß. — Reinigung durch Aufnahme der Gau- und Landschaftwörter und der altdeutschen. — Sprache in Bezug auf Sinnenwerkzeuge. — Reichthum unserer Sprache. — Ueber Ursprache und deren Bezeichnung für alle einfachen Dinge.

— Anlage zur höchsten Vollkommenheit. — Einleitung zur
Wortbildung. — Von der Wortbildung überhaupt. — Wur=
zelwörter, Stämme. Stämme, welche Dingwörter sind,
Stämme, welche Eigenschaftwörter sind. Zweige über=
haupt und abgeleitete Zeitwörter. Abgeleitete Dingwörter.
Abgeleitete Eigenschaftwörter. Von der Zusammensetzung
der Wörter überhaupt. Zusammengesetzte Dingwörter,
Eigenschaftwörter, Zeitwörter. — Bedeutung der untrenn=
baren Vorstücke. Zusammensetzungen mit un, ur, erz,
emp und ant. — Zusammengesetzte Artwörter. Bildung
abgeleiteter Wörter aus Zusammensetzungen. — Bildung
zusammengesetzter Wörter aus zusammengesetzten. — Bei=
spiele von dem Zusammensetzvermögen unserer Sprache.
Beispiele aus Dichtern. — Neue Zeitwortbildung, durch
Beispiele erläutert. Neue Hauptwortbildung, mit Beispie=
len. Neue Eigenschaftwortbildung mit Beispielen. Be=
trachtung über die vorige Neuwortbildung.

III. Der deutschen Sprache Urbild.

Einleitung und Begriff der Reinsprache. — Bejahende
und verneinende Abzeichen derselben. — Verhältniß der
Reinsprache zur Mischsprache. — Widerlegung des Ein=
wandes, daß die Fremdwörter Schönheit und Mannigfal=
tigkeit hervorbringen. — Verhältniß der Reinsprache zur
Mischsprache in Bezug auf Schönheit und Wohlklang.
— Herrschaft der Fremdwörter in der Mischsprache. —
Zweiter Grund derselben ist Gedankenlosigkeit und Ge=
wohnheit. — Dritter Grund, Erziehung und Verhältniß
der Gelehrten und Gebildeten. — Vierter Grund, ange=
borene Fremdenliebe. — Fünfter Grund, Erschlaffung des
deutschen Volksbewußtseins. — Gründe warum Niemand
rein deutsch schreiben will; weil man nicht verstanden würde;
weil die Eigenwörter noch nicht festgesetzt seien; weil Würde=
namen und Aemter mit Fremdwörtern bezeichnet sind; weil
man Spott und Hohn fürchtet; wegen Bequemlichkeit und
Scheue vor Mühe; wege Mangel an Sprachsinn und Be=
geisterung; weil man kein Glück damit macht; wegen all=
zu großer Fremdsachenliebe; weil es schon Jahrhunderte

lange so ist; weil die Fremdwörter das Bürgerrecht ha=
ben, weil die Wissenschaften ohne Fremdwörter nicht beste=
hen können; wegen Wirrwarr und Mißverständnissen; weil
die Schriftsteller und Gelehrten zu sehr daran gewöhnt
sind; weil es nicht zur Unsterblichkeit führt; man wirft sich
auf andere Gebiete; aus Nachahmsucht, weil die Erstschrift=
ner auch Fremdwörter anwandten; weil die Franzosen und
Italiener auch solche haben; weil die Sprache an Man=
nigfaltigkeit und Wohlklang verliere. — Scheue vor Neu=
wörtern. — Vorzüge der deutschen Reinsprache. Sie ist
sich selbst genug. Ist die Sprache der Wissenschaften. Ist
das große Band der Vereinigung der Deutschen. — Ge=
schichte der Strebungen für deutsche Reinsprache. — Vor=
schriften zur Förderung der Reinsprache. Wortgebiet und
Gedankenwesen. Erweckung des deutschen Sprachsinns als
Mittel zur Förderung der Reinsprache. Jugenderziehung
in derselben. Fortsetzung auf Mittel= und Hochschulen.
Festigkeit und Folgerichtigkeit im Leben. Fürsten und be=
ren Räthe könnten sie heben. — Schriftstellerwelt. — Ge=
bildete und höhere Stände. — Sogleich alles übersetzen,
was man hört und liest. — Hauptfolgen des Strebens
nach Einführung der Reinsprache. Gründliche Kenntnisse.
Entwicklung und Ausbildung der Sprache selbst. — Ver=
edlung der deutschen Gesinnung und Anerkennung ihres
Werthes. Stolz und Würde. Volkeinheit und Ein=
tracht. Erhöhte Bildung und Aufklärung des Volkes.

Nun folgt noch ein Anhang mit Stellen aus S ch i l=
lers Werken, aus Schriften von Leopold Schäfer, Joch=
mann, Max Walbau, J. v. Sallet u. s. w.

Den Schluß bilden B e i t r ä g e zu einem F r e m d w ö r=
terbuche, worin viele Wörter neu übersetzt und ausführ=
licher erklärt sind.

§. 4. Urtheile und Ansichten Anderer über das Urbild
der deutschen Reinsprache.

Des Raumes wegen können hier die in der Didas=
kalia und anderen Zeitschriften erschienenen Beurtheilungen

nicht alle angeführt werden. Nur die Hauptstellen aus der Abhandlung des Freiherrn Karl von Kreß, Vorsteher des Blumenordens in Nürnberg sollen hier folgen, da dieser ächt deutsche Mann der Sache von ganzem Herzen zugethan und sie unbefangen zu beurtheilen im Stande war. Dann die Beurtheilung aus Gersdorf „Repertorium". Die aus der Darmstädter allg. Schulzeitung wird weiter unten folgen.

„Die Deutschen, ein Volk voll Muth und Kraft, haben noch nicht gelernt die Rüge von sich abzuwälzen: daß sie Nachahmer fremder Sitten, Trachten und Sprachen sind, obgleich ihre Fähigkeit, eigenthümlich zu sein, keinem Zweifel unterliegt, sobald sie nur ernstlich und einmüthig wollen. Leider aber fehlt der Wille noch immer und scheint lange nicht zur That reifen zu können. So ist es und so war es seit Jahrhunderten!"

„Selbst die im 17. Jahrhundert zum Zweck der Sprachreinigung entstandenen und bis auf unsern Verein wieder erloschenen Verbindungen z. B. die fruchtbringende Gesellschaft, der Palmenorden ꝛc. hatten weder die Kraft noch den Willen, die Fremdwörter aus unserer Sprache zu verbannen. (Daran gebricht es immer noch auch heut zu Tage). — Im Gegentheil wurden Einzelne, welche den Weg dazu anbahnten, verspottet, ja sogar angefeindet, weil die Macht der Gewohnheit verhinderte, ihre Absicht gehörig zu würdigen."

„Daß neben der Erziehung und Bildung (§. 72) aber auch besonders der Verkehr mit Nachbarvölkern Fremdwörter in seinem Gefolge hat, ist Thatsache."

„In früherer Zeit war die Schriftsprache Alleineigenthum der Klöster, die fremde Sprachen besser kannten als ihre Muttersprache, später des Adels, der an auswärtigen Höfen und ausländischen Hochschulen z. B. in Padua ꝛc. seine Bildung erhielt und theils unwillkürlich, theils gesucht fremde Wörter in die deutsche Sprache mischte. Lesen und Schreiben lernte der übrige Theil

der Bevölkerung erst später und folgte der Lehrer gewohn=
tem Beispiel. In Betreff des wechselseitigen Verkehrs
konnte und kann es kaum anders kommen, als daß Grenz=
nachbarn für ihre fremdartigen Erfindungen, Einrichtungen
und Dinge die ursprünglichen Benennungen beibehalten, eben
weil solche Dinge Eigenthum des Landes ihrer Entstehung
sind und von einem in das andere übersiedelt wurden, wie
es z. B. in den Abstufungen der Bewaffnung beim Heer=
wesen der Fall ist. (Dafür hat ober Holzapfel ein
ganzes Verzeichniß wohl gelungener deutscher Ausdrücke ge=
liefert). Darum konnte ich die in §. 92 aufgestellte Be=
hauptung mir nicht aneignen, daß Ausländer die Wörter
nur aus ihren Stammsprachen ableiten, indem vielmehr
der wechselseitige Verkehr ihnen auch Wörter aus
unserer Ursprache lieferte, wie schon Tacitus deutsche Be=
nennungen z. B. „Marcomani“, Grenz= oder Markmänner
„Ingevoni“ Einwohner, „Bariton“ Barden u. s. w. ge=
brauchte."

„Vollkommen einstimmend aber in ihren gerechten
Wunsch, daß der Reichthum unserer Ursprache endlich
benützt werden möge zur Vertilgung der Fremdwörter,
stimme ich ebenso ein in ihre Klage, die sich in §. 81 in
der Frage ausspricht: Wann werden jene Tage kommen?"
Aber warum sind sie noch nicht erschienen? warum
scheint ihre Zukunft noch ferne zu sein? — Die Geschichte
lehrt, daß die Mehrzahl der Verbesserer oder Umbildner
(Reformatoren) das Opfer ihrer Unternehmungen wurde,
weil sie den Begriffen ihrer Zeitgenossen vorauseilten
und darum mißverstanden, oder gar nicht verstanden
wurden. (Das war bei dem Christenthum ja auch
der Fall). Häufig aber reiste die ausgestreute Saat bald
früher, bald später, zuweilen auch gar nicht, besonders wenn
es ihnen nicht gelang, eingewurzelte Vorurtheile
zu besiegen und alte Gewohnheiten, wenn auch feh=
lerhafte, abzuschaffen, oder eine namhafte Anzahl
Gesinnungsgleicher und Einflußreicher als Verbündete zu
gewinnen. — (Dazu errichteten wir unsern Reinsprach=

verein.) — oder weil sie zu viel auf einmal verlangten und das Endziel ihres Strebens gleich an die Spitze stellten, wie es Philipp von Zesen im 17. Jahrhundert that."   Karl von Kreß.

§. 5. Fortsetzung.

Die Beurtheilung des Urbildes der deutschen Rein=sprache in „Gersdorf Repertorium" lautet so:

„Unstreitig ist der hier mit dem Streben und An=spruche auf eine gewisse Vollständigkeit behandelte Gegen=stand für unsere Sprache, für ihren Gebrauch im In= und nach dem Auslande hin, für ihre Aus= und Fortbildung von der größten Wichtigkeit und wer ihn vom Anfang bis zum Ende zu erörtern sich vornähme, würde sich eine wür=dige und wahrhaft nützliche Lebensaufgabe stellen. Denn nur auf dem Grunde der umfassendsten Forschungen würde eine Arbeit ruhen können, welche, ihrem Zwecke ganz ent=sprechend, die Geschichte der fremden in unsere Sprache theils fast unvermeidlich eingedrungenen, theils ihr durch Unverstand, Bequemlichkeit, Laune, Nachäfferei u. s. w. aufgebürdeten Wörter enthalten sollte.

„Eine solche Schrift würde sich nothwendiger Weise zu einer umfangreichen, schriftthümlich-geschichtlichen Arbeit entfalten und auf diesem Gebiete eine wirkliche Lücke aus=füllen. Aber auch was der Verfasser der vorliegenden Schrift bietet, ist, wenn gleich sichtlich noch etwas von der Oberfläche abgeschöpft, eine nicht zu verachtende Gabe und ein durchaus nicht mißlungener Versuch zur Bekämpfung des Fremdwörterunwesens in unserer Sprache.

„Hat sich diese — und wer möchte es läugnen wol=len — zu einem achtungswerthen Gipfel der Vollkommen=heit erhoben, so muß sie auch immer mehr ernstlich darauf Bedacht nehmen, den Wust des Fremdwörterwesens von sich abzuwerfen, nach und nach, ohne zu stürmen und da=durch ins Lächerliche zu fallen.

„Wir wollen diese Schrift bei manchem Unhaltbaren, was sie enthält, doch bestens in weitesten Kreisen empfoh=

len haben; wir wünschen sie namentlich, gleichsam als
Führer, in die Hände derer, die Fremdwörterbücher oft
nachzuschlagen genöthigt sind. Wann sie ihrer dann auch
sich zu entschlagen durch den Verfasser angeregt werden, so
hat er sich um unsere Sprache noch namhaftes Verdienst
erworben."

§. 6. Freie Vorträge. Drittes Buch ohne Fremdwörter.

Als Vorbereitung für den zu gründenden Reinsprachverein hielt ich im Sommer 1847 in der Lesege-
sellschaft Harmonie in Heidelberg wöchentlich einen freien
Vortrag vor einer gebildeten und zahlreichen Zuhörerschaft, über die Geschichte, das Wesen und die Fortbildung unserer Muttersprache. Dieser ganz neue Gegenstand, durchweg ohne Fremdwörter und in unterhalten-
der Weise behandelt, zog immer neue Freunde der Sache
an und fesselte ihre Aufmerksamkeit. Das galt als eine
gute Vorbedeutung für mein nachheriges Unternehmen, das
erst im folgenden Jahre ins Leben trat.

Noch im Herbste des Jahres 1847 erschien mein drittes Buch ohne Fremdwörter, mit der Aufschrift: „Das
Christenthum im Geiste des neunzehnten Jahrhunderts, Vorträge und Gebete, gehalten in den deutschkatholischen Gemeinden zu Heidelberg, Mannheim, Frankfurt a. M., Worms, Konstanz, Stockach und Hüfingen von
Wr. (Dr.) J. D. E. Brugger, Pfarrer der deutschkatholischen
Gemeinde zu Heidelberg. Heidelberg Verlag von Wilhelm Hoffmeister."

Dieses Buch fand in kurzer Zeit reichlichen Absatz im
In= und Auslande, weil damals die freie Richtung
auf dem Glaubensgebiete an der Tagesordnung war
und Alles uns mit hoher Begeisterung entgegenkam. Es
bestanden damals gegen 200 deutschkatholische Gemeinden in allen Gegenden Deutschlands und man hatte
Hoffnung, daß in wenigen Jahren dieselben sich sehr ver-
mehren würden. Allein die staatlichen Umwälzungen

2

18

des Jahres 1848 drängten diesen Gegenstand ganz in den
Hintergrund und die darauf folgende Strenge und der
Druck der Regierungen brach der Bewegung vollends die
Spitze ab. Manche Gemeinden gingen ganz ein, andere
verkümmerten und nur noch die Hälfte blieb aufrecht. In
einigen Ländern wie in Oesterreich, Baiern und Kurhessen
wurden dieselben ganz verboten und aufgelöst. Erst seit
1860 durfte man sich in Preußen mehr regen und so entstanden dann in demselben Jahre 17 neue freie Gemeinden
und im J. 1861 wieder 13.

Nur kurz soll hier der Inhalt des obgenannten
Buches angegeben werden: Das Bekenntniß des Johannes;
Feindesliebe; Jesus heilt die Schwiegermutter des Petrus;
Der Ruhetag; Ueber das Wort (Logos); Johannes der
Täufer; die Jünger des Herrn; Die drei ersten Selig-
preisungen; Der Herr und seine 12 Heilsboten (Apostel);
Ueber Buße; Ueber drei weitere Seligpreisungen; Martha
und Maria; Jesus und das Volk; Philipp und Nathanael;
Vollgültigmachung des Gesetzes und der Seher; Petrus,
der Felsenmann; Junger Wein und alte Schläuche; Jesus
und die Kinder; Das Himmelreich; Jesus der Sohn Got-
tes; Ueber das Fasten; Jesus treibt Teufel aus; der Tod
Jesu (am Charfreitag); die Auferstehung (an Ostern);
Ueber Opfer; Ueber das Gebet.

§. 7. Gründung des Reinsprachvereins. Zweck und Satzungen.

Der Aufruf in §. 1 erregte wohl die Aufmerksamkeit
sehr vieler deutsch gesinnter Männer; allein zur That
wurde er erst im Jahr 1848, wo ich den längst gehegten,
in obigem Aufruf auch angedeuteten Gedanken, einen
Verein für deutsche Reinsprache zu gründen, zur
Ausführung brachte. Zu diesem Endzwecke verfaßte ich
folgenden kurzen Aufruf zur Theilnahme an einem Vereine für deutsche Reinsprache, der sogleich von den
edeln Männern, deren Namen am Ende stehen, unterzeichnet wurde.

Die deutsche Sprache gehört ihrem Baue, ihrer Eigen=
thümlichkeit und Bildungsfähigkeit nach, zu den vorzüglich=
sten und schönsten Sprachen der Erde. Doch wurden diese
Vorzüge bisher von sehr vielen nicht genug anerkannt und
beachtet. Man hat oft sie, die reiche, für steif und bildungsun=
fähig gehalten; man schätzte fremde, alte und neue Sprachen
höher und vernachlässigte die Muttersprache. Man ent=
stellte sie überdies durch Einbringung von einer Menge
Fremdwörter, und trieb dieses so weit, daß in Zei=
tungen oft nicht zwei Zeilen ohne ein solches vorkommen.
Da es dem Einzelnen unmöglich ist, diesem Unwesen zu
steuern, so haben sich mehrere Männer von Kenntnissen und
wissenschaftlicher Bildung entschlossen, einen „Verein zur
Beförderung der deutschen Reinsprache" zu gründen und
zwar auf folgende allgemeine Grundsätze:

1) Der Zweck des Vereins ist Förderung der deutschen
   Reinsprache durch Wort und Schrift, indem man
   deutsche Wörter statt der fremden, wo möglich, ge=
   braucht. (Daß hierbei den zahllosen Abstufungen von
   mehr und weniger Rechnung getragen und freier
   Spielraum gelassen werden muß, versteht sich von
   selbst.)

2) Mitglied dieses Vereins kann jeder erwachsene Deutsche
   werden; auch Frauen und Jungfrauen, von
   jedem Stande, aus jedem Lande, wo Deutsche sich
   befinden, können demselben beitreten.

3) Der Eintritt geschieht durch eine, mit der deutlichen
   Unterschrift des Aufzunehmenden an den Unterzeich=
   neten frei eingesandte schriftliche Erklärung, daß er
   diesem Vereine beitreten und den in Satz 1 ausge=
   sprochenen Zweck, nemlich Förderung der deutschen
   Reinsprache durch Wort und Schrift, nach Kräften zu
   erreichen streben wolle. (Alle nicht frei eingehenden
   Briefe gehen wieder uneröffnet zurück).

4) Es wird kein Eintrittsgeld und kein jährlicher Bei=
   trag bezahlt, um die Sache jedem zugänglich zu
   machen. Statt den Einzelnen besondere Aufnahme=

2*

scheine zuzusenden, wird von Zeit zu Zeit ein Verzeichniß der Eingetretenen in öffentlichen Blättern erscheinen. Freiwillige Geschenke zur Unterstützung der
Sache und der Schriftsteller, die sich durch Herausgabe von Büchern in deutscher Reinsprache Verdienst
erworben, werden mit Dank angenommen.

5) Der Hauptsitz des Vereins und dessen Vorstandes ist
Heidelberg. Der Vorstand besteht aus einem
Vorsitzenden und sechs Beimännern und wird alle
zwei Jahre in einer Hauptversammlung im Herbste,
wozu öffentliche Einladung erlassen wird, von den
Anwesenden mit Stimmenmehrheit gewählt.

Wir laden hiermit die Gebildeten a l l e r Stände freundlich ein, an diesem Vereine Theil zu nehmen, der für die
deutsche Sprache und für ächt deutsche Gesinnung nur von
den besten Folgen sein kann.

Heidelberg, 16. Wonnemonat 1848.
Der Vorstand:

Wr. (Dr.) Brugger.　　Küchler Rechtsanwalt.
Wr. (Dr.) Hagen.　　　Wr. (Dr.) Röth.
Wr. (Dr.) Röder.　　　Geh. Kirchenr. Wr. Paulus.
Wr._(Dr.) Dittenberger.　J. Bachmann-Korbett.

§. 8. Der Verein tritt mit den schönsten Aus-
sichten ins Leben.

Endlich erschien das schwungreiche, bewegungsvolle, um-
stürzende Jahr 1848 mit seinen Schrecken und Umwälzungen,
die sich weithin über die meisten Länder unseres Erbtheils
erstreckten. Ein seltsames Zusammentreffen ist es, daß gerade auch in diesem verhängnißvollen Jahre der Reinsprachverein gegründet werden mußte. Er kam in die
e r n s t e Z e i t der geistigen Bewegung und des freisinnigen Aufschwunges, wo mächtige Urgedanken alle
Schichten der Gesellschaft durchdrangen und die Deutschen
wieder einmal zum Selbstbewußtsein erwachten und
auch ächt deutsch sein wollten. Freilich ging man im
Uebermuthe in manchen Staaten zu weit und verübte Un-

recht und Frevel, die nie zu rechtfertigen sind. Allein der=
gleichen sind sehr schwer von allen Volksbewegungen im
Großen ferne zu halten. Doch ich will hier nicht längst
bekannte, oft wieder vergessene Thatsachen in Erinnerung
bringen, sondern nur von dem wirklich freudigen und glän=
zenden Anfang unseres Vereins ein Wort sprechen.

Dieser hoffnungsvolle Anfang hing allerdings von den
Zeitumständen ab und von dem Beitritte der in §. 7
als Mitglieder des Vorstandes genannten Männer,
welche sogleich ihre Zustimmung zu meinem Ihnen vorge=
legten Satzungsentwurf gaben. Fünf derselben waren be=
deutende Lehrer von Ruf an der Hochschule in Heidel=
berg, nemlich der greise Kirchenrath Paulus, welcher
vor David Strauß die Wunder in der Schrift natürlich
zu erklären versuchte und deßwegen als arger Ketzer bei den
Frommen verschrieen war, von den Denkenden aber hoch
geachtet wurde; dann der durch sein Buch über die Glau=
bensverbesserung und andere Geschichtsbücher bekannte
Carl Hagen, der später nach Bern einen Ruf erhielt;
weiter der ausgezeichnete Rechtsgelehrte Röder, der in
seinen Kreisen durch viele Schriften auch im Auslande
Verehrer zählt; ferner der Verfasser der „Geschichte der
aberdländischen Weltweisheit" Röth, Lehrer in diesem
Fache und Dittenberger, als Gottgelehrter und Redner
beliebt, später Hofprediger in Weimar. Rechtsanwalt
Küchler, damals Vorsteher der deutschkatholischen Gemeinde
in Heidelberg und Bachmann=Korbett von Frank=
furt a. M. traten mit den obigen in den Vorstand.

Ich ließ sogleich nach der Bildung desselben Einschreib=
bogen in den beiden Lesegesellschaften „Museum" und
„Harmonie" auflegen und machte die Sache in öffent=
lichen Blättern kund. In kurzer Zeit unterzeichneten sehr
viele gesinnungstüchtige und deutschgesinnte Männer obge=
nannte Satzungen und bald sah man Leute aus den ge=
lehrten und gebildeten, wie auch aus den bürgerlichen und
gewerblichen Ständen die Bogen durch ihre Unterschriften
ausfüllen.

In der ersten Begeisterung unterzeichneten folgende Hochschullehrer dieselben, mit dem Hochschulamtmann Hrn. v. Hillern an der Spitze, der später Hofgerichtsrath wurde: Wr. Posselt, Friedländer, Puchelt geh. Hofrath, von Reichlin-Meldegg, Delfs, Levita, Nägele, L. Häusser, Jolly, Pickford, Ruth, Morstadt, Hundeshagen, L. Posselt, Deurer und Brinkmann. Die meisten derselben sind durch ihre Schriften und ihre Lehrvorträge bekannt. Daß Manche darin noch viele Fremdwörter gebrauchen, läßt sich nicht läugnen. Da wir aber hier jedem Freiheit einräumen, so kann man Niemand einen Vorwurf darüber machen; denn es heißt in den Satzungen, „daß den zahllosen Abstufungen von Mehr und Weniger Rechnung getragen werden müsse." Man könnte nur sagen, der Geist ist oft willig, aber das Fleisch ist schwach.

Wenn wir in diesem Buche nur die vorzüglichsten durch Werke oder sonstige Lebensstellung ausgezeichneten Mitglieder des Vereins anführen, so soll das nicht eine Geringschätzung gegen die übrigen hier nicht genannten anzeigen, sondern es geschieht nur aus Mangel an Raum und weil die übrigen schon in der Zeitschrift „die deutsche Eiche" aufgeführt sind.

§. 9. Beitritt des großen morgenländischen Sprachkenners Freiherrn von Hammer-Purgstall in Wien.

Einen großen und überall erfreulichen Eindruck machte der sofortige Beitritt des berühmten durch seine Werke in ganz Europa hochverehrten Kenners der morgenländischen Sprachen, Freiherrn v. Hammer-Purgstall in Wien, welcher folgenden Brief an den Vorstand des Vereins schrieb:

Geehrteste Herren!

Erlauben Sie mir, mich Ihrem so vaterländischen Vereine als Mitglied anzuschließen; ich habe einigen Anspruch auf diese Ehre, indem ich mein ganzes Leben hindurch so manche Lanze für den Zweck ihrer Arbeiten gebrochen und noch vor weniger als zwei Jahren mit einem unserer entschiedensten Sprachmenger Dr. Wildner in der Wiener-Zeitung (mit starken Seitenhieben auf meinen Freund Feuchtersleben, der auch ein großer Liebhaber von Fremdwörtern ist) — einen harten Strauß gefochten habe.

Soviel kann ich Sie versichern, daß ich nicht die Schuld trage, wenn in den Sitzungen und in der Geschäftsordnung der kaiserlichen („Akademie") Hochwißanstalt, deren Vorsitzer ich bin, so viele Fremdwörter vorkommen; vergebens habe ich meinen Genossen und besonders den Mitgliedern der naturwissenschaftlichen Abtheilung hierüber Vorstellungen gemacht.

Ein großer Aerger sind mir auch bei dem neuen Umschwung unserer Staatsverfassung die vielen unablässig gebrauchten Fremdwörter, wie Centralcomité (Hauptausschuß), Nationalgarde (Bürgerwehr) und soviele andere, wofür die deutsche Sprache gute und dasselbe sagende Wörter keineswegs entbehrt.

Aus meiner Antrittsrede, wovon mein Freund Kirchenrath U. einen Abdruck besitzt, werden Sie sehen, daß ich denselben S. 13 die Gelehrtenvereine für Reinheit der Sprache zum Muster vorgestellt. Ich wünsche sehr, daß Sie in den Schriften, welche der Verein herausgeben wird, der Hochwißanstalt (Akademie) die Pflicht, rein deutsch zu schreiben, ins Gedächtniß rufen, vielleicht wirkt ihr Wort mehr, als das meine. Ich bitte Sie, im voraus auf mich, so lange mir Gott noch Leben und Kräfte gibt, als Mitarbeiter zu zählen und die Versicherung meiner vollkommensten Hochachtung zu genehmigen.

Wien, 30. Wonnemonat (Mai) 1848.

von Hammer-Purgstall.

Auch später erhielt ich von ihm noch mehrere sehr freundliche Briefe in Betreff unseres Vereins und in Sachen der Sprachreinigung, worin er arabische und türkische Wörter ins Deutsche übertrug. Diese Briefe schenkte ich in einer Handschriftensammlung der Hochſchulbücherei in Heidelberg. Doch ſollen hier noch einige in Abbruck ſpäter folgen.

§. 10. Zahl der Mitglieder und Ortſchaften im Jahr 1848. Namen der Bedeutendſten.

Welch einen ſchnellen Aufſchwung der Verein bei ſeinem Beginnen nahm, geht aus der ſo hoch angewachſenen Zahl ſeiner Mitglieder, die im Jahr 1848 bis auf 477 ſtieg, hervor, die in 72 Ortſchaften zerſtreut wohnten. Unter ihnen befanden ſich Bürger, Leute vom Gewerbſtande, Handwerker, Kaufleute, Künſtler, Beamte, Adelige, Lehrer an Hoch=, Mittel= und Volksſchulen, Hochſchüler, Geiſtliche, Gelehrte, Schriftſteller, Gutsbeſitzer, Ärzte, Frauen und Jungfrauen, Baumeiſter, Hofräthe, Rechtsanwälte, Tonkünſtler, Bergwerkaufſeher, Rechtsgelehrte u. ſ. w.

Zuerſt will ich die Ortſchaften nennen, dann die Namen der bedeutendſten Mitglieder anführen.

1. Heidelberg, 2. Wieblingen, 3. Oldenburg, 4. Nürnberg, 5. Dürkheim in der Pfalz, 6. Saarbrücken, 7. Oſthofen, 8. Darmſtadt, 9. Alzei, 10. Wällſtein, 11. Worms, 12. Gabsheim, 13. Offenbach, 14. Frankfurt am Main, 15. Kreuznach, 16. Mannheim, 17. Heubach, 18. Altbreiſach, 19. Karlſtadt in Franken, 20. Goslar, 21. Langenſalza, 22. Karlsruhe, 23. Thüringen, 24. Wien, 25. Fulda, 26. Leipzig, 27. Gießen, 28. Hungen in der Wetterau, 29. Obernzen, 30. Faurbach bei Friedberg, 31. Zeltingen, 32. Eſchwege, 33. Neumühle bei Biedenkopf, 34. Naſſau-Diez, 35. Wartau in der Schweiz, 36. Frauenfeld 37. Seegen, 38. Steckborn, 39. Coburg, 40. Ziegelhauſen, 41. Wertheim, 42. Luxemburg, 43. Schönau bei Heidelberg, 44. Odſtadt bei Friedberg in der Wetterau, 45. Würzburg, 46. Nußdorf bei Landau in der Pfalz, 47. Frankenthal, 48. Wiesloch, 49. Eberbach, 50. Heiligkreuzſteinach, 51. Hebbesheim, 52. Berlin, 53. Freiburg im Breisgau, 54. Mühlburg, 55. Kochendorf bei Stuttgart, 56. Baden-Baden, 57. Lichtenthal, 58. Neuſtadt a. d. Hardt, 59. Bühl bei Achern, 60. Lichtenau, 61, Niederrad bei Frank-

furt, 62. Aarau, 62. Sulzburg, 63. Konstanz, 65. Herz-
nach in der Schweiz, 66. Bregenz, 67. Lahr, 68. Nonnenweier, 69. Ottenheim am Rhein, 70. Friesenheim, 71. Ichen-
heim, 72. Arheiligen im Gr. Hessen.

Die Namen der bedeutendsten Mitglieder im Jahr
1848, in Bezug auf Lebensstellung und auf Schriftwerke
u. s. w. sind, nebst den schon in den §§. 7 und 8 angeführten Vorstandsmitgliedern und Hochschullehrern, folgende: Winter, Vater, Bürgermeister in Heidelberg, Freiherr
von Kreß, Vorsteher des Blumenordens in Nürnberg, der
sich unserer Sache stets mit Wärme annahm, Henneberg
Pf. in Osthofen, Wr. (Dr.) Eduard Duller in Darmstadt,
Flos Pf. in Frankfurt, Malten, Herausgeber der neuen
Weltkunde und später der Oberpostamtszeitung in Frankfurt a. M., Hermann Leonhardi, Wißlehrer (Prof.) an der
Hochschule in Prag, Wr. Henrici in Goslar, gab eine Schrift
über die Verdrängung der Fremdwörter heraus, Freiherr
von Hammer-Purgstall in Wien, August Schnezler, Schrift-
steller in Frankfurt, Wr. Föhlisch, geheimer Hofrath und
Vorsteher der Mittelschule in Wertheim, Johann Hartig,
Gründer des Redevereins in Frankfurt a. M., C. Schnezer
Pf. in Ziegelhausen, Maier Hüttenvorsteher in Kreuznach,
Lehmann Pf. in Nußdorf, Wr. Otto, Pf. in Mühlburg,
Wr. J. M. Jost, israelitischer Lehrer in Frankfurt, Karl
Mittermaier, Wr. d. Arzneikunde, M. von Laroche in Dürkheim in d. Pfalz, K. Fromherz, Hofrath in Freiburg, K.
v. Rotteck, Rechtsanwalt, Wr. C. Brentano, Rechtsanwalt
in Mannheim, Vorholz, Dichter in Karlsruhe, Holdermann
in Heidelberg war der erste Hauptlehrer, der beitrat.

§. 11. Briefe von Mitgliedern im J. 1848.

In diesem Jahre ging eine Menge von Briefen bei
mir ein mit der Anmeldung zur Mitgliedschaft des Vereins.
Manche sind ganz einfach abgefaßt, andere dagegen mit
Schwung und Begeisterung. Zur Probe will ich hier nur
einige anführen, um die Geduld der Leser nicht zu ermü-

den, und zwar mit einem tadelnden von Hammer-Purgstall beginnen:

Geehrtester Hr. Dr. und Pfarrer!

Ich würde schon gerne den Doctor mit dem Wißmeister — (von diesem von mir erfundenen und vorgeschlagenen Worte wird später noch die Rede sein) — vertauschen, wenn dadurch nicht der Pfarrer, ebenfalls als von
parochus herstammend, ins Gedränge käme. — (Der Pfarrer hat leider! das deutsche Gepräge angenommen, wogegen
doctor wörtlich noch römisch ist) —. Ich habe sogar wider den Vorstand einzuwenden, daß derselbe nicht so
richtig als Vorsteher oder Vorsitzer ist, indem Vorstand vielmehr als Sammelwort von mehreren Vorstehern
gebraucht wird; wenn Vorstand für Präses richtig sein
sollte, müßte dies Vorsitz um so mehr sein, was wohl
im Arabischen, aber nicht im Deutschen der Fall ist.

Ich sehe, daß mein Eifer für Sprachreinigung mich
ungebührlichermaßen veranlaßt hat, diesen Brief damit zu
beginnen, ehe ich Ihnen für den Ihrigen und das denselben begleitende Geschenk ihres Werkes gedankt; aber an-
derseits hat der Eifer, Ihnen für dieses zu danken, die
Lesung desselben überflügelt, zu der ich in den drei seit
Erhalt Ihres Briefes verflossenen Tagen noch nicht die
nöthige Zeit fand, da meiner Tochter und ihrer Muhme
Abreise mir keinen ruhigen Augenblick ließen.

Erlauben Sie, daß ich dasselbe mit einem Abdrucke
meiner akademischen Rede entgegne. Wenn auch Hochwißanstalt — (dieses Wort schlug ich vor bis ein besseres für Akademie gefunden ist) — das Bürgerrecht erhalten hätte, so würde doch hochwißanstaltlich sehr sonderbar
klingen. Noch weniger will mir der Wißmeister —
(der wird sich später rechtfertigen) — statt Doctor gefallen;
auch wider Bücherei — (das ist schon lange im Gebrauch) — ist einzuwenden, daß durch den Anlaut mit
Binderei, Malerei u. s. w. dieselbe zu falscher Auffassung?
verleitet und ich glaube, daß dafür Büchersaal — (ist

auch oft nur ein Zimmer) — oder Bücherschatz —
(enthält oft viel Trödel) — weit schicklicher zu gebrauchen
wäre.

Die Araber, dieses in dem richtigen Ausdrucke der Begriffe
so strenge und musterhafte Volk nennt die Bibliothek Darol-
Kutub d. i. Bücherhaus oder Chasine-tol-Kutub d. i.
Bücherschatz und der Buchbewahrer der Chalifen hieß Cha-
sinol-Kutub der Schatzmeister der Bücher. Nach diesen
Vorgängen dürfte ein reines deutsches Wort für Bibliothek
leichter in Umlauf zu bringen sein, als für Akademie, Uni-
versität und Doctor, in welcher Eigenschaft sich als Ihr
Mitgenosse mit ausgezeichneter Hochachtung unterschreibt
Wien, 17. Brachmonat 1848.

Ihr ergebener Diener
Dr. Hammer=Purgstall.

§. 12. Fortsetzung.

Ein anderer Brief von Mainz lautet so:

Geehrtester Herr!

Längere Zeit schon habe ich mißfällig den Uebelstand
des Fremdwörterunwesens in der deutschen Sprache ins
Auge gefaßt und sehnlichst dessen möglichste Verminderung,
wenn nicht gänzliche Verdrängung, gewünscht.

Im kleinen Wirkungskreise, der sich außer der gewöhnlichen Umgangssprache, schriftlich nur auf den engbegrenzten
Geschäftskreis einer Handlungstelle und dem Briefschreiben
der Handelsverhältnisse beschränkt, habe ich, seitdem mir
ihre rastlose Thätigkeit durch Wort und Schrift für diese
Sache bekannt ist, meine Arbeiten möglichst rein Deutsch
zu fertigen gestrebt.

Durch das Frankfurter Unterhaltungsblatt (Didaskalia) kommt mir nun der Aufruf zur Theilnahme an dem
von Ihnen gegründeten Verein zur Beförderung der deutschen Reinsprache zu Gesicht und freudig melde ich mich
ungesäumt zum Beitritte.

Möchte dieser ächt volksthümliche Verein allseitig eine
recht große Verbreitung erhalten, möchte er bei allen Stän-

den, namentlich bei jenen, bei welchen dieses Uebel der Fremdwörtersucht schon allzutief Wurzel gefaßt, rege Theilnahme finden und so seinem schönen Ziele, unsere Muttersprache in ihrer Reinheit herzustellen, immer näher geführt werden, damit alle Deutsche die Vortrefflichkeit derselben erkennen und würdigen lernen.

Mit Hochachtung und Ergebenheit.

Mainz, 23. Wonnemonat 1848.

Joh. Ant. Klimmer aus
Osterburken in Baden.

Der erste, welcher mit seiner Beitrittserklärung dem Vereine ein freiwilliges Geschenk von 5 Thlrn. machte, war J. Grünberg Sohn in Frankfurt a. M.

§. 13. Fortsetzung.

Ein Brief von Breisach lautet so:

Verehrtester Herr!

Lange schon sehe ich mit wahrer Herzensfreude Ihr segenreiches Wirken auf dem Felde der Sprachreinigung.

Mit ganzer Seele schließe ich mich einem Vereine an, der ein Ziel verfolgt, so groß, so erhaben, wie sich nur ein edler Mann eines setzen kann. Nach Kräften werde ich in Wort und Schrift für Förderung der deutschen Reinsprache thätig sein.

Am unverkennbarsten drückt sich das Wesen eines Volkes in seiner Sprache aus. Die Buntscheckigkeit der deutschen Sprache steht mit der staatlichen Zerrissenheit Deutschlands in der nächsten Verbindung. An der Entfernung jener wie dieser aber mitzuarbeiten, ist jedes wahren Deutschen erste, heiligste Pflicht.

Breisach, 26. Wonnemonat 1848.

Blödt, Staatswirthschaftskundiger.

Den Schluß mag folgender Brief aus Hungen in der Wetterau bilden.

Werthester Herr!

In Folge Ihres, von vaterländischem Sinne zeugenden Aufrufes, trete ich hiermit in den Verein zur Förderung der deutschen Reinsprache und verpflichte mich, den Zweck desselben möglichst zu fördern. Möchte der Verein recht erfolgreich wirken und das Seine zur Kräftigung deutschen Sinnes beitragen!

Sehr gut würde es sein, wenn die einflußreichsten Schriftsteller und Zeitungsschreiber dem Verein beiträten; es scheint dies auch schon zum Theil der Fall zu sein, denn es fallen mir seit kurzer Zeit einzelne Aufsätze durch ihre, früher seltene, Sprachreinheit auf.

Sollte es nicht zweckmäßig sein, hie und da in öffentlichen Blättern eine Verdeutschung der gebräuchlichsten Fremdwörter zu liefern? — (Das geschah später von mir öfter in der badischen Landeszeitung, weil andere Blätter selbe nicht aufgenommen hätten) —.

Den Beschluß unserer zweiten Kammer (im Großh. Hessen), es möchten in den Gesetzen möglichst deutsche Wörter gebraucht werden, kennen Sie wohl schon. Es ließen sich vielleicht durch Anregung bei einflußreichen Abgeordneten ähnliche Beschlüsse in allen deutschen Ständekammern und in der Reichsversammlung durchsetzen. — (An letztere wandte ich mich später selbst, aber mit sehr wenig Erfolg.) —

Auch bin ich der Meinung, der Verein sollte sich nicht blos zuwartend verhalten, sondern in der Weise auftreten, daß er in allen Theilen Deutschlands Zweigvereine gründe — (das geschah später auch) — Bevollmächtigte ernenne u. s. w. Dann könnte es bald dahin kommen, daß Ständekammern, Kirchenversammlungen, wissenschaftliche Vereine u. dgl. die Fremdwörter nicht mehr dulden und dann könnten wir auch einen andern Zopf aus Hoch-Edel-Wohlgeboren 2c. zusammengeflochten, abschneiden.

Mit wahrer Hochachtung.

Hungen in d. Wetterau, 6. Brachm. 1848.

Hunsinger, Steuerordner.

§. 14. Zweigvereine in Frankfurt a. M., Darm=
stadt und Nassau-Diez. Sänger und Turner.

In kurzer Zeit ging der in obigem Briefe ausgespro=
chene Wunsch in Betreff der Zweigvereine in Erfül=
lung. Der erste bildete sich in Frankfurt a. M. durch
die Bemühung des Hrn. Johann Hartig, welcher da=
mals einen Redeverein für junge Leute gegründet hatte,
die sich alle mit dem Gründer unserem Sprachvereine als
Zweigverein anschlossen. Nebst diesen meldeten sich noch viele
andere als Mitglieder, deren Namen sämmtlich der Reihe
nach wie sie sich unterzeichneten, in der deutschen Eiche
vom J. 1850 angegeben sind. Hartig machte sich die Ueber=
tragung der Fremdwörter bei seinen Uebungen und Vor=
trägen der Zöglinge zum strengen Gesetze und brachte es
bald mit denselben zu einer gewissen Fertigkeit; denn nur
durch Uebung und Beharrlichkeit ist es möglich für so viele
unnöthige Fremdwörter deutsche zu finden und sie in Ge=
brauch zu setzen. Reges der ältere und jüngere gaben sich
mit ihren Verwandten und Freunden besondere Mühe in
dieser Hinsicht. Auch Bachmann-Korbett zeigte sich durch
Unterschriftensammeln sehr thätig in unserer Angelegenheit.
Hartig hat sich durch Gründung des Redevereins und durch
Anschluß an unsern Reinsprachverein ein Verdienst um die
Jugend- und Sprachbildung erworben.

In Darmstadt entstand unter des beliebten Schrift=
stellers, meines innigst geliebten Freundes und Glaubens=
genossen, Eduard Duller der zweite Zweigverein.
Wenn er auch nicht sehr zahlreich an Mitgliedern hervor=
trat, so war doch seine Wirksamkeit durch den Einfluß sei=
nes geistreichen und eifrigen Gründers von Bedeutung für
die Sprachreinigung. Duller, schon längst in allen Gauen
Deutschlands durch seine vielen Schriften auf dem Gebiete
der Geschichte und Dichtung bekannt, zeichnete sich aus durch
eine kernhafte, schöne und blühende Ausdrucksweise, die über=
all sich die Herzen der Leser gewann. Vorzüglich in seinem
„Fürst der Liebe" seinem „Lojola" u. s. w. tritt

dieses Verdienst lebhaft zu Tage. Immer gedenke ich mit großer Betrübniß an seinen zu frühen Tod, indem er am gebrochenen Herzen starb.

In Nassau-Diez bildete sich unter der Leitung des Baubeflissenen Heinrich Velde der dritte Zweigverein, der aus dem größten Theil der dortigen Turner bestand. Auch hier entfaltete sich unter den gesinnungstüchtigen Leuten ein reges Leben, das sich bei ihren Versammlungen und Uebungen kund gab. Manches Fremdwort wurde übersetzt und ein deutsches dafür eingeführt.

In Freiburg im Breisgau unterzeichneten gegen 100 Mitglieder eines Männergesangvereins ihren Beitritt zu unserem Verein. Das geschah bei meiner Anwesenheit im Wintermonat 1848 daselbst, wo ich ersucht wurde, die Festrede im Kaufhaussaale bei der Todenfeier für den in Wien erschossenen Robert Blum zu halten. Obschon mich dieser Vortrag vor mehr als 900 Menschen sehr anstrengte, so wird er doch immer mein Stolz und eine beseligende Erinnerung sein, weil es das erstemal war, daß ein deutschkatholischer Redner die freien Grundsätze seines Glaubens in rein deutscher Sprache vor einer so großen Zuhörerschaft, in einer erzkatholischen Stadt, dem Sitze eines Erzbischofs, vortragen konnte!

Denselben ehrenvollen Auftrag erhielt ich auch in Heidelberg, ferner von Mannheim, Rhein-Dürkheim in der Pfalz, von Frankenthal, Bühl bei Achern im Großherzogthum Baden, von Pforzheim und Eberbach, von Lahr im Breisgau und von Baden-Baden. In diesen so eben genannten Orten vollzog ich (mit Ausnahme von Pforzheim und Eberbach) denselben zur größten Zufriedenheit der Anwesenden. An diese zwei letztgenannte Orte war ich abgehalten hinzugehen. Ueberall erwies man mir die größte Ehre und überall erklärten sich sehr viele als Mitglieder unseres Vereins; denn ich ließ keine Gelegenheit vorübergehen, die Freunde unserer Sache näher mit derselben bekannt zu machen, was sie stets sehr anzog.

In Baden-Baden unterzeichnete ein großer Theil des dortigen Turnvereins unsere Satzungen und erklärte seinen Beitritt. Von ebendemselben erhielt ich einen prachtvollen silbernen Kelch zum Andenken an jene Feier, mit einer sich darauf beziehenden Inschrift.

Nur auf solche Art war es gelungen, schon im ersten Jahre unserem Vereine so viele Mitglieder, nemlich wie ich schon oben sagte, 477 in 72 Ortschaften zuzuführen. Das dürfte wohl eine Seltenheit sein, daß ein so rein vaterländisches Unternehmen in so kurzer Zeit solchen Fortschritt machte. Ein Zeichen, daß der Grundgedanke richtig war, und daß er im rechten Augenblicke dem deutschen Volke vorgelegt wurde, was ihm auch schnell Beifall zollte. Hier will ich nur noch gelegentlich anführen, daß ich vom J. 1840 bis 1862 über 2000 Vorträge in deutscher Reinsprache an sehr vielen Orten gehalten habe. Da mag wohl auch hie und da ein Samenkorn auf guten Grund gefallen sein. Hauptsächlich freute mich die lebhafte Theilnahme so vieler jungen Leute, welche, wenn sie anders standhaft sind und Ausdauer besitzen, diesen Gedanken und diese Richtung bis auf das letzte Viertel unseres Jahrhunderts hinaus forttragen können, was schon ein bedeutender Gewinn wäre.

§. 15. Versammlungen und Vorträge.

Bei den in den sieben oben genannten Ortschaften gefeierten Trauerfesten waren die Versammlungen immer sehr zahlreich besucht und ich fand genug Gelegenheit in meinen größeren Vorträgen, wie im Gespräche mit den Einzelnen die Sache der Sprachreinigung anzuregen und anziehend zu machen. Da bemerkte ich mit Vergnügen und oft mit Ueberraschung, welch gesunder Sinn in schlichten Männern des Volkes noch vorhanden ist und wie richtig sie über manche Dinge urtheilen, worüber die Gelehrten hin- und hergrübeln und doch zu keinem sichern Ergebniß gelangen. Das freute mich jedesmal im innersten Herzen und bestärkte mich in meiner Hoffnung für die Zukunft

und in meinem Vertrauen auf den Fortſchritt in der
Sprach= und Volksbildung. Das hat ſich auch in den
13 Jahren des Beſtehens unſeres Vereins bewährt und
der Blick auf dieſen ſchönen Bau, der freilich mit Mühe
und Opfern verbunden war, gehört zu dem ſeligſten Bewußtſein meines Erdenlebens. Er zeigt mir, daß mein
Wirken und meine Kraftanſtrengung nicht vergebens war,
und wenn ſeine Blüthen und Früchte nur langſam reifen,
ſo wird ſich doch die Nachwelt noch daran erfreuen. Das
erſte Jahr möchte wohl zu den erfreulichſten und
ſchönſten unſeres Sprachbundes gehören, wie auch ander-
wärts die ſogenannten Flitterwochen zu den lieblichſten
Zeiten des Daſeins gerechnet werden. Die Jugend
kommt nicht zum zweitenmal wieder.

§. 16. Erſte Hauptverſammlung des Reinſprach-
vereins im Jahr 1848 in Heidelberg.

Nachdem ſchon vorher in dem Heidelberger Tagblatt
der Tag und die Stunde der erſten Hauptverſammlung angekündigt war, fand ſie am 21. Erntemonat 1848
Abends 6 Uhr im vorderen Saale der Harmonie ſtatt.
Noch klingt nach ſo vielen Jahren die Freude in meinem
Herzen nach, die ich damals ſchon vor und an dieſem Tage
über mein gelungenes, vaterländiſches Unternehmen empfand.
Ein anſehnlicher Kreis von deutſchen Männern und Frauen,
welche rein deutſche Vorträge zu hören begierig waren, indem ſie zum erſtenmal einer derartigen Verſammlung
beiwohnten, hatte ſich eingefunden und vernahm mit größter
Aufmerkſamkeit folgende Rede, die ich hielt:

„Mit Freuden begrüße ich die verehrl. Verſammlung
der Mitglieder und Freunde der deutſchen Reinſprache,
welche heute zum erſtenmal in Deutſchland zu dem
ſchönen Zwecke der Förderung derſelben zuſammentritt. Daß
die Gründung eines ſolchen Vereins ein bringendes Zeit-
bedürfniß ſei, brauche ich Ihnen allen nicht erſt weitläufig durch eine lange Rede zu beweiſen. Jedem liegt es
hell vor den Augen, wie ſehr unſere Sprache durch eine

3

Menge überflüssiger und unnöthiger Fremdwörter entstellt ist und wie sich manche Leute Mühe geben, sie noch täglich durch Einbringung neuer zu entstellen.

Eben so einleuchtend ist es auch, daß der Einzelne für sich allein auf diesem Gebiete, selbst wenn er alle Kräfte anstrengt, doch nur sehr wenig den vielen Verehrern und Pflegern der Mischsprache gegenüber auszurichten im Stande sei und daß deßhalb sich mehrere und viele zum gleichen Zwecke der Fremdwörterübersetzung und Verdrängung derselben zusammenthun müssen.

So entstand also dieser Verein aus dem Bedürfnisse und dem allseitig gefühlten Wunsche, dem so sehr überhandnehmenden Fremdwörterwesen wo möglich einen Damm entgegenzusetzen, indem sich eine Anzahl von Freunden der Reinsprache vereinigten, um gemeinschaftlich diesem schönen Zwecke nachzustreben.

Hier wird es wohl am Platze sein, auch einen Blick auf die schon in früheren Zeiten ins Leben getretenen Vereine dieser Art zu werfen. Schon vor dreihundert Jahren fühlten die Vaterlandsfreunde und Kenner der deutschen Sprache, wie dieses Uebel damals schon sehr überhandnahm und was Luther für die deutsche Sprache geleistet durch seine Uebersetzung der heiligen Schrift, steht in der Geschichte und in Aller Andenken unauslöschlich geschrieben. Doch verschlimmerte sich die Sache nachher immer mehr, so daß ein Jahrhundert später die Sprachmengerei ein hohes Maß erreichte.

Da vereinigten sich eine Anzahl von Fürsten und Adeligen im Jahr 1617 und stifteten zu Weimar den Palmenorden oder die fruchtbringende Gesellschaft. Eben so entstand in Straßburg im J. 1633 die aufrichtige Tannengesellschaft; in Nürnberg der Blumenorden der Schäfer an der Pegnitz im J. 1644, der sich allein von allen bis jetzt erhalten hat und erst vor 4 Jahren sein Fest des zweihundertjährigen Bestehens feierte (wo auch ich zum Mitgliede desselben aufgenommen wurde). Zu Hamburg bildete sich im Jahr 1646 ein Verein unter dem Namen der deutschen Genossenschaft und später 1660 der Schwanenorden an der Elbe.

Der Zweck des Palmenordens war schon damals, die Muttersprache in ihre uralte Reinigkeit und Zierde wieder einzuführen, sie von dem fremden drückenden Sprachenjoche zu befreien und durch alte und neue Kunstwörter zu befestigen. An diesen Verein schlossen sich auch Töchtervereine an und verfolgten ihren Zweck mit schwärmerischem Eifer. Wenn ihre Wirkung auch keine durchgreifende war, so besteht doch ihr Verdienst darin, daß sie dem überhandnehmenden Fremdwörterunwesen einen Damm entgegensetzten und eine lebendige Theilnahme an der Fortbildung der Muttersprache auch in den höheren Ständen der Gesellschaft rege machten, was wir jetzt in unserer Zeit sehr vermissen. Denn da sind es gerade die höheren Stände der Gebildeten und Gelehrten, welche gleichsam einen Stolz darein setzen, immer wo möglich Fremdwörter in ihrer Unterhaltung zu gebrauchen und sie auch in die Schriftsprache einzuführen, wie die fromme Gräfin Hahn-Hahn in ihren Werken thut und auch andere Schriftsteller und Schriftstellerinnen zu thun pflegen. — Auch an vielen andern Orten entstanden im 17. Jahrhundert solche Sprachvereine wie in Basel, Halle, Frankfurt a. d. O. Bern, Jena, Helmstädt u. s. w.

Der neueste Verein dieser Art ist der vom J. 1815. Er wurde in Berlin von Wolke und Krause gegründet und hatte den Zweck, die wissenschaftliche Erforschung des gegenwärtigen Zustands der Muttersprache und die Ausmittlung alles dessen, was im Geiste derselben zu ihrer weiteren Ausbildung und Verbesserung geschehen könne.

Von diesem Verein unterscheidet sich der unsrige wesentlich dadurch, daß er nicht wissenschaftliche Erforschung, sondern Inslebenführung der deutschen Reinsprache sich zur Aufgabe macht und die Anwendung gut übersetzter Wörter statt der fremden empfiehlt. Ferner unterscheidet er sich noch dadurch, daß er sich über alle Gauen Deutschlands erstrecken und eine große Vereinigung

3 *

von vielen Zweigvereinen mit einem Hauptverein, von
dem das Ganze ausgeht, bilden soll. Ferner, daß an demselben nicht nur Männer der Wissenschaft, sondern jeder
erwachsene Deutsche, selbst Frauen und Jungfrauen
sich betheiligen können und sollen, weil es gilt, durch möglichst viele thätigwirkende Glieder eine große Wirkung hervorzubringen.

Allerdings werden sich hier zwei Theile in dem
großen Gesammtganzen befinden und unterscheiden, nemlich
ein Theil der wissenschaftlich- und sprachlich- Gebildeten, welche übersetzend, wörterbildend und vor-
schlagend, also mehr thätig einwirken, und ein anderer
Theil, der sich nicht mit fremden Sprachen und Wissenschaften beschäftigt, aber doch die Sehnsucht nach Verbesserung der deutschen Sprache durch Verdrängung der Fremdwörter in sich fühlt. Dieser wird mehr leidend, aufneh-
mend und verbreitend zu Werke gehen, indem er die
vorgeschlagenen, gelungenen Uebersetzungen oder Neuwörter
für sich im Umgang und in der Schriftsprache in Anwendung bringt und in seinen Kreisen weiter in Umlauf setzt.

Diese beiden Theile machen aber mit einander nur
Ein untheilbares Ganze aus und beide wirken sehr
wohlthätig auf einander; sie ergänzen sich wechselseitig und
keiner kann ohne den andern den großen Zweck der Sprachreinigung und Inslebenführung der Reinsprache erreichen.
Denn die Zahl der Wissenschaftlichgebildeten und Sprachkenner macht gegen die große Volksmenge nur einen kleinen
Theil aus und steht auch nicht mit allen Ständen und
Schichten der Gesellschaft in unmittelbarer Berührung. Wenn
sie daher auch alle ihre Kräfte anstrengen, so können sie
für sich allein keine große Wirkung ohne die Theilnahme
des Volkes erzielen. Aus diesem Grunde sollen beide
einander in Eintracht die Hände reichen und dann wird
sicher das schöne Werk der Sprachreinigung gelingen. Lassen
Sie uns nun eifrig, mit wahrer Begeisterung an demselben
arbeiten und jede Gelegenheit benützen, durch Wort und
Schrift uns als ächte, vaterlandliebende

Deutsche zu bewähren, die den hohen Werth der Mutter=
sprache und ihren mächtigen Einfluß auf die Bildung des
Volkes, auf die Eintracht der Stämme und auf die
Herstellung der Einheit Deutschlands erkannt haben."

Diese Rede wurde mit allgemeinem Beifall aufge=
nommen. Hierauf hielten Wr. Röder und Rechtsanwalt
Küchler theils ernste, theils launige Vorträge über die
sowohl im Schriftwesen als im Sprechen vorherrschende
Fremdwörtersucht der Deutschen und die Nothwendigkeit,
ihr endlich feste Schranken zu setzen, ja mit allem Eifer
dahin zu wirken, dieses so tief eingefressene Uebel, das schon
Jahn eine Krätze nannte, allmählig, jeder je nach seinem
Berufe und in seinem Wirkungskreise gänzlich auszurotten.

Am Schlusse erfolgten mehrere Beitrittserklä=
rungen, zugleich zeigte der Vorsteher das baldige Erschei=
nen einer die Zwecke des Vereins fördernden Zeitschrift
an, (welche später als „Deutsche Eiche" ins Leben
trat).

§. 17. Eingabe an die Reichsversammlung in Frankfurt a. M.

Bei der so gewaltigen Volksbewegung, von der so vie=
les erwartet wurde, und aus der am Ende nur der geistige
Rückschritt und eine zehnjährige Unterdrückung
herauskam, glaubte ich auch etwas zum Besten des Volkes zu
thun, wenn ich die 600 Abgeordneten in Frankfurt ermun=
terte, deutsch und verständlich für das Volk zu
sprechen, das sie ja dorthin gesandt hatte. So entstand
folgende Eingabe:

Hohe gesetzgebende Reichsversammlung!

Der Unterzeichnete wagt eine Bitte an Hochdieselbe,
die erste und wohl einzige in ihrer Art, deren Gewährung
ganz in der Macht der hohen Reichsversammlung liegt,
wenn sie die Sache ernstlich will und sich mit dem Grund=
gedanken befreundet. Wenn es auch im Anfange etwas schwer

gehen sollte, so führt doch Ausdauer und Beharrlichkeit gewiß zum Ziele.

Die Bitte besteht darin, daß die Herren Abgeordneten der Reichsversammlung aus allen deutschen Gauen sich, wo möglich, bei Ihren Reden, der deutschen Reinsprache befleissigen d. h. die allzu unverständlichen Fremdwörter ins Deutsche übersetzen möchten, wie Interpellation, international, Pragmatik, Instruktion, Proklamation Administration, interimistisch, Deputation, Comité, Association, Parlament u. s. w.

Gründe dafür sind folgende:

1) Die hohe Versammlung besteht aus lauter gebornen Deutschen, ist bestimmt zu Deutschlands Wohl, Freiheit und Einheit zu wirken; soll also in ihren Verhandlungen auch dem Volke verständlich sein. Da aber der größte Theil desselben nicht wissenschaftlich auf Hochschulen gebildet wurde, so ist nothwendig, daß man sich für dasselbe verständlich ausdrücke, d. h. rein Deutsch oder daß man gleich die Uebersetzung des Fremdworts hinzufüge.

2) Dadurch werden viele Mißverständnisse, die durch den Gebrauch der Fremdwörter entstehen, verhindert und die Klarheit des Denkens bei dem Volke sowie die Theilnahme an diesen Verhandlungen selbst sehr befördert.

3) Dieses Beispiel würde sehr auf die Schriftsteller und überhaupt auf die schreibende Welt wirken und Manche ermuntern, rein Deutsch zu schreiben, die sich bis jetzt wegen des alten Vorurtheils nicht getrauten, oder weil ihr Sprachsinn noch nicht erwacht war.

4) Es wird beitragen zur Veredlung der deutschen Gesinnung und zur Anerkennung des eigenen Werthes.

5) Sobald diese Gesinnung geweckt ist, so wird auch das den Deutschen so nöthige Gefühl des edeln Stolzes sich einfinden, das Gefühl seiner Würde, ein Deutscher zu sein, das bei vielen allzusehr noch schlummert.

6) Auch auf das Leben selbst wird dies Streben seinen wohlthätigen Einfluß erstrecken, indem es die Ver=

binduug der Stämme, die Eintracht derselben und die Vaterlandsliebe im Allgemeinen sehr befördert.

Heidelberg, 23. Heumonat 1848.

Der Vorstand des Vereins
für deutsche Reinsprache
Wr. (Dr.) Brugger.

Einige ächt deutsche Männer in der Reichsversammlung nahmen sich der Sache mit Wärme und mit Ernst an und vertheidigten die Bitte mit Kraft. Andere aber zuckten die Achseln, rümpften die Nase oder lächelten über ein so sonderbares Ansinnen, über eine Neuerung ohne Gleichen, die sich ein Mann aus dem Volke vorzuschlagen erlaube. Der deutsche Sprachsinn, die Vaterlandsliebe und Begeisterung war bei Manchen noch nicht erwacht, ja blieb im Schlummer, bis die ganze Versammlung wieder schlafen ging und bisher noch nicht wieder erweckt werden konnte. Armes Deutschland so ging es dir! — wie wird es dir später noch ergehen?! Das waren ja die von dir selbst gewählten Stellvertreter, auf die du alle Hoffnung gebaut hattest, welche dich frei und glücklich machen sollten! — die aber selbst ein trauriges Ende nahmen! Die Reichsversammlungen scheinen in Deutschland kein Glück zu haben.

§. 18. Auch die Dichtkunst nimmt sich der Reinsprache an. August Schnezler.

Am 10. Brachmonat 1848 schrieb mir der Dichter August Schnezler von Frankfurt aus, daß er mich zu sprechen wünsche, wegen seines Blattes, „Der freie Guttenberg, Unterhaltungsblätter für deutsche Volksthümlichkeit im Leben, Kunst, Schriftwesen und Reinsprache. Im Vereine mit bewährten Volksfreunden, herausgegeben von August Schnezler".

Er kam am 14. desselben Monats zu mir und theilte mir sein Vorhaben mit, in dieser neuen Zeitschrift sich nach Kräften der Reinsprache anzunehmen und selbe zu fördern, was mich sehr freute, weil ich ihn als einen gewandten

Schriftſteller kannte. Leider ging das Unternehmen ſchon
im Beginn zu Grunde und der Arme mußte ſich als fahrender Schriftſteller bald da bald dort bei Zeitungsheraus-
gebern ein ſpärliches Unterkommen ſuchen, bis er nach einigen Jahren ungeachtet ſeiner ſchönen Dichtergaben und
ſeines liebevollen Gemüthes, in Kummer, Noth und Elend
ſtarb, wie ſo manche Dichter vor ihm.

Das Gedicht an mich lautet ſo:

Die deutſche Reinſprache.

(Herrn Wr. J. **Brugger** in Heidelberg gewidmet.)

Nein, nicht vergeblich ſei der Ruf erklungen,
Der um ſo lauter nun ſich hat erneut.
Seit aus des langen Winters Dämmerungen
Sich Deutſchlands Frühlingsſonne losgerungen
Und endlich uns, was mühſam wir geſtreut,
Der Freiheit Saat in Blütenfülle beut:
Auf, deutſche Brüder! ihr, auf deren Nacken
Kein Joch der Schande ferner laſſe fort,
Befreit jetzt auch von ihren letzten Schlacken
Der edlen Mutterſprache goldnen Hort!

Iſt ſie das Band ja doch, das wunderſchöne,
Das Herz in Herz am innigſten verſchlingt,
Das auf der fernſten Meere Strand die Söhne
Des einen Vaterlands durch Zaubertöne
Zum raſchen Geiſtesfluge froh beſchwingt,
Der ſie zurück zur theuren Heimath bringt;
Das Band, das, wo getrennt von ihren Lieben
Sie fremde Sitte wirrt und fremder Laut,
Landsleute die daheim ſonſt kalt ſich blieben,
Schmilzt ineinander brüderlich vertraut.

Wohl ſchiene ſelbſt Atlantis' Palmenküſte,
Von ihres ewgen Lenzes Pracht umblüht,
Dem Fremdling, welchen nie auf ihr begrüßte
Verwandter Zunge Klang, faſt eine Wüſte,
Und nur noch heißer fühlte ſein Gemüth
Von unſtillbarem Heimweh ſich durchglüht,
Je reizender ihm rings die Fluren lachen —
Dagegen ſelbſt der öden Steppe Rund
Ein Bettler ihm zum Garten würde machen,
Spräch' er ihn an mit eines Stammlands Mund!

Und gar mit deutscher Sprache Gruß und Segen!
Welch' andre hätt' an Perl' und Edelstein
So reiche Schätze an den Tag zu legen,
Als sie, die treu zu hegen und zu pflegen,
Von fremdem Flitter streng zu halten rein,
Sollt' unser Stolz und Lieblingsstreben sein.
Sie, die aus eignen Wurzeln ist entsprossen,
Ein Urwald, riesenkühn, voll Mark und Saft,
Sein Grund, von tausend Quellen frisch durchflossen,
In ungeschwächter Jugend Zeugekraft!

Wo Stamm an Stamm mit dichtbelaubtem Kreuze
Voll labenden, gesunden Obstes winkt,
Das, fehlt auch Pisang, Dattel, Pomeranze,
Doch nicht mit buntem, trügerischem Glanze,
Der Gift nur birgt im Innern, ist geschminkt,
Rein, draus Genuß das Herz und Stärke trinkt.
Und doch, wie viel' der Deutschen, ach! verschmähen
Des eignen Gartens reiche Frucht,
Und pfropfen wälsche Zweige drauf und säen
Nur fremde Kern, aus Fremdensucht.

Auf, deutsche Brüder, die mit Zung und Feder,
Mit Geisteswaffen auch ihr seid bewehrt
Zum Schutz des Vaterlands, auf, zieht vom Leder
Und spart nicht Beil noch Klinge, bis von jeder
Schmarozerpflanz' ihr Stumpf und Stiel verheert,
Die noch an seiner Sprache Bäumen zehrt!
Vor Allen ihr, o Lehrer, Redner, Sänger
Des Volkes, schwört den feierlichen Schwur:
Fortan zu tilgen alle fremden Dränger,
So Mann, so Wort aus Deutschlands Gartenflur!

Deutsch sollt ihr handeln, aber deutsch auch sprechen!
In Schule, Kirch, Versammlung, Bühne, Haus
Der Muttersprache reine Bahn zu brechen!
Beim Rasseln mit entlehnten Klapperblechen
Kommt nimmer Stimmen-Einklang je heraus,
Und nur ein Bild des babylon'schen Bau's!
Jetzt gilts, ein neues, einig' Reich zu gründen,
Weg drum mit Säulen die nicht fleckenrein!
So wacht nun dafür auch, daß keine Sünden
Den hehren Bau der Sprache mehr entweihn!

August Schnezler.

§. 19. Zahl der Mitglieder im Jahr 1849 mit Namenangabe der bedeutendsten. Neue Ortschaften.

Ungeachtet das Jahr 1849 mit bedeutenden Stürmen und Umwälzungen verfloß, so nahm doch unser Verein immer zu. Der Hauptgrund lag in der allgemeinen Bewegung und insbesondere in dem überall verbreiteten Gefühl, daß man ein Deutscher sein solle und wolle, daß die verschiedenen Stämme alle Ein großes Ganze, nur Ein Deutschland ausmachen und daß dies Bewußtsein der Zusammengehörigkeit sich auch in rein deutscher Sprache äußern müsse. So erreichte unser Verein am Schlusse des Jahrs die Zahl von 773 Mitgliedern, nemlich von Anfang gerechnet, und zwar in folgenden Ortschaften, die wir der Zahl nach an die früher angeführten anschließen: 73. Stuttgart, 74. Rastatt, 75. Hannover, 76. Waldheim, 77. Breitenbron bei Nußloch, 78. Haßmersheim, 79. Müllheim, 80. Ulm, 81. Brackenheim, 82. Eschelbronn, 83. Kislau, 84. Reutlingen, 85. Oggersheim, 86. Limburg a. d. Lahn, 87. Mainberg bei Schweinfurt, 88. Neuenheim, 89. Ladenburg, 90. Adelsheim, 91. Sinsheim, 92. Berwangen, 93. München, 94. Volkach, 95. Schweinfurt, 96. Breslau, 97. Hamburg, 98 Hanau, 99. Elsenz, 100. Geiberg, 101. Nußloch, 102. Odenheim, 103. Vietmannsdorf, 104. Altenburg, 105. Mecklenburg, 106. Detmold, 107. Worbis in Preußen, 108. Zell am Harmersbach, 109. Freiburg, 110. Echzell in der Wetterau, 111. Dresden, 112. Aub in Unterfranken, 113. Pfullingen in Würtemberg, 114. Mosbach, 115. Oppenheim, 116. Basel, 117. Bingen, 118. Cleve, 119. Villingen, 120. Bräunlingen, 121. Geisingen, 122. Hüfingen, 123. Almendshofen, 124. Donaueschingen, 125. Jena, 126. Langenbrand in Würtemberg, 127. Waldmichelbach, 128. Rüdesheim, 129. Buchen, 130. Backnang in Würtemberg, 131. Kenzingen, 132. Idstein, 133. Durlach, 134. Pforzheim, 135. Neckargemünd, 136. Mückenloch, 137. Säckingen.

Die Namen der bedeutendsten Mitglieder, die in diesem Jahre dem Vereine beitraten, sind folgende: Wr. des Rechtes Franz Mittermaier, von dem im folgenden Jahre auch Aufsätze in der „Deutschen Eiche" erschienen; G. Fried. Pflüger, damals Hauptlehrer an der höhern Töchterschule in Rastatt; Phil. Stay, Herausgeber des Volksführers; Phil. Weber, Wißlehrer in Bruchsal; Wr. Enyrim, Obergerichtsrath und Mitglied der Reichsversammlung in Frankfurt; K. S. Scholl, Pf. in Breitenbronn: Michahelles Pf. in Nürnberg, Dietelmair Pf. ebendaselbst, Seiler beßgleichen und Schriftführer des Blumenordens; Wr. Schnitzer, Vorsteher der Mittelschule in Reutlingen; Wr. Scheve der Schädelkundige; Wilhelm Sattler in Mainberg; Robert Glatz Pf. in Hanau; Jens Sattler in Schweinfurt; Wr. Hugo Krebs Pf. in Mannheim; Johannes Ronge Pf. in Breslau; Eduard Graf Pf. in Wiesbaden; J. v. Holzendorf von Vietmansdorf; Karl Dürr Hofrath; Hack Rechtsanwalt in Mannheim; Frl. Hedwig und Eleonore Wallot von Oppenheim, die geistreichen und liebenswürdigen Verfasserinnen vieler Aufsätze in der „Deutschen Eiche"; die Dichterin Josephine Holzmärker-Gerbode aus Worbis in Preußen; A. Ravenstein, Turnlehrer in Frankfurt a. M.; German Mäurer Schriftsteller ebendaselbst, Adolph Jonas Wr. des Rechts in Berlin; A. Wilh. v. Zuccalmaglio-Waldbrühl von Fredberg; Fr. Stoltze, Schriftsteller in Frankfurt; Emilie Wüstenfeld in Hamburg; Wr. G. Weber, Vorsteher der höheren Bürgerschule in Heidelberg; K. Waßmannsdorf, Turnlehrer in Heidelberg, von dessen Schrift über „Einheit in der Turnsprache" später die Rede sein wird; Leopold Rühl und Karl Rauß in Pforzheim; A. Luckenbacher in der Reichslandwartei in Frankfurt a. M.

§. 20. Briefe von Mitgliedern des Vereins im Jahr 1849.

Aus der großen Menge von Briefen, die im J. 1849 bei mir eingingen, sollen hier nur einige folgen, um die verschiedenen Ansichten der Verfasser kennen zu lernen.

44

Hochgeehrter Herr Wißmeister!

Ihre wiederholte freundliche Ermuthigung zu Aufsätzen dürften wir eigentlich nicht wirken lassen, da wir noch in den Schuljahren sind in Betreff der Reinsprache. Aber der gute Wille läßt uns keine Ruhe und schickt Ihnen beiliegendes Wortgeschnitzel — (das in der „Deutschen Eiche" abgedruckt ist) — zu gefälliger Durchsicht. Sollten Sie vielleicht eins oder das andere davon verwenden können, so arbeiten wir desto fleissiger fort.

Hochachtungsvoll

Frankfurt a. M., 26. XII. 49.

Ihre Hedwig u. Eleonore Wallot.

Verehrter Herr!

Mit Vergnügen lese ich die Berichte über den guten Fortgang Ihres Vereins für deutsche Reinsprache. Ich wünsche mich an diesem Vorhaben zu betheiligen, denn ich gestehe, daß ich niemals ein Freund davon gewesen, unsere so gute Sprache durch unnöthige Fremdwörter zu entstellen. In meinem vielbewegten Leben — (ich bin jetzt 66 Jahre alt) — habe ich schon manche Veränderungen erlebt. In der Zeit meiner Jugend waren rein deutsch gehaltene Briefe der Beweis einer zeitgemäßen Bildung, nach und nach kamen die Fremdwörter in Gebrauch, und dieser steigerte sich so sehr, daß man sich dann nur werth hielt, neben die Gelehrten gestellt zu werden, wenn man seine Aufsätze mit recht viel Worten aus ausländischen Sprachen auszuschmücken verstand. Wenn wir die Briefe von Leuten, die aus dieser letzten Zeit abstammen, zur Hand nehmen, so müssen wir leider auf den Gedanken kommen, daß bei diesen Ihr Verein wenig fruchten wird, denn die geliebten Fremdausdrücke können sie nicht mehr entbehren, ohne Gefahr zu laufen, das zu verlieren, was ihre Aufsätze deutlich macht, oder wie sich ihr Geist verwörtlichen kann.

Ich gehöre zu dem Gewerbstande, Sie können also von mir keine tief wissenschaftliche Forschungen oder dahin reichende Andeutungen erwarten, dennoch wage ich es, weil

ich Sie verehrter Herr schon länger kenne, Ihnen meine
einfachen Ansichten offen mitzutheilen, vielleicht spreche ich
doch etwas aus, was Ihr gutes Vorhaben unterstützt. Ich
wünsche diesem recht viel Theilnahme, möchte aber auch,
„daß es keine zu schwere Aufgabe bei der Durchführung
werde, denn gerade das zu ängstliche Suchen nach deutschen
Ausdrücken, und daß man alle fremde vermeiden will,
— scheint mir nicht der rechte Weg, zu allgemeiner Verbreitung, — einmal wird dadurch der Gedanke, der doch vor
allen auf die darzustellende Sache gerichtet sein muß, auf
Nebendinge geleitet, andern Theils verunglücken gar viele
solcher Verdeutschungen, und gerade dieser letzte Fall hat
der Sache schon oft geschadet, z. B. durch Wolke u. s. w.

So wäre mein Gedanke nun der, daß man diejenigen
Fremdwörter, die so bekannt sind, daß sie J e d e r kennt,
auch beibehalten sollte, z. B. K a l e n d e r, die Namen der
M o n a t e, S o l d a t, überhaupt die militärischen Bezeichnungen, ferner alle die Bezeichnungen, die selbst bis in die
untersten K l a s s e n (ich hätte wohl Schichten sagen sollen)
der Gewerbstände uud der Landleute, gleichsam allgemeines
Bürgerrecht erhalten haben. Es wäre somit eine Vereinigung über die Annahme dieser Beibehaltungen gewiß sehr entsprechend. Je weniger neues Lernen erforderlich ist, desto sicher wird der Fortschritt sein. Fürchten wir
uns doch ja nicht, daß die Zahl dieser Wörter, denen wir
vorerst Duldung zusprechen, zu groß sein werde. Wir werden mit den rein unnöthigen Fremden ohnehin genug
zu kämpfen haben, ehe sie verschwinden.

Tüchtige Wörterbücher mit Abzeichen, (welche noch
als zeitgemäß p a s s e n d, und welche in d e u t s c h besser zu
ersetzen) würden gar sehr Ihre Sache befördern; nur sollten
diese Wörterbücher nicht zu weit gehen, einfach gehalten
werden, damit sie jeder verstehen, leicht nachschlagen und
auch zu billigem Preis haben kann. Das große Buch von
Adelung halte ich für allgemeine Verbreitung zu wenig geeignet, das Kleine in 8 ist nicht genügend. Ich vermuthe,
daß Ihr Verein bereits die Herausgabe solcher Wörter-

bücher besorgt hat, und werden Sie mich verbinden, wenn Sie mir davon eins übersenden, (den Betrag vergüte ich gern) und werde dann auch für Verbreitung sorgen. Ich habe von dergleichen Büchern, außer dem oben erwähnten noch die von A. Schiffner, von Hünerkoch, von Heinatz und von Heigelin, welches letztere obschon nur ein Band, einen selten fehlschlagen läßt, und oft sehr glücklich verdeutscht.

Daß Herr Ronge jetzt in Schweinfurt sein angefangenes und mühevolles Werk fortsetzt, wird ihnen bekannt sein. Er hat mich hier schon einige mal besucht und verweilte einmal einige Tage bei mir. Nach und nach wird ja auch diese Sache der Zeit und Vernunft ihre Geltung bekommen.

Genehmigen Sie die Versicherung meiner wahren Hochachtung

Ihr

Mainberg bei Schweinfurt,   Wilhelm Sattler
21. April 1849.   der Aeltere.

Verehrtester Herr!

Mit Vergnügen las ich neulich Ihren Aufruf und beeile mich, Sie um gütige Aufnahme in den Verein der deutschen Reinsprache zu bitten. Unendlich würden Sie mich verbinden, wenn Sie mir nähere Nachrichten über die Leistungen, Arbeiten, Umfang u. s. w. des Vereins mittheilen wollten, damit ich desto mehr schriftlich und mündlich zum Gedeihen und Blühen des schönen Vereines, wenn auch nur mit schwachen Kräften, beitragen kann. Indem ich meine Aufschrift, die mit einem „Querstriche“ und „frei“ zu bezeichnen ist, beifüge, und der gütigen Gewährung meiner Bitte entgegensehe,

zeichnet
ergebenst

Limburg a. d. Lahn in Nassau,
15. Ostermonat 1849.   Bernard Wörner,
Taxis'scher Postbeamter.

Hrn. Dr. Brugger Wohlgeboren in Heidelberg.

Ich habe Ihre Aufrufe zum Beitritte des unter Ihrer Obhut sich gebildet habenden Vereins für deutsche Reinsprache gelesen und mit großem Antheil vernommen, daß dieser Verein allseitig Anklang findet und kräftig sich fortbildet. Ich war immer mit Lust und Liebe für Deutschlands Sache erfüllt, somit auch für eine reine deutsche Sprache, für die kernige Sprache eines edeln Volkes. Ich erkläre somit meinen Beitritt zu diesem zweckmäßigsten aller Vereine mit dem Mannesversprechen im Sinne des Vereines, wo immer ich kann, thätig zu wirken. Wollen Sie die Güte haben, mich mit den Satzungen und übrigen Erfordernissen des Vereinszweckes näher bekannt zu machen, damit ich mit der Gesammtheit der Mitglieder für den Verein sofort meine Thätigkeit einsetzen kann.

Mit bestem Gruße und ausgezeichneter Hochachtung Aub im bayrischen Unterfranken,
3. August 1849. Dr. Zöllner.

§. 21. Aufsätze in verschiedenen Zeitschriften. Allg. Schulzeitung in Darmstadt.

Daß ich nicht feindselig gegen andere Ansichten gesinnt bin, wenn sie auch nicht immer mit den meinigen übereinstimmen, soll die Aufnahme folgender Beurtheilung aus der allgemeinen Schulzeitung von Darmstadt vom 26. Ostermonat 1849 beweisen, welche manches wahre und lehrreiche enthält.

Deutsche Sprache.

Das Urbild der deutschen Reinsprache aus der Geschichte, dem Wesen und dem Geiste unserer Sprache dargestellt, nebst einem Fremdwörterbuche, worin viele Wörter neu übersetzt und ausführlich erklärt sind, von Wr. (Dr.) J. Brugger. Heidelberg, J. Groos, 1847. 292 S. in 8.

Dieses den Herren Duller in Darmstadt, Graf in Mannheim, Küchler in Heidelberg, Rau in Stuttgart ge-

widmete Buch enthält: 1) eine Geschichte von der deutschen
Sprache Verderbniß, oder über Einführung der Fremdwörter
ter von den ältesten bis auf die neuesten Zeiten, 2) eine
Darlegung des der deutschen Sprache eigenthümlichen Reichthums der Bezeichnungen, Wortformen und Wortbildungen,
3) die Zeichnungen eines von allem Fremdwesen gereinigten
Urbildes der deutschen Sprache mit Ausführung der zu
seiner Rechtfertigung dienenden Gründe, 5) Beiträge zu
einem Fremdwörterbuche. Der Grundton, der alle diese
Abschnitte durchzieht, ist der des bittern Tadels über Be-
schränktheit, Stumpfsinn, Unverstand, Sklaverei und Maul-
affigkeit des von dem Veitstanz der Fremdländerei besesse-
nen deutschen Volkes, welches mit Blindheit geschlagen völlig unfähig sei, den unendlichen Reichthum seiner eignen
Trefflichkeiten zu erkennen und den geeigneten Gebrauch
davon zu machen, welches sein heiligstes Besitzthum, die
Sprache, mit Fremdlappen befleckend, sich gleichsam mit
einer Narrenjacke umkleide und dadurch geistig verknechtet
auch die leibliche Herrschaft und bedrückende Willkür des
Auslandes vielfältig auf sich geladen, zuletzt seine volksthümliche Geltung und staatliche Bedeutung auf dem großen
Weltschauplatze der Völker verloren, ja selbst die freie Wal-
tung des inneren Lebensverkehrs völlig eingebüßt habe*).
Dieser Ansicht zufolge muß Deutschlands Zukunft zunächst
und hauptsächlich von der Verbannung der Fremdwörter
abhängig erscheinen, wofür der Verf. ohne Ausnahme alle
Wörter erklärt, die nicht aus rein deutschen Wurzeln und
Stämmen entsprossen, nur durch Pfropfreiser an dem deutschen Sprachbaum gezeitigt, d. h. zu irgend einer Zeit als
Lehnwörter aus fremden Sprachen in die deutsche übergegangen sind, und deren Abscheulichkeit er in zahlreichen
Beispielen nachzuweisen und durch die Herrlichkeit rein
deutscher Prachtwortstückwerke zu ersetzen bemüht ist.

---

*) In meiner Vaterlandsbegeisterung bin ich mit meinen lieben
Landsleuten etwas zu hart umgegangen, ich gestehe es.

A. D. H.

Somit ist diese Schrift das Werkzeug einer Bestrebung, die hinsichtlich ihrer in vaterländischer Gesinnung liegenden Triebfedern die höchste Werthschätzung verdient. Eben deshalb aber kann man nur bedauern, daß ihr Erfolg durch Uebertreibung wesentlich gefährdet worden ist. Die Ursache hiervon liegt in einer geschichtlichen Auffassung, die sich nicht einmal für die bedeutsamsten Völker des Alterthums, geschweige denn für das der Neuzeit angehörige deutsche Volk begründen läßt. Unter allen kulturgeschichtlichen Völkern hat nicht ein einziges seine Sprache frei von allen Fremdwörtern erhalten, außer etwa das Sanskritvolk, welches nur durch Alexander auf kurze Zeit im Nordwesten mit griechischer Bildung in Berührung gekommen, jene sprachliche Reinheit seiner von dem Völkerdrange unberührt gebliebenen Weltstellung an der Wiege und dem Sonnentische der menschlichen Bildung verdankt. Je weiter wir vom Aufgang bis zum Niedergang, von dem Ursprung zum Fortgang und Verlauf der Völkergeschichten fortschreiten, um so mehr sehen wir überall die Menge der Fremdwörter zunehmen, selbst bei Völkern, die von dem größten Stolz auf den Adel ihrer Abkunft und ihres Volksthums erfüllt sind. Kein Volk des Alterthums überragt die Griechen in geistiger Höhe und dem stolzen Selbstbewußtsein des eignen Werthes, womit sie sich selbst, die Hellenen, alle andern Völker der Erde als Barbaren gegenüberstellen. Keine Sprache ist eigenthümlicher, abgeschlossener, selbstständiger, gebildeter, als die griechische, aber von Fremdwörtern ist sie darum nicht frei, und die Zahl derselben mehrt sich zusehends für unsere Erkenntniß, sowie die Sprachforschung sich erweitert und vertieft. Läßt sich auch nicht überall das rein Griechische oder das aus der indogermanischen Gemeinsamkeit im Griechischen vorhandene mit voller Bestimmtheit von dem aus andern Sprachen Entlehnten unterscheiden, so ist doch des letzteren schon eine große Menge erkennbar, besonders in den aus dem Orient stammenden Benennungen von Naturdingen und Kunstprodukten, wie Absinth, Aroma, Asphalt, Byssus, Elephant, Kameel, Natron, Tiger u. f. w., oder von Göttern und Göttercnlten, wie Adonis, Ammon, Aftarte, Iſis u. f. w. So ſind aus Perſien Paradies, Paraſange, aus Aegypten Charte, Ibis, Labyrinth, Papier (was Hr. Brugger nicht einmal im Deutſchen dulden will, ſondern durch Schreibwad überſetzt*), obwohl auch ſchreiben und Schrift aus scribere gebildet ſind), Pharao, Pyramide u. ſ. w. In ſpäteren Zeiten hat es der griech. Sprache auch nicht an lat. Fremdwörtern gefehlt, und die neugriechiſche Sprache iſt vollends eine olla potrida geworden, in welcher ſelbſt der deutſche Vater-landner einige Befriedigung finden kann, z. B. wenn von einem Phuntion (Pfund) die Rede iſt, das ſo oder ſo viel Talara (Thaler) koſtet. Aehnlich verhält es ſich im Latei-niſchen. Von den ſehr zahlreichen griech. Lehnwörtern zu ſchweigen, ſo haben ſchon die alten Grammatiker den Ur-ſprung mancher lat. Wörter bis nach Aethiopien, Numi-dien, Hiſpanien und Scythenland verfolgt und ihrer mehrere hundert als celtiſchen oder galliſchen Urſprungs, wie alauda, baro u. ſ. w. verzeichnet, und zwar großentheils Wörter, an deren Gebrauche Cicero und Virgil nicht den mindeſten Anſtoß genommen haben. Ia ſelbſt deutſche Wörter, wie bison (Wiſent), butyrum (Butter) u. ſ. w. laſſen ſich ſchon in der klaſſiſchen Latinität nachweiſen. Kurz überall findet ſich beſtätigt, daß der feindliche und freundliche Völ-terverkehr mit Eroberung, Reiſen, Waaren-, Begriff- und Ideentauſch die wechſelſeitige Entlehnung von Fremdwörtern erzeugt hat, für welche die eigene Sprache nur mühevoll erkünſtelte, übellautende, unverſtändliche Ausdrücke hätte er-finden können, gerade wie es uns noch jetzt ergehen würde, wen wir Bretzeln (von brachiolum), Canapee (wahrſch. von conopeum), Kamin (caminus), Kaſtanie (castanea), Kirſche (cerasus), Lampe (lampas), Lattich (lactuca), Mappe (mappa), Peterſilie (petroselinum), Pfeffer (pi-per), Pferd (von (paravoredus), Pfirſiche (persicum), Pult (pulpitum), Salbei (salvia), Semmel (von simila),

---

*) Dieſe Ueberſetzung iſt nicht von mir.   A. b. H.

Senf (sinapi), Speicher (von einer Form spicarium),
Spiegel (speculum), Tafel (tabula), Thymian (thymus),
Tinte (von tingere), Tisch (von discus), Weste (von
vestis), Ziegel (tegula) u. s. w. verbannen, oder Kaffee,
Thee, Rum, Arrak, Punsch, Rhabarber, Tabak, Sassafras
und Ipecacuanha mit deutschen Wörtern bezeichnen, oder
wegen Kartoffel und Pantoffel uns allerhand sprachliche
Bedenken machen wollten*). Allerdings wird das im Besitz der reicheren Cultursprache befindliche Volk bei solchem
Worttausch mehr mittheilend, als empfangend sich verhalten, aber je sicherer es seines Reichthums ist, um so weniger
wird es nöthig haben, in jeder Aufnahme eines Fremdwortes eine Verletzung der eignen Volksthümlichkeit zu erblicken. Diese kleinliche Eitelkeit ist eine mesquine (der
volle Sinn dieses jüdischen Fremdwortes ist glücklicher
Weise im Deutschen nicht in einem einzigen Worte ausdrück-
bar) Beschönigung des Mangels einer Volksthümlichkeit,
die in vollem Sinne des Wortes alle Gebiete von Religion,
Wissenschaft und Kunst, von Staat und Kirche, Verfassung
und Gesittung, Handel und Gewerbe umschließen sollte,
eines Mangels der theils mit, theils ohne Schuld des
Volkes seit zwei Jahrtausenden sich fühlbar gemacht hat,
den wir mit aller Wortwechselei aus der Geschichte und
Gegenwart nicht hinweg zu maßregeln vermögen, und der
nunmehr seit Jahr und Tag sich wiederum in der Form
eines politischen Armuthszeugnisses kund gibt, welches das
deutsche Volk sich selbst ausgestellt hat. Die schönsten Momente der deutschen Geschichte sind gepriesen und verherr-
licht worden von unsern besten Dichtern, und die von dem
verehrten Herausgeber dieser Blätter veranstaltete Sammlung solcher Musterstücke ist von unschätzbarem Werthe für
die nationale Erziehung. Aber dennoch kann man sich des
Mißmuths nicht entschlagen, daß, mit Ausnahme von Arminius und Heinrich dem Finkler, der einzigen Helden für
ein Nationalepos, die Klopstock aufzufinden vermochte, alle

---

*) Diese lassen wir alle gelten.   A. d. H.

4*

52

volkthümliche Herrlichkeiten niemals in nationaler Gesammtheit und Größe, sondern immer nur in innerer Zerstücke-
lung und Parteiung, oder beschränkt auf bürgerliche, häus-
liche, gemüthliche, dichterische und wissenschaftliche Tugenden
des bloßen Privatmannes hervortreten. Leider ist nicht
ohne Wahrheit, was Herr v. Schmerling als deutscher
Reichsminister gesagt hat, Oesterreich habe eine Geschichte,
Preußen habe eine Geschichte, Deutschland habe keine, darum
sei er erst Oesterreicher, dann Deutscher. Was hat wohl
unsere hochgerühmte Nationalliteratur auf die Volksmassen
in Oesterreich und Bayern eingewirkt, wo sie für eine nord-
deutsche Ausgeburt der lutherischen Ketzerei gehalten wird,
wo sie nicht einmal die unter einer deutschen Staatsregie-
rung neuerdings erfolgten Fortschritte der italienischen
Sprachgränze nach Norden bis mitten in die altdeutsche
Stadt Botzen hinein zu hemmen vermocht hat? Und wie
steht es mit dem deutschen Volksthum und der deutschen
Sprache in Elsaß, Lothringen, Belgien, Holland, Helgo-
land, Schleswig, Livland u. s. w. Und da sollte die müh-
selige Ausmärzung einiger Fremdwörter durchschlagen und
Hülfe schaffen? Macht erst Deutschland zu dem, was es
sein sollte, zu dem Völkerherzen, von dem die politischen
Pulsschläge Europa's ausgehen, macht das deutsche Volk,
wozu es geschichtlich bestimmt war, zu dem mächtigsten der
Erde, und die matte Fremdsüchtelei wird bald hinter dem
allgemeinen Fortschritt zurückbleiben, das leidige Fremd-
wortthum auf ein geziemendes Maß beschränkt sein*).
Sprachgelehrte Wörterfabriken können das nicht leisten, sie
gleichen den Zuckerfabriken in Deutschland, die manches
schätzbare Product geliefert haben, gleichwohl aber zu Grunde
gehen mußten, weil man von der falschen Vorstellung ausgegangen war, daß durch bloße Vervollkommnung der Tech-
nik das nicht minder gute, aber wohlfeilere und insofern
leichter zu habende Product des Auslandes ohne genügenden Nationalschutz verdrängt werden könnte. Wir sind

*) Das ist leider bis zum Jahr 1862 noch nicht gelungen. A. d. H.

überhaupt allzusehr geneigt, den Werth von Sprache und
Literatur für den Bestand unseres Volksthums zu über-
schätzen, und vergessen selbst, daß die auf die deutsche Nationalität gerichteten Ideen und Bestrebungen den Weimar'-
schen Heroen unserer Literatur eben so fern gelegen haben,
wie den der Entfremdung so oft angeklagten Philologen
und Ultramontanen. Wieland war der Anbeter von Napoleons von ihm geweissagter Größe, Herder hat die Deutschen eine ungewordene Nation genannt, ohne bis jetzt widerlegt zu werden, Schiller hat kein Wort des Bedauerns
über die Losreißung der Schweiz und der Niederlande von
dem deutschen Reiche und spottet des Rheins als der Reichs-
gränze nur, „weil ja der Gallier hüpft über den duldenden
Strom", Göthe endlich hat die Reformation nicht minder
wie die Revolution verdammt, die Freiheitskriege waren
ihm ein Greuel, und offen hat er sein Bedauern darüber
ausgesprochen, daß seinem Genius als Organ der Selbst-
offenbarung das schlechteste unter allen, das der deutschen
Sprache, zu Theil geworden sei*.

Wenn wir eine einigermaßen vollständige Geschichte
der einzelnen Fremdwörter hätten oder haben könnten, so
würde sich in den meisten Fällen nachweisen lassen, daß
ihre Aufnahme wenigstens in älteren Zeiten auf wirklichem
Bedürfniß beruhte, und daß, wie reiche Triebkraft auch die
deutsche Sprache für neue Erzeugnisse haben möge, diese
doch keineswegs ausreichend war, um für die aus der
Fremde kommenden Realgegenstände und Culturbegriffe na-
turwüchsig gebildete Eigenwörter hervorzubringen. Die Geschichte unserer Sprache und Literatur beginnt man gewöhnlich mit Ulphilas, und ebenda hat der Vf. auch seine
Geschichte der Fremdwörter begonnen, an denen schon Ulphilas ziemlich reich ist, wie er ja schon seinem eignen Namen eine gräcisirte Form gegeben, ihn dadurch zum Fremdworte gemacht hat. Aber die Geschichte der deutschen

---

*) Das sind allerdings Schattenseiten, auf die wir nur mit Be-
dauern blicken.   A. d. H.

Fremdwörter ist in der That weit älter, und man hat bisher fast ganz übersehen*), daß sie wahrscheinlich bis in die Zeiten des Cäsar und des Marius zurückgeht. Selbst Arminius hatte in römischen Diensten gestanden, sprach lateinisch, hatte einen Bruder, der den römischen Namen Flavius führte, und aus seinem Geschlechte herrschte später über die Cheruskier ein König, mit Namen Italicus. Solche Beziehungen in Zeiten, wo die Römer den Deutschen als Barbaren gegenüber standen, mußten eine Menge von Fremdwörtern in das Herz von Deutschland bringen. Ebenso bei Marbod, dessen ganze Staatseinrichtung eine Nachbildung der römischen war. Der ganze Südwesten Germaniens endlich zwischen Lahn, Rhein und Donau, etwa Nassau, das südliche Hessen, Baden, Würtemberg und Bayern umfassend, ist Jahrhunderte lang ein Bestandtheil des römischen Reiches gewesen und als solcher vorzugsweise cultivirt worden. Von dem Allem gibt noch jetzt die deutsche Sprache Zeugniß in Tausenden von Fremdwörtern, welche als Spuren von Roms Fußstapfen in ihr zurückgeblieben sind. Mag es sein, daß die Gränzscheide zwischen urverwandten oder rein deutschen und von den Römern entlehnten Wörtern nicht mit voller Sicherheit gezogen werden kann, und daß demnach immer einige Irrthümer mit unterlaufen, im Allgemeinen läßt eine sorgfältige und durch alle Gebiete indogermanischer Sprachen hindurchgeführte Vergleichung unter gleichmäßiger Zurathziehung der auf den Sachbegriff unter römischer Herrschaft einwirkenden Verhältnisse keinen Zweifel übrig, daß die meisten der in Betrachtung kommenden Wörter wirklich römische Fremd- und Lehnwörter sind, wie Dichter (von dictare), Form (forma), Kammer (camera), Kemnate (von caminata, mit einem Kamin versehenes Zimmer), Münze (moneta), Schule (schola), Speise (von species, gleichsam als das feinere mit römischer Kunst zubereitete Schaustück, wie das

---

*) Vgl. das latein. Element in der deutschen Sprache im 1. B. 2 H. von Herwig's und Viehoff's Archiv für neuere Sprachen.

dazu gehörige französische épice) u. f. w. Daß dabei
schon die lächerlichsten, bis nach Norwegen und Island vor-
gedrungenen Verwechslungen und Mißverständnisse vorkommen, zeigt das ethymologisch alberne Wort Armbrust, aus
arcubalista verderbt. Gerade solche Corruptionen aber
beweisen eine noch frische Nationalkraft, die das Fremde
völlig zu bewältigen und ihm ein heimisches, wenn auch an
sich unsinniges Gepräge aufzudrücken vermag. Es genügt
dem Volksverstande, durch den ungefähren Wortlaut, wie
durch die Haltung der Waffe an Arm und Brust erinnert
zu werden, um aus arcubalista Armbrust zu machen, etwa
wie der Engländer aus asparagus gemacht hat sparrow-
gras, d. i. Spatzengras, weil sich das so hübsch verstehen
läßt, ohne viel darüber nachzudenken. Daß nun aber dergleichen Fremdwörter in Form und Bedeutung längst ein-
gebürgert sind und oft kaum nur noch von dem gelehrten
Sprachforscher als Fremdwörter erkannt werden, daß sie
uns gute Dienste geleistet haben und ferner leisten können,
dies sollte sie auch sicher stellen gegen jeden Versuch der
Landesverweisung; mit jeder gewaltsamen Deportation wird
auch ein geistiges Capital verloren gehen, das wir als unser wohl erworbenes und sauer verdientes Eigenthum
ansehen dürfen. Was aber der alten Zeit zugestanden wird,
darf auch der neuen nicht völlig entzogen werden, auch ihr
muß man die Befugniß zugestehen, den Kreis ihrer Ideen
und Begriffe mittelst der Sprache in ähnlicher Weise über
den heimischen Horizont hinaus zu erweitern. Unsere Minister, Officiere, Leutnants, Trompeter, Kanonen, Flinten
(von plinthus), Studenten, Professoren, Doctoren, Apotheker, Magazine, Hospitäler u. f. w. sind dem Volke ebenso
verständlich, wie alles rein Deutsche, was man dafür er-
finden und gebrauchen könnte. Sie würden Niemand im
Volke Anstoß erregen, wenn nicht eine dem Volke unnöthige
Gelehrsamkeit denselben erst herbeiführte, indem sie z. B.
nachweist, daß Apotheke ein ganz unpassendes griechisches
Wort sei, das vernünftiger Weise nur eine Waarennieder-
lage bezeichnen könne. Wie lächerlich würde es der Fran-

zofe finden, wenn man ihm fein boutique (ital. bottega) nehmen wollte, die ganz mit derselben Sinnverkehrung aus dem griechischen apotheca geworden ist? Und das wäre gewonnen, wenn wir den Apotheker zum Arzneiladner machen wollten, da der Arzt selber ein Ausländer ist, wahrscheinlich aus archiater geworden? Oder was hilft es, wenn wir die Advocateu abschaffen, bleibt noch immer des Kaisers Vogt zurück, der auch nichts anders ist als ein Caesaris advocatus? Es ist nicht zu vergessen, daß es gerade die niedere Volkssprache ist, die ein strenger und folgerichtig durchgeführter Purismus in Verwirrung setzt, und daß, was einmal dem Volke mundrecht geworden ist, nicht nach bloßen Theorien ihm wieder entrissen werden kann. Der Gelehrte mag sich zur Noth hindurcharbeiten durch die babylonische Sprachverwirrung, welche aus der Verdeutschung der üblichen Kunstausdrücke in Grammatik Mathematik, Chemie, Pharmacie u. s. w. hin und wieder entstanden ist. Schwerer würde schon ein städtisches Publicum sich morgenländern, oder wie man in reinem Deutsch sagt, sich orientiren, wenn ihm ein Theater- oder Concertzettel iu reinem Deutsch (Drahttonwerk für Fortepiano u. s. w.) geboten werden sollte. Aber am meisten würde sich das Volk dagegen sträuben, wenn man selbst Maurer (von murus) und Schreiner (von scrinium) antasten, keinen Barthel (Bartholomaeus), Bastian (Sebastianus), Hans (Johannes), Matz (Mathaeus), Seppi (Josephus), Töffel (Christophorus), keine Grete (Margarita), Maria (Maria) u. s. w. dulden, wenn man etwa gar Main und Rhein, Mainz und Worms als celtisch verwerfen wollte*). Selbst die Vermuthungen, Irrthümer und Narrheiten der Gelehrten, einmal in den Mund des Volkes übergegangen, sind nicht leicht wieder auszurotten, wie der celtische Taunus und der vom Harze in die Bergstraße versetzte Melibocus (im Mittelalter mons Malscus) beweisen.

Nirgends aber möchte das der Volkssprache drohende

----

*) Alles dieses tasten wir nicht an.   A. d. H.

Unheil ärger werden als in dem, was seine Religion und sein Christenthum betrifft. Denn wie dieses aus dem entlegenen Winkel eines fernen Erdtheils hervorgegangen und durch Vermittelung von Rom nach Deutschland gelangt ist, so erinnert Alles, was seinem Bereiche angehört, in sprachlicher Hinsicht noch jetzt an diesen seltnen Ursprung und Fortgang, z. B. Almosen (eleemosyne), Altar, Apostel, Avemaria, Bibel, Bischof, Capelle, Christenthum, Confession, Confirmation, Consistorium, Dom (von domus), Engel, Evangelium, Firmelung, Kanzel, Katechismus, Katholik, Ketzer, Kirche (von circus), Kloster, Laie, Litanei, Liturgie, Mönch (monachus, wovon auch die Stadt München), Papst, Pastor, Pfaff (natürlich von papa und nicht, wie der Vf. im Ernst vermeint, Akrostichon aus pastor fidelis animarum fidelium), Pfarrer (parochus), Pfingsten (pentecoste), Prälat, Prediger (von (praedicare), Priester (von presbyter) Prophet, Protestant, Psalm, Religion, Synode u. s. w.*) Wer den Gebrauch dieser und ähnlicher Wörter verwerflich findet, der müßte eigentlich die gleiche Verwerfung auf das Christenthum selbst als ein fremdländisches, das germanische Volksthum zersetzendes Uebel erstrecken; er vergißt, daß es nothwendige Bedingung für die Einführung der neuen Religion war, die Volkssprache nach der Norm ihrer Ideen und Begriffe umzugestalten, und wenn man wahrnimmt, wie die Verkünder des Christenthums selbst den heidnischen Fluch beim Donnergotte nur durch ein vorgesetztes christliches Kreuz (Kreuzbonnerwetter) zu mildern vermochten, so kann man sich einen Begriff davon machen, welchen Werth sie auf die mit Fremdwörtern erfüllende Christianisirung der Sprache legen mußten.. Es mag ihnen Kummer genug bereitet haben, daß der nationale Sprachgeist zuweilen über alle ihre Bemühungen den Triumph (in der verhunzten Form Trumpf für ächt deutsch gehalten!) davon trug, wie ja bis auf den

---

*) Die meisten dieser Wörter werden einst mit der Sache von selbst wegfallen. A. d. H.

heutigen Tag unſere Wochentage großentheils noch heidniſche
Namen tragen (z. B. franz. dimanche aus dies dominica,
alſo chriſtlich, aber Sonntag, an den Sonnendienſt erin-
nernd, noch heidniſch) und an unſerm chriſtlichen Paſſah-
feſte (franz. pâques, alſo bibliſch) ein Stück Heidenthum
durch den Namen der Frühlingsgöttin Oſtra ſitzen geblieben iſt.

Wenn der Verf. meint, daß die Deutſchen allein Fremd-
wörternarren ſeien, alle andern Völker Europa's aber ſich
von ſolcher Thorheit frei erhalten hätten, ſo ſind auch hierbei die geſchichtlichen Momente nicht gehörig gewürdigt,
von deren Einfluß die Mittheilung der Fremdwörter zu-
meiſt bedingt wird. Wären die Deutſchen ein weltherr-
ſchendes Volk wie die Franzoſen und die Engländer, ſo
würde auch ihre Sprache als Weltſprache die übrigen
Sprachen mit Fremdwörtern erfüllt haben. Der geſchichtliche Beweis davon liegt in den Zeiten der Völkerwande-
rung, wo alle romaniſche Sprachen von deutſchen Fremdwörtern erfüllt worden ſind, die bis auf den heutigen Tag
einen weſentlichen Beſtandtheil derſelben, namentlich der
franzöſiſchen ausmachen, wie z. B. Vilmar aus dem deutſchen Namen Reinhard, den noch jetzt im Franzöſiſchen der
Fuchs (renard) führt, denkwürdige Rückſchlüſſe auf das
Alter des germaniſchen Thierepos gemacht hat, und wie der
Name Reinwalt ähnliche Schlüſſe auf die altgermaniſche
Volksromantik erlaubt, wenn man ihn in Italien als Ri-
naldo Rinaldini wiederfindet. Aehnlich ſind durch das
Medium des Normänniſchen hindurch den romaniſchen
Sprachen deutſche Wörter zugeführt worden, wie man in
Robert Guiscardo leicht noch Rudchert Witzhart, in Roger
und Rollo oder Raoul noch Rudger oder Rüdiger und Rudolf wiederfindet. Don Miguel und Don Rodrigo ſind
die baroniſirten deutſchen Michel und Roderich, der letztere
hat ſich als Rurik ſelbſt in Rußland angeſiedelt wie der
ſchottiſche O'Bryan (auch in Chateaubriand) in dem by-
zantiniſchen Bryennius wieder zum Vorſchein kommt, und
die nordiſchen Waräger in Byzanz als Barangi die kaiſer-

liche Leibwache bilden. Niemals haben die Romanen diese
deutsche Beimischung als einen nationalen Makel angesehen,
und wenn der Gebrauch von Fremdwörtern eine Sprache
so völlig entwürdigen könnte, so müßte die eigentlich aus
lauter Fremdwörtern bestehende englische Sprache auf der
tiefsten Stufe stehen*); denn ohne gelehrte Bildung vermag kein Engländer das sprachliche Urverständniß seiner
Worte zu durchdringen, er weiß nicht, wie er dazu komme,
den Begriff allmächtig durch drei so verschiedene Wörter
wie almighty, powerful und omnipotent auszudrücken.
Aber dieser völlige Mangel an nationaler Selbstständigkeit
der Sprache hat der englischen Prosa und Poesie so wenig geschadet, wie die gemischte Abstammung des englischen
Volkes seiner weltherrschenden Nationalmacht. Dagegen
haben die Deutschen durch Vernichtung des römischen Reiches und Erfüllung seiner Provincialsprachen mit deutschen
Fremdwörtern nicht den mindesten nationalen Vortheil erlangt. Sie selbst haben keine höhere Idee dadurch gewonnen, als das abgestorbene römische Reich aus seinem Grabe
zu erwecken und es als heiliges römisches Reich deutscher
Nation neben dem byzantinischen als politisches Gespenst
durch das Mittelalter durchzuschleifen. In Italien, Afrika,
Spanien und Gallien aber ist bis auf einige armselige
deutsche Fremdwörter jede Spur der deutschen Nationalität
erloschen, während die in Folge jener Ereignisse bis an die
Elbe nachgerückten Slaven noch jetzt auf deutschem Grund
und Boden als die gefährlichsten Feinde des deutschen Namens drohen und grollen.

Wollen wir nicht die Zeit und Weltstellung anklagen,
welche das Geschick nun einmal unabänderlich dem deutschen
Volke angewiesen hat, so können wir in den Fremdwörter-
haß nur einstimmen, soweit er den Zopf und Perückenstyl
des 17. und 18. Jahrhunderts betrifft. Aber auch hier
ist es eine oberflächliche Auffassung, nur an blinde Nach-

---

*) Sie ist aber auch ein abscheulich zerquetschter Mischmasch.

A. d. H.

äfferei zu denken. Es war die politische Zerrissenheit, Ohnmacht und Erbärmlichkeit, die Deutschland wie mit dem Jammer des 30jährigen Krieges und des konfessionellen Sectenhasses so mit Ungeschmack, Barbarei und Trivialität erfüllte und es unfähig machte, dem siècle de Louis XIV. ebenbürtig entgegen zu treten. Man vermeide die allerdings großentheils entbehrlichen Fremdwörter dieser Zeit, soviel sich ohne Plage thun läßt; aber man rühme sich nicht, damit das Volk geistig befreit, es auf den Höhepunkt volksthümlicher Bedeutsamkeit erhoben zu haben. Das ist ein schulmeisterlicher Gedanke, der positiven Schaden stiftet, weil er der wahren Nationalkraft eine falsche Richtung gibt und sie an Kleinigkeiten vergeuden lehrt*). Wenn der Gebrauch von Fremdwörtern die ärgste Sünde der Deutschen wäre, so würden sie eine andere Rolle auf der Weltschaubühne spielen, als ihnen leider dermalen zugefallen ist, und wenn der Verf. in seinem Ingrimm gegen die Fremdwörter von einem Sklavenjoch spricht, das mittelst derselben die deutschen Einfaltspinsel, Papageien, Prahlhänse und Wißmeister sich haben auflegen lassen, so hat er, ohne es zu ahnen, sich selbst der Gefahr ähnlicher Vorwürfe ausgesetzt, den Sclav (von Slav), Pinsel (penicillus), Papagei, Hans (Johannes) und Meister (magister) sind Fremdwörter, deren er sich zum Ausdruck seines Tadels bedient**).

Wir haben bisher absichtlich großentheils Beispiele gebraucht, die in dem Buche des Hrn. Brugger vorkommen. Gerade darin aber liegt dessen schwächste Seite, daß der Verfasser eine Menge Fremdwörter durch rein deutsche übersetzt, in denen der Sachkenner gleichwohl nichts als etwas ältere und besser germanisirte Fremdwörter zu erkennen vermag. So übersetzt er Altar durch Opfertisch, was von offerre und discus kommt, Ball durch Tanzfest,

---

*) Deutsche Gesinnung und deutsche Sprache sind eng mit einander verbunden und wahrlich keine Kleinigkeiten!
**) Die aber das fremde Gepräge verloren haben. A. d. H.

aber tanzen ist romanisch, Fest lateinisch, Batterie durch Pfannendeckel, aber daß Pfanne von patina kommt, muß man schon daraus schließen, daß Pf in rein deutschen Wörtern nirgends gesichert steht, Bazar durch Marktplatz, aber Markt kommt von mercatus, wenn auch Platz und platt mit platea nur urverwandt ist, Chaussee durch Hochstraße, aber die Straße in kunstgerechter Form ist eine römische via strata, Billet durch Briefzettel, aber Brief kommt von breve, wie noch ein päpstlicher Brief heißt, und Zettel von schedula, Civilisirung durch Bürgerlichung, aber Bürger sind im Althochdeutschen noch nicht vorhanden und kommen im modernen Sinn zunächst in alten römischen Municipalstädten vor, wonach man annehmen muß, daß Bürger nicht von Burg, was diesem Sinne fern liegt, wie die Burgmannen beweisen, sondern von dem spätlateinischen burgarius gebildet worden (wie Bursch von bursarius, Keller von einer Form cellarium u. s. w.), exemplarisch durch musterhaft, aber Muster kommt von monstrum (eig. das, worauf man hinweist, wie auch franz. montre und Monstranz mit der Bedeutung von monstrare), Turnei durch Lanzenrennen, aber Lanze ist die römisch-celtische lancea u. s. w. Umgekehrt kommt auch vor, daß rein deutsche Wörter, wie Boot, wozu Bütte gehört, irrthümlich für Fremdwörter gehalten worden sind.

Als Muster der deutschen Reinsprache und um zu beweisen, das gerade das Geistreichste, Edelste und Schönste darin ausgedrückt werden könne, hat der Verfasser eine Anzahl von Lesestücken meist von Jochmann, Sallet, Leopold Schefer, Schiller u. s. w. beigegeben. Aber auch hier dasselbe Uebel; bei oberflächlichem Ueberblick hat Ref. darin folgende Fremdwörter gefunden: Abc ist phönicisch, Ammonshorn ägyptisch, Birne kommt von pirum, denn Grimm's Ableitung von Bären ist völlig verfehlt, Cypresse von der Insel Cypern, Demant, Drache, Echo, Engel sind griechisch, ebenso einsargen wenn in dem Wortkerne Sarg aus sarcophagus abgestumpft, Fenster von fenestra, wiewohl hierbei vielleicht bloße Urverwandtschaft stattfindet, da das Wort auch

im Lateinischen keine sichere Erklärung darbietet, Festfeier
von festus und feriari, Flamme wahrsch. Lehnwort von
flamma, weil im Altdeutschen fehlt, obwohl die ablautende
Form flimmern davon gebildet ist, Frucht muß als Lehn=
wort von frux gelten, weil es im Deutschen an einer ent=
sprechenden Wurzel fehlt, indem zu frui die urverwandte
Stammform brauchen gehört, Kerkermauern waren dem
alten Germanen unbekannt, er konnte sie darum nur mit
den Fremdwörtern Carcer und murus benennen, wovon
das erste zwar schon im Altdeutschen vorkommt, aber doch
nur im Lateinischen und Griechischen erklärende Analogien
darbietet; Kloster, Krone, Krystall, Leier und Lilie bedür=
fen keines Beweises. Maximilian ist spätlateinische Ver=
längerung von Maximus, Maximillus. Metall und
Pflanze sind die von den Römern entlehnten wissenschaft=
lichen Benennungen von Collectivbegriffen, Mittelpunkt ist
halb lateinisch, Ocean griechisch, Perle romanisch, Pfeil
von pilum, Pilger von peregrinus (franz. pelerin), Preis
von pretium, Puls von pulsus, Segen von signum als
Zeichen des heil. Kreuzes u. s. w. *)

Von neueren Fremdwörtern möchten zunächst diejeni=
gen zu dulden sein, die der allgemeineren europ. Bildung
angehören, und deren eben deßhalb keine Nation Europa's
entbehren kann, ohne einen mehr oder minder großen Theil
der Gemeinsamkeit europ. Ideen und Begriffe zu ihrem
Nachtheil aufzuopfern. **) Wörter wie Cabinetspolitik, Ca=
marilla, Demokratie, Fabrik, Industrie, Justiz, Katholicis=
mus (der Verf. will dafür Allgemeingeglaubthum, also
Katholiken Allgemeingeglaubtthümler!), Luxus, Militär,
Münster, Monarchie, Natur, Officier, Person, Republik
u. s. w. sind allgemeine Weltwörter geworden, deren fast

---

*) Diese Wörter tragen aber jetzt deutsches Gepräge.
A. d. H.

**) Es ist ein wahres Wunder, daß wir Eisenbahnen, Dampf=
schiffe u. s. w. sagen und nicht auch die Fremdwörter dafür an=
genommen haben. A. d. H.

keine europ. Sprache entbehren kann, selbst wenn sie im
Stande sind, die entsprechenden Begriffe theilweise mit heimischen Wörtern zu bezeichnen. Die meisten derselben gehören der lat. Sprache an, wenigstens sofern diese als
Dolmetscherin der griechischen und später als röm. Pro-
vincialsprache den classischen Sprachgebrauch erweiternd die
Mutter der roman. Sprachen und somit die Hauptquelle
und Fundgrube jener modernen Wortbildungen geworden
ist, ein Umstand, der bekanntlich die lat. Sprache auch für
den erziehenden Unterricht vorzüglich wichtig macht. Es ist
nicht abzusehen, warum die deutsche allein unter allen
Nationen Europa's niemals aus dieser so reichen und be-
quemen Quelle schöpfen sollte, nachdem ihre Sprache schon
vor Tausenden von Jahren Tausende von Wörtern aus
ihr aufgenommen hat, die jetzt nicht bloß von dem Volke,
sondern selbst von Gelehrten und von Männern, die über
Fremdwörter schreiben, für ächt und kerndeutsch irrthüm-
licher Weise gehalten werden.*)

Die gleiche Duldung verdienen die Eigennamen, die
unter allen Nationen als ein unantastbares Eigenthum gelten, und zwar nicht bloß an sich, sondern auch sofern sie
der bildlichen Redeweise dienen, oder sonst mannichfaltig
und auf das tiefste in den Sprachgebrauch eingreifen. Es
wäre ein thörichtes Beginnen, die Philister auszutreiben,
die Weine von Madera und Malaga umzutaufen, oder die
Quitten von Kydonia, die Kirschen von Kerasus zu bean-
standen, die Zeuge Nanking, Manchester, Rasch (von der
Stadt Arras) in reinem Deutsch zu benennen, oder die
artesischen Brunnen aus Artois nicht gelten zu lassen.**)
Wer möchte mit dem Verf. den Galvanismus durch Thier-
blitzstoff verdrängen? Auch hierin ist es nicht thunlich,

---

*) Weil wir leider schon zu viel vom Auslande aufgenommen
haben und unsere eigenen Wörter vernachlässigen, auch es nicht
nöthig haben, wie die romanischen Sprachen.

**) Alle diese lassen wir gelten.   A. d. H.

das deutsche Volk auf den Standpunkt des Sanskritvolks zurückzustellen, das über seinem eignen Ursprung hinaus noch keine geschichtliche Vergangenheit hinter sich hatte, das von dem Auslande keine Notiz zu nehmen brauchte, und dessen Literatur eben deßhalb nur sehr wenige Fremdnamen, wie Alexander und Ptolemäos aufgenommen hat. Endlich sollte man auch diejenigen Fremdwörter bestehen lassen, die nicht recht übersetzen zu können, dem Sinn und Gemüthe des Volkes zur Ehre gereicht, wie schon Göthe die richtige Bemerkung gemacht hat, daß das deutsche treulos ein unschuldiges Wörtchen sei in Vergleich zu perfid. Lassen wir darum ihren Urhebern die brutale Stupidität und stupide Brutalität, die Cabalen, Chicanen und Intriguen, den Atheismus, Communismus, Pauperismus u. s. w., oder dulden wir sie lieber als Fremde, so lange weder ihre gänzliche Verbannung möglich ist, noch ihre Verdeutschung irgend einen Nutzen schafft. Dasselbe thun die Franzosen mit chenaper (Schnapstrinken), chenapan (Schnapphahn), reitre (Reitersmann), trinquer (trinken, zechen), mettre au verjus (in Verruf thun) u. s. w.*) Daß edlere Wörter aus dem Deutschen in die neueren Fremdsprachen fast nur im Gebiete der Mineralogie übergegangen sind, darin liegt freilich ein trauriger Beweis dafür, daß die deutsche Wissenschaft und Literatur ohne politische Macht keinen weltbildenden Einfluß zu erringen vermag.

Ref. hat absichtlich die Beschränkungen hervorgehoben, die er der Bekämpfung der Fremdwörter auch auf dem Gebiete der Schule für nothwendig erachtet. In Allem, was nicht in den Bereich dieser Schranken fällt, wünscht er jenem Kampfe den besten Erfolg und ist überzeugt, daß auch das vorliegende Buch zu dessen Förderung einen s e h r v e r d i e n s t l i c h e n B e i t r a g geliefert hat. K. D.

----

*) Das thun sie nur zum Spott und im Scherz.

A. d. H.

§. 22. Fortsetzung. Reichsanzeiger der Deutschen.

Im Blatte 90 des Reichsanzeigers der Deutschen steht folgender Aufsatz:

Sprachreinigung.

In Zeiten, wo das Volksbewußtsein sich hebt, wo der Muth eines Volkes durch äußere oder innere Erschütterungen angefacht wird, keimt in demselben gewöhnlich das Verlangen auf, das Fremdartige, welches in Leben und Treiben übergegangen ist, auszuscheiden, das Einheimische, Ursprüngliche dafür zu erheben. Das Volk verfährt reinigend und ausmerzend im Gebiete der Sitte, der Kleidertracht und der Sprache. Das deutsche Volk, über welches eine so lange schmähliche Zeit fremden Einflusses hereingebrochen, erlebte nach den Ereignissen des Jahres 1813 eine solche Zeit der Reinigung, steht gegenwärtig in einer zweiten.

Wie alles Gute im Leben übertrieben werden kann, leider vielfach übertrieben wird, so geschieht es auch mit diesem Reinigungsbestreben. Dadurch darf dem vernünftigen Mann aber nie dieses Bestreben selber lächerlich werden oder unnütz erscheinen.

Was die Sprache anlangt, so bedingt die Wissenschaft, die Kunst, welche Gemeingut aller gesitteten Völker geworden ist, bedingt der Verkehr, das Leben des Tages eine Anzahl fremder Wörter für das Alltagsleben. Indessen soll der Schriftsteller sich befleißigen, die einheimischen Wörter für die wissenschaftlichen Ausdrücke im Leben zu erhalten, soll der Volksmann sich üben, bei einer so bildsamen Sprache, wie es einmal die deutsche ist, mit dem Worte der Sache nachzukommen, das Angestammte, Stammentsprossene immer neben dem Fremden verlautbar zu machen.

Wenn es aber schon schön, edel und ehrenhaft von einem Volke ist, die einheimischen Ausdrücke bei gleichgül-

tigen Dingen im Verkehr zu erhalten, so ist es wohl
Pflicht, bei heiligen Dingen die Stammsprache, den Stamm-
ausbruck zu gebrauchen. Wenn es Jemanden einfallen
sollte, statt Ehre honnour, statt Liebe amour, statt Gebet
prière, statt Gott dieu einzuschieben, so sollte Alles, was
nur die Feder führen kann, mit Strafpredigten, mit Spott-
reden heranrücken. Ist es, Gott sei Dank, mit uns noch
nicht so weit gekommen, wie mit einigen slavischen Stämmen, wie z. B. der Pole sein Wort für E h r e, der Russe
seines für T u g e n d verloren hat, so zählt doch unser
Vaterland bedeutende, dazu kerndeutsche Lande, welche mit
fremden, sogar verächtlichen Namen von uns, den deutschen
Brüdern benannt werden, welche sich selber damit bezeichnen. Diese Lande sind P r e u ß e n und P o m m e r n. Beide
Namen sind slavischen Ursprunges, entstammen nicht den
ursprünglichen Bewohnern dieses Landes, weder den Celten,
noch den Deutschen, ja nicht einmal den späteren slavischen
Eindringlingen, sondern sind Solche, welche von den slavischen Stammlanden diesen Uebersiedlern gegeben wurden.
Der Name P o m m e r n leitet sich von po-morze, „dem
Meer anliegend", ab, so daß er weiter nichts bedeutet, als
Küstenland, daß der Name Pommer mit Meeranwohner
zu übersetzen wäre. Der Name P r e u ß e n ist zusammen-
gesetzt aus po-rossia und bedeutet das Land, welches
unter Rußland liegt, hat aber diese Bedeutung nicht bloß in
räumlicher Hinsicht, sondern auch in Hinsicht des Ranges,
dergestalt, daß Preuße nicht nur einen Menschen bedeutet,
welcher dicht neben Rußland daheim ist, sondern ebenfalls
Jemanden, der, was Rang, Bildung und Achtung belangt,
u n t e r dem Russen steht. Wie viele Tausende machen sich
mit dem Namen Preuße breit und wichtig, welche errö-
then würden, wenn sie dessen volle Bedeutung verständen.
    Ist es schon unpassend, ein deutsches Volk sich durch
einen fremden Namen bezeichnen zu hören, so wird es
vollends unleidlich, wenn dieser Name nicht ein einmal
ehrender, wenn er im Gegentheile ein Spitzname ist, wie

Preuße, der übersetzt Unterruſſe oder Schabe (Speck-
käfer), prussak, lauten würde.

Was ſollen wir Deutſche nun thun, um unſere nord-
öſtlichen Bruderſtämme zu bezeichnen? Sollen wir die
ſlaviſchen, etwas anrüchigen Namen überſetzen? Oder wie
ſollen wir uns anders aushelfen?

Auf eine ſehr leichte Weiſe: indem wir die alten Namen, welche den betreffenden Landen und Völkerſchaften
zukamen, wieder zur Geltung bringen. Das Meer, welches
die bernſteinreichen Küſten des Preußenlandes bewäſſert,
heißt noch heute das baltiſche, von dem großen, ruhm-
reichen gothiſchen Stamme der Balten, welche ſich vor
grauen Jahren hier niedergelaſſen. Nenne man daher, wie
man das Meer noch benennt, ebenfalls das Land Baltenland, Baltien oder Balten; nenne man deſſen
Bewohner die Balten, das Baltenvolk. Das Volk
aber, welches der Inſel Rügen gegenüber wohnt, nenne
man nach den erſten deutſchen Anbauern, den Herulern,
das Land aber Herulenland, Herulien oder He-
rulen.

Balten und Heruler, Baltenland und Herulien würden beim erſten Auftauchen der Namen allgemein verſtändlich ſein, ohne daß eine Erklärung zu dieſen
Namen gegeben zu werden brauchte. Klingen daher dieſe
ſchönen Namen wieder, knüpfen ſie die Gegenwart an alte,
ruhmvolle, ſagenberühmte Zeiten an, begraben ſie in Vergeſſenheit die Namen, welche dem Deutſchen wie zum
Schimpfe ſo lange angehängt waren! Hier alſo, wo es
ſich um keine eitle, überflüſſige Sprachreinigung handelt,
wo es keinen oberflächlichen, flüchtigen, wo es einen innern
Klang betrifft, der zum Heiligthume des Volkes, zu den
Kleinodien des Vaterlandes gehört, hier trage Jeder ſein
Schärflein bei, daß das Fremde begraben, daß das ur-
ſprünglich Einheimiſche zur gemeinſchaftlichen Ehre wieder
erhoben werde. Vor Allem löſe die Schule hier ihre Aufgabe, mache das Deutſche in den ſproſſenden Geſchlechtern
erſtarken, damit es für ewige Zeiten dauere.

§. 23. Fortſetzung. Volksführer.

In dem Volksführer Blatt 83 vom Jahr 1849 ſteht:

„Ein vorzügliches Mittel zur Volksbildung.“

Man will das Volk frei machen und es dem Freiſtaate entgegenführen. Das geſchieht aber nur dadurch, daß man ihm eine von den vielen Feſſeln, womit es angekettet iſt, nach der andern abnimmt, ohne ihm ſogleich neue dafür zu ſchmieden. Daß das gute Volk mit vielen, ſehr vielen, und mit ſchweren, ſehr ſchweren Feſſeln belaſtet iſt — wer zweifelt daran? Dieſe Feſſeln ſind von zweierlei Art, geiſtige und leibliche; beide ſtehen mit einander in enger Verbindung und in ſteter Wechſelwirkung. Die zweite Art fällt mehr in die Augen und auch bei Manchen mehr in das Gewicht, als die erſte; aber die erſte Art übt für den geſinnungstüchtigen und ehrenfeſten Menſchen einen härteren Druck aus, als ſelbſt die zweite.

Wir wollen hier nur von Einer Abtheilung der erſten Art ſprechen, von einer Art Bande, die man ſchon ſeit Jahrhunderten dem gutmüthigen deutſchen Volke anlegte; nicht als wenn es dieſe nicht bemerkt hätte, nein, es fühlte oft wohl dieſen widernatürlichen Druck, aber es konnte in ſeiner bedrängten Lage und mit ſeinen beſchränkten Bildungsmitteln Nichts dagegen unternehmen. Wir meinen die Feſſel der Fremdwörterherrſchaft.

Die Rechtsgelehrten beherrſchten und unterdrückten das deutſche Volk auf eine unbarmherzige und unverantwortliche Weiſe mit ihrem römiſchen Rechte und mit der lateiniſchen Sprache, die ſie dem Volke in ihren gerichtlichen Erlaſſen und Ausſprüchen aufnöthigten, das ſie freilich nicht verſtand, aber doch nachwelſchen mußte.

Eben ſo ſchweren Druck verhängten die römiſchen Prieſter über das blindgläubige Volk, dem ſie vorſpiegelten, Gott könne nur in lateiniſcher Sprache wahr

haft verehrt, und die Sünden nur mit lateinischer Los=
sprechung ausgetilgt, und der Himmel nur mit lateini=
scher Messe erlangt werden.

Dazu kamen noch die Höfe der deutschen Fürsten,
die sich einer anderen Sprache bedienten, nämlich der fran=
zösischen, die sie sogar zu ihrer Leib= und Hofsprache
machten. Es gab deutsche Fürsten, die fast kein deut=
sches Wort in ihrem ganzen Leben sprachen und schrieben.

Dadurch wurde das gute Volk so in die Enge ge=
trieben, daß es sich nimmer anders zu helfen wußte, als,
um sich die gestrengen Richter und die noch gestrengeren
Herren Pfarrer und Beichtiger und die allergestrengsten
Landesväter gewogen und gnädig zu erhalten, auch die ihm
fremden, unverständlichen und fast nicht auszusprechenden
Fremdwörter bei jeder Gelegenheit in seinem Munde zu
rabbrechen. Und so geschieht es noch immer bis auf die=
sen Tag.

Soll das Volk von diesen Fesseln der Fremdwörter=
herrschaft befreit werden, so müssen die Gebildeten
aller Stände zusammenwirken und ihm durch Ueber=
setzung der Fremdlinge und Einführung einer reindeut=
schen Sprache sie abnehmen. Daß dieses ein Bedürfniß
und zwar ein bringendes sei, darüber herrscht überall
nur Eine Stimme; ebenso aber zeigt die Erfahrung, daß
diese Sache manche Schwierigkeiten habe und nur mit
großer Ausdauer und Beharrlichkeit durchzuführen sei.

Zu diesem Ende hat sich im vorigen Jahre ein Ver=
ein zur Beförderung der deutschen Reinsprache
in Heidelberg gebildet. Er zählt seit der kurzen Zeit
seines Bestehens schon über 480 Mitglieder in 72 Ort=
schaften Deutschlands, und nimmt täglich zu.

Wir können nicht unterlassen, allen Deutschen, be=
sonders aber denen, die auf das Volk bedeutenden Einfluß
ausüben, wie Geistlichen, Lehrern, Beamten u. s. w.
den Beitritt dazu zu empfehlen, weil nur auf diese Art
etwas Großes für die Volksbildung geleistet werden kann.
Denn hat das Volk kein Recht, daß es, wie andere Stände,

alles verstehe? daß ihm die Zeitungen, Erlaſſe der Richter, die Bücher und dergleichen in rein deutſcher und verſtändlicher Sprache übergeben werden? — Kann es nicht von denen fordern, welche ſich an die Spitze ſeiner Aemter und ſeiner Bildung ſtellen wollen, daß ſie ſich die Mühe nehmen, die fremden Wörter zu überſetzen und nicht in ihrer Trägheit und Bequemlichkeit fortfahren, ſtets daſſelbe mit allerlei Fremdſprachen zu bewirthen?

Nur dadurch wird das Volk zum klaren Denken, Begreifen und Urtheilen gebracht. Ohne helle Begriffe von den einzelnen Wörtern können nie klare Sätze gebildet werden, und ohne dieſe kann kein Auffaſſen im Zuſammenhange ſtattfinden.

Man ſage nicht, das Volk iſt dazu nicht fähig, nicht reif, nicht aufgelegt, es iſt ihm dieſes nicht nöthig, es braucht nicht klar zu denken, Andere werden ſchon für daſſelbe denken — es ſoll nur arbeiten und blind glauben und ſein Schweißgeld hergeben — dann wird Alles gut gehen.

Das wäre die Sprache Jener, die ſich als die größten Feinde und Unterbrücker des Volkes kund geben, die keinen Sitz und keine Stimme haben ſollten, wenn es ſich um des Volkes Wohl handelt. Wir dagegen werden Alles anwenden und aufbieten, was zur Befreiung des Volkes von ſeinen Feſſeln und zu ſeiner Beglückung und Bildung dient. Als ein Mittel dazu betrachten wir auch die Reinigung der Sprache von unnöthigen Fremdwörtern und den ſorgfältigen Gebrauch und die Anwendung von eigenen ächt deutſchen Wörtern. Wir werden uns, wo möglich derſelben befleißen.

Allen Freunden des Volkes und dieſes wichtigen Gegenſtandes empfehlen wir folgendes Buch; „Das Urbild der deutſchen Reinſprache, aus der Geſchichte, dem Weſen und dem Geiſte unſerer Sprache dargeſtellt. Nebſt einem Fremdwörterbuche, von Wr. (Dr.) J. D. E. Brugger. Heidelberg, bei Julius Groos 1847.“

§. 24. Verſammlungen im J. 1849. Erſte Verſammlung in Frankfurt a. M.

Da ſich in Frankfurt a. M. nebſt dem dort be-
ſtehenden Redeverein viele andere Freunde unſerem Rein-
ſprachverein angeſchloſſen hatten, ſo wurde mir von Hartig und anderen Herren der Wunſch mitgetheilt, eine Verſammlung dort zu veranſtalten, um den Bewohnern dieſer
alten Reichsſtadt einmal einen Begriff von unſeren Beſtrebungen zu geben und manches der Sache noch im Wege
ſtehende Vorurtheil hinwegzuräumen. Somit entſchloß ich
mich auf den 25. Heumonat 1849 eine ſolche anzuberau-
men, mit dem Erſuchen, ſie in den öffentlichen Blättern
der Stadt bekannt zu machen, was auch geſchah.

Die Verſammlung fand alſo am Abend jenes
Tages im Gaſthofe Schröter unter meinem Vorſitze
ſtatt. Nicht nur die Mitglieder des Redevereins nahmen
daran Theil, ſondern auch viele andere Freunde und Freundinnen dieſer Sache, die mit geſpannter Aufmerkſamkeit
den Vorträgen und Verhandlungen folgten. In der Einleitung und Eröffnungsrede ſtattete ich Bericht ab über
den Zweck, die Satzungen und die Verbreitung des Vereins, der jetzt ſchon viele Mitglieder in 106 Ortſchaften
zählte. Dabei berührte ich das Geſchichtliche der früheren
Beſtrebungen deutſcher Männer und deutſcher Geſellſchaften
in dieſer Beziehung und gab ein deutliches Bild jener Zeiten und Zuſtände.

Hartig, der Vorſteher des Redevereins, ſprach kernhafte Worte der Anerkennung und des Dankes für die
Gründung dieſes ſchönen und erfolgreichen Vereins, wie
auch mehrere ſeiner Zöglinge ſich recht gut unvorbereitet
vor einer größeren Verſammlung auszudrücken wußten und
ehrenvolle Beweiſe ihrer gemachten Fortſchritte darlegten.

Der iſraelitiſche Lehrer Joſt breitete ſich in gehalt-
voller Rede darüber aus, daß die Sprache ein wahrer
Abdruck des Volksgeiſtes ſei und ſein ſoll, daß ſie das
große Band der deutſchen Einheit darſtelle und daß die

Sprachreinigung auch in Bezug auf deutsches Leben und deutsche Gesinnung von großer Bedeutung sich erweisen werde.

Mit großer Theilnahme wurden mehrere neue Verdeutschungen von Fremdwörtern, die ich vortrug, von den Anwesenden besprochen und aufgenommen, wobei auch Scherz und Laune den so ernsten Gegenstand würzten. Am Schlusse ließen sich viele, darunter auch Frauen und Jungfrauen, als Mitglieder einzeichnen und nahmen mit Freude meinen begeisterten Abschiedsruf entgegen, der sie mit Kraftworten aufmunterte, allenthalben in ihren Kreisen für diese ächt deutsche Angelegenheit unablässig zu wirken.

Auf diese Art erwarben wir uns viele neue Freunde und Mitglieder in der alten Reichsstadt.

§. 25. Hundertjährige Göthefeier in Frankfurt a. M.

In der zahlreichen von mehr als 500 Personen besuchten Versammlung, die zur Feier des hundertjährigen Geburtstages unseres großen **Göthe** am 28. Erntemonat 1849, zu Frankfurt a. M. in dem Saale der Loge Sokrates stattfand, hielt ich auf Einladung der an der Spitze stehenden Männer folgenden freien Vortrag:

„Es ist ein erhebender, großer Augenblick, in dem wir jetzt hier versammelt sind, — ein Augenblick, wie er in unserem ganzen Leben nicht zum zweitenmale wiederkehrt.

Heute feiert ganz Deutschland ein Fest, in allen größeren Städten schlagen tausend und tausend Herzen dem verklärten Geiste entgegen, auf den das deutsche Volk ewig stolz sein wird. Alle Theilschaften und Trennungen hören auf und die Gegensätze verschwinden in solchen bedeutenden und denkwürdigen Stunden.

Deutschland ehrt sich selbst, indem es einen seiner größten Männer ehrt und zu seinem Andenken dieses Fest feiert. Frankfurt ehrt sich selbst, indem es an seinen Mitbürger, den es im Leben nicht immer zu schätzen wußte,

sich mit Ehrfurcht und hoher Dankbarkeit erinnert. Sein
Andenken wird länger dauern, als diese Mauern, in denen
er geboren wurde; wird länger dauern, als diese Thürme,
die heute zu seinem Feste weithin schallendes Geläute senden, wird länger dauern, als das Andenken von uns allen.

Göthe gehört als Dichter zu den größten und
ausgezeichnetsten Deutschlands; denn er war begabt mit
seltenen Anlagen und herrlichen Fähigkeiten des Geistes.
Er besaß eine unversiegbare Schaffkraft, einen tiefen Scharf-
blick, seltene Menschenkenntniß und Weltweisheit, und war
tief in die Geheimnisse der Schöpfung und ihrer Gesetze
eingedrungen. Er besaß eine glühende Einbildungskraft
und das Vermögen aus dem Gewöhnlichen des Lebens
etwas Großes und Urbildliches zu gestalten. Allem drückte
er den Stempel des Urgeistigen und Göttlichen auf, tausend Verhältnisse des gemeinen Daseins verklärte er durch
seine reizende Dichtergabe.

Er gehört zu den geborenen großen Dichtern, nicht
nur Deutschlands, sondern aller gebildeten Völker, denn
er hat sich in allen Feldern der Dichtkunst mit Auszeichnung versucht und seine trefflichen Erzeugnisse überragen
jetzt noch nach vielen Jahren die mancher anderen späteren
Dichter.

Wir haben nicht den Auftrag und nicht die Kraft, hier
in dieser kurzen Rede auf die Einzelnheiten einzugehen,
und das Große zu zeigen, was er allenthalben geleistet.

Nächst seinen größeren Bühnenstücken, wie Götz von
Berlichingen, Tasso, Clavigo, Stella, Iphigenie, Egmont
u. s. w. glänzt als Stern erster Größe sein **Faust**, ein
Buch wie kein Volk der Erde eines aufzuweisen hat.

In diesem vereinigt er alle Schönheit, alles Große
und Herrliche, was man nur in der Welt des Geistes
finden und denken kann. Es ist dieses Werk so groß, so
unübertrefflich, indem durch dasselbe nur Ein Urge-
danke sich gewaltig hindurchzieht, von dem es immerhin
getragen wird, dem die unversiegliche Fülle und Pracht der
Gedanken entströmt, nemlich der des ewigen großen

Weltallgesetzes der **Zweiheit.** Es ist der schönste und treueste Spiegel dieses ewigen Gesetzes; das Höchste, Heiligste und Erhabenste steht neben dem Niedern, Unheiligen und Gemeinen; Licht und Finsterniß, Himmel und Hölle, Gott und Teufel erscheinen hier neben einander.

Vor allem aber ist es der Mensch, welcher hier als doppelter erscheint, als geistiges Wesen, das sich sucht an das Uebersinnliche zu halten und es zu erforschen und wieder als Sinnenwesen, das nur im Taumel des Erdenlebens seine Befriedigung finden will.

Doch Göthe war nicht nur als Dichter groß, er war als Mensch ausgezeichnet und gehört zu den seltenen und glücklichen. Ihm war das schöne und beseligende Loos beschieden, daß er der Nahrungssorgen enthoben war. Nicht wie so viele Menschen, Dichter und Schriftsteller mußte er im Schweiße seines Angesichtes seinen Unterhalt verdienen und täglich nur schreiben und arbeiten, um sein karges Brod mit Thränen zu essen. Er konnte unbesorgt leben und mit ganzer Herzenslust und Freude seine schönen Gaben pflegen, seiner Neigung nachhängen und seinen Lieblingsgegenständen sich weihen.

Er war schön und stattlich gebildet und als schöner Mann vereinigte er alle Vorzüge des Leibes mit den Vorzügen des Geistes. Darum gehört er zu den Lieblingen der Gottheit; ihm lächelten die Musen schon bei seiner Geburt zu, wie die Alten sagten. Er konnte nach Italien u. s. w. reisen und alles Schöne und Wundervolle in sich saugen — was Schiller und vielen andern nicht vergönnt war.

Er schrieb zwei Menschenalter, d. i. 60 Jahre, was wenigen Sterblichen zu Theil wird und seine Werke, die er vor 70 Jahren verfaßte, sind jetzt noch so frisch und von einem lebendigen Geisteshauche durchweht, als wären sie erst von heute.

Auch auf die Bildung und Veredlung unserer Muttersprache wirkte er durch seine Schriften mit vieler Macht ein. Wenn auch in denselben viele Fremd-

wörter vorkommen, die man jetzt vermeiden könnte oder
würde, so that er doch viel für die Besserung und Reinigung der Sprache. Zum Beweise will ich Ihnen nur
einige Proben aus Faust vorlegen: Zitterwogen, freude-
umgebener Pfad, Hochbegrüßung, Schauerwindchen, der Aeste
Flitterzittern, Warnegeist, witzen, Glitzertand, Walleſtrom,
die Großheit, Schaumbild, genäſchig, blumenſtreiſige Ge-
wänder, u. ſ. w.

Auch in Offenbach hielt ich gleich darauf einen
Vortrag vor mehreren hundert Menschen über deutsche
Reinsprache, worauf viele dem Verein beitraten.

§. 26. Zahl der Mitglieder im Jahr 1850. Angabe der Bedeutendſten. Neue Ortschaften.

Die Anzahl der Mitglieder ſteigerte ſich im Jahr
1850 bis auf 936, von Anfange an gerechnet, in folgenden Ortſchaften: 138. Bonndorf, 139. Kandern, 140. Lörrach, 141. Lupranitz in Polen, 142. Fürth, 143. Hausen,
144. Kabelburg, 145. Hirschhorn, 146. Elberfeld, 147.
Pilſen, 148. Heilbronn, 149. Poſen, 150. Weſtphalen, 151.
Tiefenbronn, 152. Waldkirch, 153. Genf, 154. Niefern,
155. Waren in Mecklenburg-Schwerin, 156. Petersburg,
157. Lüneburg, 158. Schwetzingen, 159. Wismar, 160.
Tübingen, 161. Mainz, 162. Sasbach, 163. Haslach, 164.
Homburg in der Pfalz, 165. Tauberbischofsheim, 166.
Speier, 167. Bremen.

Die bedeutendſten Mitglieder, die in dieſem Jahre
dem Vereine beitraten, ſind folgende: Der fruchtbare und
geiſtreiche Schriftſteller Heribert Rau, damals deutſchkatholiſcher Redner in Stuttgart; Geh. Hofrath Schenck; Wilhelm Hieronymi, deutſchkatholiſcher Pfarrer in Darmſtadt;
Hermann Marggraf, Schriftſteller in Frankfurt; Zittel,
Stadtpfarrer in Heidelberg, der die ſchöne Rede für Glau-
bensfreiheit in der zweiten badiſchen Kammer hielt; Wr.
Georgens in Worms; Wr. Carl Laurenz Siebert, Wißlehrer
in Salzburg, nahm ſich der Sache ſehr thätig an; Ignatz

Lederer in Pilsen; Johann Ambrosius Barth, Buchhändler in Leipzig; Karl Hofmann, Mißlehrer und Inhaber einer Erziehungsanstalt in Heidelberg; Wr. Rudolph Weller, ausübender Arzt damals in Waldkirch; Carl Dennig in Riefern; Wr. Leger in Heidelberg; A. Schäßler in Mannheim, der ungemein viel Thätigkeit entwickelte, wie wir weiter unten hören werden; Wr. Karl Friedrich von Großheinrich in Petersburg, der mehrere Aufsätze in die deutsche Eiche lieferte; Wr. Th. Hansing Lehrer am Johanneum in Lüneburg; Wr. Fr. Kohlrausch ebendaselbst; Wr. Karl Schädel, Lehrer an der höhern Bürgerschule in Hannover; Max Wirth in Frankfurt; Ferdinand Kampe, Wr. und Schriftsteller in Breslau; Ludwig Ansmau Urkundner in Homburg in der Pfalz, der sich durch Regsamkeit für die Reinsprache auszeichnete und von dem wir später noch sprechen werden; Friedrich Aukenbach, von dem schöne Aufsätze in der deutschen Eiche erschienen; Friedrich Eisele, der unter dem Namen Friedrich Freihold als Schriftsteller und Dichter auftrat.

§. 27. Briefe von Mitgliedern des Vereins im Jahr 1850.

Auch in diesem Jahre erhielt ich wieder viele Briefe von Mitgliedern und sich Anmeldenden, doch sollen hier nur einige abgedruckt werden, und zwar zuerst einer von A. Schüßler, der sich aus Furcht anfangs nicht getraute seinen Namen zu nennen und ganz langsam unter dem angenommenen Namen A. S. Willibald hervortrat, später sich aber mit großer Entschiedenheit der Reinsprache annahm, was auch seine Aufsätze in der „deutschen Eiche" beweisen. Dann folgt einer von den edeln Schwestern Hedwig und Eleonore Wallot und einer von Hammer-Purgstall in Wien.

Geehrter Herr!

Indem ich Sie in Bezug auf den dortigen Verein für deutsche Reinsprache um gefällige Beantwortung der unten folgenden Fragen zu bitten mir erlaube, ersuche ich Sie zugleich, unter Anschluß von 10 fl. mir die bisher erschienenen Blätter der „deutschen Eiche" und die ferner erscheinenden zukommen zu lassen; auch wenn der Verein Satzungen (Verfassung, Statuten) hat, dieselben beizulegen; so wie die Werke, welche Wr. J. D. C. Brugger über deutsche Sprache hat drucken lassen; ausgenommen das eine mit der Aufschrift (Titel): „Urbild der deutschen Reinsprache", welches ich bereits besitze.

Sie werden jene in jeder dortigen Buchhandlung, und da Sie solche gleich bezahlen, mit einigem Preisnachlaß erhalten.

Ich bitte alles wohlgepackt durch Kutscher Schick unter unterstehender Aufschrift (Adresse) mir zuschicken zu wollen.

Ihre Mühewaltung bringen Sie mir ja in Rechnung, wie die Auslagen, belassen aber den etwaigen Verbleib des Geldes in Ihren Händen, bis ich Ihnen deßwegen näher zu schreiben, so frei sein werde.

Diejenigen Fragen, welche Sie mir gefällig beantworten wollten, sind:

1) Wohin hat man sich mit dem Gesuche um Aufnahme in den Verein zu wenden?

2) Kann ein ungenannter oder Jemand mit einem angenommenen Namen Mitglied des Vereins werden; auch Frauen?

3) Wie hoch beläuft sich der jährliche Beitrag?

4) Welchen Verbindlichkeiten für den Verein hat man sich zu unterziehen?

Entschuldigen Sie diese Zuschrift dem Unbekannten, der ergebenst zeichnet.

Mannheim, 12. Heumonat 1850.

A. S. Willibald.

Hochgeehrter theurer Freund!

Mit Freuden melden wir den Empfang Ihres werthen Schreibens vom 11. v. M. Den schmeichelnd wuchernden Ueberfluß rein abgezogen, leuchtet uns so viel Herzensgüte

und freundliche Nachsicht mit unsern Anfängen und Sprach-
versuchen daraus entgegen, daß wir ermuthigt gern von
Zeit zu Zeit mit einer neuen Sendung wiederkehren wer-
den; haben wir doch auch die stille Freude, daß Sie beim
Durchlesen einer solchen zugleich wieder einen Augenblick
Ihrer Hedwig und Eleonore gedenken werden.

    Mit herzlichem Gruß verbleiben hochachtungsvoll
    Hanau 23/6. 1850.   Ihre H. und E. Wallot.

Geehrtester Herr Doctor,

(bitte um Verzeihung)

und glänzender Komet, dessen lichter Schweif den Himmel der deutschen Sprache von Fremdwörtern auskehrt.

    Da ich selbst die deutsche Eiche, so viel ich kann, ver-
leihe, um Abnehmer dafür zu gewinnen, so würde eine in
derselben erscheinende Lebensbeschreibung von mir,
auf mich das falsche Licht eines durch Eitelkeit bestochenen
Empfehlers werfen, und Sie werden diese Entschuldigung
gegründet finden. Was die Büste (das Brustbild) betrifft,
so ist dieselbe nicht ähnlich genug und zweitens macht ich
mich noch so vieler Sünden wider die Reinheit der Sprache
schuldig, wie gleich oben der Komet, daß in Ihrer Wal-
halla der Sprachreinigung mein (Standbildchen) Statuete
nicht aufgestellt zu werden verdient. Wer ist denn das anziehende Schwesternpaar von Frankfurterinnen, welches den
Lesern der deutschen Eiche mit so gutem Beispiele vorleuchtet,
daß ich unmöglich länger zögern kann, dasselbe nachzuahmen?
ich verpflichte mich daher, außer dem Kostenbetrage der
deutschen Eiche jährlich zwei Dukaten (Sie wollen den
üblen Klang des Fremdwortes dem guten des Goldes verzeihen) zur Förderung der Zwecke der Sprachreinigung
einzusenden, und mache hiemit mit den zwei beiliegenden
den Anfang.

    Wenn, wie ich hoffe, ich im August den Erzherzog
Johann in Gratz (nicht in Grätz) wiedersehe, werde ich
ihn gewiß zur Nachahmung des edlen Schwesterpaares

aufforbern, indeſſen verharre ich mit ausgezeichneter Hoch=
achtung

Döbling, 24. Juni 1850.

Ihr ergebener Diener

Hammer=Purgſtall.

§. 28. Die deutſche Eiche. Erſte Zeitſchrift zur
Förderung deutſchen Sinnes, deutſcher Geſit-
tung und deutſcher Reinſprache durch Belehrung und Unterhaltung.

Als Vorbereitung und Einleitung zu dieſem von
mir gegründeten Unternehmen, gab ich folgendes Probeblatt heraus, das ich in 1000 Abdrücken überall hin ver-
ſandte, um Abnehmer für die Zeitſchrift zu erhalten. Allein
ich mußte die traurige Erfahrung machen, daß mit dem
beſten Willen nicht alle Hinderniſſe zu überwinden ſind,
beſonders wo Vorurtheile und Glaubensanſichten
im Wege ſtehen. Obſchon in dieſer Zeitſchrift gar nichts
von dieſen vorkommt, ſo ſtand doch mein Name an der
Spitze, und dieſer war als der eines Erzketzers bei den
Katholiken und frommen Proteſtanten verhaßt, ſo daß ſie
ſich nicht auf mein Blatt unterzeichneten. Ja es kam
darin ſo weit, daß mir von dem Vorſtande des Muſeums
in Karlsruhe ſogar das Probeblatt zurückgeſandt
wurde, obſchon ich es ganz frei dorthin geſchickt hatte. Als
ich ſpäter die deutſche Eiche dem Muſeum in Freiburg
ſchicken wollte, nur damit ſie dort in dem Leſezimmer aufgelegt werde, erhielt ich von einem Freunde zur Antwort,
das könne nicht ſtatt finden, weil ich der Herausgeber
dieſes Blattes ſei. Auf dieſe Art konnte ich nur auf den
engeren Leſerkreis von freiſinnigen Proteſtanten und
Katholiken rechnen, und die waren immer noch die Minder-
zahl. Das ſtand der Verbreitung der Zeitſchrift gleich von
Anfang hemmend im Wege. Doch ließ ich mich dadurch
nicht entmuthigen und ſuchte als ausbauernder Ketzer die
begonnene Arbeit weiter zu führen.

Hier folgt das Probeblatt, in welchem man nur rein vaterländische Gesinnung wahrnehmen wird, die jeder Deutsche haben sollte.

„Von vielen Mitgliedern des Vereins für deutsche Reinsprache, der sich in allen Gauen Deutschlands immer mehr ausbreitet und schon über 700 Theilnehmer in 120 Ortschaften zählt, aufgefordert, entschloß sich der Unterzeichnete, in Verbindung mit mehreren wissenschaftlich gebildeten Männern und andern Freunden der Sache, ein eigenes Blatt unter dem Namen: **„Die deutsche Eiche“** zu gründen. (Dieser Name ist keine Nachahmung der (slowanska lipa) slavischen Linde, wie manche glauben könnten, da er schon viel früher zur Benennung einer Zeitschrift gewählt war, als jene bestand.)

Einen gemeinsamen Besprechungssaal für die so weit von einander wohnenden und sich meistens gar nicht kennenden Beförderer der deutschen Reinsprache möchten wir damit eröffnen, um Einheit und Nachhalt in unsere Bestrebungen zu bringen. Schade wäre es, wenn die vielen ausgestreuten Samenkörner nicht auch zu Blüthen und Früchten heranreifen sollten, und dies können sie nur unter dem erwärmenden Strahle deutscher Begeisterung und deutschen Gemeinsinnes.

Wir laden alle Vaterlandsfreunde ein, diesem Unternehmen mit Wohlwollen und Güte entgegenzukommen, es durch Einsendung *) zeitgemäßer in deutscher Reinsprache abgefaßter Aufsätze zu heben und durch Abnahme und Empfehlung in weitern Kreisen zu verbreiten. Auf solche Weise wird der Sinn für deutsches Leben und deutsche Reinsprache immer mehr geweckt werden, der noch an so vielen Orten schlummert. Dadurch werden immer mehr Kenntnißreiche und Gebildete, auf die so arg entstellte Mischsprache aufmerksam gemacht, sich entschließen, auch ihre Kräfte mit den unsern zur Erreichung des gemeinsamen Zieles zu vereinigen.

---

*) Wir bitten dieselbe durch Buchhändlergelegenheit oder durch die Post (Sende) gefälligst frei an den unterzeichneten Herausgeber einzusenden. Namenlose Briefe werden nicht berücksichtigt.

Doch nicht nur zur wechselseitigen Besprechung der Vereinsglieder und Freunde der deutschen Reinsprache eröffnen wir die Spalten unseres Blattes, sondern es soll zugleich für alle, die es lesen, ein Blatt der Belehrung und Unterhaltung, der Erholung in den Stunden der Muße sein; es soll zur Erweckung des vaterländischen Sinnes und Lebens, zur allgemeinen Bildung das Seinige beitragen. Seine Richtung wird ächt deutsch und freisinnig sein, um das vorgesteckte Ziel mit Umsicht und Ueberlegung zu erreichen.

Bei allen verschiedenartigen Aufsätzen soll sein Hauptzweck, Förderung der deutschen Reinsprache durch Belehrung und Unterhaltung, nie außer Acht gelassen werden. Wir möchten einmal in größeren Kreisen durch beharrliche Folgerichtigkeit unseres Strebens die Ueberzeugung hervorrufen, daß es möglich sei, noch sehr viele Fremdwörter in Wissenschaft, Kunst und Umgang auszutilgen, daß man noch hundert und hundert Gegenstände und Dinge, statt mit fremden, mit deutschen Wörtern bezeichnen könne und auf solche Weise der Mehrzahl des Volkes verständlicher werde und zugleich die Sprache selbst ausbilde.

Wir möchten gerne recht viele Männer der Wissenschaft und Bildung gewinnen, die sich mit Liebe und Eifer unserer Sache anschließen. Auch edle und geistreiche Frauen können sehr viel zur Förderung unseres Zweckes beitragen.

Wir machen daher alle Eltern und Jene auf unser Blatt aufmerksam, welche sich mit dem Lehr- und Erziehungssache beschäftigen, als Geistliche, Lehrer aller Volks-, Mittel- und Hochschulen, die Inhaber von Bildungs- und Erziehungs-Anstalten, weil ihr Einfluß auf die heranwachsende Jugend von großer Wichtigkeit ist; gerade bei dieser sollte die Sache nach und nach Eingang finden, dann wird sie fest wurzeln und in der Zukunft reiche Früchte tragen.

Ferner machen wir aufmerksam auf unser Blatt alle
Beamten und Staatsangestellten, die durch häu-
fige Berührungen mit den Untergebenen einen großen Wir-
kungskreis besitzen; alle Herausgeber deutscher Zeitungen und Zeitschriften, welche hier ungemein viel Gutes
leisten können; alle deutschen Vereine, hauptsächlich die
Lehranstalten und Lesegesellschaften, Turn-
und Gesangvereine u. s. w., unter welchem Namen sie
immer vorhanden sein mögen; endlich die Gastgeber,
Handels-, Geschäfts- und Gewerbsleute, wo sich
mancher in der einsamen Stube oder im Kreise von Freunden einige Augenblicke gern mit diesem Gegenstande beschäftigen und manches vernehmen wird, was er bisher
nicht gekannt hat.

Alle Gebildeten bitten wir, dieses Blatt, das erste
und einzige in seiner Art, nach Kräften gütigst zu unterstützen und zu halten, damit ein Unternehmen nicht zu
Grunde gehe, das aus reinster Vaterlandsliebe begonnen,
einst für die wahre Volksbildung und für die deutsche Reinsprache nur von bedeutendem Erfolge
sein kann."

Der Inhalt wird sich theilen in:

I. Gegenwart.

Sprachliche Zeit- und Lebensfragen; Allgemeinver-
ständliches aus allen Zweigen der Wissenschaften und des
Lebens, mit Berücksichtigung der Reinsprache; Merkwür-
diges aus der Kunst- und Künstlerwelt; Ernst und Scherz
über die Gegenwart; zeitgemäße Vorschläge und fromme
Wünsche in Betreff mancher Einrichtungen und Wörter;
Volksleben, Gebräuche und Sitten mit Bezug auf Sprache;
Hervorhebung und Uebersetzung der am meisten im Schwange
gehenden Fremdwörter; Streifzüge dagegen mit Nach-
weisung des Ueberflüssigen und Lächerlichen der Fremd-
thümelei; — hie und da merkwürdige Zeitereignisse, kleine
Bücherbeurtheilungen, auch Gedichte.

II. Vergangenheit.

Aus der Geschichte des deutschen Volkes, seiner großen Männer, seiner Sprache, seines Schriftthums (Literatur); über den Ursprung mancher Wörter und Eigennamen; Blicke in die Vorzeit, auch mitunter Erzählungen und Geschichtsdichtungen.

III. Vereinbetreffendes.

Aufsätze und Briefe von Mitgliedern des Vereins und von Freunden der deutschen Reinsprache; Geschichte des Vereins, Verzeichniß der Mitglieder, Lebensbeschreibungen der bedeutendsten unter denselben; Zweigvereine und deren Gründer.

IV. Schlußringe.

Fremdwörterschnacken, Witzfunken, Streiflichter, Leuchtkugeln, Blitzstrahlen. — Verschiedene Anzeigen. Brieflade. (Wir bitten, die Briefe frei einzusenden.)

Heidelberg.

Der verantwortliche Herausgeber:

Wr. J. B. C. Brugger.

§. 29. **Mein Gedicht an das Neujahr 1850 in der deutschen Eiche.**

Willkommen schönes Kind,
Im lichten Unschuldskleide!
Dich grüßen Berg' und Thal und Höh'n,
Dir jauchzen Hain und Wies' voll Freude,
In Dir den Hoffnungsstern sie seh'n.

Wie lächelst Du so hold!
Die Bäume möchten blühen,
Laut möchten sprudeln Bach und Quell,
Auf Auen möchten Blumen glühen,
Die Sonne möchte scheinen hell.

Sag' an, was sinnest Du? —
Auf Gutes doch am Ende? —
Wer weiß, ob Wonne oder Leid,

6*

Ob Sturm und Graus, ob Schicksalswende
Im dunkeln Schooß birgst zum Bescheit.

Als Kind bist du wohl gut,
Versprichst uns gold'ne Berge,
Als Mann hälst du vielleicht nicht Wort,
Und anders steh'n dann Sinn und Werke —
Wir zittern unter deinem Hort.

Doch nein — wir zittern nicht —
Wir wanken, beben nimmer,
Bringst Kampf und Feuer, Schwert und Noth,
Uns leuchtet höhern Lichtes Schimmer,
Ihm folgen wir bis in den Tod.

Uns stärket immer mehr
Des großen Geistes Walten,
Der trägt die Menschheit und das All,
Der bleibt beim Wechsel der Gestalten,
Wie Sternenglanz beim Donnerhall.

§. 30. Inhalt des ersten Jahrganges der deutschen Eiche vom J. 1850.

I. Geschichte und Erzählungen.

Des Jünglings Schwur. — Der Zauberring. — Die fruchtbringende Gesellschaft. — Zigeunerspruch. — Zauberei bei den alten Deutschen. — Belehnung. — Aus Raphaels Künstlerleben. — Joseph II. und Pius VI. — Der graue Bund. — Der Blumen= oder Pegnitzbund. — Der Dichter Camoens und sein Diener. — Aus Kaiser Karls des Großen Leben. — Der Verräther. — Kaiser Friedrich I. — Der dankbare Sohn. — Des Verhängnisses Macht. — Die Folter. — Liebe und Edelmuth. — Wahrsagung. — Das Standrecht. — Deutschland nach dem Befreiungskriege. — Abenteuer. — Die gute Tochter. — Das schuldlose Sühnopfer. — Kaiser Friedrich I. und Papst Hadrian. — Fluch und Sühne. — Kaiser Maximilians I. Zweikampf zu Worms. — Kommt Zeit kommt Rath. — Borgen macht Sorgen. — Der Falke. — Martin Blümchen. — Des Köhlers Tochter. — Der Greis und der Jüngling. — Mutterliebe.

II. Größere Aufsätze.

Deutschlands Stolz. — Die deutschen Lesegesellschaften. — Volksbildung. — Volkslieder und Volksgesang. — An Deutschlands Lehrerstand. — Altdeutsche Baukunst und Bauvereine. — Pariser Zeitbild. — Verschiedene Behandlung der Frauen. — Wiener Zeitbild. — Die Fastnacht. — An die Jünglinge auf Deutschlands Hochschulen. — Ausdauer hat Erfolg. — An die Brüder in Hamburg. — Ueber Ludwig Napoleons Zukunft. — Der Deutsche und der Witz. — Ueber Kleidertracht. — Ludwig Napoleons Hofhaltung. — An die deutschen Brüder in Wien. — Begriffsverwirrung. — Urtheil eines Franzosen über die Deutschen. — Seelenaufschwung. — Zeitgemäßer Vorschlag. Ueber das Faustrecht. — Blick in die Zukunft. — Zeitbild aus Haiti. -- Neuer Erwerbszweig. — Was heißt Frau? — Elysée national. — Todesanzeige. — Die Deutschen in Paris. — An die deutschen Brüder in Berlin. — Das Fortschreiten der Menschheit. — Der Wissende und Unwissende. — Ueber Beethoven und seine Werke. — Noth in Indien unter englischer Herrschaft. — Ueber Kunst. — Für Lehrer und Erzieher. — Ueber Gesichtsbildungen. — Eindruck des Weltmeers. — Ueber Würdemann. — Der Bürgerstand. — Landplage. — Doppelsünde. — Leben und Ausstattung einer Braut. — Schlag und Schläge. — An das deutsche Volk. — Ehre. — Der Mann im Monde. Reisebrief aus der Schweiz. — An die deutschen Brüder in Breslau. — Wer ist Jurist? — Die Alterthümerhalle des Heidelberger Schlosses. — Ueber heilige und geheimnißvolle Zahlen. — Sternkunde. — Zeitungen. — Verneinung und Bejahnng. — Die Sage. — An die Frauen. — Thorheit bei Namengebungen. — Deutsche Gründlichkeit. — Die Isaakskirche in Petersburg. — An die deutschen Brüder in Frankfurt. — Flickvereine für Männer. — Cessionar. — Zur Nacheiferung. — Der Deutschen Verdienst. — Wie viel Uhr ist es? — Liebhabereien. — Ueber die Benennung der 12 Monate. — Ueber Putz. —

V. Sitten und Gebräuche.

Einige Gebräuche nach der deutschen Kaiserwahl. — Pflanzenopfer und Bekränzungen bei den Deutschen. — Alte Sitte der Stockschläge. — Ueber das Minnetrinken. — Ueber Nothfeuer. — Volksgebräuche beim Wechsel der Jahreszeiten. — Schweigethaler.

VI. Kleinere Aufsätze.

Münzen mit deutscher Schrift. — Reineke Fuchs. — Aus Rothe's Ethik. — Famos. — Deutsche Gerichtsprache. — Weltlauf. — Launige Vorlesung. — Rüge. — Schriftthümlicher Verein in Stuttgart. — Stimme aus dem Schloßwald. — Erste Hochwitzanstalt. — Wortgeschnitzel. — Hexenverurtheilungen. — Belehrung und Unterhaltung. — Oeffentliche Blätter. — Was dem Einen recht ist, das ist dem Andern billig. — Seltenheit. — Sollen die Slaven die Deutschen übertreffen? — Deutsches Speiseverzeichniß. — Sprüche und Schwänke aus dem 16. Jahrhundert. — Johann Hartig's Redeverein in Frankfurt. — Fast und Ganz. — Alter und Adel. — Sonderbare Bestimmung. — Anklang. — Deutsche Tiefe und Gründlichkeit. — Merkur-Semester. — Für Rechenkünstler. — Bedächtliches Urtheil. — Ueberall Fehler. — Berserker. — Mordzeitung. — Der Indier und der Britte. — Schöner Ausspruch. — Ofen. — Das theuerste Buch. — Kleine Menschen sind nicht immer klein an Geist. — Seltsames Errathen. — Aus der Gegenwart. — Deutsche Zeiträume. — Eigene Sprache. — Unser Zeitgepräge. — Menschen und Blumen. — Nüsse. — Der Kleine und der Große. — Sie können's nicht begreifen. — Vorlaut. — Gerechtigkeitsliebe. — Vergötterung. — Zigeuner. — Was zieht an? — Raum und Zeit. — Seltenheiten. — Blüthenlese. — Ehrenbezeugung. — Die Deutschen und ihr Eigenthum. — Beredtsamkeit einer Quäkerin. — Geistesfrühling. — Alarich's Begräbniß. — Hasenfüße. — Keine Gefahr. — Blumenlese. — Treuherziger Wunsch. — Menschenbe-

glückung. — Herder's Denkmal in Weimar. — Zweideu-
tigkeit. — Schulunterricht. — Eigene Erscheinung. — Eine
Eigenheit Göthe's. — Zeitverstöße der Maler. — Schul-
häuser im Mittelalter. — Umgestaltung des Redevereins.
— Anstand. — Aus dem Mittelalter. — Rückschritt. —
Mission. — Streitmacht Europa's. — Vorwärts! —
Brüderlichkeit französischer Zeitungen. — Heerwesen. —
Bockbier. — Fremdes und Eigenes. — Große Liebe. —
Deutsche Sprache in England. — Baumwolle. — Stell-
vertretung. — Kinderschriften. — Winke für die Deutschen.
— Ueber die Schwaben. — Nachtbild der Gegenwart. —
Deutsche Rechtstreitordnung.

VII. Briefe, Gedichte, Räthsel, Fremdwörterschnacken.

Eine Menge Briefe von Vereinsmitgliedern über
sprachliche und andere Gegenstände. — Viele Gedichte,
Räthsel und Fremdwörterschnacken, von verschiedenen genannten und ungenannten Verfassern. — Verzeichniß der
Mitglieder des Vereins für deutsche Reinsprache nebst
mehrerlei Ankündigungen.

Freiherr von Hammer-Purgstall schrieb an mich:
„Mir war beim Durchlesen „Der deutschen Eiche"
als ob ich in einem Eichenhain ginge, wo mich von allen
Seiten die reinste Luft anwehte." — Aehnliches schrieb vor
vielen Jahren schon Immermann: „Aus den Wipfeln
der Waldbäume und von den engen und tiefen Seiten-
pfaden des Forstes wehte es uns an wie lauter Ahnung,
Lust, Freiheit."

§. 31. Die thätigsten Mitarbeiter an der
deutschen Eiche.

Die Aufsätze mit der Ueberschrift „Deutschlands
Stolz", so wie viele andere in Betreff der Reinsprache,
und Vorschläge, Berichte u. s. w. sind von mir.

Die mit G unterzeichneten Aufsätze sind theils aus
Gervinus, theils aus Jakob Grimm's Werken.

Fräulein Hedwig und Eleonore Wallot haben alle ihre Einsendungen mit den Vornamen unterzeichnet.

Auch die Ansprachen „an Deutschlands Lehrerstand sind von mir, so wie an die „deutschen Jünglinge auf Hochschulen, an die Brüder in Berlin, Wien u. s. w.

Von Freiherr von Hammer-Purgstall befinden sich mehrere Aufsätze in der Eiche.

Die Sprüche und Schwänke aus dem 16. Jahrhundert hat Karl Hagen geliefert.

Gedichte sind mehrere von Freiherrn v. Hauenschild, der später als Max Waldau Werke lieferte.

Die vortrefflichen Reisebriefe aus der Schweiz sind von Hedwig und Eleonore Wallot.

Ignaz Lederer in Pilsen sandte „Scherz- und ernsthafte Bemerkungen über deutsche Sprachkunde" ein.

Von Wr. A. Röder ist der Aufsatz: „Wer ist Jurist"?

Klara Winter lieferte den Aufsatz: „Aus Johann Keppler's Leben".

Die Beurtheilung meines Urbilds der Reinsprache von Freiherrn Karl v. Kreß führte ich schon oben an.

Der Aufsatz: „Deutschland nach dem Befreiungskriege" ist von Karl Hagen.

A. Wilh. von Zuccalmaglio-Waldbrühl sandte schätzbare Wörtererklärungen zur mittelalterlichen Baukunst ein. Von Großheinrich aus Petersburg erhielt ich die merkwürdige Beschreibung der neuen Isaakskirche daselbst.

Die Widerlegung der Gründe Jakob Grimm's für Beibehaltung der fremden Kunstausdrücke in der Sprachlehre ist von mir.

Von Wr. Franz Mittermaier ist der Aufsatz: „Wieviel Uhr ist es?"

„Ueber die Benennung der 12 Monate" ist von A. Schüßler.

Die gekrönte Preisfrage von Campe: „Ist vollkommene Reinheit einer Sprache überhaupt und besonders der deutschen möglich?" — mag für alle Zeiten als Richtmaß der Sprachreinigung gelten.

Den „bösen Reim:" Und ich sag: auf euch, ihr Deutsche, Reimt sich eben nichts als Peitsche" — erhielt ich von Winter, Vater, der mich immer Sprach= und Glaubensreiniger zu nennen beliebte, mit dem ich manche frohe Stunde verlebte.

Der Aufsatz: „An Deutschlands edle und gebildete Frauen" ist von mir.

Mehrere Gedichte sind von Marie Schreppler.

„Alles für das deutsche Volk" ist auch von mir so wie folgendes Gedicht am Schlusse des Jahres 1850.

§. 32. Am Sylvesterabend 1850.

Gute Nacht, altes Jahr, böses Jahr!
Hast geschlagen der Wunden soviel,
Hast gebleichet so weiß manches Haar,
Hast gefoltert manch Herz bis ans Ziel. — —
    Gute Nacht altes Jahr, schönes Jahr!
    Hast beglückt manche liebende Brust,
    Hast begrüßt manche fröhliche Schaar,
    Hast erfüllt manche Seele mit Lust.

Gute Nacht, altes Jahr, böses Jahr!
Hast geschwungen zerreißend dein Schwert,
Hast geschleudert die Fackel sogar,
Unbarmherzig auf friedlichen Herd. — —
    Gute Nacht altes Jahr, schönes Jahr!
    Hast getragen zum ewigen Bau
    Manchen Stein der verborgen noch war,
    Als ein Glückskind auf himmlischer Au.

Gute Nacht, altes Jahr, böses Jahr!
Vielen Tausend hast du gemacht bang. — —
Viele tausend verfluchen dich gar,
Viele tausend dein Rachen verschlang.
    Gute Nacht, altes Jahr, schönes Jahr!
    Wunderblumen gaben uns dein Schoß,
    Schöne Lilien und Rosen so klar,
    Manche Thräne der Freude auch floß.

Gute Nacht, altes Jahr, böses Jahr!
Hast zerstöret zu Wasser, zu Land,
Hast gestürzet in Leid und Gefahr,
Hast zerrissen die heiligste Band! — —
    Gute Nacht, altes Jahr, schönes Jahr,
    Sahest Blumen aus Gräbern erblüh'n,
    Wie sie niemals ein Lenz noch gebar,
    Sahest Herzen im Tode noch kühn.

§. 33. Verbreitung der deutschen Eiche.

Die deutsche Eiche theilte das Loos aller neuen Zeitschriften, nemlich, daß sie nur mit Mühe und Anstrengung konnte ins Leben gerufen werden. Solange sie in zwei Blättern in Geviert wöchentlich erschien, so gieng es noch gut, weil da dieselben in Gasthäusern ꝛc. zum lesen aufgelegt werden konnten und täglich die Leser auf etwas Neues begierig waren. Den Hauptgrund und das größte Hinderniß gab ich schon oben an, es lag in meinem Namen als Herausgeber und in meiner freisinnigen Richtung, die man wohl kannte. Dennoch verbreitete sich die Zeitschrift bald sehr weit, aber nur in einzelnen Abdrücken, nicht wie die Gartenlaube in 120,000 (wie man sagt). Sie fand außer in Heidelberg, Abnehmer in Petersburg, Pilsen, Kassel, Philippsburg, Gießen, Heilbronn, Darmstadt, Eberstadt, Mannheim, Schweinfurt, Thüringen, Schrießheim, Ziegelhausen, Mückenloch, Neckargemünd, Wieblingen, Speier, Schlingen, Homburg, Baden-Baden, Wien, Leipzig, Würzburg, Worms, Hanau, München, Frankfurt a. M., Offenbach, Köln, Nürnberg, Graz, Augsburg, Stuttgart, Karlsruhe, Mainz, Genf, Salzburg, Marburg, Kreuznach, Bischofsheim, Kehl, Offenburg, Zell, Sinsheim, Neckarsteinach, Ladenburg, Heddesheim, Kaiserslautern, Landstuhl, Ladelburg, Pforzheim, Efringen, Basel, Mannheim, Durlach, Ratibor in Schlesien, Straßburg, Regensburg, Chur in Graubünden, Bautzen und Prag.

Hätten nur alle deutsche **Lesegesellschaften** sie gehalten, so wäre das Unternehmen gesichert gewesen. Aber
die frommen Leute fürchteten sich vor der Zeitschrift eines
Ketzers.

§. 34. Polizeiverhör.

Schon wegen eines kleinen Aufsatzes in Bl. 10 der
deutschen Eiche wurde ich vor die Polizei gefordert. Damit man in späteren Zeiten noch erfahre, welch ein arger
Druck der Gewaltherrschaft damals bei uns an der
Tagesordnung war, so will ich die ganze Stelle hier her-
setzen. Sie heißt so:

Stimmen aus dem Schloßwalde.

„Da ich diese Tage, als einsamer Wanderer, unter
den beschneiten Bäumen in dem alten Schloßgarten umher-
ging, flogen die Vögel schüchtern und kummervoll daher
und ich vernahm folgende Stimmen: „Wo weilst du, der
du uns täglich in der grimmigsten Kälte wie ein Freund
besuchtest, alter Mann, mit dem weißen Haupte? Warum
vernehmen wir nicht mehr zur gewöhnlichen Stunde deinen
weithintönenden Ruf, der uns aus der Ferne, aus unsern
Winterhöhlen lockte und so erfreulich an unser Herz er-
scholl? — Wo bleibt die Speise, die uns deine väterliche
Hand so liebevoll brachte, die an uns dachte, wenn alle
Welt, die wir sonst oft in des Frühlings Sommertagen
durch unsern Gesang entzückten, undankbar uns vergaß?
— Wer bringt uns Nahrung, die uns errette vor dem
schrecklichen Hungertode? — Hört denn Keiner — Keiner
unsere Stimmen aus den dürren Aesten der abgestorbenen
Bäume? — Schlug nur in dem Greisen noch ein warmes,
ein liebevolles Herz für uns? — Müssen wir vielleicht
bald singen auf seinem Grabe?! — Die letzten Gesänge
unseres Dankes, unserer Zärtlichkeit für seine Liebe — indem wir den letzten Hauch für unsern Wohlthäter aus-
athmen! — Grausames Schicksal — du raubst uns den
einzigen guten Freund noch in der harten Wintersnoth?

Bald sinken wir dahin, und der Frühling hört keine Lieder mehr von uns!" — —

Das ist der verdächtige und verfängliche Aufsatz, der mich nöthigte vor dem hohen Gerichte der Gewaltei zu erscheinen. Was findet nun der unbefangene und vorurtheilsfreie Leser darin von Verdacht oder gar von Unrecht, von Verbrechen? Gewiß keine Spur. Aber damals fragte man mich, was ich mit diesen „Stimmen" sagen wolle? auf wen sie gerichtet seien? was sie bezwecken sollten u. s. w.

Ich erwiderte darauf, daß sie ganz allgemein gehalten seien und kein Name darin vorkomme, man könne sie deuten, auf wen man wolle, das müsse jedem überlassen bleiben. Ich könnte es nicht hindern.

Hierauf erwiderte man mir strenge, „man wisse schon, wer hier gemeint sei, und was man damit wolle. Man suche Mitleid dadurch für Einen zu erwecken, der wegen **Hochverrath** eingekerkert und in Untersuchung stehe. Ich sollte mich ein für allemal hüten, dergleichen in meinem Blatte zu thun. Geschehe nochmals etwas ähnliches, so werde auf der Stelle das **Blatt verboten** und **unterdrückt**." —

So verfuhr man damals im Jahr 1850 mit harmlosen Menschen und harmlosen Aufsätzen. Freilich war Winter, der Bürgermeister, der Ernährer der Vögel und wurde später schuld= und klagfrei von den Gerichten gesprochen, nachdem man ihn ein ganzes Jahr vor denselben vernommen hatte.

Auf eine so kräftige Warnung wegen Unterdrückung des Blattes gleich im Beginne ließen sich wohl die Stimmen der Vögel nicht mehr hören, sondern sie verstummten und verschlossen sich einsam in ihre Höhlen — und **dachten das Ihrige.**

§. 35. Kampf im eignen Lager.

In Blatt 2 der deutschen Eiche rückte ich aus einem Briefe von J. M. Jost in Frankfurt a. M. nur die erste

Hälfte ein, die zweite aber nicht, weil sie gegen unsere Richtung sprach und gleich Anfangs Hader und Zwietracht erregt haben würde. Das nahm mir der Herr Verfasser gar sehr übel und sandte nichts mehr. Dann erschien im Bl. 131 des Frankfurter Unterhaltungsblattes folgender Aufsatz:

Verein für Reinsprache.
Mitgetheilt von J. M. J.

Der von Herrn Pfarrer Brugger in Heidelberg wieder ins Leben gerufene Gedanke, durch gemeinsames Streben vieler Freunde des rein=deutschen Ausdrucks dem Fremdwörterunfug zu steuern, hat gebührenden Anklang gefunden. Auch in Frankfurt nimmt die Zahl derer zu, welche demselben ernste Theilnahme widmen*)

Herr Brugger hat diesem Verein ein gemeinsames Schriftthum mit dem Zeitblatt: die deutsche Eiche, welches seit Anfang dieses Jahres erscheint, zu gründen gesucht; ein Unternehmen, welches Beifall verdient und sich auch bereits einer gewissen Anerkennung erfreut. Diese wird ihm in steigendem Maße zu Theil werden, wenn das Zeitblatt wirklich die Ansichten und Vorschläge der Mitglieder ohne vorgefaßte Meinung und willkürliche Unterdrückung des Widerspruchs aufnimmt und zur öffentlichen Kenntniß bringt.

Wir haben uns die bisher erschienenen Blätter für die hiesigen Mitglieder kommen lassen. Im allgemeinen scheint uns die deutsche Eiche ihrem Zweck zu entsprechen. Einige Mißgriffe sind bei dem ersten Versuch verzeihlich. Die Bedingung aber, die wir für entschieden nothwendig halten, vermissen wir zu unserem Bedauern und es hat

---

*) Eine Versammlung des hiesigen Zweigvereins ist bisher auf mannigfache Hindernisse gestoßen. Diese sind jetzt beseitigt und es soll nächstens eine solche anberaumt werden, zunächst um diesem Zweigverein eine geordnete Einrichtung und selbstständige Gestaltung zu verschaffen.

faſt das Anſehen, als wolle ſich die Anſicht des einzelnen
hier geſetzgebend geltend machen. Ein ſolches Verfahren
würde den Stnrz der Eiche bald zur Folge haben, wenn
es andauern ſollte. Niemand wird ſich eine Sprache auf=
bringen laſſen. Was als Ergebniß der gemeinſamen Be=
mühungen hervortreten ſoll, iſt eben die Einführung ge=
diegener, aus dem Geiſte unſerer Sprache naturgemäß ent=
wickelter Ausdrücke, ſo weit es möglich iſt, die Fremdlinge
genügend durch Einheimiſches zu vertreten. Das iſt aber
nicht Sache des einzelnen, nicht Sache der Willkür, nicht
Sache des plötzlichen Einfalls, ſondern erfordert vielſeitige
Beleuchtung, Berathung und beſonnene Erwägung. Oeffent=
lichkeit iſt hier unerläßlich. Wir müſſen es beklagen, daß
die deutſche Eiche ſichs erlaubt hat, von einer ihr zuge=
gangenen Darlegung zum Theil ihr widerſprechender Mei=
nungen nur denjenigen Theil der Zuſchrift, der ihr bei=
pflichtet, aufzunehmen, den andern Theil aber, der ihr
mißliebige Anſichten entwickelt, ohne weiteres zu unterdrücken.
Wir nehmen hiermit das öffentliche Urtheil in Anſpruch,
welchem die deutſche Eiche ausweicht, ja welches ſie auf
eine höchſt ungebührliche Weiſe niederzuſchlagen verſucht.

Eine der Anmaßungen iſt es, mit welchen der neue
Verein auftrat, für die Ehrennamen Doctor und Profeſſor
ohne alle Begründung Wißmeiſter und Wißlehrer feſtzu=
ſtellen. Eine Anmaßung iſt ein willkürlicher Eingriff in
fremdes Eigenthum. Sich ſelbſt mag jeder Namen beile=
gen, wie ihm beliebt oder geſtattet wird; Fremden Namen
zu geben, darf ſich Niemand herausnehmen. Einen Ehren=
namen überſetzen heißt ihn vernichten und anmaßlich über
die öffentlichen Sitten ſchalten. (??)

Will man für Doctor, Profeſſor und andere Ehren=
namen deutſche einführen, ſo iſt dahin zu wirken, daß die
Behörden, welche dieſelben ertheilen, die beſſeren deutſchen
Ausdrücke anerkennen und vorziehen. Erſt dann haben ſie
ihre Berechtigung.

Wißmeiſter und Wißlehrer empfehlen ſich aber gar
nicht. (?) Der letztere Ausdruck iſt verwerflich, weil er

nichts mehr sagt als Lehrer überhaupt. Der erstere aber
ist augenscheinlich die größte Anmaßung der Unbescheiden-
heit. Das Wort kann in seiner übrigens schlechten Zusammensetzung*) doch nur bedeuten: Meister des Wissens
oder Meister im Wissen. Welcher Mensch darf solcher zu
sein sich rühmen**)?

Man höre nun, wie die deutsche Eiche sich hierüber
vernehmen läßt; Blatt 17 steht folgendes:

„Doctor oder Wißmeister. Diese Verdeutschung
„ist der würdige Vorläufer von Hpst. 137 der deut-
„schen Grundrechte, den Unfug mit Würdenamen be-
„treffend. Das Vollgewicht von Wißmeister erregt
„aber solchen Aufruhr (!) und wird hier und da von
„Einfaltspinseln (!) so lächerlich gemacht, daß man
„fast für dessen Leben fürchten muß. Doch lasse Nie-
„mand sich von den Herrn Doctörchen (!) irre ma-
„chen, und übersetze sie nur immerfort schonungslos
„mit Wißmeister, das ist der ehrliche (?) Weg, sie
„um ihre Kaufbriefe zu betrügen ***). (?)"

Gibt es eine ungebührlichere Ausdrucksweise? — Wir
wissen nicht ob ein Wißmeister oder ein Witzmeister diese
Grobheit niedergeschrieben habe; aber empfehlen wird
sie die deutsche Eiche, so deutsch auch dieser Ausfall zu
sein sich bemüht, in den Kreisen wohlerzogener Leute gewiß nicht. Ohnehin wäre die reine Uebersetzung für Doctor
offenbar Lehrer. (?) Der Verabscheuer der Würdenamen
hätte also diesen Ausdruck als den einzig richtigen vor-
schlagen dürfen. Allein dann wäre er wirklich um den
Kaufbrief betrogen, weil man Lehrer ohne diesen sein kann.
Kann man denn Wißmeister anders werden, als Doctor?

---

*) Schlecht ist die Zusammensetzung nicht,, da wir ähnliche in
Wißbegierde, wißbegierig und auch in Eigennamen haben, wie
Wißmeier, Wißwässer ꝛc. A. d. H.
**) Der arme, vielfach angefochtene Wißmeister wird sich später
noch vertheidigen. A. d. H.
***) Diese Stelle ist von Hedwig und Eleonore. A. d. H.

Wir möchten es nicht wagen, selbst wenn wir die Eicheln der Eiche vollständig schmackhaft fänden, jeden der einen andern Geschmack hätte, als Einfaltspinsel zu bezeichnen und mit solchem witzlosen Hohn abzufertigen!

Das ist wahrlich nicht der Weg, wohlthätig zu wirken und Uebereinstimmung zu erzielen; er ist auch sonst des Standpunktes öffentlicher Sittenlehrer unwürdig und es bleibt wünschenswerth, solchen traurigen Erscheinungen auf dem Gebiete des Vereins für Reinsprache fernerhin nicht wieder zu begegnen.

Darauf erschien von mir in Bl. 136 folgende Erwiderung:

Heidelberg, im Brachmonat.

Erwiderung in Sachen des Vereins für deutsche Reinsprache *)

Mit Ueberraschung und Bedauern lesen wir in Nr. 131 vom 3. d. M. des Frankfurter Konversationsblattes (Unterhaltungsblattes) den Aufsatz eines Mitgliedes unsers Vereins, das nach seinen Fähigkeiten und Kenntnissen zu den tüchtigsten und die Sache eher fördernden als hemmenden gehören sollte. Darin sind mehrere unrichtige und unbegründete Urtheile über unser Blatt, „die deutsche Eiche", so wie über den Gang unserer Bestrebungen und über die Verdeutschung einzelner Wörter enthalten, die wir zum Theil hier, zum Theil in unserer Zeitschrift selbst berichtigen wollen. Denn es liegt uns sehr daran, mit ernsten und strebsamen Männern im Einklang zu stehen und alles zu beseitigen, was einem näheren Verständniß im Wege liegt.

Auffallend mußte es uns sein, daß dort die Rede ist von dem „Aufdringen einer Sprache", von „Willkür", „Anmaßung" und dergleichen. Wir haben noch nie daran gedacht, Jemanden nur ein Wort, noch viel weniger eine

----

*) Diese Erwiderung aufzunehmen gebietet uns die Unparteilichkeit. Weiteren Erörterungen über obige Streitfrage kann aber das Konversationsblatt nicht mehr Raum geben.   D. Red.

7

ganze Sprache aufzudringen, sondern wir geben uns nur
Mühe, für Fremdwörter deutsche aufzufinden, vorzuschlagen
und so lange anzuwenden, bis man uns ein besseres an
Handen gibt. Deßwegen dürfte über die Verdeutschung des
Wortes Doctor „Wißmeister" kein so großes Geschrei erhoben werden. Wem der Doctor so sehr am Herzen liegt
und als unübersetzbar erscheint, der mag immerhin denselben behalten; wer glaubt, daß unsere Uebertragung nicht
gelungen sei, der gebe eine bessere, und so wird die Sache
nur dabei gewinnen.

Wie man eine Anmaßung oder gar einen willkürlichen
Eingriff in fremdes Eigenthum in der Uebersetzung obigen
Wortes finden und herausgrübeln kann, das sehen wir
nicht ein, da ja von gar keinem Zwang die Rede ist und
wir nur von unserm in Absatz 1. der Vereinssatzungen zu-
stehenden Rechte der Verdeutschung Gebrauch machen, wo
den zahllosen Abstufungen des Mehr und Weniger freier
Spielraum gelassen werden muß. Wer darf uns hier in
unserem Rechte beschränken? Das könnte man eben so
gut Anmaßung und willkürlichen Eingriff heißen und noch
weit eher als das obige.

Am auffallendsten war uns aber das Ereifern über
eine Stelle im Blatt 17 der „deutschen Eiche", die ganz
allgemein, fern von persönlicher Beleidigung gehalten ist,
über die sich noch kein Ruhigdenkender und Leidenschafts-
loser beschwert hat. Zudem ist sie von Frauen mitgetheilt, die gewiß zu den wohlerzogenen und gebildeten Leuten gehören, die schon mehr für die deutsche Reinsprache
gethan haben, als manche Herren je thun werden.

Endlich müssen wir beklagen, daß die Triebfeder der
ganzen Erörterung jenes Gegenstandes nicht der Liebe zur
Sache, sondern eher einem Gefühle des Unmuthes zu entstammen scheint, weil wir früher einen Theil des Aufsatzes
desselben Einsenders in unsere Zeitschrift nicht aufnehmen
konnten, da er gerade gegen die Richtung unseres Blattes
war. Wenn man etwas Neues und Besseres will, so kann
man unmöglich das Alte und Schlechte erhalten und schützen

wollen. Allerdings konnten wir nicht gleich anfangs unser Blatt mit langen Abhandlungen und Streitigkeiten über ein einziges Wort anfüllen.

Jetzt werden wir unsere Gründe für die Uebersetzung obgenannten Wortes in der „deutschen Eiche" darlegen, damit der Herr Einsender sehe, daß wir das öffentliche Urtheil nicht scheuen (welches aber nicht das seinige allein und unfehlbar ist), noch viel weniger es auf eine höchst ungebührliche Weise niederschlagen wollen. Uebrigens wünschen wir sehr, daß er seine schönen Kräfte und Kenntnisse immer eifriger unserer Angelegenheit widmen und sich mehr auf die bejahende als verneinende Seite schlagen möchte, da wir genug Gegner außerhalb unseres Vereins haben, und die im eigenen Lager der Sache nur um so mehr Schaden zufügen, weil wir sie darin nicht vermuthen. Daß wir mit Kraft gegen veraltete Vorurtheile auftreten und sie bekämpfen, wird von allen Vernünftigen nur gebilligt werden. Daß dies Streben Anklang finde, beweisen mehrere tausend Leser unserer „deutschen Eiche", die immer in weiteren Kreisen sich Bahn bricht. Der Vorstand: Mr. Brugger.

§. 36a. Das Wort „Wißmeister" kommt schon im 17. Jahrhundert vor.

Mit großer Mühe und nach langem Nachdenken kam ich selbst auf die Uebersetzung von Doktor als Wißmeister und von Professor als Wißlehrer und von Student als Wißschüler. In keinem Wörterbuch fand ich eine genügende Uebersetzung, sondern lauter Umschreibungen und allgemeine Ausdrücke, die das Wesen und den Unterschied nicht genau angeben. Mit dem Vorsatzwörtchen Wiß glaubte ich nebst Hinzufügung des Hauptwortes diese Begriffe genauer abgegrenzt zu haben. Ueberdieß kommt das Wörtchen Wiß auch in eigenen Namen, wie ich oben anführte, und in andern Wörtern vor. Warum sollte es nicht erlaubt sein, auch die erwähnten Zusammensetzungen zu bilden? Oft sprach ich mit Män-

7*

nern der Wissenschaft darüber, welche mir bald recht gaben, bald
aber mit Vorliebe an den Fremdwörtern hingen. Winter,
der Bürgermeister, billigte diese Uebersetzungen um so mehr,
als er unter seinen Papieren, einen alten Abdruck aus dem
17. Jahrhundert fand, wo das Wort Wißmeister schon
vorkommt. Wie sehr freute ich mich über diesen Fund,
den ich mir von ihm zur Abschrift erbat, die ich nun hier
zum **erstenmal** zur Rechtfertigung des armen
Wißmeisters erscheinen lasse, wenn auch das Wort dort
in einem anderen Sinne auftreten mag.

Ain Urtail aines weysen von gefunden gelt.

Ain rycher Burger, als er in d' statt spacieren gienge,
verlore ainen sekel, mit tusent gulbin, denselben fand ain
armer man, und trug in haim in syn hus, und gab den
synem wyb ze behalten. Das wyb empfieng den mit Frö-
den und sprach! was zu mir kommt, das schlach ich nit
us. hat uns daz Gott gegeben, so sol wir es behalten.
An dem nechsten tag darnach, warb beruffet offenlich in
aller stat, wie ein sekel mit gulbin verlorn wäre, ob jemand den funde, d' solt in lassen wider werden! so wurd
er hundert gulbin darumb empfahen on alle wibred. So
bald der arm das erhöret, gieng er zu synem wyb, und
sprach, wir wöllen das gefunden gelt wider geben! so gibt
man uns zelox hundert gulbin die wir on alle sünde haben und niessen mögen! Und synt uns och viel besser,
wann tusent mit böser gewissend inn gehabt. und wie wol
syn wyb in alle weg die sie erdenken mocht, darwib' was
daz er das gelt nit wider gäbe!» Dannocht nam der arm
biderb man das gelt, und gab es dem wider der das verlorn hett. und' fordert die hundert gulbin die darum ze
geben versprochen waren. Aber d' burger waz bößlistig
und gedacht den armen zelaichen umb die hundert gulbin
und sprach. Frund du hast mir das gelt nit alles gebracht,
daz du gefunden hast! wann mir gebrechen noch daran fier-
hundert gulbin, die selben solt du mir ouch bringen so will
ich dir die hundert geben wie beruffet ist. der arm red so

hoch er mocht er hette wider gegeben alles das er gefun=
den hette. Do sie in langer Zwayung wider ainander
hetten gestritten! ward die sach für den kunig geschoben,
und das gelt och zu vß trag deß rechten. Der kunig beruffet
ainen alten wysen hilff der armen genennet! dem befalhe
er die sache ze erkunden. Vnd do die sache verhöret waz
red vo wider red übergeben! ward b' wyß man in barm=
herzigkeit beweget! beruffet den armen und sprach: sag mir
in rechter warhait ob du alles gelt habest wider gegeben
daß gefunden hast. Der arm bestättiget daz mit synem
aid. Do sprach der wyß zu dem kunig. Herre wilt du
daz ich rechte vrtail sprech in der sache. Antwurt der ku=
nig: Ja ich bitt dich vn gebüt es. Do sprach der **wyß=
maister**: Herr' kunig diser ryche man hat grossen gelo=
ben! vnd bestätiget syn fürbringen mit Zügnüß vil erberer
lüt die ynen worten geloben gebent. Vnd ist nicht ze ge=
denken das er ichtzitt wölle begeren im wider gegeben, das
er nicht verloren habe, noch in im jemant schuldig wäre.
von dem andern tail. so ist dieser arme man, ains guten
lümen alle zyt gewesen vnd vff syne trüw vnd ouch frim=
kait ist wol (da ist das Blatt aus und das Uebrige fehlt.)

§. 36b. Noch eine Erläuterung über das Wort „Wißmeister".

Vielen, bei denen der Sinn für deutsche Reinsprache noch nicht erwacht ist, klingt dieses Wort neu
und fremd, obschon es alt und ächtdeutsch ist. Den
Beweis hierüber haben wir so eben geführt. Manche gebildete und verdienstvolle Männer der Wissenschaft stoßen
sich an demselben, weil sie glauben, das Wort Meister
sei doch gar zu wenig und zu gewöhnlich und komme
nur dem Handwerkstande zu; ja, es entwürdige den
Stand der sich oft so erhaben dünkenden Gelehrten. Sie
möchten nicht gern mit einem so gemeinen Namen, den
jeder Schneider und Schmied, jeder Schreiner und Schu-
ster führen kann, sich begnügen.

Sie bedenken nicht, daß diese Männer oft auch sehr
achtungs- und ehrenwerthe Leute sein können, wenn
sie gleich keine Hochschule besucht haben; sie bedenken nicht,
daß es auch noch andere Stände gibt, die sich dieses
Wortes zur Bezeichnung ihrer Aemter und Ehrenstellen
bedienen, wie z. B. der Kriegerstand. Er gebraucht
dieses Wort mehrmal, so in Einlagerungsmeister
(Quartiermeister), in Wachtmeister; sogar das hohe
Amt eines Feldzeugmeisters wird damit bezeichnet.
Sollten sich die Gelehrten wohl auch dieser Gesellschaft
schämen? — Auch die Ton- und Zeichenkunst verschmäht dieses Wort nicht, z. B. in Tonmeister, Zei-
chenmeister, Bildhauermeister u. s. w. Sogar der
größte Lehrer in Israel wurde mit dem Namen
„Meister" begrüßt. Ueberhaupt gibt es nichts größeres,
als die Meisterschaft; und Meisterwerke sind das
Höchste, was der Mensch liefern kann. Deßhalb dürfte
sich Niemand des Namens **Wißmeister** schämen, der
weiß, was er bedeutet und er sollte es sich zur Ehre rechnen, wenn er nur das ist, was dieser Name bezeichnet,
nemlich **Meister einer Wissenschaft.** Manche nennen sich Doktor, — und sind das nicht. Und der Meister vom Stuhl bei den Freimaurern ist bekannt.

§. 37. Meine Erwiderung auf einen Bericht in der Didaskalia.

Heidelberg, im Heumonat.

In der Didaskalia war vor einiger Zeit eine Bericht-
erstattung über die Sitzung des Zweigvereins für
deutsche Reinsprache in Frankfurt enthalten, worin mehrfache Angriffe und Bemänglungen der „deutschen
Eiche" Abweisung und Berichtigung verdienen. Zuerst
wird die Ursache, daß der Verein noch keine sehr segens-
reiche Resultate! (statt Ergebnisse) bisher erzielt habe,
darin gesucht, daß wir in unserer Fremdwörterüber-

ſetzung zu weit gingen und manche, die ſchon das Bürgerrecht hätten, ſogar uns erkühnten, deutſch zu geben.
Wir aber glauben, umgekehrt die Urſache darin zu finden,
daß Andere zu wenig thun und ſehr vielen das Bürgerrecht zuerkennen, die es auch nicht haben. Denn Re-
ſultat, Organ, redigirt, oktroyirt u. ſ. w. darf
man doch, mit allergnädigſter Erlaubniß, gewiß deutſch
überſetzen, ohne ihr Bürgerrecht für unverletzlich und heilig
zu halten! Dann iſt es mit dieſem Bürgerrecht eine
eigene Sache; vor hundert Jahren hatten noch manche
Fremdwörter ein Bürgerrecht, die es jetzt nicht mehr haben; wir haben ein ganzes Verzeichniß in der deutſchen
Eiche früher ſelbſt angeführt. Ferner heißt es darin, daß
wir Andern willkürlich Verdeutſchungen aufbringen oder
fremdländiſch „octroyren“! Nirgends haben wir das aus-
geſprochen, ſondern wir geben nur die Wörter als Vor-
ſchläge und legen ſie ja öffentlich zur Prüfung vor;
allein wir laſſen uns nicht verbieten, davon Gebrauch zu
machen, ſo wenig wir einen andern nöthigen, ſie anzuwenden. Wir ſind gern bereit, beſſere Wörter anzunehmen,
man biete ſie uns nur gefälligſt an; wir laſſen uns aber
unſere Freiheit nicht beſchränken, ſo viel als wir vermögen,
gegen die Fremdwörter zu kämpfen. Denn wir wollten
keinen Schutzverein für ſie, ſondern einen Rein-
ſprachverein gegen ſie gründen. Traurig genug, daß
man dieſes immer wieder gewiſſen Leuten auf's neue ohne
Erfolg ſagen muß. Würden dieſelben ſich nur halb ſo viel
Mühe geben, als ſich obgenannte Zeitſchrift und deren Mitarbeiter geben, ſo würden ſie ſich nicht über Mangel an
ſegenreichen Erfolgen beklagen. Man muß zuerſt ſelbſt
etwas leiſten und beſſer machen, dann ziemt es erſt zu
tadeln. — Es iſt keine große Kunſt, Fremdwörter beizubehalten, — aber eine ſchwere Aufgabe, ſie deutſch
zu geben.

Wr. Brugger.

§. 38. Aus der Pfälzer Zeitung.

An das deutsche Volk.

(Aus „Die deutsche Eiche", Zeitschrift zur Beförderung deutscher Reinsprache.

Zu euch, ihr lieben Brüder, spreche ich so gern, mit so vollem Herzer —, daß ich fast nicht Anfang noch Ende meiner Rede finden könnte, wenn ich euch Alles sagen und darlegen, wenn ich alles erörtern und erklären wollte, was unserer Zeit noth thut und was zu unserem Aller Frommen sein möchte.

Vorerst kann ich hier, unserem nächsten Zwecke gemäß, euere Aufmerksamkeit nur auf einen Gegenstand leiten, den man früher fast gar nicht berührte, der dem Volke fast nie genannt wurde, dessen Uebelstand es nur merken und errathen und fühlen konnte, nämlich — auf die **Fremdwörter.** Mancher Mann unter dem Volke weiß zur Stunde noch kaum, daß es in unserer Sprache Fremdwörter gibt; ihm dem guten Deutschen, sind alle Wörter recht und gang und gäbe, die die Gebildeten einführen — wenn er sie nur versteht. Aber gerade da ist der Haken, an dem die böse Sache hängt, am — **Verstehen.**

Jeder, der nur hie und da eine Zeitung, ein amtliches oder sonstiges öffentliches Blatt liest, wird gleich in den ersten paar Zeilen schon einige Wörter finden, die er, wenn er genauer darüber nachdenkt, nicht versteht, obschon er sie vielleicht sehr oft hören und lesen mußte. So z. B. Conflikt, Consequenz, Attraktion, Interim, Indemnität, Restauration, Demonstration, Bundesplenum und noch hundert und hundert andere. Mit diesen Wörtern kann er, weil er sie nicht versteht, auch keinen richtigen Sinn verbinden. Sobald man sie ihm aber übersetzt und deutsch gibt, so weiß er doch eher, was man damit sagen will, denn Zusammenstoß, Folgerichtigkeit, Anziehkraft, Zwischenreich auch Einsweilverfassung (nicht Langweilverfaſſung), Entſchädigung, Wiederherſtellung, Darlegung, Bundesvollzahl, ſind Jedem deutlich.

Daher geht unſer Streben dahin, dem Volke die Fremdwörter, die es nicht verſtehen kann, wenn es nicht Griechiſch, nicht Franzöſiſch gelernt hat, ſoviel als mög= lich zu verdeutſchen und verſtändlich zu machen. Dadurch wird es an klare und deutliche Vorſtellungen, an richtige und beſtimmte Begriffe gewöhnt und iſt auch in Folge deſſen fähig, ein richtiges Urtheil zu fällen und vernünftige Schlüſſe zu bilden, was ohne Erfüllung jener erſten Bedingung nicht möglich iſt.

Ferner dringen wir darauf, nicht nur zu dem Volke in rein deutſcher Sprache zu ſprechen, ſondern wir be= mühen uns auch zugleich, den ächt **deutſchen Sinn** und **Stolz** zu wecken. Wo und wie ſelten findet man einen Deutſchen, der ſagt, er ſei ſtolz darauf, ein Deut= ſcher zu ſein, da hingegen unter den Franzoſen oder Eng= ländern nicht Einer ſein wird, welcher nicht ſein Volk und ſein Land und ſeine Einrichtungen bis an den Himmel, hoch über alle Länder und Völker der Erde, erhebt. Deß= halb iſt es ſehr nothwendig, die Deutſchen auf ihre Vor= züge, auf ihre Leiſtungen und Großthaten in der Geſchichte, auf ihre Ureigenthümlichkeit, auf ihre reichen Kräfte und Anla= gen, auf ihre Erfindungen und Entdeckungen, auf ihre großen Männer in Wiſſenſchaften und Künſten, auf ihre erhabenen Ur= geiſter, auf ihre berühmten Krieger und Helden aufmerkſam zu machen, damit ſie endlich einſehen, daß auch ſie gerechte Urſache haben, ſtolz zu ſein auf ihr Land, auf ihr Volk, auf ihre Sprache, auf ihre Geſchichte u. ſ. w. Ja wahr= lich, die meiſten Deutſchen kennen alles das nicht ge= nug, ſonſt würden ſie andern Völkern gegenüber eine ganz andere Rolle ſpielen, als ſie oft bei Verhandlungen und bei Friedens= und Kriegs=Unternehmungen zu ſpielen ge= nöthigt ſind, wie wir leider jetzt abermals dem hochmüthi= gen Dänemark gegenüber uns vor dem ganzen Auslande beſchämen laſſen müſſen.

Weiter streben wir darnach, die Deutschen wieder **ihrer eigenen Art** und **Sitte**, ihrem so gemüthlichen und biedern Urwesen zuzuwenden. Nicht umsonst liegt Teutschland im Herzen Europa's; es lebt auch in den Söhnen dieses Landes alles Hohe und alles Schöne in reicher Fülle, wenn sie es nur erkennen und zu Tage fördern wollen. Wo gibt es ein Volk, das bei anderen von jeher so sehr im Rufe der Treue, Redlichkeit und Biederkeit stand, wie das deutsche? Welche herrliche Eigenschaften sind dieses, mehr werth als hundert andere, die nur auf Flitter und Tand, auf Eitelkeit und Flatterhaftigkeit hinweisen und ewigen Wechsel und Veränderlichkeit zum Gefolge haben! Welches Volk zeichnet sich so wie die Deutschen aus durch tiefe Denkkraft, verbunden mit der reinsten Gemüthlichkeit, mit einem Gefühl und einer Empfindung, die an Zartheit und Feinheit die aller andern Völker übertreffen?

Bei welchem Volke hat sich Redlichkeit und Wahrhaftigkeit, alte Sitte und altes Recht länger erhalten als bei den Deutschen? Welches Volk hat mehr Ursache, seine Anstalten hoch zu schätzen und seine großen Männer, die aus seinem Schooße hervorgegangen sind, zu achten und zu lieben, die ihre ganze Kraft nur der erhabenen Wissenschaft, oder der Kunst, oder sonst einem edlen Lebenszwecke zum Besten des Volkes und zur Verherrlichung desselben in der Geschichte gewidmet haben?

Möge darum das deutsche Volk dieses unser begeistertes und, wenn es dasselbe unterstützt, auch folgenreiches Unternehmen mit Wohlwollen und mit Liebe aufnehmen, so wie wir ihm unsre Kräfte und Zeit gerne weihen; mög' es erkennen, daß nur auf diesem Wege die Schönheit und Eigenthümlichkeit seiner herrlichen Sprache kann gerettet und erhalten werden; mög' es einsehen, daß durch Reinigung und Bildung der Sprache auch zugleich die Bildung des Volkes befördert und gehoben und es seinem höhern Ziele der Beglückung entgegengeführt werde! Mög' es immer mehr stolz auf sein Land, auf seine Sprache, auf seine Sitten, auf seine Einrichtungen und auf seine Männer, auf seine Geschichte sein, damit es auch mit Begeisterung erfüllt werde für den hohen Gedanken als **Ein Volk**, als Ein **großes Volk** aus vielen Bruderstämmen, wie **Eine große deutsche Eiche** dazustehen, die jeglichem Ungewitter trotzt, es mag von Westen oder Norden herkommen; die ihre Aeste segenreich ausbreitet, daß unter ihrem Schatten zahllose Tausende in Glück und Wohlsein ihre irdischen Tage durchleben, welche ihren Ruhm nur in **Deutschlands Größe** und **Einheit** suchen und finden.

In diesem edlen und erhabenen Sinn sollte unser Blatt ein **Volksblatt** für **ganz Deutschland** werden, damit es alle Stämme durch das Band der **Eintracht** und der **Reinsprache** verbinde und die **große Einheit** des Ganzen im Bilde, in der Schrift und in dem lebendigen Worte darstelle!

§. 39. Neues Druckgesetz.

Wenn es mit dem Aufblühen der deutschen Eiche im ersten Jahre ganz leiblich ging, so traf sie im Wintermonat ein arger Stoß, der tief in ihr Mark eindrang, nemlich durch das neue Druckgesetz. Man suchte zu jener Zeit in Baden so viel als möglich die Herausgabe von Zeitungen und öffentlichen Blättern zu hemmen und ihnen allerlei Hindernisse in den Weg zu legen, um die umwälzenden Gedanken aus den Köpfen der unruhigen Menschen hinauszubringen. Wenn sie nichts mehr lesen, so werden sie auch nichts mehr denken — so rechnete man. Daher wurde in einem neuen Druckgesetz verordnet, daß Zeitungen und Zeitschriften, die wöchentlich zwei- bis dreimal erscheinen, eine Gewährleistung von 2000 Gulden zu hinterlegen haben. Da sich aber kein großmüthiger Freund hiezu auffinden ließ, so mußte die deutsche Eiche mit dem Schlusse dieses Jahres aufhören in dieser Gestalt zu erscheinen.

Sie konnte also nur im Buchhandel und zwar alle 2 Monate nur ein Heft herausgegeben werden, wobei derselbe Preis blieb; allein die lange Zwischenzeit von 2 Monaten zu 2 Monaten und die Unbequemlichkeit in Heften statt in einfachen Blättern sie zu erhalten, wobei man sie nicht in Gasthäusern ꝛc. mehr auflegen konnte, waren Ursache genug, um die Zeitschrift nach einem halben Jahre ganz eingehen zu lassen.

Zwar wünschten viele eine Fortsetzung derselben und ich erhielt später noch Briefe von Wien, Leipzig u. s. w. zur Einrückung und Aufsätze, als sie längst zu erscheinen aufgehört hatte. Soeben im Jahr 1862 erhalte ich eine Anfrage aus Sigmaringen, ob sie noch erscheine? Weiter unten soll der Inhalt des zweiten halben Jahrganges folgen.

§. 40. Uebersetzung der Fremdwörter im Heerwesen von Wr. N. Holzapfel.

Ich finde es für nöthig, weil man überall das Vorurtheil hegt, daß nur in französischen Benennungen Heil für das deutsche Heerwesen liege, folgende Uebersetzungen unseres Mitglieds, Wr. N. Holzapfel, der zugleich auch Mitglied der Berliner Gesellschaft für deutsche Sprache ist, hier einzuschalten.

Die berlinische Gesellschaft für deutsche Sprache und Alterthumskunde hat im Jahr 1850 im neunten Bande ihrer Jahrbücher folgende Uebersetzungen und Verdeutschungen der Fremdwörter vorgeschlagen und dem Könige von Preußen mit einer Zuschrift zur Einführung ins Leben überreicht:

I. Heereintheilung nach Waffengattungen.

Infanterie Fußvolk, Infanterist Fußmann, Fußgänger, Grenadier und Musketier Stürmer, Füsilier Schwärmer, Jäger bleibt, Tirailleur Plänkler, Cavallerie Reiterei, Cürassier Schwerreiter, Uhlan Lanzner, für Dragoner, Chevauleger und Voltigeur leichte Reiter, Husar Tummler — (Uhlan und Husar könnten als fremde Namen beibehalten werden) — Garde du corps Leibwehr, Leibwache, Artillerie Geschütz, Artillerist Schütz, Kanonier Kernschütz, Bombardier Wurfschütz, Ingenieur Kriegsbaumeister, Plonier Schanzer, Pontonier Brückner, Sappeur Stollner, Mineur Schröter, Gensdarm Landwebel, Landjäger.

II. Heereintheilung nach Abstufungen.

Section Schicht, Corporalschaft Rotte, Zug bleibt, Compagnie Fähnlein, Escadron Geschwader, Bataillon Fahne, Regiment Banner, Brigade Schaar, Division Heerschaar, Armeecorps Heerhaufen, Armee Heer, Avantgarde Vorhut, Ariergarde Nachhut. (Zu etwaiger Verwendung sind noch vorzuschlagen: Zugtheil, Fahnenschaar, Volkschaar, Schaarenzug, Heerschaft).

III. Abstufungen nach Führer, Aemter und Würden.

Gefreiter bleibt, Unteroffizier und Corporal Rottenführer, Sergeant Rottmeister, Fähnrich oder Fahnjunker, Feldwebel bleibt, Wachtmeister bleibt, Offizier Führer, Offizierscorps Führerschaft, Lieutenant Zugführer oder Leitmann, Premierlieutenant Oberzugführer, oder Oberleitmann, Secundlieutenant Unterzugführer, Unterleitmann, Hauptmann bleibt, Rittmeister auch, Major Oberstwachtmeister, Oberstlieutenant Obersthauptmann, Oberst bleibt, Generalmajor Feldwachtmeister, Generallieutenant und Feldmarschalllieutenant Feldhauptmann, General der Cavallerie und General der Infanterie Feldoberst, Generalfeldmarschall Feldmarschall, General en Chef, Feldherr, Subalternoffizier Unterführer, Stabsoffizier Oberführer, Generale Feldhauptleute. (Zu etwaiger Verwendung sind noch vorzuschlagen: Anführer, Heerführer, Heermeister, Feldmeister, Oberstfeldhauptmann, Oberfeldherr, Oberanführer, Kriegsheer; und beim Oberzeugmeister, Oberstfeldzeugmeister).

IV. Verschiedenes.

Adjutant Herold, Alarm Lärm, alarmiren zusammenblasen, zusammentrommeln, Alarmplatz Sammelplatz, Appell

Gestelluug (Verles), Artillerieinspektion Geschützschauamt, Artillerierevisionskommission Geschützuntersuchungsamt, Attaque Angriff, Auditeur Richter, Garnisonsauditeur Platzrichter, Brigadauditeur Schaarrichter, Divisionsauditeur Oberschultheiß, Generalauditeur Oberrichter, Bayonet Spieß, Bandelier Gehenk, Bataillonskommandeur Fahnenherr, Bataillon soll chargiren, Achtung zum Laden, Batterie Stückschaar, Bivouake Beiwacht, Freilager, bivouagiren freilagern, beiwachen, Cabet Kriegsschüler, Cadetencorps Stift, Cannetille Raupe, Caliber Weitung, Capitaind'armes Wehrwahrt, Carabiner Stutz, Carré Viereck, Caserne Wehrberge, Charge Stellung, Amt, chargiren laden, feuern, Chef Amtshauptmann, Coloune Heersäule, Colonne formiren zur H. sammeln, Commandant Platzoberst, Commandeur Befehlshaber, commandiren befehligen, Commando Befehl und Sendung, consigniren heimhalten, Contingent Beitrag, Contreescarpe Gegenhalde, Cüraß Harnisch, debuschiren verbrechen, deployren ausziehen, Disciplin Zucht, Disciplinarschaft Zuchtordnung, Dislocation Vertheilung, Distance Abstand, du jour haben Dienst haben, einquartieren einhausen, einlagern, Epaulett Achselschild, Escarpe Halde, Ettappeninspektor Rastschaumeister, Examinationscommission Prüfungsausschuß, exercieren waffenüben, Exerciermeister Drillmeister, Exercierreglement Wehrordnung, Feldequipage Feldgeräth, Festungskommandant Platzoberst, Festungsgouverneur Oberplatzherr, Flanke Flügel, Formation des Heeres Heerbildung, Fourier Feldschaffner, Fourierschütz Rastmacher, Front vorn, Garnitur Besatz, Generalmarsch Sammelruf, Generalintendant Heerpfleger, Generalinspection Oberschauamt, Generalinspector Schauherr, Gouvernement Oberplatzamt, Gouverneur Platzherr, Ingenieur Kriegsbaumeister, Instruktion Dienstweisung, Verhaltbefehl, Intendant Heerpfleger, Intendantur Heerpflegamt, Invalide Heermüde, Lazareth Krankenhaus, Manöver Kriegsübung, Material Rohstoff, Montirung Wehrtracht, Munition Schießbedarf, Ordonnanz Sendwache, Ordonnanzoffizier Sendführer, Wachparade Wachaufzug, Parole Losung, Patrone Ladung, Patrontasche

Schießtasche, Patrouille Streifwache, patrouilliren streifen, Percussionsschloß Hammerschloß, Piquet Bereitschaft, Pistole Puffer, Piston Schlagröhre, Pontotrain Brückzeug, präsentirt das Gewehr Gewehr vor, Proviant Vorrath, Proviantmeister Pflegmeister, Quartier Standort, Hauptquartier Hauptstand, Rapport Meldung, Rekrut Neukrieger Wehrling, Redoute Schreckschanze, Reglement Dienstvorschrift, Remontwesen Roßwesen, Remontdepot Roßamt, Reserve Ergänzung, Revisionscommission Untersuchungsamt, Revue, Heerschau, Salve Ladung, salutiren begrüßen, Serviswesen Herbergswesen, Signal Zeichen, Spion Späher, Succurs Zuzug, Tambour Trommler, Tambourmajor Obertrommler, Tete Spitze, Tornister Ranzen, Train Troß, Trancheen, Tschako Hut Helm, Uniform Wehrkriegertracht, Vedette Spähwache, Veteran Altkrieger, Altwehr.

R. Holzapfel.

————

Zwölf Jahre sind seither verflossen und Preußen getraute sich bis jetzt noch nicht, obgleich es die **erste deutsche Macht** ist, deutsche Benennungen beim Heerwesen einzuführen. Wieviel Jahre müssen und werden noch vorübergehen, bis man in Deutschland Ein ächt deutsches Heer unter Einem ausgezeichneten Helden als Feldherrn haben wird, dem es gelingt, die Krieger aller Stämme zu **Einer Gesammtheit** zu vereinigen, und Deutschland wieder zur **Hauptmacht** Europa's zu erheben?

§. 41. Zeitweiser oder Kalender.

Noch liegt ein sehr guter, ächt deutscher Zeitweiser oder Kalender von A. Schüßler in Mannheim vor, nebst Verzeichniß der Namenstage und deren Erklärungen, der aber zu umfangreich ist, als daß er hier einen Platz finden könnte. Es mag also die Anzeige davon genügen, als ein Beweis der regen Thätigkeit unseres damaligen Mitgliedes, das unermüdlich für die Reinsprache wirkte und uns viele neue Mitglieder zuführte. Er wurde später der Gründer der „Tonhalle", einer Gesellschaft, die Preise für Tonwerke ausschreibt, und die schon viel Gutes gestiftet hat.

§. 42. **Mitgliederzahl im Jahr 1851 mit Angabe der bedeutendsten und der Ortschaften.**

Das bewegte Jahr 1850 war durch die Gründung unserer Zeitschrift der deutschen Eiche in eine neue Stufe der Entwicklung getreten, welche sich durch erhöhte Thätigkeit und Theilnahme von allen Seiten her ankündigte. Die Zahl der Mitarbeiter und die Gediegenheit der Aufsätze zog die Aufmerksamkeit der Gebildeten auf sich und bewog viele derselben, unserem Vereine beizutreten. So stieg die Gesammtzahl der Mitglieder bis zum Schlusse des Jahrs 1851 auf 1024, von denen hier nur einige der hervorragendsten Männer angeführt werden: Baumeister M. Abel, Wr. Schmalz, Medicinalrath in Dresden, Otto Welker in Heidelberg, Wr. Rudolph Holzapfel in Berlin, von dem obige Uebersetzung der Fremdwörter im Heerwesen herrührt; Franz Junghans in Karlsruhe, Zoppi Gutsbesitzer bei Alzei, Karl Heckel in Mannheim, P. A. Liebler, Hauptlehrer in Mannheim, Fried. Eisenlohr, Wißlehrer in Karlsruhe, Wilhelm Eisenlohr Hofrath, Ludwig Kachel, Münzrath, ebendaselbst, J. Lommel in Heidelberg, Besitzer einer Stein- und Muschelsammlung mit großen Seltenheiten, Eugenie Blum, Gattin des † Robert Blum, Bernard Scholz in Mainz, Hermann Kromm Pf. in Umstadt, Max Zöller, Amtmann in Heidelberg, Wr. Blieninger in Stuttgart, Kälber in Pforzheim, Christian Scholz in Mainz.

Die in diesem Jahre erscheinenden Ortschaften sind folgende: 168. Glauchau in Sachsen, 169. Landau, 170. Albig bei Alzei, 171. Naumburg, 172 Bretten, 173. Säckingen, 174. Waldshut, 175. Umstadt bei Darmstadt, 176. Neuenstein in Württemberg, 177. Hildesheim in Hessen, 178. Weilburg, 179. Handschuhsheim.

§. 43. Briefe von Mitgliedern des Vereins
im Jahr 1851.

In diesem Jahre erhielt ich wieder viele werthvolle
Briefe von thätigen Mitgliedern, so von A. Schüßler in
Mannheim allein 12. Dieser Mann bewies einen seltenen
Eifer und eine Regsamkeit ohne gleichen. Er wünschte immer, das Mitgliederverzeichniß sollte gedruckt und
überall hin versandt werden. Allein es war kein Geld
zum Kostenbezahlen da, weil wir keine Beiträge erhoben. So mußte es unterbleiben. Auch ein Siegel zeichnete er für den Verein, welches ich erst später auf meine
Rechnung ausführen ließ.

Von den eingegangenen Briefen können nur die von
Hammer-Purgstall, A. Schüßler, Freiherrn Karl
v. Kreß und Karl Großheinrich aus Petersburg, hier
eingerückt werden.

Wien, am 27. Wonnemonat 1851.

Geehrtester Herr Doctor!

Nach Empfang Ihres Briefes hat sich durch die Buchhandlung (nicht die Haibners sondern Gerolds) Alles auf-
geklärt, die Nachlässigkeit derselben ist allein Schuld, daß
Sie mich weder für das letzte halbe Jahr 1850, noch
für dieses laufende als Abnehmer eingeschrieben, ich
habe beides berichtigt und erwarte nun von derselben die
mir fehlenden Blätter der deutschen Eiche des verflossenen
Jahres und die Hefte des laufenden, da Sie, wie ich höre,
die Form der Zeitung mit der einer Zeitschrift in Heften
vertauschet haben; ich hoffe, daß die Buchhandlung mir
alles dieses noch vor meiner Abreise aus der Steyermark
(im August) sendet, wo ich dann Muße genug haben werde,
das Ganze aufmerksam zu lesen und Ihnen meine Bemerkungen, wenn dazu Gelegenheit sein sollte, mitzutheilen; indessen sende ich Ihnen meinen außerordentlichen jährlichen

8

Beitrag von zwei Dukaten, wozu ich mich voriges Jahr verpflichtet habe und verharre mit aller Hochachtung

Ihr ergebener Diener

Hammer=Purgstall.

Hochgeehrter Herr und Freund!

Ihr Geehrtes (ohne Tag und Zeichnung) habe ich nebst darin benannten Blättern und Heften am 24. d. M. erhalten. Das Schwanlied der Eiche war mir höchst betrübend, aber auch, daß ich es nur offen gestehe! Aerger und Ingrimm erregend. Hätte ich aus Ihrem (mit dem Urkundenentwurf) einige Tage vorher Erhaltenen, worin Sie blos sagen, „die Eiche werde wohl zu Grabe gehen müssen", nicht abnehmen müssen, daß sie dort nicht schon gefallen, nicht schon versenkt sei, wie die Grabrede (Heft III v. 51) jetzt zeigt; so hätte ich um Alles in der Welt gebeten, sie noch leben zu lassen, durch die Mittel, welche man dann durch gemeinschaftliches Abreden, Wirken und Handeln zu verschaffen gesucht. — Ob ich gerne ein Opfer gebracht, brauche ich nicht zu versichern, Herr von Hammer=Purgstall und noch einige Andere gewiß ebenfalls. Jetzt ist ihr Tod in die Welt verkündet und der Verein wird ihr folgen: sich völlig lösen, denn so weit ich sehe, sind die allermeisten Mitglieder dieses nur dem Namen nach und sie denken nicht an ihr gegebenes Wort (wenn sie es ja mit Wissen gaben), geschweige, daß sie es erfüllen, und gar, daß sie für den Verein wirken, werben mögen. Hat doch Herr Rau selbst in seiner jüngsten (übrigens schönen) Osterrede, Instrumente, Orchester u. drgl.

Der einzige Weg, Verkehr unter den Mitgliedern und Leben dem Verein zu erhalten; ihm belehrende, aufmunternde Mittheilungen, und die Reinsprache (später das Richtigdeutsch) auch den Sinn dafür allgemeiner zu machen; der Verband der Mitglieder in ein ehrenhaftes Ganzes, zu einer Macht ist zerstört.

Ich stehe jetzt recht in der Klemme, da ich außer nach Karlsruhe, Pforzheim, u. f. auch nach Darmstadt hin, nach

Merseburg in Sachsen, nach Hanau, Marburg u. f. alte
Bekanntschaftsverhältnisse wegen der Eiche auf die ver-
schiedenste Weise erneuerte, und die Eiche fiel, während ich
erwarte, daß sie von einigen Orten demnächst verlangt
wird — von Marburg gewiß, (laut der Anlage, welche
rückerbitte).

Nun ist der jugendliche Stamm (schrecklich! nicht durch
Feinde — nein, weil von den Pflanzern nicht gepflegt, ge-
stützt) gebrochen, unter dessen frisch und grün belaubten und
bald weithin gedehnten Gezweigen, eine große Schaar
Deutscher sich dereinst versammeln und den Bund schwören
sollte bei Gott: Liebe und Ehre dem Vaterland und Schande
und Hohn seinen fremdschmeichelnden Verächtern, — seine
Blätter und Zweige fallen um so gewisser ab, als ihre
Wurzelsäfte versiechen! Und nur ihr Wehen allein hätte
jenes möglich gemacht und das Verlangen nach gedachter
Urkunde, wie das Kennenlernen der achtbaren ver. Mitglieder; denn nur solche würden sie (gegen ein paar Groschen) verlangt haben.

Nun muß ich auch den Satz dieser Urkunde brechen
lassen — und wie erfahren die Mitglieder, welches die
weitern bis zu 1004 und die neu Eintretenden sind?

Das Lob der Heidelberger (als Vereinsmitglie-
der nämlich) hätte ich, wenn von denselben nicht wenigstens
50—60 die Eiche halten — weil es andere Orte beschämt
und ganz abfällig machen kann, und wie persönlich erscheint,
dies Mal nicht so hoch gestellt. Ja, wenn nur hundert
derselben jedes einen einzigen Gulden gegeben, so wäre Zeit
gewonnen, und dieses wär, wie in allen Umständen, hier
ein großer Gewinn. Aber — ich glaube es gern, wenn
Sie hochgeehrtester Herr, sagen: es gibt keiner Etwas.
Habe ich doch an mehr als zehn derselben um je ein paar
Groschen für einen schönen Zweck des Vereins geschrieben;
aber (außer von Hrn. Wilhelm Mayer 30 kr.) nichts erhalten. Ja Hr. Gätschenberger sandte mir einen Einschluß
an Jacobi (den er nur hätte zu zerreißen brauchen) statt
mit Gelegenheit — wie absichtlich um mir Kosten zu machen,

8*

mit der Bemerkung zurück, daß J. längst weggezogen sei, und sandte sonst nichts.

Doch ich will Sie nicht länger beschweren; was nützen Klagen, die in der Eiche und meine, und die Zeiten der Wunder kommen auch nicht mehr wieder.

Ich bitte recht herzlich, kommen Sie doch nur einmal, aber an einem Wochentage, Vormittags, damit wir allein und ungestört an einem kleinen Tisch ein paar Stunden sitzen mögen und unsre Herzensangelegenheiten austauschen. In Heidelberg weiß ich wegen Köster, Mayer's und Schloß nicht wie es machen, daß wir uns wären. Also sagen Sie gefälligst nur mit drei Worten, an welchem Tag Sie mir diesen herzlichen Wunsch erfüllen mögen, Ihrem in aller Hochachtung und aufrichtig ergebensten

A. Schüßler.

M. 26. 6. 51.

Hochgeehrtester Herr!

Sehr gerne übersende beigehend 2 fl. und bitte mir auf Ihre geehrte Empfehlung gelegentlich noch einen Abdruck des „Buchs von der Freiheit" aus.

Es freut mich um so mehr, bei diesem Anlaß nach so langer Zeit wieder von Ihnen, Ihrem Wohlsein und der Fortdauer Ihres Wirkens in unserem Verein vernommen zu haben, da derselbe der Sache nach noch nicht völlig aufgehört; vielmehr, wie dieselben bemerken, in seiner beabsichteten Wirkung gewinnt.

Gebe doch Gott den Deutschen, daß sie sehen lernen, wohin ihr eitler Wahn, ihre Sprache mit fremdem Wust zu bereichern, sie mit derselben hinschleift, und daß sie wieder deutsch denken, reden und handeln jeder Afferei vorziehen, und wieder herbeibringen deutsche Redlichkeit und Treue.

Ich habe fast jeden Abend im b. Hof mit Manchen Streit oder Wortwechsel, die mich entweder aufziehen wollen, oder die da meinen, es gehe eben und gehe nicht, die Fremdwörter auszumerzen, indem sie dergleichen längst abgedroschene, noch selbst gebrauchen, oder wohl gar gleich augenblicklich dieses oder jenes von mir übersetzt wissen wollen; oft schlag ich sie auch gleich, aber meistens sag ich ihnen mit schimpfen, daß ich kein verpflichteter Uebersetzer wäre; weil es mir aber wie allen Nichtgelehrten ging und daher manches Fremdwort z. B. Extremitäten und Excremente am letzen Platz oder verkehrt anwenden mögte, so dächte ich mir alles, was ich sagen, schreiben wolle deutsch und ich fände dann auch gewöhnlich deutsche Wörter, um mich selbst Sprachverwickelten oder Verzwickelten verständlich zu machen. Einer wollte neulich wissen — ein Dr. war's — wie ich denn Aesthetik übersetzen wolle, und ich sagte: durch Geschmackslehre, worauf er meinte, ein ästhetischer Mensch aber seie deßwegen noch kein Geschmackslehrer; ganz recht versetzte ich im Gehen, wie ein Dr. nicht jedesmal auch doctus ist. Er wurde ausgelacht. Ich aber ärgerte mich, daß ich mich über ihn geärgert hatte.

Ich bitte laßen Sie mich recht bald Erfreuliches von sich und von unserem Vereine hören.

Darauf hoffend zeichne mit besonderer Hochachtung
ergebenst
A. Schüßler.

Mannheim, 11. November 1851.

Nürnberg, den 12. Christmonat 1851.

Verehrter Herr Hochgelehrter!

Nach Ihrem Wunsche würde ich mein Urtheil über das durch Ihre Güte dem Blumenorden und mir zugesendete Buch meiner verbindlichsten Dankeserstattung dafür beigefügt haben, wenn nicht meine Zeit so beschränkt wäre, daß ich mich begnügen muß, für mein Eigenthum, Einen Gulden hier beizulegen, und vorläufig zu versichern, daß die flüchtige Durchsicht, im Allgemeinen ein sehr günstiges Urtheil erwarten läßt, welche Ansicht auch die Mitglieder des Blumenordens mit mir theilen.

Auch ich bedaure, daß Ihre deutsche Eiche nicht frische Blätter treiben will, daß wahrhaft gebildete und gelehrte

Männer nicht eifriger mitwirken wollen, und daß vielge=
lesene Blätter nicht aufnehmen, was zur Reinigung der
deutschen Sprache beiträgt.

Vor einigen Wochen habe ich gelesen, daß Herr Bach=
mann=Korbet in Frankfurt a. M. einen Verein für deutsche
Sprache bilden, jedoch etwas nachgiebiger vorschreiten will.

Er war ja Mitarbeiter an der deutschen Eiche, und
ein Verständniß mit ihm halte ich für erfolgreicher, als die
Gründung zweier Vereine, die sich beiderseitig nur scha=
den können.

In Betreff Ihrer Sendung zur Herausgabe einer
Sammlung von Erzeugnissen der Blumenordensglieder,
habe ich zu berichten, daß der Ausführung zur Zeit noch
Hindernisse entgegen stehen, der Gedanke aber noch nicht
aufgegeben ist, und weitere geeignete Sendungen noch im=
mer dankbar aufgenommen werden können.

Herr Kaufmann Beck hier, hat im vergangenen Som=
mer das Vergnügen gehabt, Ihre Bekanntschaft auf dem
Dampfschiffe zu machen. Ich bedauere sehr, eines Glei=
chen mich nicht erfreuen zu können, verbleibe aber dennoch
fortwährend

Ihr ganz ergebenster
Carl v. Kreß.

St. Petersburg, den 12. Nov. 1851.

Verehrter Herr!

Bedauert, nach Ihnen, jemand das Eingehen der
Deutschen Eiche aus Herzens Grunde, so bin es ich. Schon
seit einiger Zeit fand ich Behagen an dem Gedanken: Zum
dritten Male in meinem Leben an einer Sprachumformung
Theil zu nehmen. In meinen auf der Hochschule Baierns
zugebrachten Jahren hat Voß, dessen Uebersetzungen der
griechischen und lateinischen Classiker damals an der Ta=
gesordnung waren, wohl keinen eifrigeren Vertheidiger sei=
ner Neuerungen (in Baiern wenigstens) gehabt als mich.
Oft stand ich kämpfend allein einem Hunderte meiner Mit=
schüler entgegen, und brachte durch meine tüchtigen, oft

durchaus unangreifbaren Gründe die Mehrzahl auf meine
Seite, und durch beißenden Spott den Rest zum Schweigen. „Alle Gräcismen und Latinismen, beleidigen unsere
Ohren." — Glaubt ihr denn, daß ich Rheinpfälzer härtere
Ohren als ihr habe, ich dessen Gehör durch drei fremde
Sprachen, die ihr nicht kennt, und die alle weicher und
sanfter als unsere Deutsche sind, an zartere Klänge gewöhnt ist als die eures halbtyrolischen rauhen Batterge-
kreisches sind, — nicht auch da und dort Voßen's (unwill-
kührliche) Härten fühle? Aber ehe zehn Jahre in's Land
kommen, sind wir dieser neuen und kühnen, unsere Sprache
geschmeidigenden und bereichernden Biegungen und Wendungen gewohnt. — Und so geschah es auch.

Vor etwas mehr als sechsundzwanzig Jahren war ich
(diesmal mehr Zuschauer als Theilnehmer) bei der Um-
formung der russischen Sprache zugegen. Mein Vormann
und Wortführer war Schischkow, der fast allein — mit
der Wahrheit — gegen den ganzen Troß der Reformatoren da stand, die größtentheils durchaus nicht zu Sprach-
umformern geeignet waren, und, wie die Folge bewies
(obgleich die Sprache in diesem harten Kampfe hie und
da etwas gewonnen hat) sie nicht desto weniger entkräftet und
verarmt haben, dadurch daß sie alle Prosaiker waren, von
Dichtkunst und Dichtersprache keinen Begriff hatten, und
demnach ihre unter Lomonossow's und Derschawin's Händen so hochgestiegene Poesie bis zur wässerigen Prosa he-
runterzogen.

Und jetzt sollte ich Antheil an der so nöthigen Reinigung unserer Muttersprache nehmen. Was ich dieses
Jahr über geliefert habe, war Vorspiel, ich stimmte die
Leier, und war eben im Begriffe, das Lied selbst zu beginnen. Ich hatte mich darauf eingerichtet, allein den vierten Theil des Gesammtinhaltes der Deutschen Eiche zu
liefern, für's Jahr 52 an die 30 Druckbogen. An die
neun Druckbogen lagen bei mir reisefertig; und waren
zum ersten, wahrscheinlich mit dem Neujahr erscheinenden
Bande bestimmt, zwei namhafte Auszüge aus Schischkow's

öffentlichem Leben, und Offian, das schönste Stück vielleicht, das die ruffische Bühne befitzt.

Ich hatte mir, um in sprachlicher Rückficht so nützlich als möglich zu sein, zur Pflicht gemacht, Luther's Werke, die ich seit Kurzem befitze, mit eben demselben Eifer zu lesen, wie ehemals meine griechischen und lateinischen Claffiker. Wer sollte auf den Gedanken verfallen, daß unsere Sprache in Luther's Tagen reiner war als heutzutage? Und doch ist es so. Unsere Sprache ist, in den drei Jahrhunderten, die uns von Luther trennen, ärmer, schwächer geworden, und hat die Klarheit, Innigkeit, Vielseitigkeit, und ich möchte sagen ihre ganze Eigenthümlichkeit verloren. Hat man ein paar Tage hindurch nur Luther gelesen, und liest dann ein Erzeugniß unserer Tage, so glaubt man ein französisches Werk, das wörtlich übersetzt worden ist, zu lesen. Wir sind ganz zu Franzosen geworden, an Sitten, Denkart und Sprache; unsre Plumpheit und Trägheit macht den ganzen Unterschied. Luther, wenn er aus seinem Grabe erstünde, würde uns nicht mehr erkennen. „Ist denn ganz Deutschland zu Hanswursten oder Affen geworden, oder ich betrüge mich, der ganze deutsche Stamm ist eingegangen, wie unsere schönen Eichenwälder."

Trösten wir uns mit dem Gedanken, daß wir das Gute gewollt. Konnte doch unser großes und ewiges Vorbild seine Zeitgenossen von der Blindheit nicht überzeugen und noch weniger heilen, womit sie behaftet waren. Uebrigens scheint es mir, das Uebel liegt in der Zeit. Ueberall sieht man dieselben Gebrechen, überall nur Epikuräer

Epicuri de grege porci

Horatius.

Sinnlichen Genuß und nicht mehr.

Man klagt über die Herrscher; ich bedaure sie herzlich, alle ohne Ausnahme. Ihr Amt ist das schwierigste von allen. Niemand will arbeiten, alle wollen nur zechen. Der Teufel mag solch ein Zigeunergesindel regieren, das nur drei Beschäftigungen kennt (Fr) Essen, Trinken und Schlafen.

Auch Sie bedaure ich, dessen Beruf es mit sich bringt, das Reich der Wahrheit zu verbreiten. Es ist ein schweres Geschäft, tauben Ohren zu predigen.

Der Glücklichste von allen bin noch ich, der ich gar nichts bin, und einen guten Herrn gefunden habe, der mich nährt, beherbergt, und mir noch etwas Geld in die Hand legt, und für dies alles ganz und gar nichts von mir verlangt. Möge Gott ihn mir erhalten bis zum Augenschlusse.

Mich Ihrem gütigen Andenken empfehlend

Ihr ergebenster Diener
Karl Großheinrich.

Als einen Beweis seiner Theilnahme und Regsamkeit sandte mir Karl Großheinrich aus Petersburg noch zwei merkwürdige Lebensbeschreibungen, eine von Kreilow und die andere von Schikowsky nebst mehreren ungedruckten Gedichten seiner äußerst begabten Schülerin Elisabeth Kulmann, zur Aufnahme in die deutsche Eiche. Die ersten konnten nicht mehr aufgenommen werden und warten noch bei mir auf eine bessere Zeit; von den Gedichten erschienen mehrere in der deutschen Eiche.

§. 44. **Zwei Fragen und ihre Beantwortung.**

Mit dieser Aufschrift sandte mir Keil, der Vorsteher des Potsdamer Vereins für deutsche Sprache, folgende Sätze:

Was ist die Bewahrung der Muttersprache durch möglichstes Reinhalten und Ausbilden derselben?

1) Eine von der Natur vorgezeichnete Pflicht; denn die Natur zeigt überall Sorge für die Erhaltung des Bestehenden und Trieb zur Ausbildung der inneren Anlage ihrer Erzeugnisse. 2) Ein Zeichen geistiger Gesundheit und Kraft, die Fremdes, Unvereinbares eben so ausstoßt

oder überwältigt, wie ein gesunder Leib. 3) Ein Haupt=
mittel, vaterländische Gesinnung, Tugend und Sitte zu be=
wahren, weil Sprache Geist ist. 4) Ein Hülfsmittel
zur inneren Einheit und zum gegenseitigen Vertrauen des
Volkes unter seinen verschiedenen Schichten. 5) Eine we=
sentliche Erleichterung des Verständnisses in Gesetzgebung,
Verwaltung, Rechtspflege, Glaubensangelegenheiten, im
Heerwesen, in Wissenschaft und Kunst. 6) Ein Schutz=
mittel gegen Uebervortheilungen und Betrügereien in allen
Beziehungen, wo es auf genaues Verstehen des Gesagten
oder Verhandelten ankommt. 7) Eine Forderung der auf
vaterländischen Kenntnissen — insbesondere der Mutter=
sprache, in ihrer Tiefe, ihrer Würde und Wichtigkeit —
beruhenden Achtung des eigenen Volkes und Vaterlandes;
das nur dann von anderen geachtet werden kann, wenn es
sich selbst achtet. 8) Eine Pflicht der Dankbarkeit gegen
den Schöpfer, der uns eine Sprache verliehen, die zu den
reichsten, herrlichsten und bildsamsten Ursprachen gehört.
9) Eine hohe Ehrensache gegenüber den anderen gebildeten
Völkern der Erde, die ihre Sprachen hochhalten und ihr
geistiges Münzrecht nicht aufgeben wollen. 10) Eine
Pflicht der Selbsterhaltung, da wir in der Mutter=
sprache das heilige, geheimnißvolle Band schützen, das
uns als Volk vereint und allein zusammenhält, ohne wel=
ches wir eben so wenig ein selbstständiges Volk sein kön=
nen, wie dies ohne ein Vaterland möglich wäre; denn
die Sprache ist die gemeinsame geistige Hei=
math eines Volkes! —

**Was ist das Beibehalten und Steigern der
Sprachvermischung durch entbehrliche Fremd=
wörter?**

1) Eine naturwidrige Vermischung, wie es eine jede
ist, welche die Einheit und Einfachheit in der Vielheit auf=
hebt und das Aussterben von Gattungen herbeiführt.
2) Ein Beweis geistiger Krankheit oder Schwäche, die
fremdem Einflusse durch Entartung unterliegt. 3) Das

sicherste Mittel, fremder Unsitte und Thorheit zum Verderben des Volkes Eingang zu verschaffen und die Vaterlandsliebe im Keime zu ersticken. 4) Eine künstliche Spal-
tung der zusammengehörigen Theile eines Volkes, eine
Quelle des Mißtrauens, der Entfremdung, ja des Hasses.
5) Eine unnütze und zeitraubende Erschwerung des Lernens,
Begreifens und Behaltens auf allen Gebieten des Wissens
und Könnens, eine ungerechte und darum sich rächende Ab-
sperrung des schlichten Menschen von der Vereblung durch
Kunst und Wissenschaft. 6) Eine Beförderung von Mißverständnissen und Begriffsverwirrungen nach allen Richtungen, und eine Herbeiführung der daraus entspringenden
unzähligen Nachtheile. 7) Eine Verläugnung des eigenen
Volkes und Vaterlandes; mag sie nun aus böser Gewohnheit — also aus Sprachfaulheit — oder aus Unkenntniß
der Muttersprache, oder aus Vorliebe für alles Fremde,
oder aus dem lächerlichen Hochmuthe hervorgehen, der sich
durch Beugung unter ein fremdes Sprachjoch höher zu
stellen meint, als Andere seiner Stammesgenossen. 8) Ein
schnöder Undank, der die Schätze, welche in den Tiefen
unserer Sprache ruhen, verachtet, und lieber borgend und
bettelnd verarmt, als Hand anlegt, sein schönes Eigenthum
zu schützen und zu vergrößern. 9) Eine Schmach, die wir dadurch auf uns laden, daß wir, anstatt ein selbstdenkendes,
Worte schaffendes Volk zu bleiben, uns zu Nachbetern anderer Völker herabwürdigen und der fremden Geistesmünze
einen höhern Werth beilegen, als der eigenen. 10) Eine
fortschreitende Selbstauflösung, ein immerwährendes, heim-
liches Drängen zur geistigen Auswanderung; eine schwere
Versündigung an dem ganzen Leben des Volkes, das von
der wachsenden Fluth der Fremdwörter in seinem innersten Wesen feindlich angegriffen wird, und — wenn
keine kräftigen Gegenmittel angewendet werden — ruhmlos
enden muß, um im Buche der Geschichte anderen Völkern
als warnendes Beispiel zu dienen. —

Der Vorstand des Potsdamer Vereins für
deutsche Sprache, im Erntemonat 1851.

Keil.

§. 45. Bücher ohne Fremdwörter, die im Jahre 1851 erschienen. Deutsche Eiche, deren Inhalt.

Zuerst erwähne ich die drei Hefte des zweiten Jahrganges unsrer Zeitschrift „Die deutsche Eiche", wovon der Inhalt hier angegeben werden soll.

Erstes Heft. Einleitung. Berthold Schwarz oder die Erfindung des Schießkorns, von mir. — Die Gothen von H. Gedichte von Mayer, Karl Schmitt, J. G. Sievers, Elisabeth Kulmann und Frhr. v. Hauenschild. — Sprachliche Zeit- und Lebensfragen. Die Isakskirche von Petersburg, von Großheinrich. Jakob Grimm's Geschichte der deutschen Sprache. Ueber Schiller's letztes Werk von G. Briefe von Mitgliedern des Vereins. Verschiedenes. Abenteuer, Majestät, Geheimniß. Wortgeschnitzel von Hedwig und Eleonore. Die Gewerbeausstellung aller Völker in London. Sprüche und Schwänke aus dem 16. Jahrhundert von Karl Hagen. Belobung. Testament. Ueber Zeitweiser. Zweigverein für deutsche Reinsprache in Frankfurt a. M. Schweizerdeutsch. Tabletten. Demoralisation. Deutschland über Alles. Fremdwörterschnacken. Mitgliederverzeichniß des Vereins.

Zweites Heft. Rudolph von Habsburg von S. Himmlische Töne aus dem Grabe von G. Aus Göthe's Jugendleben von G. Pästum, von Friedrich Aulenbach. Eine deutsche Frau. An Deutschlands Rechtsgelehrte und Richter, von mir. Rückblick, von Hedwig und Eleonore. Gedichte von einem Eingekerkerten, von Karl Schmitt, Fr. v. Hauenschild und Maria Schreppeler und Elisabeth Kulmann. Wörtererklärung zur mittelalterlichen Baukunst von A. W. Zuccamaglio-Waldbrühl. Fremdwörter im Postwesen, von A. Schüßler. Vorschläge von L. A. Aus dem Künstlerleben. Die Gotthallen der alten Deutschen, von G. Große Ereignisse aus kleinen Ursachen. Briefe von Mitgliedern des Vereins. Die Alterthümerhalle des Heidelberger Schlosses, von mir. Ueber Fernröhren von Alex.

v. Humboldt. Bücher. An die deutschen Brüder in Leipzig, von mir. Ueber Träume. Aussprüche deutscher Schriftsteller, von Börne. Auszüge aus Schriftstücken. Ueber Beinamen. Preisbewerbung. Deutsche Bescheidenheit. Aus der Handelswelt. Deutsche Zeitschriften außerhalb Deutschlands. Wunsch. Zur Nachahmung. Album. Fremdwörterschnacken. Mitglieder des Vereins.

Drittes Heft. Die beiden Freunde von P. Capri, von Friedrich Aulenbach. Wechselwirkung, von Hedwig und Eleonore. Gedichte, von C. Schmitt. Kaiser Rudolph und die deutsche Sprache, von L. T. Wörtererklärung zur mittelalterlichen Baukunst von Z. Waldbrühl. Briefe von Mitgliedern. Wißmeister und Wißlehrer von L. Ansmann. Christoph Vorholz, eine Lebensbeschreibung, von mir. Ueber den nicht erwachten Sprachsinn großer Männer, von mir. Pensylvanische Gefängnisse. Zur Nachahmung. Neuer Vorschlag. Ist das deutsch? — Weder zur Nachahmung noch zur Aufmunterung. Allee von kolossalen Statuen. Verwechslungen. Seltene Leichenfeier. Fremdwörterschnacken. Buchanzeige. So erging es einst Göthe und Schiller, von mir. Allgemeines Schicksal. Der Verein für deutsche Reinsprache und die Gründung dieser Zeitschrift. Deutschlands Bevölkerung und die deutsche Eiche. Zum Schlusse. Mitgliederverzeichniß bis 760.

§. 46. Anfang und Schluß der deutschen Eiche.

Zur Erinnerung an die deutsche Eiche will ich hier den Eingang derselben vom J. 1850 und den Schluß von 1851 hierhersetzen.

Anfang.

„Großes, mit seltenen Anlagen und Gaben ausgerüstetes deutsches Volk! Was könnte aus dir werden, wenn du dich als unzertrennliche, innig verschmolzene Einheit fühltest? — Was könntest du vollführen für Thaten der Größe, des Heldenmuthes, wenn du, von einem Riesengeiste geleitet, auf die Bahn der Ehre,

auf den rechten Kampfplatz geführt würdest, wo du deine
Kräfte erproben und deine Unüberwindlichkeit der
Welt zeigen könntest? — Doch diese Zeit wird einst noch
für dich herankommen und dann erst wird man staunen
über die Thaten, die du zu vollbringen im Stande bist,
über deinen Muth und deine Ausdauer, über deine Tapfer-
keit und deine Heldengröße; dann wirst du sein wie deine
Urväter, gewaltig und stark, todesmuthig und kühn, furchtbar und unüberwindlich! Doch vielleicht werden es deine
letzten Thaten sein vor deinem Untergange, dem
alle Völker endlich verfallen sind!"

Zum Schlusse.

„Schöner Traum, den ich geträumt — fahre hin! —
Verschwunden bist du, wie so manches andere liebliche und
herrliche Traumgebilde, das nimmer in die traurige Wirklichkeit treten konnte! Ja nur im Reiche der Träume
ist der Mensch glücklich und feiert seine schönsten Stunden irdischer Seligkeit — Stunden, die ihn an die Seligkeit der Himmlischen erinnern.

Auch ich träumte eine Weile solche Seligkeit, und
wollte dem **deutschen Volke** sein höchstes und noch
einzig übrig gelassenes Gut — seine **Sprache** auf eine
höhere Stufe der Bildung emporheben — ich wollte beitragen zur Entwicklung und Reinhaltung derselben und so
mittelbar zum Wohle und zur Verherrlichung des
Vaterlandes und des **Volkes** selbst.

Doch die Mächte der Finsterniß, die immer thätig
sind, wo es sich darum handelt ein Werk des Lichtes zu
zerstören, waren auch eifrig geschäftig, ihr Möglichstes beizutragen, um ein Beginnen in seinem Keime zu ersticken,
von dem einst für Sprache und Volk in der Zukunft
etwas Großes, ein herrlicher Aufschwung zu erwarten stand.
Wie viel Neues und Schönes hätten wir noch dem
Volke aus den Schachten der Wissenschaft und Forschung
vorgeführt, wenn uns das Schicksal es vergönnt hätte.

Allein den Gebildeten war unser Streben ein Aergerniß und den Gelehrten erschien es als eine Thorheit.

Mag es sein — wenn auch für einen Augenblick — selbst für Jahre das **Gute** und **Edle** in seinem Laufe gehemmt und verzögert wird — nimmer kann es g a n z und v ö l l i g erdrückt und ausgerottet werden. Immer kommt wieder eine Zeit, wo es sich aufrafft und rastlos mit Kraft seine Bahn verfolgt.

So wird es auch mit diesem Gegenstande geschehen, auch er wird später, wenn die Gebildeten und Gelehrten einst eines andern und bessern Sinnes geworden sind; wenn das Volk an E i n s i c h t und S e l b s t s t ä n d i g k e i t zugenommen hat; wenn die Zeiten und Zustände sich anders werden gestaltet haben — (man denke an den D r u c k und R ü c k s c h r i t t des Jahres 1851, wo dieses geschrieben wurde) — von T ü c h t i g e r e n und K r a f t v o l l e r n in die Hand genommen und zum Ziele geführt werden, nachdem die kleine Schaar der Gegenwart ihr Möglichstes versucht hat, um wenigstens in Etwas einen F o r t s c h r i t t zu wagen und zu erzielen.

Möge ihnen dann ihr Beginnen b e s s e r gelingen und b e s s e r gelohnt werden als uns, die wir nur Mühe und Kampf, Anstrengungen und Opfer kannten — aber k e i n e Stimme des Dankes vernahmen. Doch die Herren sagen, es sei noch zu f r ü h zu solchen Unternehmungen — das **Volk** sei noch **nicht reif** dazu — (oder mit andern Worten die G e b i l d e t e n vielmehr z u t r ä g e).

Das mag vielleicht auch so sein — nun so mögen wieder Jahrzehnte vorüberfließen, ja ein halbes Jahrhundert. — Möge dann der **rechte Zeitpunkt** wahrhaft eintreten, um den schönen **Gedanken** der **Reinsprache** zu verwirklichen — vielleicht ist es aber dort dann **zu spät!**   Wr. Brugger.

Wenn gleich diese Zeitschrift f ü r j e t z t eingeht, so besteht der Verein für d e u t s c h e R e i n s p r a c h e dennoch fort und jene wird ins Leben treten, sobald mehr Sinn und Theilnahme dafür sich kund gibt."

So endete nach 1½ Jahren das mit so vieler Hoffnung begonnene Unternehmen.

§. 47. Noch ein Buch ohne Fremdwörter im Jahr 1851. Das Buch von der Freiheit.

In diesem Jahre erschien im Verlag von Franz Benjamin Auffarth in Frankfurt a. M. eine Schrift von mir, die fünfte ohne Fremdwörter, mit der Aufschrift: **„Das Buch von der Freiheit!"** von Adalgar Teuthold.

Ich konnte dies Werk nicht in Baden drucken lassen, wegen des damaligen Rückschrittes und argen Druckes, der auf dem ganzen Schriftwesen lag; deßhalb nannte ich auch nicht meinen Namen als Verfasser, um zu keinerlei Nachforschungen und Untersuchungen vor einem schriftthümlichen Ketzergerichte Anlaß zu geben, sondern ließ es unter dem oben angeführten erscheinen, obgleich es nichts Verfängliches oder Verdächtiges enthält, sondern sehr zahm geschrieben ist. Ich will hier Wahlspruch, Vorwort und Inhaltsverzeichniß angeben.

Der erste heißt: „Im Menschengeiste spiegeln sich die Gesetze des Weltalls ab; er sucht alle Strahlen derselben in seinem kleinen Brennpunkte zu vereinigen, um Freiheit und Nothwendigkeit zu einem Ganzen zu verschmelzen."

Das Buch gehört dem Bettler wie dem Fürsten,
Dem Armen wie dem Reichen.
Weil doch am End' vor ewigen Gesetzen
Sich alle müssen gleichen."

Vorwort.

„Schon vieles und vielerlei wurde in hundert und hundert Büchern, Flug- und Zeitschriften über das Wort, den Begriff und das Wesen der **Freiheit** geschrieben — und doch sind manche — ja die meisten Menschen — besonders die Deutschen noch lange nicht im Reinen mit diesem wichtigen Gegenstande. Deßwegen möchte auch diese Arbeit keine überflüssige und sogar vielen, denen die Sache der Freiheit, als eine ewigheilige und große am Herzen liegt, willkommen sein, um dadurch etwas mehr Licht über dieses noch immer dunkle Gebiet zu verbreiten.

Es wurde hierbei der Standort der Natur- oder Weltallgesetze zu Grunde gelegt, welche immer noch von zu Wenigen gekannt und berücksichtigt werden, obwohl in ihnen der einzige Schlüssel zur Lösung der größten irdischen und himmlischen Räthsel enthalten ist. Eine viel- und allseitige Anschauung und Auffassung der Dinge wird nur vermittelst derselben möglich; ohne sie wird Jeder nur im Finstern tappen und von Irrthum in Irrthum fallen, so daß er nie zum Lichte einer ächten Welt- und Geistanschauung gelangt.

Wenn manches gegen bestehende und gewohnte Ansichten in dem Buche vorkommen sollte, so wird es immer, so auffallend es auch hie und da klingen mag, doch gehörig begründet und in den höchsten Weltallgesetzen nachgewiesen und enthalten sein. Nicht nach Sonderbarkeiten und nach Neuem, sondern nach Wahrheit ging das Streben des Verfassers, der, fern von aller Leidenschaft, nur zum Wohle des Ganzen etwas beitragen und zum richtigen Verständniß über die höchsten Angelegenheiten der Menschheit mitwirken wollte.

Auf abweichende und entgegengesetzte Ansichten, sowie auf Tadel und Rüge, ist er gefaßt; diese können auf diesem Gebiete um so weniger ausbleiben, weil es das Gebiet der Freiheit ist — und weil jene ja nur ein Ausfluß aus dem ewigen Gesetze der Zweiheit sind. Alles hat zwei Seiten und beide haben ihre Gründe für sich. Nur auf dem höchsten Standorte gleichen sich die Gegensätze aus."

§. 48. Inhaltsverzeichniß des Buches von der Freiheit.

1) Begriff und Wesen der Freiheit, 2) Fortsetzung, 3) Freiheit im Fühlen, Empfinden und Vorstellen, 4) Frei-

heit im Denken, 5) Freiheit im Glauben, 6) Fortsetzung,
7) Freiheit im Wollen, sittliche Freiheit, 8) Fortsetzung,
9) Freiheit im Schaffen und Erzeugen der Gedanken, 10)
Freiheit beim Gedächtniß und bei der Erinnerungskraft,
11) Freiheit beim Witz, Scharf- und Tiefsinn, 12) Freiheit bei Trieben, Neigungen, Begierden und Leidenschaften,
13) Abhängigkeit der innern Freiheit vom Bau des Leibes,
14) Abhängigkeit der innern Freiheit von Geburt, Eltern
und Anlagen, 15) Abhängigkeit der innern Freiheit von
Erdstrich, Luft, Wärme und Wasser, 17) Abhängigkeit
der innern Freiheit von Erziehung, Unterricht, Umgang,
18) Freiheit im Reden, Schreiben, Drucken, 19) Fortsetzung,
20) Beschränkung der Freiheit durch Staatsverfassung und
Gesetzgebung, 21) Gewaltherrschaft, Zwingherrschaft, Will-
kürherrschaft, Faustrecht, Gesetzlosigkeit, 22) Beschränkung
der Freiheit in Einherrschaften, Freistaaten, Viel- und
Volksherrschaften, 23) Freiheit in beschränkten Einherrschaften, 24) Beschränkung der Freiheit durch Gesetze und
Strafen, 25) Freiheit in Bezug auf Person und Eigenthum, 26) Unterdrückung aller Freiheit, Sklaverei, 27) verschiedene Stufen der Freiheit bei einzelnen Ständen, Freiheit der Herrscher und Machthaber, 28) Freiheit der Beamten, Gelehrten und Geistlichen, 29) Freiheit der Krieger,
30) Freiheit der Bürger, Gewerbsleute und Handwerker,
31) Freiheit der Arbeiter, Ackerbauer, Knechte und Dienst-
leute, 32) Freiheit der Handelsleute, Innungen und Zünfte,
33) Freiheit nach Alterstufen bei den Kindern, 34) Freiheit bei dem Jüngling und der Jungfrau, 35) Freiheit bei
den Männern und Frauen, 36) Gegenstände, auf die sich
die Freiheit erstreckt: Erwerb, Besitz, Vorrechte, 37) Freiheit bei Aemtern, Rang und Ehrenstellen, 38) Freiheit bei
verschiedenen Diensten und Abgaben, Zehnten rc., 40) Freiheit bei Vergnügungen und Annehmlichkeiten, Schauspiel
und Bälle, 41) Freiheit in Wissenschaften und Künsten,
42) Mißbrauch der Freiheit, 43) Freiheit in der äußern
Schöpfung, im Pflanzen- und Thierreich, 44) Entwicklung
des Urgedankens der Freiheit bei den Hebräern, 45) Frei-

heit der Griechen, 46) Perikles und sein Zeitalter, 47)
Uebergang der griechischen Freistaaten in Einherrschaften,
48) Freiheit bei den Römern, 49) Freiheit Italiens im
Mittelalter, 50) Freiheit in der Schweiz, 51) Freiheit in
Frankreich, 52) Freiheit in England, 53) Freiheit in Nord-
amerika, 54) Freiheit in Deutschland, 55) Aussprüche
großer Männer, 56) Fortsetzung, 57) Fortsetzung, 58) Ausspruch einer Frau, 59) Aussprüche großer Männer,
60) Schluß.

§. 49. Anzeigen, Vorträge und Versammlungen
im Jahr 1851.

In der Karlsruher Zeitung v. 3. Wonnemonat
1851 steht ein Aufsatz von einem Mannheimer Freunde
eingesandt, (wahrscheinlich von Schüßler) der so lautet:

Mannheim, 30. April. Immer mehr hebt sich der
Verein für deutsche Reinsprache, welcher im Wonnemonat
1848 in Heidelberg begründet wurde, und bereits 1000
Mitglieder zählt, welche in 168 Ortschaften Deutschlands
wohnen. Er könnte freilich mehr als zehnmal so viel
zählen, wenn Alle, welche ihn billigen und die Zweckmäßig-
keit seiner Bestrebungen einsehen, sich entschieden dafür be-
stimmen wollten. Allein es ist demohngeachtet anerkennungs-
würdig, daß dermalen schon so viele Männer, Frauen, Jünglinge und Jungfrauen sich demselben angeschlossen haben
und ihm neuerlich fast täglich weitere gebildete Deutsch-
freunde sich anschließen, die dann, wenn auch nicht dazu
verpflichtet, doch bemüht sind, seiner anerkannt guten Sache
wieder neue Theilnehmer zuzuführen.

Hinsichtlich seiner Zeitschrift „die deutsche Eiche" aber
herrschen unverkennbar irrige Vorstellungen, indem Viele
glauben, daß sie nur für die wirklichen Vereinsmitglieder
geschrieben, während sie doch für alle Deutsche von Bildung
und Vaterlandssinn bestimmt ist, und sie auch von andern
Sprach- und Volksfreunden gehalten wird. Das erste
Heft des zweiten Jahrgangs ist bereits erschienen und in
allen Buchhandlungen Deutschlands zu haben.

9*

Eben so wähnen Manche, sie begäben sich durch ihren Eintritt in den Verein unter drückenden Zwang, der ihnen ganz und gar jedes Fremdwort verbiete, da doch nach den Satzungen desselben allen Abstufungen von Mehr und Weniger freier Spielraum gelassen ist, indem statt der Fremdwörter wo möglich deutsche gebraucht werden sollen.

Es ladet daher dieser Verein aufs Neue biedere Deutsche zum Anschluß an denselben ein, wie hiermit

Ein Vereinsmitglied.

Ein anderer steht in dem Heidelberger Tagblatt (Journal) von Frankfurt a. M. aus über die deutsche Eiche, der hier folgt:

Die deutsche Eiche.

Ein ganzer Jahrgang „der deutschen Eiche" liegt vor uns. Aus dem reichen und mannigfaltigen Inhalt wollen wir nur einiges hier ausheben, um zu zeigen, daß diese Zeitschrift mit Ausdauer und Umsicht ihren Zweck zu erreichen strebt und des ausgebreitetsten Leserkreises würdig ist. Aus dem Leben großer deutscher Männer sind mehrfach sehr schöne Züge angeführt wie von Joseph II., Friedrich I., Karl dem Großen, Maximilian I. ꝛc. Das Feld der Erzählungen ist mit den schönsten Dichterblüthen reichlich ausgestattet, wie der Zauberring, des Jünglings Schwur, der graue Bund, Fluch und Sühne, des Verhängnisses Macht, und andere darlegen. Eine Menge gediegener und schöner, größerer und kleinerer Aufsätze nehmen abwechselnd mit sprachlichen die Aufmerksamkeit des Lesers in Anspruch. Ueber deutsche Schriftsteller, deren Leben und Wirken, Gemüthswesen und Einfluß finden sich treffende und geistreiche Ausführungen vor. Sitten und Gebräuche, Briefe, Gedichte, Räthsel und Fremdwörterschnaken umschließen wie reiche Verzierungen das wohl abgerundete Ganze, welches von dem Urgedanken deutscher Gesinnung und Gesittung durchweht und in der reinsten, wohllautendsten Sprache vorgetragen ist. Wir wünschen der Fortsetzung dieser Zeit-

schrift im nächsten Jahr immer mehr aufmerksame und
denkende Leser, welche die schwere Aufgabe zu würdigen
wissen, die dieselbe sich gesetzt hat.

Frankfurt, 19. I 51.

§. 50. Fortsetzung. Die Jesuiten in Heidelberg.

Oeffentliche Vorträge wurden bei den Versammlungen des Zweigvereins in Frankfurt a. M. gehalten,
deren Inhalt mir aber nicht näher bekannt gemacht wurde.
Bei uns in Baden konnte ich nur in meinem Amte als
Redner der deutschkatholischen Gemeinde Vorträge in deutscher Reinsprache, wenn auch über allerlei geschichtliche und gottgläubige Gegenstände halten. Doch
waren diese immer dazu geeignet, das Ohr der Zuhörer
an rein deutsche Laute zu gewöhnen; was denn auch
mit Beifallaufnahme geschah, indem sie von allen verschiedenen Glaubenschaften, Katholiken und Protestanten,
auch von Israeliten, für die ich immer eifrig das Wort
nahm, besucht wurden.

Oeffentliche Versammlungen des Vereins getrauten wir uns nicht zu veranstalten in der harten Zeit
des polizeilichen Druckes und der überall verbreiteten Aus-
späherei und Angeberei wegen Umwälzung und Theilnahme
an hochverrätherischen Unternehmungen u. s. w. Unser
Verein war der einzige, der noch in Ruhe fortbe-
stehen durfte in diesen verhängnißvollen Tagen, wo alle
Vereine aufgehoben waren. Darum wollten wir
sein Bestehen nicht gefährden durch unzeitige Bewegung
oder durch Aufsehen-Erregen, wodurch gleich Verdacht ge-
wittert wurde. Wir mußten also froh sein in aller
Stille; so harmlos als möglich, fortzuwirken, um das
kleine Lichtlein der Freiheit, das man uns noch ließ,
nicht ganz erlöschen zu lassen. Die Nachwelt wird es kaum
glauben, wie arg es damals mit dem so sehr beliebten
Rückschritte herging, als man sogar die **Jesuiten**
hieher kommen ließ, um die Grundsätze ihrer Weisheit
auszukramen und Anhänger für dieselben zu werben, was

134

aber nicht gelang; denn kein Einziger bekehrte sich
und trat auf ihre Seite. Das ist noch ein gutes Zeichen,
daß nicht aller gesunde Menschenverstand abgestor-
ben und alles Streben nach Freiheit ganz abhanden gekommen war.

§. 51. Zahl der Mitglieder im J. 1852 und An- gabe der bedeutendsten mit Namen, so wie der Ortschaften.

Im Vergleich mit den früheren Jahren, machte das
von 1852 keine so schnelle und so große Fortschritte wie
seine Vorgänger. Die Zahl der Mitglieder stieg nur auf
1056, was alles eine Folge des Druckes und des allgemeinen Rückschrittes war. Deßhalb sind nur wenige Namen zu nennen, wie Wr. F. X. Stocker von Haßmersheim,
Ernst Moritz v. Knobelsdorf aus Sprottau in Schlesien,
Anton Zipp, Lehrer an der Mittelschule in Freiburg, Wr.
Stein in Darmstadt, Wr. Fr. Jos. Ennemmoser in Alzei,
Christian Landfermann in Koblenz, Theodor Schacht, Ober-
studienrath in Darmstadt, Fr. Ritzhaupt, Regierungsas-
sessor in Mannheim, Math. Schlemmer, Rechtsanwalt in
Pforzheim, Wilhelm Hoffinger, Gottgelehrter in Schiltach.
Neue Ortschaften sind folgende: 180 Haßmersheim,
181 Schortewitz bei Magdeburg, 182 Koblenz, 183 Pots-
dam, 184 Schiltach, 185 Tauberbischofsheim.

§. 52. Briefe von Mitgliedern des Vereins im J. 1852.

In diesem Jahre erhielt ich viele Briefe von dem äußerst thätigen und eifrigen Mitgliede Herrn Ansmann
in Homburg in der Pfalz. In den meisten theilte er mir
sehr gute und wohl überdachte Verdeutschungen von
Fremdwörtern mit, deren ich auch mehrere bei der Herausgabe meines Fremdwörterbuches benutzte. Als eine
Probe seiner Ansichten und Forschungen will ich hier nur
einen seiner Briefe mittheilen; er lautet so:

Geehrtester Herr!

Es sei mir heute erlaubt, Ihnen meine Ansicht auszusprechen hinsichtlich der Auswahl derjenigen fremden
Wörter, die in ein Fremdwörterbuch aufzunehmen sind.

Heyse sagt: „Das Fremdwörterbuch darf kein Fremdwort ausschließen, welches in die Umgangssprache des gemeinen Lebens, sowie in die allgemeine deutsche Schriftsprache und Nationalliteratur Eingang gefunden hat, welches im geselligen Geschäfts- oder Gewerbleben gebräuchlich ist, bei classischen deutschen Schriftstellern oder doch vielgelesenen Tagesschriftstellern, in politischen Zeitungen oder
für die allgemeine Bildung und Unterhaltung berechneten
Zeitschriften aller Art vorkommt. — Wenn ich daher die
maßlose Anhäufung des Wörtervorraths vermied und eine
sorgfältige Auswahl der neu aufzunehmenden Wörter nach
den obigen Grundsätzen mir zum Gesetz machte: so mußte
ich doch andrerseits Bedenken tragen, alle für jetzt weniger
gebräuchlichen Wörter rücksichtslos auszustoßen und dadurch
die anerkannte Reichhaltigkeit des Buches zu schmälern.
Was heute noch nicht gangbar ist, kann es schon morgen
sein; die Zeit eilt mit Riesenschritten vorwärts, und der
Schriftsteller, der mit seinen Leistungen nicht hinter der
Gegenwart zurückbleiben will, muß nothwendig auch die
Zukunft im Auge haben."

Nach Heyse sollen also in ein Fremdwörterbuch diejenigen Fremdwörter aufgenommen werden, welche in der
deutschen Sprache gebräuchlich sind, und es scheint mir
dieser Grundsatz ganz richtig zu sein. Heyse hat sich aber
nicht in den durch diesen Grundsatz gegebenen Schranken
gehalten, und hat es auch geradezu ausgesprochen, daß in
seinem Fremdwörterbuche auch diejenigen Fremdwörter eine
Stelle finden sollten, die allenfalls in Zukunft einmal
gangbar werden möchten. Hierdurch war der Grundsatz, durch den sich Heyse beengt fühlte, aufgegeben, und
das Richtmaß für die Aufnahme der Fremdwörter verloren.

Sehen wir nun, wozu dieses geführt hat. Schlagen Sie das Wörterbuch von Heyse auf, so werden Sie sich des Lachens über die Aufnahme außerordentlich vieler Fremdwörter nicht enthalten können. So finde ich z. B. die folgenden heraus, die ich nicht mühsam aufgesucht, sondern gerade beim Durchblättern und Einblicken bemerkt habe:

Ge, Je, ein Längemaaß im mongolischen Reiche. — Gaviol, ostindisch, eine Art Krofodil. — Gazana, Gazava oder Casava, eine ostindische silberne Rechnungsmünze. — Schorbadschi, türkisch, ein Hauptmann, Anführer einer Compagnie Janitscharen. — Jupujuba, eine Art Golddrossel in Brasilien. — Jurte, eine Filzhütte der Kirgisen. — Kajapul, malaisch, der Weißbaum. — Ridendo dicere verum, lachend die Wahrheit sagen. — Fuimus Troes, wir sind Trojaner gewesen, d. i. wir sind dahin, mit unserer Herrlichkeit ist's aus. — Nizan Dschedid, arabisch, das neu eingerichtete türkische Kriegswesen. — Mamey, sprich mameï, aus der Sprache von Haiti, eine Art Breiapfelbaums in Südamerika. — Tahamahak, ein aus Ost- und Westindien kommendes Harz: das ostindische ist gelblich grün, das westindische hellbraun. — Zaim, ein türkischer Henker, ausgesandter Scherge. — Albaraf, arabisch (von baraka, blitzen, barku, Blitz), das Thier, auf welchem Mahomed seine Himmelsreise machte. — Alopekie, griechisch (von άλοπηξ, Fuchs), die Fuchskrankheit, der Fuchsgrind.

Doch genug mit diesen Beispielen! Wollte ich fortfahren, so könnte ich das halbe Wörterbuch abschreiben.

Möchte vielleicht Herr Heyse in einer schönen Zukunft die deutsche Sprache mit solchen Fremdwörtern bereichert wissen? Hätte er nicht auf eine andere Weise nach Reichhaltigkeit streben können? Wie viel Schlechtes hat er aufgenommen, und wie viel Gutes übersehen! Einestheils zeigt er eine tadelnswerthe Reichhaltigkeit, und anderntheils einen tadelnswerthen Mangel an Ausführlichkeit. Ist ein Fremdwort auch da und dort gebraucht worden, so ist es

deßhalb noch nicht in der deutschen Sprache gebräuchlich und braucht nicht in ein Fremdwörterbuch aufgenommen zu werden. Die selten gebrauchten Fremdwörter wären leicht zu verdrängen, wenn die allgemein gangbaren
verdrängt wären.

Auch Herrn Heyse war es um eine möglichst große
Menge von Fremdwörtern zu thun, wie den andern Heraus-
gebern der bisher erschienenen Fremdwörterbücher. Wenn
diese mit ihrer großen Anzahl von Fremdwörtern prunken,
so könnte man wohl glauben, es sei an die Verdrängung
dieser Anzahl nicht zu denken; betrachtet man aber die
Sache näher, so sieht man, daß mit den meisten Fremdwörtern leicht fertig zu werden ist. Man hat gar nicht
nöthig sie alle zu übersetzen, sondern man braucht nur die
meisten derselben ganz unübersetzt auszustoßen. Aber die
gebräuchlichen, die gangbaren Fremdwörter machen
Mühe genug. Diese müssen gezählt sein, und man muß
wissen, welche derselben schon jetzt gut übersetzt sind, und
welche nicht. Möchte jeder das Seinige thun, auf daß auch
die letzteren gut übersetzt würden. Gibt denn der Frankfurter Zweigverein kein Lebenszeichen von sich? Macht er's
wie der Blumenbund? Inwiefern die Uebersetzungen nicht
genügen, muß man, wie bei vielen Andern, die Zukunft
sorgen lassen, die wohl mehr zu leisten vermag, als die
unthätige Gegenwart.

Mit vollkommener Hochachtung

Ihr ergebener

Ausmann.

Homburg in der Pfalz, den 24. 7. 1852.

Auch einer von Eduard Duller mag hier stehen.

Hochgeehrtester Freund!

Indem ich Ihnen für Ihre schätzbaren Beiträge
zu unserem deutschkatholischen Sonntagsblatte im Namen aller Leser desselben, wie im eigenen, verbindlichst danke
und Sie um geneigte Fortsetzung Ihrer werkthätigen Theil-

nahme ersuche, bitte ich Sie zugleich, die zuweilen verspä-
tete Aufnahme von Aufsätzen oder Nachrichten nicht dem
Herausgeber, sondern dem Umstande allein zur Last zu
schreiben, daß dieselben meistens erst eintrafen, nachdem das
Blatt bereits gedruckt oder doch gesetzt war. Das Blatt,
welches die Angabe vom Sonntag trägt, wird bereits am
Dienstag vorher fertig gesetzt, am Mittwoch durchgesehen
und von Satzfehlern gereinigt, im Lauf des Donnerstags
gedruckt und Donnerstags Abends, sowie Freitags und
Samstags versendet. Ich bitte Sie daher, Aufsätze oder
Nachrichten, welche ihrem Wesen nach keinen langen Auf-
schub haben, bereits so früh abzusenden, daß sie spätestens
bis Montag Abends in Wiesbaden eintreffen. Ihr so
zeitgemäßer Aufsatz über protest. Früchte und röm.
Grundsätze konnte — aus obigen Gründen — leider
nicht mehr in das Blatt vom vorigen Sonntag, sondern
erst in das vom nächsten kommen. Meine den ganzen Winter über leidende Gesundheit sucht seit Kurzem auf dem
Lande Hülfe; ich befinde mich deßhalb auf der Hammermühle und werde später nach Oberingelheim ziehen.

Mit herzlichen Grüßen und in aufrichtiger Hochachtung
Ihr ergebenster
Dr. E. Duller.

Hammermühle bei Wiesbaden
den 20. Mai 1852.

§. 53. Sechstes Buch ohne Fremdwörter. Der
Deutschkatholizismus in seiner Entwicklung.

In diesem Jahre erschien mein sechstes Buch ohne
Fremdwörter bei Bangel u. Schmitt in Heidelberg,
unter der Aufschrift: „Der Deutschkatholizismus
in seiner Entwicklung, dargestellt in der Geschichte der deutschkatholischen Gemeinde zu
Heidelberg. Nach urkundlichen Quellen und mit amt-
lichen Schriftstücken, wodurch auch Licht über manche Verhältnisse anderer Gemeinden verbreitet wird." Erster
Band.

Die Vorrede dieses nun bald vergriffenen und seltenen Buches lautet so:

„Wir geben hiermit unsern Glaubensgenossen und
Freunden die Geschichte der deutschkatholischen
Gemeinde zu Heidelberg in die Hände, damit sie
sehen, wie sich dieses Gemeinwesen von einem kleinen Anfange erhob und zu schöner Blüthe emporarbeitete; wie es
viele Hindernisse zu bekämpfen hatte und selbe siegreich
überwand, wie die Einzelnen und die Gesammtheit ihre
geistigen Kräfte immer mehr entfalteten.

Soviel wir wissen, ist dieses die erste ausführliche
Geschichte einer deutschkatholischen Gemeinde.
Auch unsere Feinde dürfen und sollen sie lesen und können Manches aus ihr lernen, was sie vielleicht nicht wissen,
und was sie sich bisher anders vorstellten, als es ist;
möchten sie über unsere Ansichten und Verhältnisse eines
Bessern belehrt werden!

Ueber das Eigenthümliche der Geschichte erlauben wir
uns einige Erklärungen. Mancher wird sich wundern und
sagen: „Das ist ja keine Geschichte, sondern vielmehr eine
Sammlung von Stoffen für eine künftige Geschichte. Denn
man sieht darin keine absichtlich angelegte Eintheilung, keine
wohlberechnete Gliederung, keine ängstliche Hascherei nach
dem Ursachen- und Wirkungsverbande, keine künstliche Kno-
tenschürzung und Lösung u. dgl."

Es ist allerdings größtentheils eine Sammlung von
wichtigen Denkmalen, aus der wir leicht auf eigenthümliche Weise, mit vielen Redensarten und Wendungen
eine Geschichte im gewöhnlichen Sinne des Wortes
hätten verarbeiten und an's Taglicht fördern können; allein
wir wollten keine gemachte, sondern eine geschehene
Geschichte, mit den Reden und Briefen und Aeußerungen der theilnehmenden Personen selbst geben.
Spätere Schriftsteller mögen jenes nun leicht thun, nachdem ihnen hier die Stoffe dazu geboten sind.

Wir hielten es für Pflicht, die Urkunden selbst
zu geben, wie sie sind, und nicht bloß den Kern und die

Ergebnisse daraus. Dieß geschah deßwegen, damit die
Nachwelt sehe, wie die einzelnen Männer, die in dieser
geistigen Bewegung von Bedeutung und Einfluß waren,
über gewisse Gegenstände dachten und urtheilten, wie sie
die Zeitverhältnisse auffaßten und behandelten, wie sie
sich über wichtige Dinge äußerten und ihre Stellung be-
haupteten.

Man lernt die Menschen nirgends besser kennen, als
aus Briefen, wo sie sich geben, wie sie sind, ohne alle
Schminke und Beschönigung; wo sie ohne Nebenabsichten
ihr Inneres aussprechen und ganz ohne alle Befangen-
heit ihr Urtheil über Dinge und Ereignisse abgeben.

Aus diesen Urkunden und Schriftstücken der Einzelnen
und der Gemeinde besteht größtentheils die Geschichte,
weil in ihnen sich die geistige Entwicklung derselben
kund gibt, weil alle ihre Verhältnisse und Berührungen
darin angegeben und behandelt werden, weil sie lauter
wahrhafte Aeußerungen und Erscheinungen des inneren
Lebens derselben bilden, und an ihrem Faden die Geschichte
sich hinzieht.

Darum glauben wir eher Dank als Tadel verdient
zu haben, daß wir hier eine Sammlung merkwürdiger Urkunden und schriftlicher Denkmäler von einzelnen Männern, •
wie von ganzen Gemeinden, der Nachwelt zu erhalten
suchten, die sonst nicht so leicht zusammen zu finden wären und wovon manche sonst spurlos im Zeitenstrudel
sich verloren hätten.

Betrachten wir die alte Geschichte und die großen Geschichtschreiber der Griechen und Römer, mit denen
wir zu uns vergleichen weit entfernt sind, welchen die Schuh-
riemen aufzulösen wir uns nicht für würdig halten: so
finden wir bei ihnen sehr oft Reden, welche nicht wirklich von jenen Personen gehalten, sondern nur von dem
Geschichtschreiber im Sinne derselben, nach Ort- und
Zeitumständen erdichtet und ihnen in den Mund gelegt wurden. So viele Reden bei Livius, Tazitus
u. s. w.

Warum sollte es nun nicht erlaubt sein, wirkliche
Reden, wie sie gehalten wurden, Briefe, wie sie
geschrieben wurden, Aeußerungen, wie sie gethan wurden, eben so wörtlich in einer Geschichte wie-
derzugeben? — Dadurch wird das Ganze nur lebendiger
und gewinnt an Abwechslung, Mannigfaltigkeit und Reichthum.

Ueberdies lernt man das Gemüthwesen der einzelnen Männer, ihre Denkweise und Grundsätze aus
ihren eigenen Aeußerungen, aus ihrer Sprache, Satz-
fügung und Beweisart, aus ihrer ganzen Schreibweise viel
genauer kennen, weil diese der Spiegel und Widerstrahl
des Geistes ist, als aus den besten und gelungensten Beschreibungen ihrer Eigenschaften und Seelenzüge. Ihr Geist
und ihr Wesen spricht sich besser aus in ihren eigenen Worten, als durch den Mund eines Dritten.

Wir haben hier freilich keine Schlachten und Kriege,
keine blutigen Fehden und Verheerungen zu beschreiben,
aber doch geistige Kämpfe, oft auf sehr geistreiche
Art geführt, Kämpfe, die in der Welt doch einen großen
Erfolg hatten, nämlich Thaten, die bleibend sind, hervorgerufen durch innerste Ueberzeugung, indem viele Tausende diesen Schritt wagten und zu der neuen Glaubensrichtung sich öffentlich bekannten und an sie anschlossen.

Dieses ist immer mit gerechter Anerkennung zu erwähnen, weil es eine innere Kraft und Selbstständigkeit beurkundet, welche sich über tief eingewurzelte Vorurtheile hinwegsetzt und sogar Aufopferungen nicht
scheut, um die Lauterkeit der Ueberzeugung zu ret-
ten vor dem Drucke einer übermächtigen Gewalt.

Es können auch allerdings noch Zeiten kommen, wo
auch blutige Schlachten aus diesen jetzt bloß geistigen
Kämpfen entstehen, wo die Gegensätze viel schroffer und
feindseliger in der Wirklichkeit gegen einander auftreten,
als es bis jetzt der Fall war; es können noch Zeiten kommen, wo große Verfolgungen und harte Bedräng-
nisse sich einstellen, wo Krieg und Verheerung mit allen

ihren Schrecknissen und Plagen das Land verwüsten. Zu
allem diesem wurde hier absichtslos nur der kleine
Anfang gemacht; die Folgen sind unberechenbar, das
Ende unabsehbar.

Leicht wäre es uns gewesen, gewisse Haupt- und
Unterabtheilungen zu machen: z. B. Innere Zustände,
Aeußere Verhältnisse, Glaubensangelegenheiten, Verfassung,
Verhältniß zum Staate u. s. f. Allein wir wollten das
absichtlich nicht so auffallend thun und überlassen dergleichen Andern, die Alles auf's Haar ausführen und das
Ganze in gewisse Hauptstücke und Zeiträume eintheilen
werden, damit es leichter zu fassen und besser zu über-
schauen sei.

Bei uns soll die Geschichte, wie sie es auch an sich
ist, ein fortlaufender, lebendiger Strom sein, der bald
sanft und hell dahinströmt, bald wieder über Felsen und
Klippen dahin braust und tosende Wellen aufwirft, bald
duftende Blumen an seinem Gestade trägt, bald durch rauhe
Gegenden und Wildnisse seinen Lauf nimmt.

Wer das Ganze mit Aufmerksamkeit liest, der erhält
gewiß eine richtige Ansicht über die gegenwärtigen
Zustände der Gemeinden und deren Entwicklung und
ein deutliches und treues Bild jener Männer, die
bei dieser geistigen Bewegung thätig waren, die an dem
Wohle der Gemeinden arbeiteten und deren geistiges und
sittliches Aufblühen beförderten.

Daß wir auch die Verhältnisse anderer Gemeinden berührten, mußte geschehen wegen des Verban-
des, in welchem wir mit ihnen stehen, als Glieder eines
großen Ganzen. Gerade hier wird die Schilderung
durch Mannigfaltigkeit anziehender, die Aufmerksamkeit
durch Abwechslung gespannter, weil vielerlei Verwicklungen
darin vorkommen und eine große Anzahl der bedeutendsten Stimmenführer selbst mit ihren Ansichten, Urtheilen und Behauptungen auftreten.

Auch werden diese es dem Herausgeber nicht verübeln,
daß er ihre Schreiben und Aufsätze der Nachwelt aufbe-

wahrte, die für dieselbe oft noch von höherem Werthe sein werden, als für die Gegenwart, wo man die Männer lebend erblickt und noch Vieles von ihrer Wirksamkeit erwartet, und täglich Beweise davon zu Gesicht bekommt.

Wenn man nicht sogleich Hand an das Werk legt, so gehen dergleichen Papiere allzuschnell verloren, und es ist unmöglich, dieselben wieder zu ersetzen. Auch ist das menschliche Gedächtniß allzuschwach und vergißt bei der großen Zahl von Thatsachen und Begebenheiten gar zu schnell Vieles, wenn man es nicht sogleich durch Schrift und Druck befestigt, daß es nimmer so leicht verschwinden kann.

Auch beweist der Geschichtschreiber durch nichts mehr seine Wahrheitliebe und Treue, seine Untheilschaftlichkeit (Unparteilichkeit), als wenn er die handelnden Personen selbst aus ihren eigenen Werken und Schriften reden läßt. Da erkennt man sie, wie sie wirklich dachten und im Leben handelten.

Daß wir uns bemühten, rein deutsch, d. h. so viel als möglich ohne Fremdwörter zu schreiben, das wird der Vernünftige nur billigen, und mit dem Unvernünftigen haben wir nichts zu schaffen. Es wäre traurig, sehr traurig, wenn man sich in Deutschland, im 19. Jahrhundert, noch darüber rechtfertigen müßte, daß man sich bemüht, der Reinheit und Herrlichkeit der Muttersprache Anerkennung zu verschaffen und sie von fremdem Tande und Auslandgeklingel zu befreien.

Hätte man schon früher immer mit Eifer darauf Bedacht genommen und auf die Worte vernünftiger Verbesserer und Sprachreiniger gehört, so wäre es jetzt nicht so schwer, ja fast unmöglich geworden, hier etwas Besseres zu leisten. Doch auch auf diesem Gebiete wird man wieder einen Schritt vorwärts thun, wenn einmal die Zeit der Begeisterung über das schlummernde Deutschland wieder hereinbricht*).

*) Das ist, so wie das ganze Buch, noch vor den weltumwälzenden Ereignissen des Jahrs 1848 geschrieben worden.

144

Ferner müssen wir hier noch bemerken, um möglichen Mißdeutungen oder Mißverständnissen vorzubeugen, daß im ganzen Buche Niemand beleidigt oder gekränkt werden soll, weder nach oben noch von unten, sondern daß nur Thatsachen angegeben werden, welche dem Gebiete der Geschichte anheimgefallen sind. Daß hiebei Wahrheit das erste Gesetz ist, weiß jeder unbefangene Denker.

Endlich kann dieses Buch als Beleg dienen, daß unsere Gemeinde bei ihrer Entwicklung immer auf dem gesetzmäßigen Wege vorgeschritten ist. Es soll auch eine Uebersicht der vorzüglichsten Begebenheiten und Ereignisse in unserer Kirche enthalten, so wie der wichtigsten Beschlüsse der Kirchenversammlungen, der Einrichtungen, der Verfassung und der Hauptgrundsätze des Deutschkatholizismus, indem es die Nachrichten über alles dieses aus den Quellen unmittelbar schöpft. Es ist ein Handbuch für jeden Deutschkatholiken zum Nachschlagen, so wie es als Sammlung geschichtlicher Urkunden für den Geschichtforscher in der Zukunft immer seinen Werth behalten wird."

Heidelberg, 8. Schneemonat (Jänner) 1848.

Der Verfasser und Herausgeber.

§. 54. Anzeigen in öffentlichen Blättern.

Nur zwei Anzeigen will ich hier anführen, eine aus dem Heidelberger Unterhaltungsblatt v. 23. Heumonat 1852, die andere aus der Frankfurter Didaskalia vom 24. Christmonat desselben Jahres.

Fremdwörter in den Wissenschaften.

Seit der Gründung unseres Vereins für „deutsche Reinsprache", der jetzt gegen elfhundert Mitglieder in 180 Ortschaften zählt, fängt der Sinn dafür an sich allenthalben mehr zu entwickeln. Das erhellt aus vielen Anzeigen, Bekanntmachungen, Gesetzen und Verordnungen, Ausschreiben u. dgl. Manche Geschäftsmänner, Kaufleute, Rechtsgelehrte, Beamte und Lehrer bemühen sich, statt der unnöthigen Fremdwörter die ächt deutschen zu gebrauchen. Auch in den Wissenschaften treten einzelne erfreuliche Erscheinungen zu Tage, die mit glücklichem Erfolge in diesem Gebiete Fortschritte verrathen. Wir brauchen nicht an die schöne und rein deutsche Sprache in Friedrich von Raumers und andern Geschichtswerken zu erinnern, noch an Ewalds Schriften über den alten Bund u. dgl. In den jüngsten Tagen erschien ein Buch von Jakob Moleschott: „Der Kreislauf des Lebens", worin sehr viele wissenschaftliche Kunstausdrücke mit Ausdauer und Folgerichtigkeit übersetzt und angewandt werden, wie Sauerstoff statt Oxygen, Wasserstoff statt Hydrogen, Stoff statt Materie, stofflich statt materiell, Zergliederer statt Anatom, Folgerichtigkeit statt Consequenz, Dammsäure statt Huminsäure, Mandelstoff statt Amygdalin, Fleischstoff statt Kreatin, Erbsenstoff statt Legumin, Faserstoff statt Thierfibrin, Spargelsäure statt Asparagin, Käseweiß statt Leucin, Hornglanz statt Thyrosin, Perlmutterfett statt Margarin, Torfsäure statt Ulminsäure, Oelsüß statt Glycerin, Oelstoff statt Elain, Ziegenfett statt Caprinin, Schweißfett statt Caprylin, Butterfett statt Butyrin und noch viele andere. Es wäre sehr zu wünschen, daß die Gebrüder Grimm in ihrem Wörterbuch, das sie mit großer Selbstüberwindung doch nicht Lexikon, wie früher ihre Sprachlehre Grammatik nannten — auch dieser Seite der Sprache ihre Aufmerksamkeit schenken und den vielen Tausend Fremdwörtern, die in diesem Buche erscheinen werden, wenigstens gutdeutsche Uebersetzungen oder Verdeutschungen beifügen möchten. Das großartig angelegte Werk würde dadurch nur an Brauchbarkeit für die Zukunft gewinnen, indem ganz sicher eine Zeit kommen wird, wo die meisten der jetzt noch üblichen Fremdwörter veralten und einer höher stehenden Nachwelt lächerlich erscheinen werden. Wr. Brugger.

Der Verein für deutsche Reinsprache.

Die Bestrebungen unseres Vereins haben schon nach vielen Seiten hin nicht nur Anklang gefunden, sondern auch

mannigfache Verbesserungen und Verdeutschungen oder An=
wendung schon vorhandener deutscher Wörter veranlaßt, die
man bisher ganz vernachläffigte und ohne Grund hintan=
setzte. Daß ungeachtet dessen die Fremdwörterherrschaft noch
ihre überwiegende Macht behauptet, darf Niemand wundern,
der die Deutschen und unter ihnen vorzüglich viele Ge=
lehrte und Gebildete kennt, welche mit einer allzu übertrie=
benen Liebe zu allem Fremden und Ausländischen über=
haupt und somit auch zu den Fremdwörtern selbst, behaftet
sind. Das wird aber die Denkenden nicht abhalten, die
auf vernünftiger Grundlage beruhenden Ansichten und Ver=
besserungen durchzuführen und geltend zu machen. Was
man in dieser Hinsicht leisten kann, das beweist unter
Anderem auch eine allzu wenig bekannte Schrift von Her=
mann Langensiepen, welche einen „Abriß eines Neubaues
der Sprachwissenschaft auf deutschem Grunde" enthält. Sie
erschien in Barmen bei Alfred Sartorius. Der Verfasser
bringt hier keine Zusammenstellung von längst Bekanntem,
sondern er führt nach eigenen Ansichten einen neuen Bau
der Sprachwissenschaft auf, der aller Berücksichtigung wür=
dig ist. Es sind die Früchte anhaltenden und reiflichen
Nachdenkens, Fingerzeige, die man wohl beachten dürfte,
vorzüglich was er über die Befreiung unserer Mutter=
sprache sagt. Das ist allen ächt Deutschen aus der Seele
geschrieben. Seine Laut=, Wort= und Satzlehre mit ihren
Unterabtheilungen zeugt von tiefer Forschung, von vielem
Scharffinn und richtigem Urtheil. Seine eigens geschaffene
Kunstsprache zur Verdrängung der bisherigen lateinischen
Benennung ist mit der größten Folgerichtigkeit und einer
nur dem deutschen Sprachgeiste eigenen Gründlichkeit durch=
geführt. Wenn sie auch nicht allgemein eingeführt werden
wird — denn wo ist wohl etwas Dergleichen in dem zer=
splitterten und zerklüfteten Deutschland zu erwarten — so
bleibt sie immer ein schönes Denkmal ächt deutscher For=
schung und geistiger Regsamkeit, dergleichen bei andern
Völkern nicht leicht zu finden sein wird. Alle Lehrer,
Sprachkenner und Sprachfreunde sollten sich mit dieser

Schrift bekannt machen und auf dieser Bahn weiter zu streben suchen. Ein erfreuliches Ergebniß würde gewiß die Folge davon sein.

Heidelberg.   (Wr.) Dr. Brugger.

§. 55. Versammlungen und Vorträge im Jahr 1852.

So wie im verflossenen Jahre so konnte auch in diesem der traurigen Zeitverhältnisse wegen keine Versammlung statt finden, obschon uns kein Verbot im Wege stand. Aber die allgemeine Stimmung war immer gedrückt und nirgends zeigte sich Lust oder Liebe zu dergleichen Zusammenkünften. Die Erinnerung an die erlittenen Drangsale stand noch zu lebhaft vor dem Geiste, als daß sie selbe so plötzlich auslöschen konnten. Nur allmählig konnte die Zeit heilend einwirken.

Meine Vorträge als Redner der deutschkatholischen Gemeinde hatten ohne Hinderniß ihren ununterbrochenen Verlauf jeden Sonntag von 9—10 in einer protestantischen Kirche, die man uns damals noch überließ. Ich hielt mich aber immer fest auf dem Glaubensgebiete und berührte keine staatlichen Angelegenheiten, daher wir als Gemeinde unangefochten blieben. Nur konnte sie des allgemeinen Druckes wegen nicht sehr zunehmen, wenn auch von Zeit zu Zeit einzelne übertraten.

Auch wurde ich oft nach Frankfurt, Mainz, Offenbach, Worms, Pforzheim u. s. w. berufen, um dort Vorträge in den Gemeinden zu halten. Selbst in Konstanz, Durlach, Stockach und Hüfingen hielt ich Reden, als noch Gemeinden daselbst bestanden. So wurde überall, wenn auch nur selten die Reinsprache vernommen.

§. 56. Zahl der Mitglieder im Jahr 1853 mit Angabe der bedeutendsten und der neuen Ortschaften.

Die Zahl der Mitglieder stieg im Jahr 1853 bis auf 1180 von Anfang an gerechnet. Die Namen der bedeu tendsten sind folgende: F. K. Keil, Vorsteher am königlichen Kriegerwaisenhause in Potsdam, der Gründer des dortigen Sprachvereins, von dem noch später die Rede sein wird, als Ehrenmitglied; Karl Fr. Rengert in Berlin; C. A. Hirsekorn, ebendaselbst; Friedr. Sturm in Billigheim; K. Wieland in Aarau; Friedrich Albrecht, deutschkatholischer Pfarrer in Ulm; Joh. Friedr. Schneider in Mainz; Frau Dr. Duller, ebendaselbst; Frau Kathinka Zitz, Verfasserin mehrerer sehr guter Geschichtsdichtungen; Karl August Sauppe, Kreisgerichtsrath iu Zeitz; Wr. Meyer in Balsthal; Ziegler in Leipzig; Wr. Kannegießer, Vorsteher und Wißlehrer in Berlin, Uebersetzer des Dante und Verfasser mehrerer anderer Schriften; Chr. Limbarth in Wiesbaden; Frau K. Scholz in Mainz.

Neu hinzugekommene Ortschaften sind folgende: 186 Billigheim bei Landau, 187 Neckarsteinach, 188 Weinheim, 189 Schriesheim, 190 Zeitz in Sachsen, 191 Braunschweig, 192 Helmstadt, 193 Stein, 194 Riga, 195 Miltenberg, 196 Balsthal bei Solothurn, 197 Waldangelloch, 198 Mühlheim am Rhein, 199 Sprottau in Schlesien, 200 Cronach bei Lemberg, 201 Ulm, 202 Wiesbaden, 203 Windsheim in Baiern, 204 Mauer, 205 Eichtersheim, 206 Zurzach.

§. 57. Briefe von Mitgliedern des Vereins im J. 1853.

Dieses Jahr erhielt ich von den Vorstehern der Männergesangvereine in Augsburg, Frankfurt a. M. und Köln mehrere Briefe als Danksagung für einige hundert Abdrücke meines „Buches von der Freiheit", das ich in den Händen dieser jungen Leute am besten aufgehoben wußte. Doch können diese Briefe hier nicht abgedruckt werden.

Es folgen daher nur zwei Briefe, einer von F. Fries in Frankfurt a. M. und der andere von Wr. Eduard Duller aus Wiesbaden. Dieser ist der letzte, den er mir schrieb, ein Monat vor seinem Tode. Er starb am

24. Heumonat 1853. An ihm verloren wir einen der rüstigsten und geistreichsten Kämpfer für Geistesfreiheit und Aufklärung.

Hochgeehrter Herr Doktor!

In Erwiderung Ihres liebenswürdigen Briefes vom 20. d. Mts. bin ich so frei, Ihnen beifolgend die geläuterten Handelsbriefe zu übersenden, indem ich Sie bitte, dieselben mit aller Muße durchzulesen und dann durch die Post oder sonstige Gelegenheit mir wieder zurückzuschicken, und Ihre Bemerkungen beizufügen.

Damit Sie sehen, daß ich nicht allein im Kaufmännischen thätig bin, lege ich noch eine andere Arbeit in reinem Deutsch bei, und bitte Sie, dieselbe als ein Andenken an Ihren Schüler in der deutschen Reinsprache zu behalten.

Mit Hochachtung zeichnet

Ihr ergebener

F. Fries.

Frankfurt a. M., den 22. Sept. 1853.

Duller's letzter Brief an mich. Er starb den 24. Juli 1853, früh 6 Uhr, in Wiesbaden.

Hochgeehrtester Freund!

Empfangen Sie den herzlichsten Dank für Ihre so thätige Betheiligung am „deutschkatholischen Sonntagsblatt" durch gediegene, dem Zweck stets entsprechende und den Lesern willkommene Aufsätze; in den jetzigen Tagen der Bedrängniß, da so manche Gemeinden der Anregung durch das gesprochene Wort entbehren und außer Zusammenhang mit den Schwestergemeinden stehen, ist unser deutschkatholisches Sonntagsblatt von doppelter Wichtigkeit geworden; darum scheue ich auch die viele Mühe und Zeit nicht, die es mich kostet, noch die vielen Verdrießlichkeiten, die von solchen Geschäften unzertrennlich sind; darum erwirbt sich aber auch jeder, der für das Blatt wirkt, ein in der That nicht gering anzuschlagendes

Verdienst um unsre Sache. Ihr jüngsthin eingesandter
Aufsatz über Keilmann fand einen andern desselben Inhalts
von Hieronymi bereits vor, der in größerer Ausführlichkeit
und auf genauere Angaben hin die Beweggründe entwickelt,
welche den in gemeinster Weise vollbrachten Abfall erklären. So sehr Ihre Strafrede an K. durch Wärme des
Gefühls sich auszeichnet und gerade der Gegensatz des
wahrheitsgetreuen älteren Mannes und des inhaltslosen
Jünglings sittlichen Eindruck hervorbringt, so glaubte ich
doch, da zwei Aufsätze über denselben Gegenstand nicht
wohl abzudrucken, eben um der auf Thatsächliches begründeten Enthüllungen willen den Hieronymi'schen aufnehmen
zu sollen, überzeugt, daß Sie mein Benehmen nicht miß-
deuten werden. Von Ihren zwei Aufsätzen über Massen
und Persönlichkeiten erscheint der erste mit Hieronymi's
Ausarbeitung in Nr. 24, der zweite im nächstfolgenden
Blatt. — Es ist Ihnen vielleicht unbekannt, daß ich in
Folge meiner übergroßen Anstrengungen für unsere Sache,
durch die Reisen im Winter über den Rhein nach Wiesbaden alle 14 Tage zur Predigt und allwöchentlich zum
Religionsunterricht, sowie nach Rüdesheim, aber auch durch
so vieles Andre, Prozesse 2c., seit dem Oktober 1851 leidend bin. Mein Leiden begann mit Heiserkeit und Husten
und entwickelte sich zu einer chronischen Krankheit der
Schleimhäute im Halse; das Tückischeste ist aber eine
Schärfe, die sich auf die angegriffenen Theile, Lippen
und Kehlkopf, geworfen. Milchkuren und Landaufent-
halt machten mein Befinden im vorigen Jahre er-
träglicher; aber seit Anfang April dieses Jahres brach ein
fast tödtlicher Anfall über mich herein und ich hatte namenlose Schmerzen zu ertragen. Die weitere Folge war eine
solche Erschöpfung, daß ich selbst schon das Schlimmste
fürchtete. Man empfahl mir nun Land- und Waldluft und
so zog ich für die Sommermonate mit den Meinigen hieher, nicht in die Stadt Wiesbaden, sondern an den Eingang des Nerothals, wo ich mit einem Schritt in freier
Natur bin, deren wohlthätigenden Einfluß ich zu empfin-

den anfange. Nicht wahr: verehrtester Freund, das ist
wohl auch ein Martyrium für unsre Sache? Und doch
tausendmal lieber alle Schmerzen ertragen, als das Gewissen Keilmann's. Doch zu viel schon von mir! Meine
herzlichen Wünsche für Ihr Wohlergehen und meine freund-
lichste Bitte um Fortsetzung Ihrer dem deutschkatholischen
Sonntagsblatt gewidmeten Thätigkeit!

In aufrichtigster Hochachtung und Verehrung
Ihr
Duller.

Wiesbaden, 10. Juni 1853.

§. 58. Fortsetzung.

Noch soll ein Brief von Keil aus Potsdam hier
eine Stelle finden, nebst einigen von ihm dem Druck über-
gebenen Bemerkungen über Fremdwörter und deren Mißbrauch:

Hochwürdiger, hochgeehrter Herr!

Im Weinmonat v. J. übersandte die Frank'sche Buchhandlung in Stuttgart dem hiesigen Verein für deutsche
Sprache, dessen Gründer ich bin, Ihr Werk: „Das Fremdwörterwesen und seine Nachtheile", als ein Geschenk, mit
der Bitte, für dasselbe wirksam zu sein; indem sie zugleich das Anerbieten machte, das Stück zu ¼ Thlr. zu
überlassen.

Hocherfreut über den Inhalt des mir bis dahin völlig
unbekannt gebliebenen Buches, der mir selbst wie aus der
Seele geschrieben war, veranlaßte ich einen Absatz von 50
Stück des Werkes unter meinen Bekannten und Freunden
innerhalb und außerhalb des Verins, der selbst leider nur
29 Mitglieder zählt.

Es war schon damals mein Vorsatz, an Sie zu schreiben, und Ihnen meine volle Anerkennung über das Ver-
dienstliche Ihres Werkes auszusprechen. Wie aber so
mancher gute Vorsatz unausgeführt bleibt, oder wie seine
Ausführung aufgeschoben wird, so ist es auch hiermit ge-

schehen. Jetzt aber erlauben Sie mir, diese herzliche, in=
nigste Anerkennung nachträglich auszusprechen, mit der Ver=
sicherung, daß Ihr treffliches Buch in keinem deutschen
Herzen auf der ganzen Erde einen tieferen Anklang ge=
funden haben kann, als in dem meinigen, daß ich ganz
einverstanden mit dem bin, was Sie in demselben sagen.
Daß nicht alle Verdeutschungen treffende sind, kann Ihnen
um so weniger zum Vorwurf gereichen, als Sie auf diesen
Vorzug im Voraus verzichtet haben, und diese Aufgabe
überhaupt die Kräfte eines Einzelnen übersteigen muß.
Nur Eins ist in Bezug auf das Werk zu bedauern, näm=
lich, daß Bücher dieser Art nicht den Eingang in das Volk
selbst finden, der ihnen gebührt, und auf der andern Seite
die Welt der Gelehrten und Gebildeten in dieser Hinsicht
die meisten Verstockten zählt. Das darf wirken, aber nicht
abhalten, auf diesem Gebiete den Kampf fortzusetzen, in
welchem die gerechte Sache doch endlich siegen wird.

Gedrungen von dem Gefühl der Nothwendigkeit hierzu
habe ich selbst es denn auch gewagt, am 3. des Brachmo=
nats 1848 den „Potsdamer Verein für deutsche
Sprache" zu gründen. Seitdem erscheinen auf Kosten
desselben allmonatlich Aufsätze in Berliner Zeitungen —
jetzt in der Vossischen, Spener'schen und in der National=
zeitung — und in den hiesigen zwei Ortsblättern. Viel=
leicht haben auch Sie schon Kenntniß von denselben genom=
men, und ich hoffe, daß Sie mit Allem, was etwas zur
Sprache gekommen ist, einverstanden gewesen sein werden.
Ich halte diese Art der Wirksamkeit für die geeignetste, und
habe vielfache Beweise dafür. Durch die Beschäftigung
hiermit bin ich jedoch noch auf eine andere Art der Wirk=
samkeit geführt worden, die neben jener segensreich wirken
kann, ja muß; nämlich die Einverleibung dieses Gegen=
standes in ein Buch, das für Schule und Haus brauchbar
ist, und in welchem man dieselbe gleichsam nur mit in
den Kauf nimmt. Diese Aufgabe glaube ich in einem
Werke geleistet zu haben, das, von mir zusammengestellt,
jetzt bei A. Duncker in Berlin erscheint, und von welchem

ich mir eine Ankündigung beizulegen erlaube. „Deutsches
Vaterlandsbuch" habe ich dasselbe genannt, da es
alles vaterländische gemeinsam umfassen und so in sich vereinigen soll, wie es, nach meinem Wissen, noch in keinem
vorhandenen Buche geschehen ist. Dasselbe wird in einer
reichen Sammlung von Aussprüchen, Urtheilen, Abhandlungen und dichterischen Schilderungen folgende sechs Abschnitte umfassen: I. Vom deutschen Vaterlande. II. Le-
bensbilder aus dem deutschen Volke (geschichtlich geordnet).-
III. Die deutsche Sprache. IV. Von der Ausländerei in
Deutschland. V. Mannigfaltiges. VI. Liederkranz. Das
Ganze erscheint in ungefähr zwölf Lieferungen, von welchen
die erste bereits versendet ist, und auf welche bei der Verlagshandlung nach Verlauf von zwölf Tagen über zehn-
tausend Abdrücke bestellt worden sind.

Nach meiner vollsten Ueberzeugung werden Sie mit
dem Inhalt und mit der Richtung des ganzen Werkes einverstanden sein, und indem ich daher die Bitte an Sie
richte, zur Verbreitung und Einführung desselben möglichst
beitragen zu wollen, halte ich mich der Erfüllung desselben
im Voraus versichert.

Wollen Sie mir zugleich eine kurzgefaßte Nachricht
über den Heidelberger „Verein für deutsche Reinsprache"
zugehen lassen, welche Gründung, Wirksamkeit und Umfang
desselben ausspricht, so werde ich dieselbe mit Dank annehmen. Noch mehr aber würde ich mich freuen, wenn
Sie im Stande und geneigt wären, mir eine kurze Uebersicht aller jetzt bestehenden und schon bestandenen Vereine
dieser Art zugehen zu lassen, die dann im IV. Abschnitte
meines Buchs erscheinen würde. Und nun empfangen Sie
aus weiter Ferne die deutsche Bruderhand im Geiste von
mir als Geistesverwandter, und damit den herzlichsten
Gruß von

Ew. Hochehwürden ergebensten

Keil,

Inspektor am königl. Militär-Waisenhaus.

Potsdam, 29. des Brachmonats 1853.

I. Was ist unter „Effekt" zu verstehen?

(Aus Richard Wagner's Schrift: „Oper und Drama" Zürich, 1851,
I. Thl. S. 158 und 159.)

Das Geheimniß der Meyerbeer'schen Opernmusik
ist der Effekt. Wollen wir uns erklären, was wir unter
diesem „Effekt" zu verstehen haben, so ist es wichtig, zu
beachten, daß wir uns gemeinhin des näher liegenden Wortes Wirkung hierbei nicht bedienen. Unser natürliches
Gefühl stellt uns den Begriff „Wirkung" immer nur
im Zusammenhange mit der vorhergehenden Ursache vor,
wo wir nun, wie im vorliegenden Falle, unwillkührlich
zweifelhaft darüber sind, ob ein solcher Zusammenhang bestehe, oder wenn wir sogar darüber belehrt sind, daß ein
solcher Zusammenhang gar nicht vorhanden sei, so sehen
wir in der Verlegenheit uns nach einem Worte um, das
den Eindruck, den wir z. B. von Meyerbeer'schen Mu-
sikstücken erhalten zu haben vermeinen, doch irgend wie be-
zeichne, und so wenden wir ein ausländisches, unserm natürlichen Gefühl nicht unmittelbar nahe stehendes Wort,
wie eben dieses „Effekt", an. Wollen wir daher genauer
das bezeichnen, was wir unter diesem Worte verstehen, so
dürfen wir „Effekt" übersetzen durch „Wirkung ohne
Ursache."

Der Vorstand des Potsdamer Vereins für deutsche
Sprache.

II. Von den lächerlichen Uebersetzungen man-
cher Fremdwörter.

Nicht von den Uebersetzungen, welche die Spottsucht
absichtlich wählt, um in unwürdiger und unnatürlicher
Weise das mindestens natürliche Bestreben, als Deutscher auch wirklich deutsch zu sprechen, lächerlich
zu machen, soll hier die Rede sein, sondern von den
wörtlichen Uebersetzungen, welche lächerlich erscheinen, weil sie etwas ganz Anderes aussprechen, als der Begriff enthält, den wir mit den betreffenden Fremdwörtern

zu verbinden gewohnt sind. Hier begeht man nun eigentlich den groben Fehler, daß man den deutschen Ausdruck belacht, anstatt das Fremdwort lächerlich zu finden, von dem die Uebersetzung eben das Unpassende oder Unsinnige offenbart. — Die alten Römer nannten z. B. ihre Amtsbewerber „Candidaten", d. i. Weißgekleidete, weil diese bei ihnen in weißen Kleidern erscheinen mußten; ist nun etwa unsere Sprache daran schuld, daß unsere Amtsbewerber und Anwärter nicht weiß, sondern vielmehr in der Regel schwarz gekleidet erscheinen, und jene schon an sich höchst armselige Bezeichnung für uns zugleich eine unsinnige geworden ist? — Durch die Uebersetzung mancher Fremdwörter in unsere gründliche deutsche Muttersprache giebt sich gerade einer der größten Vorzüge ihrer Anwendung kund, indem wir uns schämen, in ihr etwas unpassend zu bezeichnen, während wir dies in fremder Sprache unzählige Male thun, und unvermerkt, wie obiges Beispiel zeigt, bis zum völligen Widerspruch zwischen Bezeichnung und Bedeutung gelangen. Bekanntlich ist es nun aber da, wo es sich überhaupt um Verdeutschung handelt, ein unrichtiges Verfahren, nur übersetzen zu wollen; vielmehr müssen in den bezüglichen Fällen entsprechendere deutsche Ausdrücke gesucht und nöthigenfalls neue nach den Gesetzen der Sprache geschaffen werden. Das ist nun freilich nicht Jedermanns Sache; aber wer das nicht selbst kann oder will, der hat noch kein Recht, zu behaupten, daß dies überhaupt nicht möglich oder für Andere unzulässig sei. Auch fragt es sich bei neuen Wortbildungen und Ausdrücken gar nicht, ob schon Jemand so gesagt hat, sondern nur, ob man so sagen darf, um sich begriffs- und zweckgemäß auszudrücken.

Der Vorstand des Potsdamer Vereins für deutsche Sprache.

(Keil.)

Zu den widrigsten und be deu tung s lo s e n Fremd=
wörtern gehört unstreitig das französische „Genre" (Ge=
schlecht, Gattung, Art,) in den Zusammensetzungen „Ge =
remalerei" und „Genrebild." Die Franzosen be=
zeichnen ursprünglich jedes Fach der Malerei, als: genre
historique, genre du paysage. Gebrauchen sie es aber
unbeziehlich, so begreifen sie darunter jedes Gemälde mit
menschlichen Gestalten, welches nicht der geschichtlichen Gat=
tung angehört, besonders mit Gestalten, die weit unter Le=
bensgröße sind; ferner Thierstücke, Stücke der Baukunst
und sogenannte Stillleben. Leider ist bei den Deutschen
dieses ganz unbezeichnende Wort fast allgemein angenom=
men worden, und hat Veranlassung zu den verkehrtesten
Vorstellungen gegeben. Da nun bei uns unter einem
Genrebilde die bildliche Darstellung eines Vorganges
aus dem gewöhnlichen oder Volksleben — also gewisser=
maßen ein Bild der Volksthümlichkeit — verstanden wird,
so ist schon früher (z. B. im Brockhaus'schen „Konver=
sations=Lexikon" von 1834) der Vorschlag gemacht worden,
für diesen widerwärtigen Fremdling den bequemeren und
deutlicheren Ausdruck Volksmalerei und Volksbild
anzunehmen. Es wird daselbst gesagt, daß dieser Name
zugleich durch die geschichtliche Ausbildung dieser Art Ma=
lerei gerechtfertigt werde; indem durch Lucas von Ley=
den und Albrecht Dürer — nachdem sich bereits die van
Eyk'sche Schule zur Darstellung des Volksthümlichen in
heiligen Geschichten hingeneigt habe — wirkliche Anschau=
ungen aus dem Volksleben dargestellt worden seien. —
(Zeitungen v. 24. 2. 52.)   (Reil.)

Warum „Drainage?"

Unter diesem räthselhaften Namen wird jetzt die An=
legung von Abzugsröhren auf nassen Ländereien em=
pfohlen. In den Marschgegenden Niederdeutschlands müssen
ähnliche Anlagen schon sehr lange vorhanden sein, wie die
hierauf bezüglichen, im Adelung'schen Wörterbuche be=
findlichen Namen: Siel, sielen, (das Wasser unterirdisch

ableiten) Sielgeld, Sielgeschworne u. s. w. beweisen.
Aber wie könnte ein einheimischer Name für etwas
aus der Ferne Kommendes ausreichen!? Nein, das wirklich Fremde muß mit Haut und Haar eingeführt, das
neue Einheimische aber fremd gemacht werden! So
fordert es die hohe „wissenschaftliche Bildung" der
Deutschen, die alles Mögliche, nur nichts von der Heilig-
keit der Muttersprache weiß! — Darum wird sie
vom eigenen Grund und Boden immer mehr verdrängt, darum soll diesem nun auch die „Drainage"
einverleibt werden, nachdem auf ihm lange schon
Agrargesetze, Bonitirungen, Chaussirungen,
Dotirungen, Dismembrationen, Expropriatio-
nen, Meliorationen, Separationen u. s. w. ihren
bleibenden Wohnsitz aufgeschlagen haben. Es scheint demnach, daß unsere Deutschverderber nie lernen wollen, gleich
der Biene auch aus fremdartigen Blüthen Honig
zu ziehen, ohne das Gift mit einzusaugen. —
Der Vorstand des Potsdamer Vereins
für deutsche Sprache.
(Keil.)

„Weß ist das Bild und die Ueberschrift?"

Die selbstverachtende, das eigne Land und Volk herab-
würdigende Sucht, sich durch Verleugnung vaterländischer
und Annahme fremdländischer Bezeichnungen ein vornehmeres
Ansehen geben zu wollen, zeigt sich leider auch in den gewerblichen Aushängeschildern mit französi-
scher Inschrift und in den überhandnehmenden Gast-
hofsnamen in französischer Sprache. Berlin zählt bereits
unter seinen 41 Gasthöfen erster Klasse nicht weniger als
30, die sich „Hôtels" nennen. Nun ist es aber zunächst
eine Widersinnigkeit, dem armseligen französischen Zwitter-
worte „Hôtel" (bekanntlich von Hôte, zu deutsch: Wirth
oder auch Gast, abgeleitet, also recht eigentlich nicht mehr
als ein Wirths- oder Gasthaus) bei uns einen höhern
Rang einzuräumen, als dem schönen, bedeutungsvollen deut-

ſchen Worte Gaſthof. Eben ſo wenig iſt es zu rechtfer=
tigen, „Hôtel garni" anſtatt Gaſtwohnung zu ſagen.
Zweitens liegt in jenen fremdländiſchen Inſchriften und
Bezeichnungen eigentlich die Erklärung, als Fremder
nur für Fremde daſein zu wollen, und damit zu=
gleich eine öffentliche Loſſagung von Land und
Volk innerhalb deſſelben.

Eine ſolche ſteht jedoch mit der Ehre und Würde eines
Landes überhaupt, und nirgends ſtärker im Widerſpruch,
als in den Haupt= und Hofſtädten deſſelben; ſie übt
von hier aus den nachtheiligſten Einfluß auf Land und
Volk, und ſollte daher hier am allerwenigſten geduldet wer=
den. Höher noch als das durch ſtrenge Geſetze geſchützte
eigentliche Münzrecht des Staates ſteht das — leider
noch ungeſchützte — heilige Münzrecht der Sprache
eines Volkes! Wenn aber Ausländer und Abtrünnige
daſſelbe wälſchend und fälſchend unter uns ausüben dürfen,
wem werden wir dann endlich, unter lauter
fremden Namen, „Bildern und Ueberſchriften,"
angehören? —

Der Vorſtand des Potsdamer Vereins
für deutſche Sprache.
(Reil.)

Der hieſige Verein für deutſche Sprache

beginnt mit dem 3. Juni d. J. das 6te Jahr ſeines Be=
ſtehens. Er hat in den verfloſſenen 5 Jahren nach Kräf=
ten für die Wiederherſtellung der Reinheit und Würde
unſerer vernachläſſigten und doch ſo herrlichen Mutterſprache
gewirkt, und hat Urſache, zu glauben, daß ſeine weit ver=
breiteten Worte nicht ſpurlos in unſerem Volke verhallt
ſind. Manche ehrende Anerkennung iſt ihm laut zu Theil
geworden, und er hofft, daß dies außerdem auch im Stillen
von vielen Seiten geſchehen iſt. Die Stimmen des Ta=
dels, des Spottes und der Geringſchätzung, die ihm zu
Anfang entgegentraten, ſind vor der allmälig ſiegenden
Macht der Wahrheit wenigſtens zum Theil verſtummt.

Mit unveränderter Willenskraft soll denn auch das neue Vereinsjahr, und — will's Gott — noch manches folgende im Vertrauen auf seinen Beistand begonnen werden. Aber ein Wunsch möge hier dennoch ausgesprochen werden, der die Einwohnerschaft Potsdams betrifft, nämlich der nach einer größeren Betheiligung an dem Streben des Vereins. Für eine Stadt von 40,000 Einwohnern ist eine Mitgliederzahl von 29 doch eine äußerst geringe, zumal im Vergleich zu dem nur gegen 14,000 Einwohner zählenden Heidelberg, wo der „Verein für deutsche Reinsprache" im März v. J. 1050 Mitglieder zählte. — Wohl wäre es höchst wünschenswerth, daß sich noch mehrere Mitglieder des Gelehrtenstandes dem Vereine anschlössen, wofür Berlin mit seiner „Gesellschaft für deutsche Sprache" das Beispiel bietet; doch möge der Mangel an Gelehrsamkeit ja keinen Freund dieser echt vaterländischen und wahrhaft allgemeinen Angelegenheit abhalten, sich dem Vereine anzuschließen, oder auch nur als Freund desselben ihm dadurch nützlich zu werden, daß er durch geringe monatliche oder sonst beliebige Beiträge die Geldmittel gewähren hilft, deren der Verein zur Bezahlung seiner monatlichen Aufsätze in den Zeitungen u. s. w. bedarf. Eben so würden Zuwendungen an geeigneten Büchern dankbar angenommen werden. Möge denn der ausgesprochene Wunsch offene Ohren und Herzen finden, und dem Hören und Empfinden die ungesäumte That, zur Ehre Potsdams, folgen! — Der Vorstand.

(Keil.)

Die fremden Sprachen.

Mit den fremden Sprachen verhält es sich, wie mit den stark duftenden Blumen. So lange wir sie nur in dem Garten der Wissenschaft hegen und pflegen, kann die Erforschung ihres Wesens und die volle Kenntniß ihrer Geheimnisse für die Ausbildung unseres Verstandes von großem Nutzen, und überhaupt in manchen Beziehungen eben so belohnend sein, wie sie in gewissen

Fällen unentbehrlich ist. Sobald wir sie jedoch in unser
Herz — das ungetheilt der Muttersprache gehört —
aufnehmen, wo der eigene Lebensstrom von allem Fremdartigen gehemmt und gefährdet wird, so wirken sie auf
uns geistig, wie jene Blumen im Schlafgemach leiblich,
d. h. sie betäuben, verwirren die Sinne, erzeugen Ohnmacht
und ersticken nicht selten den vaterländischen Geist, also
das Leben für das eigne Volk, das in seiner Sprache
wurzelt. Je früher wir aber unsere Kinder dem Einflusse fremder Sprachen „aussetzen", um so sicherer geben
wir ihr Herz denselben preis; denn in der Kindheit öffnet
sich bekanntlich weniger der Verstand als das Herz den
Eindrücken des leiblichen und geistigen Lebens. Sie sind
zugleich die bleibendsten, darum hier — oft die ver-
derblichsten! — Der Vorstand des Potsdamer Vereins
für deutsche Sprache.
(Keil.)
(Potsdamer Wochenblatt ꝛc. vom 30. 3. 53.)

§. 59. Anzeigen in der Frankfurter Didaskalia vom 22. Heumonat 1853.

Obgleich dieser Verein erst seit fünf Jahren besteht,
so zählt er doch bald 1100 Mitglieder in 186 Ortschaften,
nimmt täglich noch zu. Die Wirksamkeit desselben zeigte sich
während dieser Zeit schon auf mannigfaltige Weise. Es
wurden nicht nur ganze Bücher in deutscher Reinsprache
verfaßt, wie das über „das Fremdwörterwesen und dessen
Nachtheile", „das Urbild der deutschen Reinsprache", „das
Christenthum im Geiste des neunzehnten Jahrhunderts",
„die deutsche Eiche", „das Buch von der Freiheit",
„der Deutschkatholicismus in seiner Entwickelung"
u. s. w., sondern auch bei manchen Zweigen der Gesetzgebung, in der Gerichtssprache, bei öffentlichen Verhandlungen und Schwurgerichten, bei Reden und Aufrufen, im
Geschäftsleben bei Anzeigen und Empfehlungen aller Art
tritt unverkennbar bei denkenden und ihr Vaterland und
ihre Sprache liebenden Deutschen das Streben, so viel

als möglich die unnöthigen Fremdwörter zu vermeiden und rein deutsch zu sprechen, immer mehr zu Tage. Auch die verschiedenen Alterthums-, Geschicht- und Gelehrtenvereine bemühen sich nach Kräften, oft gemeinverständlicher zu schreiben, als es früher der Fall war. In Potsdam wurde von I. F. Keil ein Verein für deutsche Sprache gegründet, der auch in dieser Richtung arbeitet. In Zeitungen und Zeitschriften findet man oft einzelne Aufsätze, die in ihrem Inhalte und in ihrem Ausdrucke das echt deutsche Gepräge an sich tragen, neben andern, die freilich noch von hochtrabenden Fremdwörtern strotzen. Aber alles Gute, Wahre und Schöne braucht zu seiner Entwickelung Zeit und in Deutschland oft — sehr lange Zeit. Darum mit Geduld und Ausdauer auch auf diesem Gebiete nur ruhig vorwärts! Wenn viele so denken, so wird auch Vieles besser werden. Anmeldungen, frei eingesandt, nimmt fortwährend an

Heidelberg.

Der Vorstand: Wr. Brugger.

§. 60. Versammlungen und Vorträge im Jahr 1853. Fremdwörtervertilgung in der Geschichte der deutschen Dichtung.

Dieses Jahr war wieder in Bezug auf Versammlungen ein sehr stilles und eingezogenes, indem alle Vereine aufgehoben waren und unser allein noch bestehender Verein alle Kraft und Selbstbeherrschung zusammen nehmen mußte, um nicht demselben Schicksale anheim zu fallen, wie die übrigen. Die nemlichen Gründe von früher bewogen mich deshalb nur im Stillen unser Wirken ohne alles Aufsehen und Geräusch fortzusetzen, hie und da höchstens in auswärtigen Blättern eine kurze Nachricht von unserem Dasein zu geben, wie in der Frankfurter Didaskalia geschah. In Blätter des Inlandes mochte ich nichts einsenden, theils weil ich vorher wußte, daß man es nicht aufnehme, theils weil ich in dieser gedrückten Zeit keinen Erfolg hoffen konnte.

11

Doch wurde mir eine große Freude in dieser Rück-
schrittszeit zu Theil. Ich besuchte nemlich alljährlich den
berühmten Schriftsteller und Geschichtschreiber Hofrath
Gervinus, den Verfasser der ausgezeichneten „Geschichte
der deutschen Dichtung," und noch anderer vorzüglicher
Werke. Obschon kein Mitglied unseres Vereins strebte er
doch aus Kräften darnach, manche Fremdwörter in seinen
Werken durch deutsche zu ersetzen. So zeigte er mir die
Verbesserung seiner 3. Auflage des oben genannten Werks,
worin er mehrere hundert Fremdwörter ausgestrichen
und durch deutsche ersetzt hatte. Auch die frühere Aufschrift,
die hieß, „Geschichte der poetischen Nationalliteratur der Deutschen änderte er in die einfachere und verständ-
lichere ab, „Geschichte der deutschen Dichtung."
Auch seine geistreiche Gemahlin war unsern Bestrebungen
immer sehr zugethan.

Solche rege Theilnahme erfreute immer wieder mein
Herz, wenn auch der Himmel oft von schwarzen Wolken
dicht umzogen war. Ich faßte neuen Muth und wandelte
mit Ausdauer auf der einmal begonnenen Bahn fort, und
es ging immer wieder besser. Bald da, bald dort, traten
mir freundliche und liebevoll gesinnte Menschen entgegen
und nahmen mit ganzer Seele an dieser Sache Antheil.

Meine Vorträge blieben in den Versammlungen
der deutschkatholischen Gemeinde wie früher, die einzigen,
die in deutscher Reinsprache gehalten wurden. Doch gaben
sich hie und da einzelne Lehrer der Hoch-, Mittel- und
Volksschulen Mühe, die Fremdwörter zu verdrängen, was
immer mit Lob anzuerkennen ist, da sonst soviele niemals
ihre Gedanken auf dergleichen Dinge lenken und immer im
alten Geleise fort- und forttappen.

§. 61. Anzahl der Mitglieder im Jahr 1854.
Namen der Bedeutendsten und neue Ortschaften.

Die Zahl der Mitglieder belief sich am Schlusse des
Jahrs 1854 auf 1301, von Anfang an gerechnet. Die
Namen der bedeutendsten sind folgende: v. Sichern in Re-

gensburg, K. Hammer, Arzt in St. Louis, Wr. Cunz,
M. Volkert in Nürnberg, Georg Treu in Gnodstadt in
Franken, Karl Klein, Schriftsteller und Herausgeber des
israelitischen Jahrbuchs, Wr. Nega in Bresau, Wr. Pöhl-
mann in Würzburg, Joseph Pirazzi in Offenbach, Emil
Pirazzi ebendaselbst, Wr. Julius Paul in Breslau, Wr.
Bauer in Homburg.

Die neu hinzugekommenen Ortschaften sind folgende:
207. Regensburg, 208 Rauenberg, 209. St. Louis, 210. Königsberg, 211. Spechbach, 212. Gnodstadt in Franken,
213. Meckesheim, 214. Rappenau, 215. Gernsbach, 216. St.
Trudpert, 217. Schönau, 218. Rothweil, 219. Wolfach,
220. Kirchheimbolanden, 221. Meisenheim, 222. Mecken-
heim, 223. hannövrisch Minden, 234. Pfeddelbach.

§. 62. Briefe von Mitgliedern des Vereins im Jahr 1854.

Aus mehreren Anmeldungen und Briefen von diesem
Jahre will ich nur folgende hier einrücken: einen, der von
einem sehr eifrigen Mitgliede herrührt, von Ansmann,
den wir schon oben kennen lernten, und einen von Freiherrn
v. Hammer-Purgstall, sammt 3 Berichten desselben.

Hochgeehrter Herr!

Ich muß um Verzeihung bitten, daß ich Ihren Brief
vom 15. August des vorigen Jahres erst nach so sehr
langer Zeit beantworte. Ich war zwar seitdem mit Amts-
geschäften sehr überhäuft; muß aber doch zugeben, daß ich
dadurch nicht völlig zu entschuldigen bin.

Für die Uebersendung des zweiten Theils der „Geschichte der deutschkatholischen Gemeinde zu Heidelberg" von
der ich den ersten Theil schon früher erhalten hatte, bin ich
Ihnen sehr verbunden. Auch den zweiten Theil habe ich
mit sehr großer Theilnahme gelesen. Ist es auch in unserer
Zeit nicht gelungen, eine Umgestaltung im Großen zu erreichen, so ist doch in der Geschichte des Bildungsganges

11*

der Menschen das Bestreben und das wirklich Erreichte
von Belang und Erheblichkeit.

Sie erhalten hiermit den Preis des zweiten Theils,
der nach Ihrer Angabe 1 fl. 30 kr. beträgt.

Ich hätte Ihnen sehr gerne wieder einige Wortver=
deutschungen überschickt, konnte aber wegen Mangel an
Zeit nicht dazu kommen.

Die Sprachreinigung macht sichtlich Fortschritte und
ich freue mich immer, so oft ich es wahrnehme. Man fin=
det in den neueren Schriften eine Menge neuer deutscher
Wörter, welche in den älteren Schriften nicht vorkommen.
So fand ich kürzlich, daß der Leipziger bildergezierte Zeit=
weiser für 1853, obgleich er „illustrirter Kalender" heißt,
sich bestrebt hat, die fremden Wörter zu vermeiden und
wirklich nicht mehr fremde Wörter enthält, als man auch
in französischen oder lateinischen Schriften finden mag.

Mit ausgezeichneter Hochachtung

Ihr ergebenster

Homburg in der Pfalz   Ansmann,
    den 16. Sept. 1854.   Notar.

Döbling, am 16. Juli 1854.

Geehrter Herr Dr. und Professor!

Empfangen Sie mit meinem schönsten Danke für Ihre
Erinnerung zu meinem 81. Geburtstage und für das Bänd=
chen Ihrer aus wahrer und reiner Gesinnung
entsprungenen Gedichte, die mich vielfach an=
gesprochen und die ich in wenigen Tagen mit mir nach
Hainfeld nehme, die drei beiliegenden akademischen Be=
richte, deren verspäteter Empfang allein Ursache ist, daß
Sie so spät meinen Dank empfangen.

Ich lese nun der Gebrüder Grimm Wörterbuch, das
nur für Deutsche und nicht für Ausländer geschrieben
ist, die sich unmöglich in der Auswahl der Wörter für den
Gebrauch der Schriftsprache zu Recht finden könnten, denn
wer würde zum Beispiel (in Süddeutschland vorzüglich)

den verstehen, der beuielen statt langweilen schriebe.
In Oestereich scheinen die Gebrüder Grimm gar keine
Mitarbeiter zu haben und auch die bestehenden gedruckten
Hilfsmittel nicht gehörig zu benützen; denn sonst würden
sie zum Beispiel unter dem Worte aufmischen auch den
in Oesterreich sehr üblichen guten Sprachgebrauch aufge-
führt haben, vermöge dessen das Wort „durch Witz und
Rührigkeit Leben in die Gesellschaft bringen" heißt u. s. w.
Daran, daß sehr **unnöthiger** Weise fremde Wörter
gebraucht werden, wo deutsche zu Gebot standen, werden
Sie noch mehr Aerger genommen haben als Ihr mit großer
Hochachtung ergebener Diener

Hammer-Purgstall.

Die drei mir von Freiherrn von Hammer-Purgstall
übersandten Berichte sind folgende:

I. Auszüge aus dem handschriftlichen Werke Ahmed
Ibn-el-Omeri's: Die Bekanntmachung mit der
edeln Kunstsprache.

II. Bericht über die zu Konstantinopel in Druck erscheinende Geschichte des Osmanischen Reiches Chairulich
Efendi's und über die höchst seltene Handschrift Ahmed
Ib-nel-Omer's, mit der Aufschrift: Bekanntmachung mit
der edeln Kunstsprache.

III. Ueber den dritten Band von Charriere's: Né-
gociations de la France dans le Levant. Alle drei
von Hammer-Purgstall in den Sitzungen der k. k. Hochwißanstalt (Akademie) in Wien erstattet.

§. 63. Anzeigen des Vereins in der Dibaskalia.

Weil ich wie schon oben erwähnt bei inländischen
Zeitungen nicht viel Gehör fand, mußte ich mich an die in
vielen deutschen Gauen verbreitete Dibaskalia in Frankfurt a. M. wenden, deren Herausgeber Wilhelm Wagner, stets für diese Sache die Spalten mit großer Bereit-
willigkeit öffnete. Aus derselben sollen folgende zwei Nachrichten über den Verein eingerückt werden:

Verein der deutschen Reinsprache.

Der Verein schreitet immer vorwärts sowohl in Betreff der Anzahl seiner Mitglieder (er zählt jetzt 1150 in 200 Ortschaften) als auch in seiner innern Entwicklung und Wirksamkeit nach außen. In manchen Büchern zeigt sich dieses augenscheinlich. Gervinus hat bei der Umarbeitung seiner „Poetischen Nationalliteratur", die ächt deutsche schöne Aufschrift: „Geschichte der deutschen Dichtung", gewählt und darin viele hundert Fremdwörter durch deutsche ersetzt. Dr. Hagen wird in seiner Fortsetzung von Dullers Geschichte des deutschen Volkes ebenfalls nach diesem Ziele streben. Moleschott übertrug mit großem Geschick sehr viele fremde Kunstausdrücke, die überall Eingang finden werden, in seinem herrlichen Buche über die Nahrungsmittel. Prof. von Reichlin-Meldegg bewies in seinem gediegenen Werke „Paulus und seine Zeit", daß man auch in der Wissenschaft manche Ausdrücke volksverständlich geben könne, eben so Johannes Ziethen in seiner gelungenen Uebersetzung von Theodor Parkers zehn Betrachtungen über Gottglaube und Leben. Auch Aerzte, wie Dr. Werber in seiner Heilmittellehre u. A. sind diesen Strebungen zugethan. Dr. Kannegießer in Berlin, der geistreiche Uebersetzer des Dante und Oersted's 2c. wirkt auf dem Gebiete der Kunst sehr für die Reinheit der Sprache. Je mehr wissenschaftliche und gebildete Männer sich dieser Richtung anschließen, desto mehr werden Sprache und Volksbildung dadurch gewinnen. — Zur Einzeichnung in den Verein und zu jeder Auskunft ist bereit Der Vorstand: Wr. (Dr.) Brugger.

Heidelberg, 26. Christmonat 1853.

Verein der deutschen Reinsprache.

Seit unserem letzten Berichte hat sich der Verein wieder erweitert, indem er jetzt über 1200 Mitglieder in 205 Ortschaften zählt. Je mehr man diesen Gegenstand kennen lernt und ihn in seinen wichtigen Folgen zu würdigen weiß, desto mehr wird man sich von seinem Nutzen

in Betreff der Volksbildung und Volksaufklärung überzeugen. Davon haben wir schon mehrere Proben von bedeutenden Schulmännern und Lehrern an öffentlichen Volks-, Bürger- und Mittelschulen erhalten, die sich mit großer Zufriedenheit über den Erfolg ihrer Bemühungen in dieser Rücksicht äußerten. Es ist auch begreiflich, daß, wenn man die Kinder schon auf die Fremdwörter und ihre Nachtheile aufmerksam macht und ihnen gute deutsche Wörter statt derselben darbietet, so daß sie auch wissen, was sie sagen und nicht blos wie Papageien nachplappern, bei ihnen der Sinn für deutsche Reinsprache und für das Verständniß derselben geweckt wird. Die Lehrer aller Anstalten könnten hier außerordentlich viel Gutes wirken, wenn sie mit Liebe und Eifer Hand an dieses schöne Werk legten, wie es bereits manche zu thun angefangen haben, welche ihre Kinder die deutsche Sprache auch mit deutschen Ausdrücken lehren und sie nicht mit Subject, Prädikat und Copula, Nominativ, Genitiv u. s. w. plagen. Schon viele Lehrer sind dem Vereine beigetreten, der in allen Gauen Deutschlands immer mehr Anhänger findet. Alle Sprachfreunde ladet ein
Der Vorstand: Mr. (Dr.) Brugger.
Heidelberg, 10. Erntemonat 1854.

§. 64. Versammlungen und Vorträge im Jahr 1854.

Dieselben Gründe bestanden in diesem Jahre wie in den vorhergehenden, um von den öffentlichen Versammlungen Umgang zu nehmen, weil der Staats- und Polizeidruck sich eher vermehrte als verminderte. Wir mußten uns glücklich preisen, daß man uns in Ruhe bestehen ließ und nicht den ganzen Verein wie die übrigen unterdrückte.

Somit waren meine Vorträge in den deutschkatholischen Versammlungen wie früher, die einzigen dieser Art, ohne Fremdwörter. Weil die Sache nicht so leicht ist, einen ganzen freien Vortrag ohne solche zu halten, so finden sich selten Nachahmer davon. Doch später wird es schon besser kommen.

§. 65a. Mein siebentes Buch ohne Fremdwörter. Zweiter Band des Deutschkatholizismus.

Im Jahr 1854 erschien mein siebentes Buch ohne Fremdwörter, unter der Aufschrift „der Deutschkatholizismus in seiner Entwicklung, dargestellt in der Geschichte der deutschkatholischen Gemeinde zu Heidelberg, Zweiter Band. Mit den merkwürdigen Jahren 1848 und 1849. Bei Bangel und Schmitt in Heidelberg."

Die Vorrede zu diesem Buche, das bald ganz vergriffen und dann eine Seltenheit sein wird, lautet so:

„Die freundliche Aufnahme des ersten Theils dieses Werkes und die rege Theilnahme, mit der uns edle Freunde aller Glaubenschaften entgegenkamen und unterstützten, hat uns veranlaßt, hier nun den zweiten mit den denkwürdigen Jahren 1848 und 1849 folgen zu lassen.

Auch hier wird der geneigte Leser bemerken, daß wir nach denselben Grundsätzen verfuhren, welche in der Vorrede zum ersten Bande weitläufig auseinander gesetzt sind, weil wir selbe für die Bearbeitung einer solchen Entwicklungsgeschichte am angemessensten hielten. Aus den Urkunden und Briefen lernt man den Geist der Männer und der Sache selbst viel besser kennen, als wenn man blos die Ergebnisse derselben berichtet oder nur das Wichtigste in Auszügen mittheilt.

Ueberdies trägt die Ausdrucksweise mit dem jedesmaligen eigenthümlichen Gepräge viel bei, um Mannigfaltigkeit, Leben, Abwechslung und Bewegung in das Ganze zu bringen. Ferner können uns unsere Gegner bei solcher Darstellung nie den Vorwurf einer Entstellung, einer Verhehlung oder irgend einer Unredlichkeit machen, da Dinge, Thatsachen und Personen gegeben und dargestellt werden, wie sie sind und wie sie sich selber darstellen. Einzelne dieser Urkunden werden erst später von großer Wichtigkeit sein, wenn man diesem Gegenstande wieder mehr Aufmerksamkeit schenkt.

In den Jahren 1848 und 1849 zeigte sich ein erhöhter Aufschwung unserer Sache, indem viele neue Gemeinden, namentlich in Staaten, wo früher keine sein durften, wie in Oesterreich, Baiern, Kurhessen u. s. w. entstanden. Die meisten derselben werden in diesem Bande bald mehr, bald weniger ausführlich besprochen und ihre ersten Gründungsverhältnisse dargestellt.

Vorschläge und Anregungen bedeutender Personen geben Aufschluß über manche Dinge, mit denen sich die Geister damals beschäftigten. Die Hauptzüge der staatlichen Ereignisse werden nur im Vorbeigehen berührt, da eine weitläufige Erörterung nicht hieher gehört.

Endlich wird zur Genüge aus dem ganzen Inhalte erhellen, wie wir stets auf dem Glaubensgebiete uns bewegten und nur auf gesetzlichem Wege, selbst während dieser stürmischen Zeit, fortschritten, weßhalb auch unsere hohen und allerhöchsten Staatsbehörden nie die geringste Veranlassung hatten, mit Rügen oder Maßnahmen irgend einer Art gegen uns einzuschreiten. Der Vorstand, der Geistliche und die Gemeinde suchten eben so im Innern die Eintracht zu bewahren, wie sie sich bemühten gegen Außen Achtung und Frieden zu erhalten."

Heidelberg, 2. Hornung 1853. Wr. Brugger.

In diesem Jahre erschienen auch meine „Gedichte aus dem Frühlinge meines Lebens" bei Bangel und Schmitt in Heidelberg, die, obschon früher verfaßt, doch meistens ohne Fremdwörter geschrieben sind.

Noch kann hier ein kurzes Gedicht zum Neujahr 1854 von Keil in Potsdam einen Platz finden.

Entschluß zum neuen Jahre. (1854.)

Nicht wanken und nicht weichen —
So lang die Kraft uns bleibt —
Woll'n wir, um zu erreichen,
Wozu das Herz uns treibt.

Wie sehr an Mängeln leidet
Auch unser Wort und Rath —
Die Zukunft erst entscheidet,
Ob schlecht, ob gut die Saat,

Nur schwer und spät gedeihet
Das Gute in der Welt;
Stets ist, wer ihm sich weihet,
Dem Angriff bloßgestellt.

Doch wer im eignen Herzen
Des Rechten sich bewußt,
Dem rauben selbst die Schmerzen,
Den Muth nicht aus der Brust.

Drum woll'n mir freudig kämpfen,
Den Blick auf's Ziel gewandt,
Des Erbfeinds Macht zu dämpfen
Im theuren Vaterland. —

Deutsch soll der Deutsche sprechen —
So will es Ehr' und Pflicht —
Sonst wird die Zukunft rächen
Was Fremd'sucht jetzt verbricht! —

Der Vorstand des Potsdamer Vereins
für deutsche Sprache.

§. 65b. Probe aus Max Waldau's Dichtung: Rahab.

Sehr große Freude machte mir die Uebersendung der herrlichen Dichtung „Rahab. Ein Frauenbild aus der Bibel von Max Waldau" worauf er mit eigener Hand schrieb: „Zur freundlichen Erinnerung an unser Begegnen im Jahr 1846. Dr. G. Spiller von Hauenschild. Tscheidt nächst Bauerwitz in Oberschlesien 11/10. 54." — Er befand sich nemlich im Jahr 1846 auf der Hochschule in Heidelberg, wo er sich der Rechtswissenschaft widmete und die Wißmeisterwürde erwarb. Schon damals leuchtete seine vorzügliche Anlage zum Dichter aus mehreren sehr gelungenen Sonetten hervor, von denen einige in der deutschen Eiche abgedruckt sind. Ich ermunterte ihn sehr, diese Gabe nicht zu vernachlässigen, welchen Rath er auch später

befolgte und so einen größeren Namen als Dichter erhielt
als mit seiner Rechtsgelehrtheit. Leider starb er bald darauf im kräftigsten Mannesalter, betrauert von allen seinen
vielen Freunden und seiner jugendlichen Gattin.

Ich kann mich nicht enthalten aus diesem Meisterwerke
hier eine kleine Probe der dichterischen und überwältigenden
Ausdrucksweise anzuführen:

> „Welch Bild: ein Volk, dem so in Eins verklungen
> Sein Gott, das Vaterland, der Weg zum Ziele,
> Daß selbst der letzte Mann, wie gottdurchdrungen,
> Gewinnessicher Alles wagt im Spiele
> Und gottverheißen nennt was ihm gelungen!
> Wo hat sich auf der Weltgeschichte Diele
> In solchem Maße noch solch Bild gestaltet,
> Entschloßner wo sich Menschenkraft entfaltet?

> Und wieder sieh zu Spreu das Volk verderben,
> Das vom verlebten Gott nicht wollte lassen . . . .
> Denn Götter werden alt und müssen sterben,
> Wenn sie nicht länger ew'gem Werden passen;
> In ihre Rechte treten junge Erben
> Als Führer jugendlich entflammter Massen,
> Und über Götterleichen, Völkersplitter
> Braust ewig hin der Menschheit Lenzgewitter.

> Liegt nicht für unsre Zeit, die gottesarme
> Und gottverlebte, hier auch hell erschlossen,
> Warum sie nicht zum Schwung der That erwarme,
> Und Starke selbst vertrauenlos verdrossen
> Gleich einem weisellosen Bienenschwarme,
> Nur Klagen haben für die Denkgenossen?
> An Göttern reich genug, sie zu verborgen,
> Fehlt uns der junge Gott für heut und morgen.“

§. 66. Mitgliederzahl im Jahr 1855. Namen der Bedeutendsten. Neue Ortschaften.

Die Gesammtzahl der bis zum Schlusse des Jahrs
1855 eingetretenen Mitglieder beträgt 1466. Die Namen
der bedeutendsten sind folgende: Wr. Karl Bayer in Schloß
Bruckberg bei Ansbach, Sidonie Feuerbach Professorswittwe,
Leonore Feuerbach, Tochter des berühmten Weltweisen Lud-

wig Feuerbach ebendaselbst, Karl Witte, Rechtsgelehrter in Aßweiler in der Rheinpfalz, Kitzinger, Kanzleirath in Karlsruhe, Wr. Erlenmeyer in Heidelberg, S. A. Zimmermann in Mannheim, Wr. Leykam in Frankfurt a. M., Th. Dehmel, Anwalt in Breslau, Wr. Faber in Heidelberg, Johannes Czersky Pf. in Schneidemühl, Wr. Fr. Hoffacker in Darmstadt, Wr. Hermann Jakobson in Berlin, Theodor Jakobson ebendaselbst, Wilh. Rengert in Berlin, E. Mohr in Oberingelheim.

Neue Ortschaften sind folgende: 225. Seelbach, 226. Neutitschein in Mähren, 227. Bruckberg bei Ansbach 228. Aßweiler in der Rheinpfalz, 229. Neustadt in Mecklenburg, 230. Weimar, 231. Schrießheim, 232. Lübeck und und St. Francisko, 233. Fulda, 234. Langen in Hessen-Darmstadt, 235. Guben in Preußen, 236. Kaiserslautern, 237. Münsterlingen, 238. Iserlohn, 239. Hochdorf bei Böhl in Rheinbaiern, 240. Rentweinsdorf, 241. Zürich, 242. Oberingelheim, 243. Coswig bei Dresden.

§. 67. Briefe von Mitgliedern des Vereins im Jahr 1855.

Dieses Jahr gingen viele Briefe ein, von denen aber nur einer von Freiherrn v. Hammer-Purgstall in Wien (der etwas hart mit mir umgeht, aber das ist auch heilsam) — einer von Eisele in Tauberbischofsheim, einer von Bender in Rennerod und einer von W. Rastein in Hannover hier abgedruckt werden sollen.

Wien, 14. Oft. 1855.
Geehrter Herr Pfarrer und Doktor!

Ich schreibe Ihnen blos, um Ihnen die Theilnahme zu bezeigen, mit der ich während meines Aufenthalts in der Steyermark das von Ihnen gütig geschenkte **Fremdwörterbuch** gelesen habe. Sie gehen meines Erachtens, in Ihrem Eifer für die Sprachreinigung zu weit (?), das italienische Sprichwort sagt: Chi troppo abraccia nulla stringe. — Die Namen von fremden Völkern sollten Sie durchaus ungeschoren lassen, wie zum Beispiel die Beduinen, Berberen und Baschkiren; so auch Gegenstände, welche aus einem fremden Lande ursprünglich dort ihre eigene Benennung haben, wie z. B. der Atlas und Damast, der Asphalt und Basalt. Die eigenen Namen von Oertern oder Tempeln, wie z. B. den Bosporos, die Kaaba und Karawane, das letzte Wort wird durch die Reisegesellschaft nur sehr unvollständig ausgedrückt. *)

Chatoulle ist ganz gefehlt, indem es Schatulle heißen sollte, denn das Wort ist italienisch und nicht französisch, indem es von Scatola kömmt; so sollte Cherif Scherif geschrieben sein, denn der Deutsche liest das Ch wie das griechische X, der Cherub hat mit der Idee des Feuers Nichts zu thun, der Grundbegriff des Wortes ist die Nächsten, wie denn die Cherubin im Arabischen noch heute Mocarribin d. i. die nächsten heißen, chaussiren wird am häufigsten für Schuhe und Strümpfe anlegen gebraucht und Consideration wird weit häufiger in der Briefformel der Unterschrift als in der Bedeutung von Bedachtsamkeit und Ueberlegung gebraucht, Czako ist sehr uneigentlich als Kriegerfeldhut übersetzt, was besser für den Calabreser passen würde, ein Czako ist eine Mütze oder Kappe, aber kein Hut; ein türkisches Kaik ist kein gewöhnlicher Kahn, und der Jacal sollte jedenfalls Schakal geschrieben sein.

Der amerikanische Kaziko läßt sich eben so wenig Deutsch geben als der türkische Kadi, der bei Ihnen fehlt und Karbatsch heißt nur die aus Rhinozeroshaut geschnittene Riemenpeitsche, so ist Kantschu nichts als das

*) Die Uebersetzungen dieser Wörter haben andere vor mir so gemacht, ich nahm sie nur aus ihren Wörterbüchern auf, so wie auch die übrigen aus dem arabischen, türkischen, hebräischen, amerikanischen u. s. w., welche in diesem Briefe gerügt und gebessert werden. Uebrigens bin ich dem Freiherrn dankbar für seine Aufmerksamkeit.

D. H.

verderbte türkische Kantschi, welches eben so wie die
Knute ihr Recht behaupten muß; der Leviathan ist
besser als das Schilfungeheuer und das Mac ist zweifel-
ohne in schottischen Wörtern beizubehalten; der Mara-
schino (nicht Maraslino), wird aus Weichseln gemacht und Weichselbranntwein wäre die richtige
Uebersetzung; Palatine heißen am häufigsten die von den
Hauben der Frauen, die nach Hof gehen, herabhängenden
breiten Bänder; Balkon (nicht Palkon) ist das persi-
sche Balachane. Pall-mall ist nicht englisch, es sollte
pêle mêle heißen, was französisch. Das Parlament
mag den Engländern und Franzosen unbenommen bleiben.
Wenn Sie das Ponceau aufgenommen haben, so hätten
Sie auch das Pompadour aufnehmen sollen, was auch
eine besondere Art von Roth. Das Rathhaus in Athen
hat Prytaneion und nicht Prytaneum geheißen. Zyber-
apfel scheint weniger Deutsch zu sein als Quitte. Ra-
velie soll Ravelin heißen. Razzia (das verderbte
Ghasije) heißt ein Frohnkampf. Rabach ist viel gewöhnlicher als Rebbes für Gewinn und Wucher. Bei
Reglement fehlt Geschäftsordnung. Retraction soll
Retroaction heißen, den Retraktion heißt Zurück-
ziehung und nicht Zurückwirkung. Bei Rhapsodist sollte
Rhapsode nicht fehlen. Ribincoat sollte ridingcoat
heißen. Rigorosum examum ist Druckfehler für Exa-
men, Rubbie soll Rubie heißen. Selah was am
Ende einiger Psalmen steht, ist noch unausgemacht, Selam
heißt Gruß. Mit diesem ende ich, um Ihnen durch die
obigen Zeilen einen Beweis der Aufmerksamkeit, womit ich
Ihr Werk gelesen und der Hochachtung zu geben, womit
ich verharre   Ihr ergebenster Diener
Hammer-Purgstall.

Bischofsheim a. T. 26. Sept. 1855.
Hochgeehrter Herr Pfarrer!
Ihr werthes Gegengeschenk, Ihre schönen Gedichte, ha-
ben mich so sehr überrascht, als hoch erfreut, und ich sage

Ihnen hiermit meinen herzlichsten Dank dafür. Es sind liebliche Blüthen aus dem reinen Lenze eines edlen, für alles Große und Schöne empfänglichen Gemüthes. Was mich besonders darin ansprach, war die auffallende Aehnlichkeit der Gedanken, welche, nur in veränderter Form, mehrere Ihrer Gedichte mit einigen von den meinigen haben. Sie werden dies wohl auch schon beim Durchlesen meiner Gedichte gefunden haben. Besonders auffallende Aehnlichkeit hat Ihr Gedicht: „Wunsch" (S. 80) mit meinem Gedicht „Sehnsucht" (S. 35). Von ausnehmender Schönheit ist namentlich Ihr Gedicht: „Sterben" (S. 75). Es ist Schade, daß Sie keine größere Sammlung gemacht, und besonders auch spätere Gedichte aus reiferen Jahren diesen Jugenddichtungen angeschlossen haben. Oder hätten Sie wirklich in späterer Zeit der Dichtkunst ganz entsagt?

Nochmals meinen herzlichen Dank für Ihre schönen Geistesblüthen! Meine liebe Frau läßt für Ihren Gruß freundlich danken und grüßt Sie, wie ich, aufs herzlichste. Mit gewohnter aufrichtiger Hochachtung und Verehrung verharrend

Ihr

ergebenster

Fr. Eisele.

Hochverehrter Herr!

Für Ihre werthe Zuschrift und das mir theure, unvergeßliche Geschenk meinen wärmsten Dank!

Die deutsche Eiche hat mir wahre Herzensgenüsse bereitet; ihr ächt deutscher Geist, ihr verniger, kraftstrahlender Inhalt hat mich wunderbar erhoben, gestärkt und begeistert und die gefühlswarmen Worte des großen Hammer-Purgstall: „Mir war beim Durchlesen derselben, als ob ich in einem Eichenhain ginge, wo mich von allen Seiten die reinste Luft anwehte" sind mir wie aus der Seele geschrieben. Das nenne ich in der That eine deutsche Eiche. Welche Fülle, welcher Ge-

halt strahlt nicht aus diesen beiden Wörtern! — Saft und
Kraft, Mark und Leben.

Wie sich doch Alles so wunderbar fügt! In den letz=
ten Herbstruhetagen (Ferien), die ich in der trauten Hei=
math am väterlichen Herde verlebte, machte ich täglich einen
Ausgang in den nahen Eichenwald. Hier las ich die feu=
rigen Freiheitslieder und die liebewarmen Kriegslieder des
edlen deutschen Dichter= und Heldenjünglings Karl Theodor
Körner und die rührend ergreifenden, innigen Vaterlands=
lieder des von der reinsten Begeisterung erglühten Max von
Schenkendorf. Und als ich wieder in meinen Wirkungs=
kreis eingetreten war, da lebte und litt ich für Deutsch=
lands Sache mit dem thatkräftigen, muthvollen Ernst Mo=
ritz Arndt, in seinen Gesängen und in seinen Kernschriften
„für und an seine lieben Deutschen" und den Schlußstein
bildete die vortreffliche Abhandlung „Ueber Vaterlandsliebe"
von Adolph Diesterweg in seinem Wegweiser für Lehrer.
Ja es hat sich wunderbar gefügt! deutsche Liebe, deutsche
Treue, deutsche Kraft und deutscher Geist, deutsche Sprache,
deutsches Leben — sie waren es, die ich in vollen Zügen
mit einem offenen empfänglichen Herzen einsog in die im=
mer weiter und weiter werdende Jünglingsbrust; sie sind
Fleisch und Blut geworden und lassen mich nichts als Liebe
und Begeisterung athmen. In diesem Hochgefühle nahm
ich auch mein deutsches Berufsblatt zur Hand, und da ich
den offenen Brief Euer Wohlgeboren las, durchblitzten neue
Gedanken meine Seele und hoffnungsvoll warf ich eiligst
einen Kern dieses Wundersamens in mildes Land der deut=
schen Erde, der ging bald auf und schon nach acht Tagen
ward mir die unaussprechliche Freude, reiche Früchte des=
selben zu sehen. Und die waren so frisch, so kräftig, so
schön, daß ich sie mit wahrer Herzensfreude genoß. Doch
ihre Kerne warf ich nicht weg, die bewahre ich sorgsam,
damit auch sie keimen, grünen, blühen und Früchte tragen
und übergebe hiermit dem edlen lohnenden Boden einen
zweiten Kern. Möchte auch dieser eben so freundlich auf=
genommen werden, als der erste.

Glauben Sie mirs nun, wenn ich sage, daß mich der altehrwürdige Bau unserer Muttersprache und das neue großherrliche Gebäude der deutschen Reinsprache mit Ehrfurcht und Liebe erfüllt? Darf ich's sagen, wie sehr ich Sie, verehrter Mann! als den weisen Baumeister desselben verehre und liebe? Doch wozu Worte — Thaten mögen sprechen.

Beifolgend erhalten Sie 1 fl. 30 kr. für den ersten Jahrgang der deutschen Eiche von 1850. Von Ihren weiter herausgegebenen Schriften wünsche ich vorläufig das Fremdwörterwesen und seine Nachtheile ꝛc."

Nach der Schlußbemerkung Euer Wohlgeboren im letzten Hefte der deutschen Eiche von 1851 ist diese herrliche Zeitschrift eingegangen. Schade, höchst Schade, denn sie vermochte die gute Sache zu fördern und zu heben. Möchte doch bald, recht bald die glückliche Stunde ihrer Wiedergeburt schlagen!

Was werden Sie wohl gedacht haben, Hochverehrter als Sie in meinem vorigen Briefe zwei fremde Unkrautpflänzchen entdeckten? Collegen und December statt Amtsbruder und Christmonat. Ich werde von nun an besser auf meiner Hut sein; es hält außerordentlich schwer, sich dieser mit der Geburt geerbten Schmarozer zu entledigen. Ich habe mir daher gestern ein Tagebuch angelegt, in das ich alle Fremdlinge eintrage, die mir noch beim Reden entschlüpfen, und da habe ich — denken Sie sich! — trotz aller Vorsicht 18 eintragen müssen. Dabei fand ich auch, daß sich doch nicht gerade alle Fremdwörter durch einfache deutsche Wörter ersetzen lassen, wie das Wort Palatin, das man nur umschreibend deutsch geben kann, etwa wollene, länglich viereckende Ueberhalsbinde, dürfte ich darüber um einige Auskunft bitten?

Glück auf!

Euer Wohlgeboren

ganz ergebenster

Bender, Lehrer.

Rennerod, den 10. Christmonat 1855.

12

Sehr werther Herr!

So eben erhalte ich die Allg. deutsche Lehrerzeitung und ersehe daraus Ihre Ansprache an die Lehrer rc. Nur gern erfülle ich Ihren Wunsch und melde mich hierdurch zu einem Mitgliede des Vereins für deutsche Reinsprache, ersuche Sie indeß um nähere Auskunft über den Verein. Zugleich erlaube ich mir die Anfrage, ob ich Ihre Ansprache in den von mir herausgegebenen „Pädagogischen Beiträgen", dem einzigen Schulblatte hanoverscher Lehrer, abdrucken darf, und bitte dieserhalb um baldige Antwort. Sollten Sie geneigt sein, mir die eine oder die andere Ihrer Schriften zur Anzeige in den „Pädag. Beitr." zu übersenden, so würde ich Ihnen sehr dankbar sein.

Ergebenst

W. Kastein, Lehrer.

Herausgeber „der pädagog. Beiträge".

Hannover, den 6. 12. 55.

§. 68a. Mein Fremdwörterbuch für das deutsche Volk.

Im Jahr 1855 erschien bei Bangel und Schmitt in Heidelberg mein Fremdwörterbuch für das deutsche Volk mit 14,000 Fremdwörter, worunter sehr viele neue sich befinden, mit neuen Uebersetzungen, die nicht blos zum Verständniß der in Zeitungen und Büchern aller Art vorkommenden Fremdwörter dienen, sondern auch zum Verdrängen derselben durch deutsche Wörter im Leben geeignet sind, von Wr. (Dr.) J. D. C. Brugger, Gründer des Vereins für deutsche Reinsprache."

———

Die Vorrede dieses Buches lautet so: Bis jetzt sind der Fremdwörterbücher noch nicht zu viele vorhanden; denn noch lange besitzt nicht jedes Haus ein solches, wie es doch sein sollte. Nicht einmal die deutschen Lesegesellschaften mit den griechischen Namen Museum, Harmonie, u. f. w. legen ein folches auf ihren grünen Tifchen auf. Auch in Schulen, Gafthöfen und Gefchäftsftuben follte es nicht fehlen, da die tägliche Erfahrung die Nothwendig-keit deffelben fühlbar macht. Darum mag auch diefes nicht überflüffig fein und fich zu den fchon vorhandenen gefellen.

Schon früher gab der Verfaffer in feinem „Urbilde der deutfchen Reinfprache" einen kleinen Beitrag zu einem Fremdwörterbuche heraus, um zu zeigen, wieviel hier noch zu leiften fei. Diefer wurde von vielen Seiten her fo günftig aufgenommen, daß man ihn mehrfach er-munterte, auf folche Art ein größeres, ein vollftändiges Wörterbuch auszuarbeiten und herauszugeben. Zu diefer langwierigen, fehr mühfamen und immer undankbaren Arbeit entfchloß er fich nur auf vieles Zureden der zahl-reichen Mitglieder des Vereins für deutfche Rein-fprache, der jetzt über 1300 Theilnehmer in 220 Ort-fchaften zählt.

Der Hauptzweck bei diefem Buche geht dahin, nicht nur die Fremdwörter verftändlich zu machen, fondern fo viel als möglich auch brauchbare, für das Leben an-wendbare Ueberfetzungen darzubieten, und viele neue Fremdwörter, die fich in keinem andern Buche finden, mit neuen Ueberfetzungen zu geben.

Daran fcheiterten bisher faft alle Unternehmungen der Art, indem fie fich nur vorfetzten, die Fremdwörter zu er-klären und zu umfchreiben, oder folche Ueberfetzungen zu fchaffen, die man in Rede und Schrift niemals an-wandte oder anwenden konnte. Wenn aber unfere Sprache felbft Fortfchritte in ihrer Weiterbildung und in ihrer Rein-heit machen foll, fo muß man fein Augenmerk nicht blos darauf wenden, um zu dem richtigen Verftändniß der Fremdwörter zu gelangen, fondern man muß fich aus allen Kräften bemühen, die entbehrlichen durch deutfche im Leben zu erfetzen, um fie nach und nach aus dem Ge-brauche zu verdrängen. Das braucht allerdings Mühe und Zeit; allein es ift jetzt fchon gelungen, manches un-

12*

nöthige Fremdwort zu verdrängen und noch weit mehr wird
die Zukunft darin leisten.

Daß dieses bei den meisten bisher gelieferten Fremd=
wörterbüchern nicht der Fall war, das wird man aus
einer sorgfältigen Vergleichung derselben mit diesem Buche
ersehen. Doch wollen wir dadurch andern ihren Werth
nicht beeinträchtigen, indem sie leisteten, was ihnen nach
ihrer An= und Absicht und nach Kräften möglich war.

Allein man wird bald wahrnehmen, daß die Verfasser
jener Bücher selbst ihre eigenen Uebersetzungen nicht
gebrauchten und keineswegs rein deutsch schrieben
nicht einmal in ihren Vorreden zu jenen Schriften, noch
viel weniger in andern Werken. Da wimmelt alles von
Fremdwörtern. Die Verdrängung derselben aber durch
deutsche Wörter soll für jeden ächt deutsch Gesinnten
das Hauptziel seines Strebens sein. Daß es uns mit
der Verdrängung der Fremdwörter ernst sei, beweist auch
der oben §. 1. schon abgedruckte Aufruf, auf den wir
uns hier beziehen.

Dadurch soll nun dieses Buch einen bedeutenden Fort=
schritt auf diesem Gebiete hervorbringen, indem es viele
hundert neue Uebersetzungen von Fremdwörtern enthält,
die man gleich versteht und im Leben in Anwendung bringen
kann. Mit Dank nennt der Verfasser die Vorgänger, die
er dabei benützte, wie Campe, Heyse, Heigelin, Kalt=
schmidt, Oertel, Wiedemann, Kiesewetter, Hof=
mann. Als begeisterte Anhänger der Reinsprache sind zu
nennen die Herren Ansmann in Homburg und Schüß=
ler in Mannheim, die ihm sehr schätzbare Beiträge liefer=
ten. Auch Brauer's Uebersetzungen im badischen Land=
rechte wurden ebenfalls zu Rathe gezogen. — Als eifrige
Beförderer der Reinsprache verdienen noch angeführt zu
werden: Wr. Kannegießer in Berlin, Holzapfel in
Magdeburg, J. F. Keil in Potsdam, Hedwig und Eleo=
nore Wallot, J. Fries in Frankfurt a. M.

Da der Verfasser nur die besten und für den Gebrauch
nöthigen und anwendbaren Wörter geben wollte, so vermied

er alle unnöthigen und kleinlichen Nebenbegriffe und Ne-
benbedeutungen, die niemals vorkommen. Kürze und
Bündigkeit sollten vorherrschen, um nicht den Nach-
schlagenden viele Zeit zu rauben, und um sie schnell das
rechte Wort für ihren Gegenstand finden zu lassen.

Daß manche Wörter ihm, wie bisher vielen Andern,
noch nicht ganz gut in der Verdeutschung gelungen sein
mögen, das gesteht er gerne zu, gibt sich aber eben so be-
reitwillig und zuversichtlich der Hoffnung hin, daß es spätern Sprachforschern und denkenden Sprachreinigern gelingen werde, auch hierin das Mangelhafte zu ersetzen und
sogar Herrliches und Vortreffliches zu leisten, wenn man
nur auf dieser einmal betretenen Bahn mit Ernst und
Folgerichtigkeit, mit Eifer und Schönheitsinn,
mit Kenntnissen und deutscher Ruhe weiter wandelt.

Vor allem muß man den Sinn für reine deutsche
Sprache und deren Töne allenthalben wecken und
pflegen. So lange dieses nicht in allen Schulen und
Anstalten geschieht, so lange nicht die Männer der Wissenschaft und Bildung mit gutem Beispiele voran-
gehen, wird man immer für taube Ohren sprechen.
Deutsche Vaterlandsliebe und Ringen nach Volks-
verständlichkeit und Verehrung unserer in ihrer
Art einzigen Muttersprache müssen das Herz desjenigen ganz erfüllen, der das Heiligthum derselben von den
vielen unnöthigen und lästigen Fremdwörtern befreien will.
Dazu werden die Werke des Verfassers dieses Buches,
welche die ersten sind, die ganz in deutscher Reinsprache
verfaßt wurden (die schon angeführt sind) mit dem von
ihm gegründeten Reinsprachverein in ganz Deutschland immer etwas beitragen.

Heidelberg, 1855.

Wr. (Dr.) J. D. C. Brugger.

Darüber erschien eine sehr günstige Beurtheilung
in den „Heidelberger Jahrbüchern“. Manche der
in dem Fremdwörterbuche vorgeschlagenen Uebersetzungen

und Neuwörter werden sich später erst Bahn brechen. Es braucht lange Zeit um Altes abzulegen und Neues anzunehmen.

§. 68b. Versammlungen und Vorträge im Jahr 1855.

In diesem Jahre lastete wie früher der Druck auf uns und wir konnten keine andern Versammlungen halten, als die sonntäglichen im Saale der deutschkatholischen Gemeinde. Auch wurde ich in diesem wie in früheren Jahren öfter nach Pforzheim, nach Frankfurt a. M., Offenbach, Worms, Mainz, Rüdesheim, Oberingelheim und Guntersblum gerufen um dort Vorträge in den deutschkatholischen Gemeinden zu halten. Ueberdies gab ich fortwährend Aufsätze in das deutschkatholische Sonntagsblatt in Wiesbaden und in andere öffentliche Blätter, die alle ohne Fremdwörter abgefaßt waren. Ein solcher soll hier vom 16. Hornung 1855 abgedruckt werden. Bei diesem so wie bei spätern Aufsätzen in diesem Blatte muß ich bemerken, daß ich die Anzahl der Mitglieder und Ortschaften immer geringer angab, als sie in dem Verzeichniß standen, weßhalb die hier in diesem Buche veröffentlichten Angaben immer etwas höher sich herausstellen als jene.

Verein der deutschen Reinsprache.

Sehr erfreulich ist die stete Zunahme unseres Vereins, welchem im verflossenen halben Jahre wieder bedeutende Männer, so wie auch edle Frauen und Jungfrauen beigetreten sind, so daß er jetzt über 1250 Mitglieder in 220 Orten zählt. Wenn es durch Hülfe dieser und der noch in Zukunft Beitretenden gelingt, nur einige Tausend entbehrliche Fremdwörter aus der Umgangs- und Schriftsprache nach und nach zu verdrängen, so werden dadurch nicht nur eben so viele deutsche Wörter zu Ehren gebracht, sondern es wird auch auf solche Art der Sinn und das Gehör immer mehr für deutsche Laute geweckt und gestärkt. Noch zur Zeit gilt es vielen Deutschen gleich, ob sie arabische, lateinische, französische, griechische oder deutsche Wörter im gewöhnlichen Leben anwenden, wodurch manche echt deutsche ganz in Vergessenheit gerathen. Diesem Uebelstande abzuhelfen, dürfte das von dem Unterzeichneten soeben bei Bangel und Schmitt in Heidelberg erschienene Fremdwörterbuch für das deutsche Volk, mit 14,000 Fremdwörtern ganz vorzüglich sich eignen, indem es nicht nur die allbekannten und gewöhnlichen, sondern auch viele neuere Fremdwörter mit neuen Uebersetzungen enthält, die sowohl zum Verständniß der in Zeitungen und Büchern aller Art vorkommenden Fremdwörter dienen, als auch die Verdrängung derselben durch deutsche Wörter im Leben sehr fördern dürften. Dieses Buch wird, wenn es zum Handbuche der Gebildeten aller Stände geworden ist, der Förderung der deutschen Reinsprache sicher einen nicht unbedeutenden Vorschub leisten, so daß in wenigen Jahrzehnten die deutsche Umgangs- und Schriftsprache merkbar an Reinheit und Schönheit gewonnen haben dürfte. Wenn einmal die Vermeidung der entbehrlichen und ganz unnöthigen Fremdwörter zum guten Tone bei allen, hauptsächlich den höhern und gebildeten Kreisen der Gesellschaft gehören wird, dann fängt erst die schöne Zeit an, wo unsere herrliche Sprache der wahren Anerkennung ihrer Söhne im Leben und in der That sich erfreuen und durch ihre großartige Entfaltung mit zahllosen neuen Blüthen und Früchten sie dafür belohnen wird. — Weitere frei eingesandte Beitrittserklärungen nimmt mit Vergnügen an

Heidelberg, den 10. Hornung 1855.

Der Vorstand:
Wr. (Dr.) Brugger.

Ein Vortrag, den ich in der Versammlung der deutschkatholischen Gemeinde in Pforzheim hielt, gab einem überfrommen Protestanten Veranlassung mich wegen Gotteslästerung anzuklagen. Meine Vertheidigung dagegen soll hier folgen. Ich wurde nach einjähriger Ver-

hörung klag- und kostenfrei gesprochen von dem
Hofgericht in Bruchsal.

Meine Vertheidigung gegen Gotteslästerung.

„Ich habe nicht das hl. Abendmahl und dessen Bedeutung und Wesen mit dem Götzendienst der heidnischen
Deutschen verglichen, sondern ich habe die Härte und
Schonungslosigkeit des Bonifazius mit der Frevel-
haftigkeit und Tollkühnheit desjenigen verglichen, der es
wagen würde, das hl. Abendmahl, als das höchste Heiligthum der Christen zu entweihen. Es konnte mir gar nicht
in den Sinn kommen, das Abendmahl mit dem Götzen-
dienste auf eine Stufe zu stellen oder zu vergleichen, was
sogar ganz dem Sinne dieser Rede widerstreben würde,
noch viel weniger zu sagen, es sei Götzendienst. Dagegen
muß ich mich sehr ernstlich verwahren. Daß mehrere Zeugen meine Worte mißverstanden und nur einzelnes aus dem
Zusammenhange herausgerissen haben, das kann ich nur
bedauren, aber nie solche unrichtige Aussagen als ein rechts-
kräftiges Zeugniß gegen meine eigene Angabe und Erklärung gelten lassen.

Zum deutlicheren Verständniß der ganzen Stelle, gebe
ich noch folgende Erläuterung. Es wurden zwei anerkannte
Thatsachen neben einander gestellt, nemlich: das Heiligthum
der alten Deutschen war die Thoreiche und das höchste
Heiligthum der deutschen Christen, ist das hl. Abendmahl.
Darin liegt gar keine Herabwürdigung des letzteren, sondern es ist nur die Darlegung zweier Thatsachen von verschiedenen Zeiträumen, die nur als solche, ohne alle weitere
Bemerkung, neben einander gestellt wurden. Es handelt
sich somit um die Frage, welches bei den Deutschen der
Vorzeit und bei denen der Gegenwart das höchste Heiligthum ist, nicht aber von dem Wesen und der Bedeutung
des hl. Abendmahls als solchem oder noch weniger in Beziehung auf die Thoreiche; davon war keine Rede und
konnte auch nach dem Zusammenhange keine sein. Es
wurde vielmehr das Fällen der Eiche der Entweihung des

hl. Abendmahls gegenübergestellt. Hier fügte ich noch ausdrücklich hinzu, wie ein solches Benehmen der Entweihung verletze, wie man selbst von weltlicher Seite gegen eine solche Frevelthat einschreiten und sie bestrafen würde, weil sie ein Angriff auf die bestehenden Glaubenschaften wäre. Das alles beweist für mich, weil ich ja gegen die Entweihung des heiligen Abendmahls eifere, also für die Heilighaltung desselben spreche. Aus dem Ganzen geht somit hervor, daß wenn man den Inhalt dieser Stelle genau betrachtet und sie im Zusammenhang auffaßt, gar keine Spur von Herabwürdigung des hl. Abendmahls vorhanden und kein Ausdruck, welcher wie es der §. 583 voraussetzt, eine Lästerung oder Hohn oder Verachtung enthält, sondern daß es mit gebührender Ehrfurcht als höchstes Heiligthum der Christen bezeichnet ist, was das Gegentheil von dem beweist, wessen man mich anschuldigt.

Dieselbe Rede wurde in Heidelberg und Mainz gehalten, und kein Mensch hat daran Anstoß genommen.

Schließlich kann ich nicht begreifen, wie man mir, da ich schon seit 30 Jahren die christliche Lehre zur Veredlung und Beseligung der Menschen verkünde und stets gegen alle Glaubensansichten die größte Achtung und Duldsamkeit empfohlen und geübt habe, nur ein solches Verbrechen ansinnen kann, dessen ich nach allen meinen Schriften und Reden nie fähig wäre, am wenigsten im öffentlichen Vortrage an heiliger Stätte selbst."

§. 68c. Erfreulicher Besuch von Hammer-Purgstall im Erntemonat 1855.

Schon lange kannte ich diesen ausgezeichneten Gelehrten aus seinen Werken, die allein eine kleine Büchersammlung ausmachen, und aus seinen Briefen, in welchen er stets rege Theilnahme für unsern Verein und dessen Streben, die Reinsprache zu fördern, kund gab. Nun sollte mir auch das Glück zu Theil werden, ihn als Menschen und liebevollen Gesellschafter im Umgange persönlich kennen zu lernen. Das geschah bei seiner Durchreise durch Heidelberg, nach seiner Rückkehr von Paris, wo er einige Tage bei seinem Freunde geh. Kirchenrath Umbreit verweilte. Hier ließ er mich zu sich bescheiden und lud mich mit der größten Freundlichkeit zur Tafel ein, wo ich mehrere Stunden mich in traulichem Gespräche über vielerlei Gegenstände mit ihm unterhielt und in ihm einen Mann von seltener Bescheidenheit, fern von Stolz und Anmaßung kennen lernte, der stets offen und rücksichtslos sich aussprach, wie er dachte und sich nicht scheute, überall die Wahrheit zu bekennen, was man ihm freilich unter Metternich in Oesterreich oft sehr übel nahm. Gegen Höhere wie gegen Niedere war sein Benehmen gleich gerade und bieder, wohlwollend und menschenfreundlich. Deßhalb sind mir die Stunden unvergeßlich, die ich in seinem Umgange leider nur zu schnell verlebte und seine edeln Gesichtszüge werden immer in meinem Herzen leben.

Die große Reise in seinem hohen Alter hatte den sonst so kräftigen und bei seiner äußerst mäßigen Lebensweise immer gesunden Mann zu sehr angestrengt, als daß er nicht bald durch Unwohlsein bei seiner Nachhausekunft die Folgen fühlen sollte. Die Schwäche nahm immer mehr zu und schon im Wintermonat des Jahrs 1856 starb er in den Armen seiner Tochter und seines Schwiegersohnes in Wien.

Unvergeßlich wird mir das Andenken an ihn sein und nur mit Ehrfurcht werde ich seinen berühmten Namen aussprechen, der viele andere überleben wird. Das große Kaiserreich wird nicht gleich wieder einen ihm Ebenbürtigen aufzuweisen haben.

§. 69. Anzahl der Mitglieder im Jahr 1856. Namen der Bedeutendsten. Neue Ortschaften.

Im Jahr 1856 stieg die Zahl der Mitglieder auf 1591 von Anfang an gerechnet. Die Namen der Bedeutendsten sind folgende: Edinhard Reichardt in Meiningen, war der erste auswärtige Mittelschüler, der den Muth hatte beizutreten und der sich später in der deutschen Reinsprache auszeichnete, als er auf die Hochschule nach Jena kam, und Friedr. Roth ebendaselbst, Kerbler Pf. in Offenbach, Elsner, deutschkatholischer Pf. in Trebnitz, Wr. Nagel in Remscheid, Wilh. Onken in Heidelberg, Bitterling, Pf. in Breslau, Jung in Rüdesheim, Gustav Biedermann in Bodenbach, als Ehrenmitglied, von dem eine Wissenschaftslehre ohne Fremdwörter erschien.

Neuere Ortschaften sind folgende: 244. Niederhof, 245. Rennerob in Nassau, 246. Bonndorf, 247. Lindenfels, 248. Meiningen, 249. Nauroth in Nassau, 250. Mörlenbach, 251. Aglasterhausen, 252. Zschweitsch bei Schmölle, 253. Wasungen, 254. Rüdesheim, 255. Trebnitz in Schlesien, 256. Remscheid, 257. Kempten, 258. Geisenheim, 259. Bingen, 260. Reval 261. Rheinfelden, 262. Eppingen, 263. Uehlingen, 264. Strigau, 265. Bodenbach.

§. 70a. Bücher ohne Fremdwörter im Jahr 1856. Auch die Weltweisheit kann rein deutsch schreiben. Gustav Biedermann.

Aus der Wissenschaftslehre von Gustav Biedermann.

I. Sinnlichkeit.

Der Mensch kömmt zur Welt durch die Sinne.

Die Sinneswerkzeuge und die durch diese von neuem gezeugten Werke der Natur.

Die Dinge.

Das bloße Ding und Dinge den Sinnen zunächst.

Die Sinnendinge.

Die vorhandenen Dinge und die bedingten Sinne. -

Das Sinnenfällige.

Die Wirkung der Dinge auf die Sinne und die Wirkung derselben in den Sinnen.

Der Sinneseindruck.

Die eigene Wirkung der Sinne und die Rückwirkung auf die Dinge.

Die Empfindung.

Das Zusammenwirken der Sinne und Dinge und das an den Sinnen gefundene und empfundene.

Das fortgestoßen werden der Sinne durch die Dinge und das losreißen der Sinne von den Dingen.

Das Auseinanderkommen der Sinne und Dinge.

Die der Empfindung nach gleichgiltig gewordenen Dinge und der unempfindlich gewordene Sinn.

Die auseinander gekommenen Sinne und Dinge wirksam geblieben und diese als jenen gegenüber bestehend erhalten.

Der Gegenstand.

Die gegenständlich gewordenen Dinge und die überdies noch vorhandenen Gegenstände.

Die Vergänglichkeit der Gegenstände und ihrer Wirkung und die um so mehr gesteigerte Wirksamkeit der Sinne.

Das Gewahrwerden.

Das Bewahren früher empfundener Dinge als Gegenstände und das unabhängige Gewahrwerden von Gegenständen.

Wie Dinge so auch Gegenstände durch Empfindung von einander geschieden und sodann die Gegenstände von den Dingen und untereinander verschieden.

Die Unterscheidung.

Der einzelne Gegenstand aus Theilen bestehend, die denselben ausmachen und sodann weiterhin die Theile zerlegt, so wie andrerseits das Ganze eingetheilt.

Die geschiedenen Gegenstände noch zusammenhängend und die verschiedenen einander doch auch gleichend.

Die Vergleichung.

Unterschiedlose wenn auch geschiedene Gegenstände und Ein und der andere, und ein und derselbe Gegenstand.

Bloße Unterscheidung oder Vergleichung und sodann sowohl Unterscheidung als auch Vergleichung von Gegenständen.

Die Wahrnehmung.

Das empfundene Ding und die wahrgenommenen Gegenstände. Die wahrgenommenen und die nicht wahrgenommenen, gewahrwordenen, empfundenen Gegenstände.

Ein Gegenstand neben dem andern wahrgenommen und abwechselnd einer auf den andern bezogen.

Die Betrachtung.

Gegenstände allmählig und dann auch mit einem Male betrachtet.

Die Sinne dem bewegten Gegenstande gegenüber beharrlich geblieben und sodann auch diesem gefolgt.

Die Beobachtung.

Innerhalb der Beobachtung auch Betrachtung enthalten und jene auch unabhängig von dieser stattgefunden.

Zufolge von Ruhe und Bewegung der Sinne und Gegenstände Raum und Zeit entstanden, die ein und dasselbe, jedoch verschiedene Mittel für jene sind.

Die Vermittlung der Gegenstände.

Das Vermittelte und das Unmittelbare. Die Veränderung der Gegenstände und die Thatsache.

Thatsächlich vermittelte Gegenstände und die unmittelbare Thatsache der Sinne.

Die Auffassung von Thatsachen.

Thun und Leiden der Sinne.

Unmittelbare That derselben.

Die Erfahrung.

Wirksamkeit der Sinne und Sinnesthätigkeit.

Die Sinnlichkeit.

II. Uebersinnlichkeit.

Das Dasein und die Erscheinung der Gegenstände.

Der Sinnesschein und die Scheinbarkeit der Gegenstände.

Die Sinnestäuschung.

Enttäuschung durch den bereits stattgefundenen Tausch der Erscheinung und die Vergänglichkeit des Scheines.

Das Vergehen und Entstehen wie der Erscheinung so auch der Gegenstände.

Die Wandelbarkeit der Gegenstände.

Verwandlung des Gegenstandes und
der verwandelte Sinnesanschein.

Die Versinnlichung.

Das Sinnbild und das verwandelte Bestehen desselben.

Der den Sinnen vergangene und der sinnlich vergängliche Gegenstand.

Das Innewerden.

Das Innere und die Innerlichkeit, Unsinnlichkeit.

Der innegewordene, innerliche und der anstatt des sinnlichen als wie vorhandene Gegenstand.

Das Merken.

Der gemerkte Gegenstand und die Merkmale des Bildes.

Die Merksamkeit auf das Bild und die bloße Aufmerksamkeit.

Die Erinnerung.

Die erfahrungsvolle und die unerfahrene Erinnerung.

Die aufmerksam gebliebene und die vergängliche Erinnerung.

Die Vergessenheit.

Vergessene Bilder und bleibende Erinnerung.

Erinnerungslosigkeit und unvergeßlich gebliebene Erinnerung.

Die Rückerinnerung.

Erinnerung und Rückerinnerung gleich und auch verschieden und ebenso die Bilder derselben.

Aehnliche und unähnliche und ganz und gar verschiedene, einzelne, besondere und allgemeine Bilder.

Die Einbildung.

Erinnerungsreiche und leere Einbildung.
Umbildung und Neubildung.

Die Bezeichnung des Bildes.

Das Merkzeichen und das gleichgültige Zeichen.

Die ursprüngliche und die anderweitige Geltung des Zeichens.

Die Bedeutung des Zeichens.

Bildliche und eigentliche Bedeutung.

Unbedeutendes und bedeutungsvolles Zeichen.

Die Vorstellung.

Die am Zeichen äußerliche und die außerhalb des Zeichens gelegene, die innerliche und die geäußerte Bedeutung.

Die vorgestellten Bilder und das vorgestellte Zeichen.

Der Inhalt der Vorstellung.

Das inhaltsvolle und in der Vorstellung enthaltene Zeichen.

Die zwar nicht inhaltsleere aber blosgestellte Vorstellung.

Die Gestalt des Inhaltes der Vorstellung.

Die Gestalt des Inhaltes und die inhaltslose Gestalt.

Inhalt und Gestalt des Zeichens, Inhalt und Gestalt der Vorstellung.

Die Sprache.

Darstellung der Vorstellung durch Mittheilung des Zeichens und die Verkörperung des Zeichens.

Gestaltlose und gestaltvolle Körper und die Gestaltbildung.

Die Geberde.

Verhältnißmäßige Körperhaltung und Bewegung.

Miene und Zeichensprache.

Die Stimme.

Ton, Laut, Wort.

Natürlich entstandenes und künstlich gestaltetes Wort, Name.

Die Erkenntniß.

Sprache und
Sachkenntniß.

Die Uebersinnlichkeit.

III. Das Bewußtsein.

Uebersinnlichkeit nicht ohne vorhergegangene Sinnlichkeit. Sinnlichkeit zunächst Empfindung, nicht ohne alle Uebersinnlichkeit.

Das empfundene Ding, der empfindende Sinn.

Das Fühlen.

Fühlen ursprünglich sinnlich und übersinnlich. Sodann übersinnlich oder sinnlich vermittelt.

Fühlen obgleich sinnlich-übersinnlich oder übersinnlich-sinnlich entstanden und vermittelt, doch nur sinnlich zu Stande gekommen.

Das Gefühl.

Das Gefühl des Wohlseins.
Das Gefühl des Unwohlseins.

Das Gemeingefühl.

Das übersinnliche Gefühl im Unterschiede des sinnlichen und das körperlich fühlbare und das körperlich nicht fühlbare Gefühl.

Die Werkzeuge der Sinnlichkeit. Die Werkzeuge der Uebersinnlichkeit.

Der innere Sinn.

Die sinnlich-unsinnliche Wirksamkeit der Sinneswerkzeuge und die ganz und gar unsinnliche Nerven- und Gehirnthätigkeit; die unsinnlich-übersinnliche und die übersinnlich zu Stande gekommene Thätigkeit.

Das Gefühl und die Erkenntniß der Sinnlichkeit und anderer Seits die Erfahrung und die Erkenntniß des Gefühls; die Erfahrungs- und Gefühlslosigkeit der Uebersinnlichkeit und deren Eigenmächtigkeit.

Die Besinnung.

Die Besinnungslosigkeit.
Das Wiederbesinnen.

Die Besonnenheit.

Die Besinnung des Gefühls der Uebersinnlichkeit und der Sinnlichkeit und die Wahl der Sinnlichkeit, der Ueber= sinnlichkeit und des Gefühls über die schließlich unmittelbar gebliebene Besinnung.

Unmittelbarkeit wie innerhalb der Besinnung so auch innerhalb der Sinnlichkeit, der Uebersinnlichkeit und des Gefühls zur Geltung gekommen und Sinnlichkeit und Ueber= sinnlichkeit, Gefühl und Besinnung thatsächlich oder als in der That bewiesen.

Die Gewißheit.

Die Gewißheit der Sinnlichkeit und Uebersinnlichkeit.
Die Gewißheit des Gefühls und der Besinnung.

Das Bewußtsein.

Das sinnliche Bewußtsein.

Das übersinnliche Bewußtsein.

Das Selbstbewußtsein.

§. 70b. Briefe von Vereinsmitgliedern im Jahr 1856.

Von den vielen in diesem Jahre eingegangenen Brie= fen sollen nur einer von Elsner in Trebnitz und drei von meinem lieben Edinhard Reichardt in Meiningen auf der Mittelschule einen Platz finden. Anerkennung werden gewiß die mit Muth und Eifer gefertigten Briefe des jugendlichen strebsamen Mittelschülers bei deutschen Männern finden.

Trebnitz, d. 8. 7. 1856.

Hochgeehrter Herr Amtsbruder!

Wie soll ich Worte finden, Ihnen meine Freude und Ueberraschung zu schildern, welche Sie mir und meiner Frau durch Uebersendung Ihrer vortrefflichen Dichtungen „Aus dem Frühlinge meines Lebens", sowie eines zweiten Jahrganges „Die deutsche Eiche" bereitet haben! Ich bin ein Feind leerer Schmeichelei, aber ich spreche es mit voller

194

Zustimmung meines Herzens aus: ich bin stolz darauf, jetzt
im Besitze vortrefflicher Schriften eines Mannes zu sein,
auf den jeder Freund der ewigen Wahrheit mit dankbarer
Verehrung blickt. Entschuldigen Sie — ich bitte darum —
den Erguß meines Herzens und seien Sie versichert, daß
sowohl mir wie meiner Frau Ihre Güte unvergeßlich
bleiben wird. Ihnen nochmals unsern Dank! Dank, in-
niger Dank aber auch Fräulein Kienzler für das neue
Opfer, was selbige meiner Familie gebracht! O solche
Kundgebungen hochherziger Seelen sind lindernder Balsam
dem wunden Herzen! — Nicht wahr? Sie haben die Güte,
beiliegendes Briefchen Frl. K. einzuhändigen.

Wir hatten es gewagt, uns mit einem Bittschreiben
noch an die Danziger Gemeinde zu wenden, da diese in
günstigen Verhältnissen ist; doch haben wir jetzt die Hoffnung fast aufgegeben. Wir wollen aber noch einen Versuch machen und uns mit einer Bitte an die Gemeinden zu Frankfurt, Offenbach, Mainz und Darmstadt wenden.
Berlin übermachte uns Anfang März eine freundliche Bei-
steuer. — Wir wollen den Muth nicht sinken lassen, so
furchtbar auch die Macht des Jesuitismus hier ist; der
Sieg wird uns endlich doch werden.

Was uns sehr schmerzlich berührt, ist die Amtsent-
setzung unseres wackern H. Rau. Gebe Gott, daß sie rück-
gängig gemacht werden könne! Wo bleibt die Gerechtig-
keit??

Ihr

treuer Bruder

Elsner.

Hochgeehrtester Herr!

Durch Ihre Aufforderung in der Frankfurter Zeitung,
dem Verein der deutschen Reinsprache beizutreten, sehen wir
uns veranlaßt, Sie um nähere Auskunft über denselben zu
bitten. Hoffentlich werden die Bedingungen, dem Verein
beizutreten, der Art sein, daß unsere Verhältnisse als Schüler nicht darunter leiden.

Schon über ein Jahr haben wir uns befleißigt, jedes fremde Wort sowohl in mündlicher, als auch in schriftlicher Sprache zu vermeiden, und dasselbe mit deutschen Ausdrücken zu vertauschen, wobei ein gegenseitiges Beobachten stattfand, welches an etwaige Verstöße erinnerte. Zwar haben wir bei unsern Mitschülern wenig Ansprache gefunden und manche dumme Spöttelei hören müssen. Doch haben wir uns dadurch von unserer guten Sache nicht abschrecken lassen, ja diese Neckereien und Witzeleien haben uns angeregt, mit noch größerem Eifer uns des Guten zu befleißigen und den spitzen Reden entgegen zu treten.

Mit Freuden ergreifen wir daher die sich darbietende Gelegenheit, uns einem Vereine anzuschließen, der demselben Ziele zusteuert, das wir zu erreichen streben. In der Erwartung, eine günstige Antwort zu erhalten, verharren mit Hochachtung

Meiningen, den 6. Schneemonat 1856.

Ihr

Reichardt und
Friedrich Roth.

Hochverehrter Freund!

In der Ueberzeugung, daß Sie meine Anrede nicht übel auslegen werden, nenne ich Sie, wozu ich mich verpflichtet fühle, einen Freund, einen väterlichen Freund. — Ihr Buch „Urbild der deutschen Reinsprache" hat mir und meinem Freund und deutschen Bruder, Friedrich Roth, manchen vergnügten Abend und manchen wahren Genuß bereitet. Es ist dies ein Buch, das jedes deutsche Herz, welches betrübt und niedergeschlagen über die Entstellung der Muttersprache durch die Menge der Fremdwörter ist, erquicken muß; es muß jeden wahren Deutschen erheben und stärken. Erheben muß es seinen deutschen Sinn, stärken muß es seinen Muth, zu kämpfen für die hohe, edle und gute Sache!

Und hier in Meiningen galt es zu kämpfen; die Zahl unserer Gegner ist bei weitem größer als wir. Denn auf

13*

ihrer Seite steht die ganze Zweit-Abtheilung unserer Groß-
mittelschule, die, unterstützt durch die altklugen Lehrer einen
großen Widerstand leistete. Auf der andern Seite standen
Friedrich Roth und ich. Doch haben wir bis jetzt alle
Kämpfe siegreich bestanden, und die Gegner müssen schweigen, besonders werden die verstocktesten Fremdwörtermen-
schen zur Ruhe verwiesen durch das Sprüchlein: „Man
soll seine Perlen nicht vor die Säue werfen." — Jetzt
herrscht in unserer Abtheilung so ziemlich Ruhe; viele sind
entweder ganz verstockt oder doch wenigstens zu gleichgültig
gegen die Verbannung von Fremdwörtern; manche beginnen aber nun, wenn auch langsam, sich der Fremdwörter
zu enthalten — für Neuwörter sind sie nicht zu gewinnen,
lieber brauchen sie das dümmste Fremdwort — aber sie
lassen es nicht gerne merken, daß sie Fremdwörter vermeiden, sie schämen sich der guten Sache, welch' eine Verrücktheit! Mit der Zeit mag noch dieser oder jener gewonnen
werden, an uns soll es nicht liegen, wir werden unser
Möglichstes thun. Der zweite Sohn meines Hausmannes,
des Herrn Unterpfarrers (Diakonus) Ausfeld, wird hoffentlich einst dem Vereine für deutsche Reinsprache beitreten.
Schon jetzt ist sein Streben auf das Ausrotten der Fremdwörter gerichtet; doch vermag seine Jugend noch nicht die
weniger gebräuchlichen deutschen Wörter von Fremdwörtern
zu unterscheiden. Deßhalb zieht er mich in zweifelhaften
Fällen stets zu Rathe. Ein gleiches ist mit meinem Stu-
bengenossen „Sachse" der Fall. Beide können ihres Alters
wegen noch nicht beitreten.

Auch in Wasungen, wo mein Vater zweiter Knaben-
lehrer und Vorsänger ist, habe ich Anhänger zu gewinnen
versucht; es ist mir dies nur bei einem gelungen, dessen
Namen ich Ihnen hiemit zusende. Es ist der Bäckergeselle
Heinrich Ritz, den das Fremdwörterwesen sehr verdrossen
hat. Haben Sie die Güte (denn so ist es sein Wille) ihn
als Vereinsmitglied anzunehmen; auch sein Streben ist auf
Verdrängung der Fremdwörter gerichtet.

Heute habe ich einen Aufſatz „über das Fremdwörter-
weſen" nebſt einem Aufruf zur Theilnahme am Verein für
deutſche Reinſprache an den Herausgeber des Salzunger
Wochenblattes geſchickt. Vielleicht glückt es mir, auch dort
Anhänger zu gewinnen. Deßhalb ſtelle ich die Bitte an
Sie, mir noch einige der Satzungen, auf welche ſich der
Verein gründet, zu ſenden, damit ich etwaigen Theilnehmern
ſolche zuſchicken kann. Um nun den Leuten aus hieſiger
Umgegend Koſten zu erſparen, ſo werden Sie mir gütigſt
verſtatten, daß ſich jene an mich wenden, und ich Ihnen
nur von Zeit zu Zeit die Namen etwa Beigetretener zu-
ſchicke. Auch werde ich mit der Zeit in andern Blättern
Aufrufe ergehen laſſen.

Nicht unterlaſſen kann ich es, um Ihnen einen Begriff von dem auf unſerer Anſtalt herrſchenden deutſchen
Geiſte zu geben, folgende Stückchen zu erzählen. Letzthin,
als wir Plutarch's Cleomenes in der Schule überſetzten,
fragte der Vorſteher unſerer Anſtalt, Herr Wr. Fiſcher,
wie man ὑπομνήσις gut deutſch überſetze. Ich ſagte:
Denkwürdigkeiten. Ja, beſſer iſt Mémoiren, war die Antwort. Zwei Fälle ähnlicher Art fanden bei lateiniſchen
Ueberſetzungen ſtatt. 1) Witzlehrer Panzerbieter fragte, wie man
„litterae sine nomine" überſetze. Als wir ſagten: „Briefe
ohne Namensunterſchrift" oder „namenlos" — entgegnete
er: „Am beſten deutſch iſt, anonyme Briefe". 2) Ließ er
heute „substituere" mit „ſubſtituiren" überſetzen. Die
Sache iſt nicht übertrieben; das Fremdwörterweſen hat in
unſerer Anſtalt zu ſehr um ſich gegriffen, und unſere Lehrer
ſuchen daſſelbe eher zu fördern als zu hemmen.

Meiningen, ben 6. Oſtermonat 1856.

Ihr

ergebenſter

Ebinhard Reichardt.

Werthgeſchätzter väterlicher Freund!

Wiederum wage ich es, Ihnen einige Nachrichten aus
hieſiger Gegend im Betreff der Sprachreinigung zu geben.

Zwar sind sie nicht der Art, daß man sie bedeutend nennen könnte, aber sie mögen nur beweisen, wie auch kleine und geringe Kräfte etwas vermögen, wenn sie nur Beharrlichkeit und Ausdauer an den Tag legen.

Die Sache der Sprachreinigung ist nicht mehr, wie ehedem, ein Geheimniß unseren Lehrern, sie bemerken sehr wohl unser Streben, und wenn auch die meisten derselben die Köpfe darüber schütteln, auch mitunter die Reinsprache lächerlich zu machen suchen, so gibt es doch auch einige, die der Sache kein Hinderniß machen, ja der Lehrer, Herr Schaubach sucht sie zu befestigen, und wenn er auch hie und da Fremdwörter sagt, so bemerkt man doch, wie er darauf bedacht ist, sie zu vermeiden, und eine Freude ist es ihm, Aufsätze zu lesen, welche statt fremder Ausbrücke rein deutsche enthalten.

Herr Wißlehrer Märker, der im Anfang unsere Strebungen lächerlich zu machen suchte, indem er weniger gelungene Uebersetzungen von Campe vorbrachte, sucht auch für manchen fremden Ausdruck einen deutschen anzuwenden; doch meint er, man müsse die gangbarsten Fremdwörter noch beibehalten, denn diese könnten nie gut deutsch ausgedrückt werden; und wenn gleich ich ihm manche Verdeutschung, die er selbst als gut anerkennen mußte, sagte, so mag er doch nicht von obigem Ausspruch abweichen.

In Bezug auf meine Mitschüler ist auch eine Veränderung zu bemerken. Weidemann nämlich, vormals unser größter Gegner, trat plötzlich auf unsere Seite über, und er, der vorher nicht genug gegen die Sprachreinigung sich ereifern konnte, schilt jetzt auf alle die, welche Fremdwörter anwenden. Wo er kann, verdeutscht und überträgt er, so z. B. hat er statt „Progression" das deutsche Wort Fortschrittsrechnung vorgeschlagen, statt „Linie" schlägt er Zug, statt „Punkt" Mal vor u. s. w. Auch sind in unserer Abtheilung noch vier andere, welche sehr für das Verdrängen der Fremdwörter sind; obgleich sie vor der Hand noch nicht dem Reinspracheverein beitreten wollen, so fördern sie dennoch nach Kräften, die Fremdlinge auszurotten; doch werden sie später (die Versicherung habe ich) dem Vereine sich anschließen, da sie äußerer Verhältnisse wegen noch nicht sich Mitglieder nennen können.

Ueberhaupt hat die Fremdwörtersucht unter meinen Mitschülern Etwas abgenommen, und wenn z. B. von Wißlehrer Panzerbieter negligentia mit nonchalance übersetzt wird, so brechen alle in lautes Lachen über die Verkehrtheit aus. Zwar gibt es auch noch einige unter meinen Mitschülern, denen die Sache höchst gleichgültig ist, und nur zwei sind es, die sich noch mit Macht gegen das Uebersetzen der Fremdwörter stemmen; doch hoffe ich, daß mit der Zeit auch sie eine bessere Ueberzeugung gewinnen werden; vielleicht geschieht es eben so plötzlich, als bei Weidemann, daß sie ihre Gesinnung ändern. Da mir unser Lehrer der deutschen Sprache, Herr Schaubach, gestattet, meine mündlichen Vorträge, so lange es mir beliebt, über das „Fremdwörterwesen" zu halten, so werde ich die Gelegenheit stets benutzen, mit Macht auf das Uebersetzen der Fremdlinge zu bringen.

Von Salzungen aus habe ich noch keine Nachricht erhalten, wer wohl dem Vereine sich anschließen möchte, obgleich außer dem Aufrufe, ich noch zwei Aufsätze im dortigen Wochenblatte habe abdrucken lassen; doch werde ich stets fortfahren, auch dort nach Kräften zu wirken, des deutschen Sprichwortes eingedenk: „Steter Tropf höhlet den Stein."

Sollte Ihre Zeitschrift: „Deutsche Eiche" in diesem und den folgenden Jahren ferner herausgegeben und fortgesetzt werden, (denn ich weiß nur von den Jahrgängen 1850 und 1851) so haben Sie die Güte, mich gelegentlich davon in Kenntniß zu setzen, indem es mir leichter fallen würde, diese Jahrgänge mitzuhalten, als die vorigen mit einem Male anzuschaffen.

Wenn es mir gelingen sollte, unter meinen Mitschülern einen Sprachverein zu Stande zu bringen, der nur ein Zweig des Vereines zu Heidelberg wäre, so werde ich Sie davon in Kenntniß setzen; ich will es einmal versuchen,

und ihre „Deutsche Eiche" würde gewiß eine gute Grundlage eines Vereins bilden, wie schon Ihr „Urbild" segens-
reiche Wirkungen bewiesen hat.

Indem ich noch herzliche Grüße meines Freundes Roth
an Sie beifüge, unterzeichnet mit Hochachtung

Meiningen, den 30. Herbstmonat 1856.

Ihr

ergebenster
Edinhard Reichardt.

§. 71. Versammlungen und Vorträge im Jahr 1856.

Dasselbe harte Schicksal lastete noch immer auf uns.
Somit hielten wir keine Versammlungen als die sonntäglichen der deutschkatholischen Gemeinde, wo ich stets Vorträge in rein deutscher Sprache hielt. Daß darin nie
Evangelium, Religion, Apostel u. s. w. vorkam, brauche
ich nicht zu erinnern. Die Zuhörer waren so sehr an die
deutschen Ausdrücke gewöhnt, daß ihnen die fremden
höchst unangenehm aufgefallen wären.

§. 72. Aufsätze in öffentlichen Blättern.

Hier mögen folgende zwei Aufsätze aus der Didaskalia,
welche Berichte über den Stand des Reinsprachvereins von
diesem Jahre enthalten, abgedruckt werden.

Verein der deutschen Reinsprache.

Deutsche Geduld und Ausdauer tragen am Ende immer ihre Blüthen und Früchte, so auch bei unserem Sprachverein, der sich eines steten Wachsthums erfreut und jetzt
über 1400 Mitglieder in mehr als 250 Orten zählt. Auch
aus entfernten Gegenden gingen Anmeldungen zum Beitritt
ein, wie aus Rentweinsdorf, Langen, Schneidemühl, Au-
rich, Oberingelheim, Coswig, Renneroth, Nauroth, Meiningen, Zschweitsch u. s. w. Auch haben uns manche Gelehrte, Kauf- und Geschäftsleute die erfreuliche Mittheilung
gemacht, daß sie jetzt oft darüber nachdenken, bevor sie ein

Fremdwort schreiben, ob es sich nicht durch ein deutsches, was den Begriff noch besser ausdrückt, ersetzen lasse. Es handelt sich begreiflich nur um die entbehrlichen, die man gut deutsch geben kann, nicht um solche, die Stoffe, Zeuge, Waaren ꝛc. bezeichnen, welche wie Eigennamen anzusehen sind. Wie schön und rein deutsch man auch auf dem wissenschaftlichen Gebiete schreiben könne, hat neuerdings wieder Moleschott in seiner Antrittsrede „Licht und Leben" bewiesen. Darum werden unsere Bestrebungen immer mehr bei den Denkenden Eingang finden, wie auch mancher Gegner mit seinem gelehrt sein wollenden Zopf dagegen eifern mag. Zu neuem Beitritt durch f r e i e Briefe ladet ergebenst ein

Heidelberg, 1. Heumonat, 1856.

Der Vorstand:
(Wr.) Dr. Brugger.

Verein der deutschen Reinsprache.

Durch den Beitritt vieler echt deutscher Männer und Frauen hat unser Verein in diesem halben Jahre über 1450 Mitglieder zu zählen und ist täglich im Zunehmen begriffen. Wie sehr unsere Bestrebungen auch im Schriftthume Anklang finden, kann der aufmerksame Beobachter aus vielen neu erschienenen Büchern ersehen, wovon wir hier nur einige erwähnen wollen. Im dritten Bande der „Geschichte des 19. Jahrhunderts" hat Gervinus sehr viele Fremdwörter vermieden und durch deutsche übersetzt. Gustav Biedermann hat seine „Wissenschaftslehre" durchaus so rein deutsch geschrieben, daß von nun an kein Zweifel obwalten kann, daß man auch auf dem Gebiete der Weltweisheit die Fremdwörter entbehren und tiefsinnige Forschungen in deutschem Gewande darlegen könne. Joll führte in seiner „Sprachlehre für Volksschulen", trotz der Gewohnheit der größten Sprachgelehrten, statt der lateinischen Kunstwörter, Substantiv, Adjectiv u. s. w. die deutschen Wörter, Hauptwort, Eigenschaftswort u. s. w., wieder ein. Denn es wäre wohl ein großes Armuthszeugniß, wenn die

Kinder in den Volksschulen sogar ihre eigene Sprache nur mittelst fremder Kunstausdrücke kennen lernen sollten. — In einer Beurtheilung von des Prinzen von Wittgensteins „Asslan Aga" heißt es in einer Beilage zur Allg. Ztg.: „Diese Anwendung der Fremdwörter scheint mir nicht löblich in der Dichtung, die Dinge hätten sich auch deutsch sagen lassen. Es verräth den Liebhaber oder Neuling, wenn Briefe aus England und Frankreich mit den dort üblichen Redewendungen prunken. Wer des Heimischen und Fremden wirklich mächtig ist, der rede die heimische Sprache." — Zum ferneren Beitritt durch freie Briefe ladet ergebenst ein, mit dem Ansuchen an die Herausgeber anderer Blätter, diesen Bericht in ihre Spalten gütigst aufzunehmen.

Heidelberg, 10. Christmonat, 1856.

Der Vorstand:

(Wr.) Dr. Brugger.

§. 73. Mitgliederzahl im Jahr 1857. Angabe der Bedeutendsten nebst neuen Ortschaften.

Im Jahr 1857 wurde durch neu beigetretene Mitglieder zum Vereine die Zahl 1687 erreicht. Die Namen der Bedeutendsten sind folgende: G. Fein in Zürich, Vanderleben in Volkmarsen, Fr. Passow in Ratibor, M. Hartig in Frankfurt, Schwarz, Lehrer der alten und neuen Sprachen, in Rimbach im Odenwald, Wr. Otto Volger, Lehrer der Erdkunde, der in seinem vortrefflichen Buche „Erde und Ewigkeit" sehr viele Fremdwörter vermied und durch deutsche ersetzte, so wie auch in seinen übrigen Werken, er ist der Gründer des freien deutschen Hochstiftes in Frankfurt a. M., Leberecht Uhlich, Redner der freien Gemeinde in Magdeburg, der in seinem Sonntagsblatte sehr schön deutsch schreibt, Wr. Karl August Hetzer, Redner der freien Gemeinde in Naumburg, später in Berlin.

Neue Ortschaften erscheinen folgende: 266. Grünberg in Schlesien, 267. Zürich, 268. Volkmarsen, 269. Eßlingen, 270. Salzungen, 271. Ratibor, 272 Eisenach, 273. Wie-

fenbach), 274. Grünstadt, 275. Rimbach im Odenwald,
276. Ewatingen, 277. Oranienburg, 278. Hildburghausen,
279. Naumburg, 280. Magdeburg, 281. Pösnek, 282. Lü-
ben, 283. Waldenburg in Schlesien, 284. Brasilien,
285. Suhl, 286. Helmstadt.

§. 74. Briefe von Vereinsmitgliedern im Jahr 1857.

In diesem Jahre erhielt ich viele Briefe, weil ich mehrere Geschenke von meinen Büchern an deutschkatholische
Gemeinden und auch an die Hochschulen in Heidelberg, Jena und Freiburg machte, wo Handschrif-
tensammlungen von mir und andern Männern nieder-
gelegt sind. Auch nach Worms und Ulm sandte ich
Geschenke, zum Ulmermünster und zum Lutherdenkmal.
Ebenso jährlich an das germanische Museum in
Nürnberg.

Von den Briefen der Mitglieder sollen nur
folgende von Edinhard Reichardt, von Heinrich
Schwarz und von W. W. aus Marburg abgedruckt
werden.

Hochgeehrtester väterlicher Freund!

Endlich bin ich im Stande, die schon längst gewünschte
Zeitschrift „Deutsche Eiche" von Ihnen erbitten zu können.
Ihrem gütigen Anerbieten zu Folge erlaube ich mir unter
Beisendung eines Thalers dieselbe zu erbitten. Haben Sie
die Güte, sie durch die Buchhandlung „Brückner und
Renner" in Meiningen mir zukommen zu lassen.

Die verschiedenen Meinungen, welche über das Deutschallgemeinglaubthum herrschen, veranlassen mich, Sie zu bitten, mir den Preis des von Ihnen angezeigten Buches
„Deutschkatholizismus" anzugeben, um einen Vergleich des
Verwahrglaubthums mit der von Ronge aufgestellten Lehre
anzustellen; später würde sich vielleicht auch Gelegenheit
bieten, dieses Buch mir anzuschaffen. Wie ich glaube, so
ist das Deutschallgemeinglaubthum besonders der Aufklärung

des Volkes sehr förderlich, wie auch das Lutherthum den
Zweck hat, das Volksthum zu fördern.

Was die Fortschritte des Reinsprachvereins betrifft,
so ist diesmal nur Weniges zu bemerken. — Demselben
beizutreten ist entschlossen: Sangmeister Müller aus Salzungen, ferner die Mittelschüler Rudolf Baumbach und
Rudolf Weidmann aus Meiningen, desgleichen der Mittelschüler Franz Passow aus Ratibor. — Das Singkränzchen der Mittelschule Meiningens schließt gewissermaßen
auch einen Verein zur Förderung der deutschen Sprache in
sich. Zwar sind es nur Friedrich Roth, Baumbach, Weidmann, Theodor Knochenhauer und ich, welche die Grundlage des Sprachvereins bilden. — Außerdem sind es noch
viele Andere, welche unserem Streben nicht abhold sind.
Auch die Lehrer unserer Anstalt bestreben sich, möglichst
rein zu reden; zwar fließt noch viel Unrath bei ihren Reden mit unter, aber man sieht doch, wie sie sich bestreben,
sich vor ihren Schülern nicht lächerlich zu machen; denn
so oft ein recht fremder Ausdruck vorkommt, entsteht ein
großes Gelächter, worauf sich der Lehrer jedesmal bemüht,
sich deutsch zu erklären. — Franz Passow, dessen Vater,
als er Lehrer an unserer Anstalt war, mir vor Allem ein-
flößte, wie häßlich es sei, Fremdwörter zu gebrauchen,
freute sich sehr, daß endlich einmal die Leute anfingen, vernünftig zu werden. Auch mein Vater rühmte sich letzthin,
kein Fremdthümler zu sein, obgleich er noch viel Fremdes
seinen Reden beimischt.

Nächstens soll auch die in Hildburghausen erscheinende
Dorfzeitung einen kleinen Aufsatz von mir unter Ihrem
Namen erhalten; denn was ich thue, das geschieht doch
nur Ihrem Wunsche gemäß, und es ist meistens Ihr Buch
„das Urbild der deutschen Reinsprache", aus welchem mein
Wissen geschöpft ist. Wir wollen sehen, was gewonnen
werden wird; hoffen wir das Beste.

Meiningen, den 20. 3. 1857.

Ihr ergebenster Freund
Edinhard Reinhardt.

Rimbach, im Odenwald, 10. Juli 1857.

Geehrtester Herr!

Der lebhafte Antheil, welchen ich seither an einer echt vaterländischen Sache, die deutsche Sprache in ihrer Rein= heit nicht allein herzustellen, sondern auch fortzuerhalten, ge= nommen habe, gibt mir endlich auf Ihre neuerlich wieder in der Didaskalia erschienene Veröffentlichung hin Veran= lassung, einmal nähere Erkundigungen über den hier in Frage stehenden Verein bei Ihnen einzuholen, sowie auch die näheren Bedingnisse zu erfahren, unter welchen auch meine Aufnahme in diesen Verein erfolgen könnte. Ich selbst habe zwar seither, ohne gerade zu dessen Mitgliedern zu zählen, für die Sache in meiner Eigenschaft als Erzieher schon vielfach gewirkt, wünsche aber nunmehr dringend, mich dem großen Ganzen einzuverleiben. Würden Sie deshalb nicht die Gefälligkeit haben, mir die erbetenen Be= schlüsse darüber mitzutheilen? Vielleicht dürften sich außer mir noch andere Theilnehmer finden in hiesiger Gegend.

In Anbetrachtnahme einer so löblichen und schönen Sache sehe ich daher mit Vergnügen Ihren umgehenden Mittheilungen erwartungsvoll entgegen.

Unterdessen einen herzlichen deutschen Gruß und Hand= schlag von

Ihrem

Unbekannten Verehrer.

H. Schwarz.

Dem Ehrenverein für deutsche Reinsprache und Vorstand Dr. Brugger in Heidelberg.

Ihre Aufforderung an echt deutsche Männer und Frauen in der Didaskalia Nr. 300, Christmonat 1856, muß und wird bei jedem vernünftigen In= und Ausländer freudigen Anklang und Beifall finden, gegenüber dem ekel= haften, erbärmlichen Fremdwörterkram in Büchern, Heften und Zeitungen, worin die Verfasser und Berichterstatter als wundergroße Sprachhelden sich darzustellen glauben, und womit die Erzeuger, Kauf- und Geschäftsleute ihre Sachen und Waaren desto theurer anzupreisen meinen.

Unsere tüchtige deutsche Ursprache ist reich, schön, gut, ehrlich und kräftig genug, um jedem Verständigen und Vernünftigen fast in Allem zu genügen, und braucht also nicht verdänet, verrußet, verfranzt, verlateint und verenglisirt, verwirrt und verunstaltet zu werden von einer Heerde deutscher Maulaffen, und unsere hohen deutschen Regierungen haben außerdem schon genug zu thun, um Einheit in Recht und Gesetz, Religion und Kirche, Maas, Gewicht und Geld herzustellen und die zu kleine, augenschädliche Druckschrift, wodurch so manches Gute ungelesen und ungenutzt bleibt, bei Strafe zu verbieten, nebst den undeutschen Schilden an den Häusern.

Wer sich des Deutschen schämt, der gehe fort, sein Verlust ist Gewinnst; sonst schlage ich allen Druckereien im Namen Deutschlands vor, jedem ekelhaften Fremdwort das betreffende Deutsche zum allgemeinen Verständniß und auf Kosten der Frevler beizusetzen und zwar solange, bis diese ihren Unsinn begreifen und ablassen, damit die eingebürgerten Fremdwörter auch wieder ausgebürgert werden. Möge zu diesem guten Behuf, allgemeiner Beziehung und gutem Beispiel unsere liebe Frankfurter ihr „Journal, Didaskalia und Publicität" in echtes, gutes Reindeutsch umwandeln, und dazu diese Eingabe in ihren gern und vielgelesenen Blättern gefällig frei aufnehmen, was viel helfen wird.

Marburg im März 1857.

W. W.

§. 75. Versammlungen und Vorträge.

Auch in diesem Jahre fanden keine öffentlichen Versammlungen des Vereins statt. Meine sonntäglichen Vorträge in der deutschkatholischen Gemeinde nahmen ungestört ihren Fortgang. So wurde die Sache immer am Leben erhalten. Auch hielt ich, wie früher in andern Gemeinden, freie Vorträge.

Als einen Beweis seines Eifers und seiner Rüstigkeit sandte mir mein lieber Edinhard Reichardt ein Bühnengedicht mit der Aufschrift: „Die **Wasunger** oder das meiningische Schilda, Schwank mit Gesang in 5 Aufzügen von Reichardt d. Jüngeren. Tonsetzung von Arno Kleffel. Das weihte er mir zu meinem 61. Geburtstage, was mich sehr freute. Später mag es Edinhard einmal selbst erscheinen lassen, es ist zu umfangreich für dieses Buch.

§. 76. Mitgliederzahl im Jahr 1858. Namen der Bedeutendsten. Neue Ortschaften.

Die Gesammtzahl der Mitglieder von Anfang an gerechnet bis zum Schlusse des Jahres 1858 belief sich auf 1884. Die Namen der Bedeutendsten sind folgende: Wr. Stolte in Breslau, Wagner, Pf. in Stettin, Wilh. von Buttlar in Meiningen, Gustav Albrecht in Wien, Friedr. Max Zöllner in Heidelberg, Lämmert in Karlsruhe, Richard von Kraft-Ebing in Heidelberg, Mart. S. Japha, Rechtsanwalt in Hamburg, Wr. Hoorn von Kalkenstein in Mannheim, Wilh. Melcher und Johann Melcher aus Freienwalde an der Oder, die sich beide der Sache der Reinsprache mit großem Eifer und mit Muth annahmen und mir viele gute Uebersetzungen sandten, Melanie Wackzynska in Berlin, Wr. Blaschko, Arzt in Freienwalde, Melcher, Oberprediger, daselbst, der später vor einem Ketzergericht sich verantworten mußte und seines Amts entsetzt wurde wegen seiner wissenschaftlichen Forschungen!

In diesem Jahre meldeten sehr viele Lehrer ihren Beitritt, welchen ich jedem mein **Fremdwörterbuch** zum **Geschenk** machte. Diese können in der Schule viel Gutes wirken und manche zeigen, wie aus ihren Briefen erhellt, viel Muth und Eifer darin.

Im Jahr 1858 kamen folgende Ortschaften neu hinzu: 287. Oestringen, 288 Moßbach, 289. Rothenfels bei Rastatt, 290. Renchen, 291. Ettenheim, 292. Dangstetten, 293. Au am Rhein, 294. Schwaibach,

295. Bermersbach, 296 Berghausen, 297. Fußbach, 298. Buchen, 299. Oberwittighausen, 300. Sasbachwalde, 301. Weingarten, 302. Orschweier, 303. Münchweier, 304. Radolfzell, 305. Niklashausen, 306. Endenburg, 307. Untersiggingen, 308. Otterswier, 309. Waiblingen, 310. Rumpfen, 311. Hettingenbeuern, 312. Eberbach, 313. Unterneudorf, Amts Buchen, 314. Schlierstadt, 315. Ottenhöfen, 316. Brötzingen, 317. Ottenheim bei Lahr, 318. Obergebisbach, 319. Gamburg, Amts Gerlachsheim, 320. Döggingen, 321. Bernau, 322. Oberlauchringen, 323. Oestrich, 324. Niederliebersbach, 325. Marktbreit, 326. Hornbach, 327. Mößkirch, 328. Bübingen, 329. Stettin, 330. Usingen, 331. Zurzach, 332. Harburg, 333. Freienwalde a. d. Oder, 334. Limbach, 335. Ingolstadt, 336. Mühlenbach, Amts Haslach, 337. Neckarzimmern, 338. Halle.

§. 77a. Meine Schenkung von 200 Fremdwörterbüchern an Schulen.

Unter den sehr vielen vorliegenden Briefen kommt mir gerade einer in die Hand, der für die Nachwelt noch von Bedeutung sein möchte, wegen des auffallenden Rückschritts, der sich in den wenigen Zeilen einer nicht zu erwartenden Verweigerung der Annahme eines nützlichen Geschenks an **Schulen** kund gibt. Er ist von dem Evangelischen Oberkirchenrath in Karlruhe vom 11. Hornung 1858 Z. 1733, zum Glück ohne Gebühren. Er lautet so:

Schreiben des Dr. Brugger in Heidelberg vom 8. d. Mts. Schenkung von 200 Fremdwörterbüchern an Schulen betreffend.

Beschluß.

Dem Herrn Dr. Brugger in Heidelberg erwidern wir auf seine Anfrage vom 8. d. M., daß wir nicht in der Lage sind, von dem uns gemachten Anerbieten Gebrauch zu machen.

Ullmann.

Hierauf entschloß ich mich, einen andern Weg einzu=
schlagen, um die Fremdwörterbücher doch in die Schulen
zu bringen. Ich machte in der badischen Landeszeitung,
die auch immer für unsere Sache ihre Spalten be=
reitwillig öffnete, bekannt, daß alle Lehrer ohne Un=
terschied des Glaubens, welche sich zum Eintritt
in den Reinspracheverein melden, ein Fremdwör=
terbuch zum Geschenk erhalten. Hierauf meldeten sich
sehr viele Lehrer, die den Muth besaßen, von einem solchen
Erzketzer, wie ich einer bin, ein Geschenk anzunehmen. Da=
her rühren die vielen Ortschaften, die in dem Ver=
zeichniß dieses Jahres angeführt sind.

§. 77b. Briefe von Mitgliedern des Vereins im Jahr 1858.

Die Briefe von so vielen Haupt= und Unterleh=
rern zeugen durchweg von dem redlichsten Willen, nach
Kräften zu unserem schönen Zwecke mitzuwirken, daß ich
wünschte, sie alle veröffentlichen zu können. Allein der
Raum dieses Buches gestattet das nicht. Beim Durchlesen
dieser Briefe ergriff mich ordentlich eine gewisse Rührung,
wenn ich bedenke, wie gern mancher dieser wackern Män=
ner sich dieses oder jenes Buch zu seiner Belehrung und
zum Nutzen seiner Schüler anschaffen möchte, was er aber
seiner allzusehr beschränkten Geld= und Besoldungsverhält=
nisse wegen nicht kann. Darum machte es mir ein wahres
Seelenvergnügen denselben wenigstens mein Fremdwörter=
buch unendgeldlich zukommen zu lassen. Möge es
überall zum Gedeihen der Reinsprache wirken!

§. 78. Fortsetzung.

Nur folgende Briefe sollen hier einen Platz erhalten:
einer von Ebinhard Reichardt in Meiningen, einer
von Johannes Czersky in Schneidemühl, dem Grün=
der der ersten deutschkatholischen Gemeinde, einer
und zwar der letzte vor seinem Tode, von dem berühmten

14

aber auch so sehr gedrückten und in's Elend gestoßenen vorzüglichen Naturforscher, Nees von Esenbeck in Breslau;
einer von Bitterling, dem Redner der christkatholischen
Gemeinde in Breslau, der auch schon in Noth und Kummer gestorben ist.

Mein lieber väterlicher Freund!

Ich habe Sie mit einem höchst wunderbaren, aber
darum nicht schreckbringenden, sondern freudenerregenden
Ereigniß zu überraschen. Denken Sie sich! Auf einem
„Gymnasium" (Mittelschule) Deutschlands ist es einem
deutschgesinnten Jüngling nicht nur gestattet worden, bei
einer Feier, welche diese Mittelschule zu begehen hatte, eine
Rede in deutscher Reinsprache zu halten, sondern er
ist dazu von seinem Lehrer, der aber, um mit seinen Worten zu reden, durchaus kein „Purist" ist, dazu aufgefordert
worden. Diese Mittelschule ist die in Meiningen und
den jungen Menschen würden Sie wohl errathen können,
ohne daß ich mich erst zu nennen brauchte. Ist das nicht
etwas Unerhörtes! Zwar kann ich diesmal keine neuen
Vereinsmitglieder nennen, aber überzeugt bin ich, daß dieses Ereigniß Sie nicht wenig mit Freude erfüllen wird.
Ich erlaube mir, Ihnen anbei diese Rede zu übersenden.

Es war am Sonnabend, den 30. Schneemonat als
das Henflingsfest begangen wurde. Diese Feier wird zu
Ehren des Gründers der Stiftungen zur Unterstützung für
bedürftige Schüler abgehalten. Ernst Henfling nemlich
vermachte der Schule gegen 28,000 fl. Der jährliche Geld-
ertrag wird unter eine bestimmte Anzahl Schüler der Art
vertheilt, daß jeder dieser Schüler jährlich 50 fl. und entweder eine ganze oder eine halbe Klafter Holz erhält. Auch
ich genieße diese Unterstützung bereits das vierte Jahr. —
Die Eröffnung der Feier beginnt mit einem Gesang, dann
treten von der untersten Ordnung aufsteigend aus jeder
Ordnung ein Schüler auf, der ein Gedicht vorträgt. Aus
der Zweiten aber werden zwei erwählt, die ein Gespräch
aus einem unserer Hauptschriftsteller z. B. in diesem Jahre

aus Lessings Nathan dem Weisen I. Aufzug 5. Auftritt,
vortragen. Dann tritt aus der Ersten ein Schüler auf
mit einer deutschen Rede, eigene Arbeit. So trat ich auf
und sprach über die Reinheit unserer Mutter=
sprache. Als ich an die Stelle kam, wo ich über den Gebrauch
des Wortes „Schriftthum" statt Litteratur sprach, ich sagte
nemlich: „Wenn man z. B. statt Litteratur Schriftthum
sagt" — hier lächelte ein junger Lehrer, ich sah ihn starr
an und fuhr dann fort: „so wird es Wenige geben, die
nicht darüber lächeln oder spötteln" u. s. w. Da schlug
derselbe die Augen nieder und wagte nicht wieder mich
anzusehen oder gar zu lächeln. — Nachdem meine Rede ge=
halten war, wurde der Gesang: „Deutschland, Deutschland
über alles" angestimmt, was einen sehr guten Eindruck auf
die Gemüther aller machte. Dann trat Friedrich Roth
mit seiner lateinischen Rede auf, die er sehr gut sprach,
und den Schluß der ganzen Feierlichkeit bildete der Lobge=
sang von Haydn: „Du bist's dem Ruhm und Ehre gebüh=
ret." Als wir uns zum Weggange anschickten, so kamen
einige meiner Mitschüler, die mir die Hand mit den Wor=
ten reichten: „Nein, Professor" (so werde ich scherzweise
genannt, von Wißlehrer wollen sie nichts wissen) „heute
hast Du Deine Sache recht gut gemacht." Ich sage dies
nicht, um mich zu loben, sondern nur um anzuzeigen, daß man
der Sache Beifall schenkte. Nur einer unserer Lehrer
sagte: „Ueber diesen verderblichen Purismus! Es ist gar
nicht möglich, daß die terminologischen Ausdrücke exiliirt
werden." Das war gut gesagt. — Dagegen sagte mir
der greise Herr Oberkirchenrath Wr. Schaubach: „Sie
hätten einen andern Schluß Ihrer Rede wählen sollen,
nemlich den, daß das allerwirksamste Mittel, den Fremd=
wörtern zu steuern, das sein würde, wenn sich ein Verein
bildete, dessen Hauptsatzung es wäre, jeden, der ein Fremd=
wort ausspräche, überzulegen und für jedes Fremdwort
zehn Stockprügel aufzuzählen". Auch er sprach seine Zu=
friedenheit über meine Strebungen aus. Es würde zu
weit führen, wenn ich alles aufschreiben wollte, wodurch

14*

man seine Theilnahme für die gute Sache der Sprachreinigung an den Tag legte. Unter andern bin ich auch aufgefordert worden, die Rede drucken zu lassen; aber dazu
fehlen mir die Mittel. Ich werde mir aber die Gelegenheit benutzen, wieder etwas in öffentliche Blätter einrücken
zu lassen. Jetzt sind die Leute hier in einer guten Stimmung, vielleicht fruchtet es etwas.

Am 23. d. Mts. wurde von unserem Singkränzchen,
dessen Vorstand ich seit dem 25. d. M. bin, eine Abend-
unterhaltung gegeben, deren „Anordnung" (ich trage die
Schuld nicht der vielen darin enthaltenen Fremdwörter)
ich beilege. Im Allgemeinen fiel dieselbe gut aus, und besonders wurde gelobt, daß in der ersten Abtheilung Wag-
ners, in der zweiten Glucks Tonsetzungen hervortraten. Da
sah man deutlich den Gegensatz dieser beiden Tonwerke.
Es war in der That derselbe Unterschied zwischen beiden,
wie der „zwischen Birchpfeifer und Shakspeare," so sagte
nemlich einer der Anwesenden. Unter den Gesangstücken
der ersten Abtheilung gefielen besonders die unter 5
und 9 bezeichneten; unter denen der Zweiten 3, 5 und
6. Auch die Reihenfolge der ersten Abtheilung von 7, 8,
9 gefiel; denn 7 wurde von einem Schüler der Art ge-
sungen, daß man nicht ein Wort verstand; darauf das
Gedicht in Henneberger-Mundart (8) „Wer es nicht weist,
dem schadets auch nichts", und dann 9. Besonders gefielen
auch die mundartlichen Gedichte (8) in der ersten und 4
und 6 in der 2. Abtheilung. Recht gut wurde 6 in der
ersten Abtheilung gesprochen, desgleichen 4 in Abtheilung I.
In 7 der zweiten Abth. mußte ich als Schulmeister gekleidet auftreten und frei singen, was große Heiterkeit her-
vorbrachte. Wenn ich noch Zeit übrig habe, so schicke ich
meine beiden Gedichtchen mit, im entgegengesetzten Falle
folgen sie später.

Noch hätte ich eine Bitte an Sie, mich nemlich als
Ihren jungen Freund mit dem väterlichen Du fernerhin
anzureden; ich höre dies von Seiten Aelterer viel lieber gegen mich aussprechen, als das „Sie". So redet mich

unter andern mein früherer Lehrer, Herr Unterpfarrer (Diacon) Neffert in Wasungen, immer noch mit D u an, wodurch ein großes Zutrauen zwischen uns beiden stattfindet. Darum, gewähren auch Sie mir die Bitte.

Fr. Roth bittet mich, einen freundlichen Gruß an Sie nicht zu vergessen.

Meiningen, den 31. 1. 1858.

Ich bin mit aller Hochachtung

Ihr
junger deutscher Freund
Edinhard.

Schneidemühl, b. 27. Febr. 1858.

Vielgeliebter Freund!

Wohl war es meine Pflicht, Ihnen schon lange zu schreiben und Ihnen den doppelten Dank abzustatten, sowohl für die mir und der hiesigen Gemeinde übersandten Bücher, als auch für die Anregung, welche Sie in der wohlmeinendsten Absicht zu Beiträgesammlungen für mich im Sonntagsblatte gegeben haben. Es ist mir durch jene Sammlungen eine wesentliche Hilfe zu Theil geworden, die ich allerdings zunächst Ihrem wohlwollenden Gefühle für meine Person zu danken habe. Mein Herz ist hierdurch reicher geworden an freudigen Gefühlen für Sie, denn neben dem Gefühle der Freundschaft haben Sie durch Ihr Wohlwollen noch das Gefühl der Dankbarkeit in meinem Herzen tief begründet.

Die auf solche Weise durch die zarten Bande der edelsten Gefühle mit einander verbundenen Herzen empfinden Alles tiefer, was sie berührt. Sie werden daher wohl begreifen, wie unangenehm es mir gewesen, daß man Ihren Eifer für unsere heilige Sache der geistigen Freiheit mißverstanden und namentlich Ihren wohlmeinenden Rath im Dissidenten durch Ronge's langschweifige Redensarten, die hauptsächlich nur seine persönliche Verdienste um die Reform zu beweisen bezweckten, zu entkräften versucht. Wenn

es einmal auf persönliche Verdienste ankommen soll, so
glaube ich, daß nicht derjenige, der in Zeiten der Aufregung
die Geister zu spornen sucht, sondern der dem Geiste und
dem Herzen durch klares, ruhiges, besonnenes aber muthiges
und unerschrockenes Verhalten in den Tagen der Ungunst
der Verhältnisse und der schweren Prüfung die zum segens-
reichen Entwickeln erforderliche Richtung zu geben bemüht
ist, darauf den größten Anspruch zu machen berechtigt ist.
Und in dieser Hinsicht können die Verdienste Ronge's mit
den Ihrigen gar nicht verglichen werden.

Wir wollen keine Anaxagorase und Anacharsise
wie etwa Chaumette und der Baron Klotz in der französischen Revolution werden; keine Bilderstürmer und Kru-
zifixverbrenner ꝛc. Denn abgesehen davon, daß eine solche
Unbesonnenheit den vernünftigen Menschen entehrt, führen
dergleichen Aufregungen nie zum erwünschten Ziele, vielmehr überliefern sie die Völker nach einem solchen Vorfall
immer von neuem den Händen der herrschsüchtigen im Hin-
terhalte mit ihrem hierarchischen Kram lauernden Priester-
kaste mit dem Unterschiede, daß die Hierarchie vielleicht die
Form gewechselt. Die Sache der Geistes- und der Gewis-
sensfreiheit kann nur im Frieden bei der sorgfältigen Pflege
der Wissenschaften gewinnen; daher diese unser Lebensele-
ment sein müssen. Menschen die einander morden, schlachten und bekriegen, gebrauchen einen Gott, der durch Gna-
denbezeugungen ꝛc., die er durch jene Priester verkünden
läßt, das schwer belastete Gewissen von der Angst befreit,
die blutbefleckten Hände rein wäscht, und ein solcher Gott
muß Diener (Priester) haben, ein solches Volk einen solchen
Gott. Der Gott der Gerechten und wahrhaft Frommen
hat mit dem Gott jener Bösen nichts zu schaffen. Unser
Gott ist der Gott des Friedens, der Liebe und der innern
Glückseligkeit. Und diesen Gott haben die Christen, trotz
ihrer fortwährenden Versicherung der wahren Erkenntniß
Gottes bis jetzt noch nicht erkannt, das beweisen die in der
Geschichte der christlichen Kirche verzeichneten Blutspuren ꝛc.
Wir müssen daher aus allen Kräften dahin streben, daß

unferem Gotte der Liebe eine folche Schmach nicht ange-
than werde. Der Druck der weltlichen Mächte hat in
Rückficht darauf unferer Sache eher genützt als gefchadet,
indem diefelbe dadurch in die rechte Bahn gedrängt worden
ift. Hätte die leidenfchaftliche Entwickelung der erften Jahre
lange gedauert, fo wäre die Gemeinfchaft, welche ausge-
zogen zum Kampfe und Vertheidigung der geiftigen Freiheit gegen die Herrfchfucht des Pfaffenthums, mit Elemen-
ten untermifcht, welche auf die fernere Entwickelung einer
fo erhabenen Sache gewiß nur ftörend eingewirkt hätten.
Aber die Ehrgeizigen haben fie, durch die Hoffnungslofig-
keit, ihre Art Ehre darin zu finden, getäufcht, rechtzeitig
verlaffen, die Heuchler hatten keine Zeit und Gelegenheit,
wo Alles zu Offenheit hindrängte, ihre Masken anzulegen
und wo fie es gethan, waren fie genöthigt, diefelben bald
abzulegen; die Schreier verftummten, weil der Lohn für
ihre Mühe (für ihr lautes Schreien) immer geringer wurde,
ja ganz aufhörte. Und fo fegelt das Schifflein von dem
unnützen Ballaft befreit ruhig fort. Es wären nicht Jahrhunderte erforderlich gewefen, wie zur Begründung der rö-
mifchen Hierarchie, um die Welt mit einer neuen Hierarchie, die hier und da durch eine gewiffe Centralifation, durch
allgemeine Vorftände, Prüfungskommiffionen 2c. verfucht
worden, zu beglücken. Ich habe mich ftets gefreut, daß die
rheinifchen und die füddeutfchen Gemeinden dergleichen Ab-
fichten nicht gebilligt und hierin vielleicht mehr gefunden
Sinn und vielleicht mehr Ehrlichkeit an den Tag legten.
Wir müffen nach einer felbftftändigen Entwickelung, fowie
des einzelnen Mitgliedes, fo der ganzen Gemeinden trachten und jede Centralifation, die ftets zur Beherrfchung, ja
Unterdrückung des fchwächeren Theils führt, von unferen
Gemeinden fern halten; nur der Geift des gemeinfamen
Strebens nach der geiftigen Erlöfung der Menfchheit foll
unfer inniges Band fein. Die Menfchheit würde durch
unfere Reform wahrlich nichts gewinnen, wenn diefelbe
unter einen hierarchifchen Einfluß gebracht wäre. Denn
es bleibt fich ziemlich gleich, durch welche Grundfätze der

Geist und das Herz beherrscht und beschwert werden, wenn dieselben zur unumstößlichen Wahrheit erhoben. Es bleibt sich ziemlich gleich, ob das Pfaffenthum im Namen der Dreieinigkeit die Menschen beherrscht oder im Namen des einen Gottes. Unterdrückung ist Unterdrückung und darf im Namen der Religion nicht geübt werden.

Große Freude würden Sie gewiß nicht nur mir, sondern allen wahren Anhängern unserer Sache bereiten, wenn Sie mit dem früheren Eifer in den zur Vertretung unserer Sache bestimmten Blättern wirkten. Entziehen Sie einer Sache, die nicht ein jeder zu vertheidigen den Muth und die Geschicklichkeit hat, Ihren Beistand nicht. Sie haben derselben schon viele und große Opfer gebracht, bringen Sie ihr auch noch dieses Opfer. Wenn Sie arme Gemeinden mit Büchern beschenken, so gedenken Sie auch jedesmal der hiesigen Gemeinde. Sie erwerben sich bei derselben ein ewiges dankbares Andenken.

Erlaubt Ihnen die Zeit, so erfreuen Sie mich mit einem Briefe; Sie bereiten mir dadurch unendlich viel Freude.

Ich drücke Ihnen im Geiste Ihre wackeren Hände und bin Ihr

Sie aufrichtig liebender

J. Czersky.

Breslau, den 12. Dec. 57.

Lieber Bruder!

Ich habe Dein brüderliches liebes Geschenk für meine Kinder nicht nur empfangen, sondern auch wie ein Kind ehrlich angenommen. Du hast zwar eine Doppelbedeutung in Dein Blatt hineingelegt, so daß ich lange nicht wußte, wann und wie ich Dir danken sollte, aber ich kann jetzt nicht auf Weihnachten warten; denn sie haben's schon und würden nichts Anderes statt dessen nehmen, oder gar erkaufen. Das Letztere würde Thränen in den Kauf bringen und das wäre das größte Unrecht.

Es ist also kein Weihnachtsgeschenk mehr, denn sie haben's lange vor Weihnachten und ich soll hiedurch ihren warmen Dank aussprechen. Gott gebe ihnen nur im Geist und Herz das rechte Erfassen!

Ich bin jetzt fest auf's Zimmer gebannt, und wirke darum wenig mehr in der Gemeinde. Schlimm ist dabei, daß mein Zimmer meinen Augen feindlich ist und mir aus Sonnenblinkeln und Nebeln ein wahres Kreuz bereitet. Das läßt mich nur äußerst langsam und fast nie das Rechte schreiben, weil ich so und so unwillig daran gehe.

Die Zeit ist aber auch schlimm, es ist ihr aber noch nicht schlimm genug; sie weiß das selbst am besten und sieht sich oft noch um.

Mögest Du wohl sein und wohl bleiben! Die Meinigen grüßen, und die Kinder danken Alle.

Dein

Nees von Esenbeck.

Breslau, den 17. März 1858.

Verehrter Freund und Amtsbruder!

Ein Freund unsrer Sache wünscht von mir Ihr Buch: „Das Christenthum im Geiste des 19. Jahrhunderts", zu lesen. Natürlich sucht man alle dergleichen Bücher bei mir, aber — leider habe ich sie nicht, weil ich früher und noch jetzt, nicht das Geld hatte, sie zu kaufen. Ich rede offen, verehrter Freund, und Sie verzeihen mir gewiß, daß ich das thue; gegen wen sollte ich sonst offener reden! — — Von Ihnen habe ich nur das liebe Geschenk: „Der Deutsch-katholizismus in seiner Entwicklung rc. rc." sonst nichts. So fehlen mir auch Werke von Rau, Albrecht u. a. m. leider gänzlich. Man kann sie nicht anschaffen, wie schon gesagt.

Ich habe nun die Bitte, mir zwei Stück, nemlich eins zum Verleihen, und eins für mich, von Ihrem obigen Buche: „Das Christenthum rc." durch die Post zuzusenden. Vielleicht ist es Ihnen möglich, mir nur 1 Stück

zu berechnen, und ich bitte dann, den Betrag als Post=
nachnahme zu erheben. Sollten Sie sonst noch etwas üb=
rig haben, gleichviel ob theologisch, philosophisch, natur=
wissenschaftlich, oder sonst wie, besonders aber von Ihren
eigenen Schriftwerken, was Sie mir als liebes Geschenk
für meine kleine Büchersammlung beifügen könnten, so wür=
den Sie mir damit eine große Freude machen, und sende
ich Ihnen meinen innigsten Dank schon im Voraus.

Da ich den Preis für Ihr Buch „Das Christen=
thum" 2c. nicht kenne, so haben Sie wohl die Güte, mir
denselben in Ihrem freundlichen Begleitschreiben mit anzu=
geben.

Als eine traurige Neuigkeit habe ich Ihnen mitzu=
theilen, daß gestern Früh unser Rees von Esenbeck verstor=
ben ist. Er ist 82 Jahre und 1 Monat alt geworden.
Freitag Morgens werden wir ihn beerdigen. Ehre seinem
Andenken.

In Hoffnung einer recht erfreulichen, meinen allezeit
durstigen Geist beglückenden Sendung Ihrer Güte, grüßt
Sie herzlich in brüderlicher Liebe

Ihr

R. Bitterling.
(Breslau, Mathiasstraße 66.)

§. 79. Rede von Ebinhard Reichardt über die
Reinheit der Muttersprache gehalten in
Meiningen im Jahr 1858.

Ueber Reinheit der Muttersprache.
Vortrag von E. Reichardt.

„Daß keine, welche lebt mit Deutschlands Sprache sich
In den zu kühnen Wettstreit wage!
Sie ist, damit ich's kurz mit ihrer Kraft es sage:
An mannigfalt'ger Uranlage
Zu immer neuer und doch deutscher Wendung reich;
Ist, was wir selbst in jenen grauen Jahren,
Da Tacitus uns forschte, waren
Gesondert, unvermischt und nur sich selber gleich."

Gewiß, geehrte Anwesende, wird Jedermann diesem Ausspruche Klopstock's beipflichten, der auch nur **einen** Blick in die Tiefe und den Reichthum unserer Muttersprache geworfen hat. Und dennoch, wie hat man sie, die reichste, sie, die durch ihren Bau, ihre Bildungsfähigkeit die Bewunderung aller auf sich ziehen sollte, wie hat man sie durch eine Menge Fremdwörter entstellt, da man ihre Vorzüge verkannt oder gar nicht beachtet hat! Gar mancher, um sich ein größeres Ansehen zu geben, um mit seinen Kenntnissen zu glänzen, wendet zahlreiche fremde Ausdrücke an, ohne zu bedenken, welchen Schaden die Fremdwörter der deutschen Sprache, der deutschen Gesinnung und dem deutschen Leben zufügen.

Für die Sprache sind die Fremdwörter ein wahres Gift; nicht nur sind sie der Entwickelung der Sprache sehr hinderlich, sondern sie vermindern auch deren Wohlklang. — „So fährt jetzt der Deutsche auf Chausseen; Land-, Hoch- und Kunststraßen sind ihm unbekannt. Vor lauter Politik verliert er alle Staatsklugheit, Staatsweisheit und Staatseinrichtung; die Konstitution hat die Verfassung und Volksvertretung ganz in den Hintergrund gestellt; die Civilisation hat die Gesittung bald ganz verderbt; der Rechtsgelehrte fühlt sich durch den Namen des Juristen geschmeichelt; der Arzt durch den des Mediciners, der Gottesgelehrte durch den des Theologen und der Weltweise hat vor lauter Philosophie keine Weltweisheit mehr." — Und wie oft sind die Fremdwörter nur der Bequemlichkeit halber erfunden! So wird das Wort „Charakter" sehr oft gehört, und viele ertheilen ihm das Bürgerrecht, obgleich es von der Mehrzahl im Volke nicht verstanden wird. Durch dieses eine Wort werden die verschiedenartigsten Begriffe ausgedrückt, wie: Gemüthswesen, Gepräge, Kennzeichen, Wesen, Tüchtigkeit, Eigenthümlichkeit, Standhaftigkeit, Heftigkeit, Seelenstärke, Würde, Buchstaben, Namen u. a. Müssen nicht alle diese Wörter mit der Zeit durch den Gebrauch des „Charakters" verloren gehen? und was hat man dafür gewonnen? nur das eine das **fremde**. Wie mit diesem Fremdworte, so ist es mit noch vielen anderen. — Es befinden sich aber auch eine große Menge Fremdwörter in unserer Sprache, die man ohne Schaden jetzt nicht missen kann. Es sind dies solche, denen durch die Länge der Zeit das deutsche Gepräge aufgedrückt ist; wie z. B. Meister, Pfingsten, schreiben, Kupfer, Veilchen u. v. a. Höchstens könnte man da zeigen, daß unsere Sprache nicht zu arm ist, um auch sie zu verdeutschen; sie aber je tz t verdrängen zu wollen, würde nicht nur höchst nachtheilig für die Sprache, sondern auch abschreckend für die sein, die sich in dem Verdrängen der Fremdwörter versuchen. — Solche Wörter aber, die Jedermann auf den ersten Blick als Fremde erkennen muß, können ohne Schaden und müssen nothwendiger Weise verdrängt werden, soll irgendwie die Reinheit unserer Sprache hergestellt werden. — Welchen Wohlklang aber die Fremdwörter unserer Sprache verleihen, das wird Jedermann erkennen, der Sinn für die deutsche Sprache hat. Alle Wörter auf „iren" von „abaliniren" an bis zu „vulgiren", ferner Wörter auf „ion" wie „Correktion, Inspiration, Consultation", dann „Courage, Eremitage, Gage" und — wer möchte die sauberen Fremdwörterschönheiten alle aufzählen! — beeinträchtigen gewiß nicht wenig die Schönheit unserer Muttersprache.

Einen nicht minder schädlichen Einfluß äußern die Fremdwörter auf die Gesinnung. Die Sprache nämlich ist der Ausdruck der Gesinnung, oder, wie Luther sagt: „die Scheide, in welcher der Geist als Schwert steckt. Rostet die Scheide ein, dann wird auch die Schneide angefressen." So lange als Jemand halbdeutsch redet, so lange wird er auch nur halbdeutsch gesinnt sein. Wer fremde Sprachen höher als seine Muttersprache schätzt, der neigt sich auch mehr zum Auslande hin. Durch die Fremdwörter wird diese Gesinnung immer mehr gehegt und gefördert, die Annahme einer vaterländischen Gesinnung aber gehemmt. Erst dann, wenn der Deutsche erkennt, welch' ein Reichthum in seiner Sprache liege, wenn er erkennt, daß die Fremdwörter unnöthig seien, wenn er sie zu

vermeiden sucht, erst dann wird er überhaupt eine größere
Liebe zum Vaterlande hegen, erst dann wird er Volksstolz
und Volksbewußtsein haben. Aber, wo will man dieses in
Deutschland finden? da man nicht einmal den Namen dafür hat, sondern N a t i o n a l i t ä t sagen muß!

Der Schaden, den die Fremdwörter auf das Leben
äußern, erklärt sich meistens aus dem, den sie in der Gesinnung hervorbringen. Es hindern nämlich auch hier die
Fremdwörter die Annahme eines deutschen Lebens. Wagt
es sogar der Deutsche kaum, seine eigenen Erfindungen mit
deutschen Namen zu belegen; denn sonst würden sie ja
nicht geachtet, ihr Werth nicht anerkannt! E n g l i s c h e F e i -
l e n, wenn sie auch in Deutschland angefertigt wurden, werden mehr gesucht und theurer bezahlt, als die, welche man
deutsche nennt. Die Steindruckerei ist durch ihren griechischen Namen (Lithographie) berühmter geworden, als sie
es vielleicht sonst geworden wäre. Mit Recht sagt ein
deutscher Schriftsteller: „Wir haben schon seit Jahrhunderten uns angewöhnt unter fremdem Himmel zu suchen, was
bei uns selbst blühte; und wie wir die rohen Stoffe ausführen, um sie in anderer Gestalt mit Bewunderung und
Ehrfurcht als theuere Kleinode wieder in unsere Grenzen
aufzunehmen: so bewundern wir jedes Fremde und Ausländische, nicht, weil es groß oder erhaben, sondern, weil
es nicht in u n s e r n T h ä l e r n gewachsen ist!" — Es
soll hiermit nicht gesagt sein, daß nun der Deutsche blos
auf s e i n L a n d angewiesen sein müsse, das Ausländische
aber gar nicht beachten, oder gar nicht annehmen dürfe, nein,
das wird jeder vernünftig Denkende nicht verlangen; aber
das kann man wohl verlangen, daß er über das Ausland
s e i n V a t e r l a n d nicht vergesse. So lange er aber an den
Fremdwörtern haftet, so lange wird er sich auch nicht entschließen können, seine nach dem Auslande eingerichtete Le-
bensart mit einer echt deutschen umzutauschen. Dies also
der Schaden der Fremdwörter auf das gewöhnliche Leben;
nicht zu gedenken desjenigen, der im Volke oft durch Ver-
wechselungen und Unklarheiten der in den Fremdwörtern

enthaltenen Begriffe hervorgerufen wird; nicht zu gedenken desjenigen, den sie in gesellschaftlicher Beziehung äußern.

Um all' diesem Schaden der Fremdwörter Einhalt zu thun, wäre es wohl gut, wenn dieselben gänzlich verbannt würden; doch treten da mancherlei Hindernisse in den Weg. Möchten Sie mir, geehrte Anwesende, gestatten, die hauptsächlichsten derselben kurz zu besprechen!

Ein Haupthinderniß, das dem Verbannen der Fremdwörter sich entgegenstellt, ist der allzuwenig geweckte Sinn für die Töne unserer Muttersprache. Wäre dieser bei allen vorhanden, dann würde man mit Freuden bemerken, wie sehr unsere Sprache in der Reinheit fortschreiten würde. Gar manches Fremdwort würde man entbehrlich finden und sich nicht scheuen, deutsche Wörter zu gebrauchen, die dem an deutsche Klänge gewohnten Ohr ganz abscheulich klingen; z. B. getraut man sich kaum für „Razzia" Raubzug zu sagen. Gebraucht aber Jemand dagegen ein weniger bekanntes, oder neues deutsches Wort, so schreit man über Uebellaut, während bei dem Fremdwort Niemand ein Mißbehagen empfindet. Wenn man z. B. statt „Litteratur" Schriftthum sagt, so wird es wenige geben, die nicht darüber lächeln, oder spötteln, trotz dem, daß durch dieses neue Wort der Begriff des Fremdwortes vollkommen erschöpft ist, und, was besonders hervorzuheben ist, daß dieses Wort deutsch ist. — Besonders heben auch die Beschützer der Fremdwörter hervor, daß die deutschen Uebersetzungen nicht von der Kürze der Fremdwörter seien. Aber, was das anbelangt, so haben auch die Fremdwörter ihre gehörigen Längen; doch darüber beklagt man sich nicht und spricht Wörter aus wie: Edictalcitation, Finanzoperationsplan, Ideenassociation, Incommensurabilität — derartige Wörter sind der liebste Klang für die verwöhnten deutschen Ohren. — So lange das Sprachbewußtsein im Deutschen noch schlummert, so lange wird man auch noch zu tauben Ohren reden können. Man sollte daher alles aufbieten, dem Deutschen die Schönheiten seiner Muttersprache vorzuführen, damit durch Erweckung des

Sprachsinnes etwas für die Verbannung der Fremdwörter geschehen könne.

Auch die Nachahmsucht ist ein Grund, der verhindert, daß die Fremdwörter verbannt werden. Weil nämlich unsere Hauptschriftsteller, die aber Classiker heißen müssen, in ihren Werken eine Menge Fremdwörter ganz ohne Noth gebraucht haben, so denkt mancher: „Was diese thaten, das darf auch ich thun." Aber ist an großen Männern das Fehlerhafte und Kleinliche nachahmenswerth? Wahrhaftig nicht; sondern nur das in der That Große. Alle, selbst die größten Männer, hatten ihre Schwächen, und wenn die Menschen nur hierin denselben gleichzukommen suchten, so würden sie einen höchst verkehrten Weg einschlagen. Daß aber Fremdwörter etwas Fehlerhaftes sind, das glaube ich Ihnen, geehrte Anwesende, bereits dargethan zu haben. — Aber selbst unsere Helden im Schriftthume haben das Bedürfniß einer Sprachreinigung wohl gefühlt und sich darin versucht. Wenn man nur die deutschen Wörter, die sie statt der jetzt gebräuchlichen Fremdwörter anwandten, benutzen wollte, so würde bald ein großer Theil dieser unnöthigen Fremdlinge weichen müssen. Aber lieber sagt der geduldige und gutmüthige Deutsche „Identität", wenn gleich Schiller dafür „Dasselbigkeit" gebraucht.

Ebenso sagt derjenige, welcher das Beibehalten der Fremdwörter entschuldigt, daß deutsche Wörter die in den Fremdwörtern liegenden Begriffe selten vollkommen ausdrücken. Es mag zugegeben werden, daß durch ein einziges deutsches Wort mitunter nicht vollkommen der Begriff eines Fremdwortes erschöpft ist. Aber sollte das eine Schwäche der Sprache sein? Gewiß nicht. Im Gegentheil beurkundet dies den Reichthum der Sprache, die für jeden in dem Fremdwort liegenden Einzelbegriff auch einen besondern Ausdruck hat. Und wann kommt es vor, daß einmal ein Fremdwort gebraucht wird, um alle die in ihm enthaltenen Begriffe zu bezeichnen? Wann sagt man einmal Politik, um Staats=

weisheit, Staatlichkeit, List und Klugheit auf einmal dadurch auszudrücken? Muß nicht unsere Sprache darunter leiden, indem alle diese Begriffe durch ein Fremdwort ersetzt werden? — Gar oft bildet man sich auch nur ein, daß ein Fremdwort eine tiefere Bedeutung als ein deutsches Wort habe. Dem Worte "malitiös" z. B. sucht man oft eine Bedeutung unterzulegen, die durch jedes der deutschen Wörter: "hinterlistig, boshaft, giftig" nicht vollkommen bezeichnet werde. Was aber dieser vollkommenere Begriff sei, das kann man nicht erfahren, weil das Fremdwort eben eine tiefere Bedeutung hat. Ei, so sage man doch auch, das griechische γάλα drücke etwas ganz anderes als das deutsche „Milch" aus, man wird ebenso in seinem Rechte sein. Das eine ist griechische, das andere deutsche Milch; so wie malicieux das französische, und boshaft das deutsche Wort für denselben Begriff ist. Nur Bequemlichkeitsliebe und Gedankenlosigkeit können einen solchen Grund zur Beibehaltung der Fremdwörter hervorbringen. Einen solchen Vortheil lobt man an den Fremdwörtern. Nun sollte aber Jemand auftreten und ein deutsches Wort anwenden, durch welches mehrerer Fremdwörter-Begriffe zugleich bezeichnet würden; wenn z. B. man Saitenspiel sagte, in welchem die Begriffe der Fremdwörter „Klavier" und „Fortepiano" enthalten sind, wie würden gerade diejenigen dawider sprechen, die dieselbe Eigenschaft als höchst vortrefflich an den Fremdwörtern rühmen.

Weit mehr könnte dem Unwesen der Fremdwörter gesteuert werden, wenn man sich von dem Vorurtheil zu befreien verstände, daß die Künste und Wissenschaften ohne dieselben nicht bestehen könnten. Da gibt es gewisse Ausdrücke, die in der Kunst= und Wissenschaftsprache einmal gang und gäbe sind; die können nicht verbannt werden, da sie Jedermann in der Künstler- und Gelehrtenwelt kennt. Ein deutscher Gelehrter schreibt ein Werk über „Geognosie" und zwar in deutscher Gelehrtensprache. Ja, da weiß nun gleich jeder Gelehrte in ganz Europa, was unter Geognosie zu verstehen ist, mag es

nun ein Ruſſe oder Franzoſe, ein Engländer oder Spanier
ſein. Ja er wird auch die übrigen, zahlreich darin vorkommenden Kunſtausdrücke verſtehen; ob er aber überhaupt
dadurch den Inhalt des Werkes verſtanden hat, das iſt
eine andere Frage. Wird alſo dem ausländiſchen Gelehrten ein großer Vortheil geboten, wenn man die Fremdwörter beibehält? muß etwas in deutſcher Sprache verfaßtes, troß der darin vorkommenden Fremdwörter, nicht
überſeßt werden, ſoll anders er es verſtehen? da gebrauche
man doch lieber die lateiniſche Sprache, die jeder Gelehrte
kennt, und nehme bei Anwendung derſelben die Kunſtausdrücke in ſie auf; aber da ſcheut man ſich, das wäre b a r -
bariſ ch e s Latein; daß aber die mit Fremdwörtern
überladene deutſche Sprache etwas h ä ß l i ch e s iſt, das
will man nicht einſehen. Und für wen ſchreiben denn zu-
nächſt die deutſchen Gelehrten? für die Gelehrten des Auslandes oder für die in ihrem Vaterlande? Gewiß für die
leßteren. Und die ſollten deutſche Wörter nicht verſtehen?
dann würde man nicht mit Unrecht von ihnen ſagen können,
daß es u n d e u t ſ ch e Gelehrte ſeien. Wohl würde man,
behauptet vielleicht Jemand, die Fremdwörter in den Künſten und Wiſſenſchaften entfernen, wenn ſie nicht unüber-
ſeßbar und deßhalb unentbehrlich wären. Das iſt aber
nicht an dem, denn ſie ſind ſchon alle überſeßt, wenn auch
hie und da eine Ueberſeßung weniger gelungen iſt, ſo geht
hieraus noch nicht hervor, daß nicht noch beſſere gefunden
werden können. Man erinnere ſich nur an Oken, wie
viele ſchöne deutſche Benennungen er für die fremden ſchuf.
So z. B. iſt der von ihm gewählte Ausdruck: „Lurche“ viel
bezeichnender und wohllautender als der fremde: „Amphi-
bie“. Gewiß ſind die deutſchen Ausdrücke: „Irden“, „Erze“
den „Mineralien und Metallen“ vorzuziehen; denn ſie ſind
k ü r z e r , e b e n ſ o b e z e i ch n e n d , und d e u t ſ ch . — Wenn
nur von den Gelehrten die Mühe nicht geſcheut würde,
gut deutſche Ausdrücke ſtatt der fremden zu gebrauchen,
ſo würde man bald einen rieſigen Fortſchritt in der Reinheit unſerer Mutterſprache bemerken; denn ſie ſind es ja,

durch welche Bildung unter das Volk verbreitet wird,
durch die einen mehr, durch die anderen weniger unmittelbar.

Wiederum fürchtet man auch, durch Anwendung
neuer Wörter Mißverständnisse zu erregen.
Man kann nicht leugnen, daß dies möglich wäre; aber
kommt dies bei den Fremdwörtern in weit höherem Maße
nicht auch vor? Wie oft verstehen Leute, selbst nach jahre-
langem Gebrauch, die Fremdwörter nicht. Aber, um den
Begriff eines Fremdwortes kennen zu lernen, da scheut der
Deutsche keine Mühe; er schlägt in Fremdwörterbüchern
nach und er holt sich sonst Rathes bei einem Sprachkundigen;
warum sollte er dies bei deutschen Wörtern, die er nicht
sogleich versteht, nicht auch thun? obschon es viel leichter
ist, den Begriff derselben von selbst zu erkennen, da ja die
deutsche Wurzel zu Grunde liegt.

Da es Zeit und Umstände nicht gestatten, die zahlreichen andern Hindernisse durchzugehen, so erlaube ich mir
nur noch, Sie, geehrte Anwesende, auf folgendes aufmerksam zu machen, daß man nämlich schon im Voraus
an dem Gelingen der Sprachreinigung zweifelt. Allerdings ist es keine leichte Sache, dem Fremd-
wörterheere sich entgegenzustellen, denn sonst wäre dasselbe
schon aus unserer Sprache vertrieben worden, und man
brauchte nicht jetzt wieder von Neuem sich gegen es zu erheben. Wer aber schon im Voraus an dem Gelingen einer
Sache verzweifelt, der wird nie etwas Großes zu Stande
bringen. Was würde aus Luther's Lehre geworden sein,
wenn er die Ausführbarkeit seines Strebens bezweifelt
hätte? Wäre Columbus der Mann geworden, als welcher
er dasteht, wenn er sich durch die zahllosen Hindernisse
hätte abschrecken lassen, seinen Weg zu verfolgen? Zag-
haftigkeit und Scheu sind am wenigsten geeignet, etwas zu
vollbringen. Wer sich durch das Gerede und Gespötte anderer beirren läßt, was wird der je leisten? Darum nur
muthig vorwärts gegen die Feinde unserer Muttersprache!
Sie müssen endlich doch unterliegen der deutschen Ausdauer
und Standhaftigkeit. Es wird zwar einen harten Strauß

geben, denn große Schwierigkeiten sind dabei zu überwinden, aber darum nicht verzagt! Jahrhunderte sind verflossen, bis ein so zahlreiches Fremdwörterheer sich in unserer Sprache einnistete, so wird es auch noch Jahrhunderte dauern, eh' man wird sagen können: „Unsere Sprache ist vollkommen gereinigt." — Die Jetztzeit kann nur den Weg der Sprachreinigung anbahnen, auf welchem die Nachwelt fortwandelnd zu dem schönen Ziele gelangt, welches zu erreichen uns nicht vergönnt ist.

Diese Rede fand deßwegen einen Ehrenplatz in diesem Buche, weil sie die erste ist, welche ein Mittelschüler über diesen Gegenstand ohne Fremdwörter vor einer solchen Versammlung hielt. Ueberdieß liegen von dem Verfasser derselben noch schätzbare Aufschlüsse und Proben über die ganz eigenthümliche Mundart der Wasunger Sprache bei mir vor.

§. 80. Versammlungen und Vorträge im Jahr 1858.

Wie sehr hat es mich gefreut, als mir Reichardt obige Rede sandte, woraus ich seine reiche Begabung, seinen Ernst und Eifer für die Reinsprache ersah, zugleich mit dem größten Muthe verbunden, ungeachtet mancher Hindernisse, doch auf seiner Bahn zu beharren. Nun bin ich nicht mehr der einzige, der Vorträge in deutscher Reinsprache hält, denn Reichardt übt dieses schwere Amt so gut wie ich aus und wenn er so fortschreitet wie er begonnen, so wird er am besten nach meinem Tode zum Vorsteher des Vereins taugen. Denn es hat mir keiner so viele und so gediegene Beweise seines aufrichtigen Strebens und seiner Fähigkeiten im jugendlichen Alter zu dieser Stelle gegeben wie er. Doch die Zukunft wird erst zeigen, ob meine Hoffnung und Ahnung sich verwirklicht, was ich zum Besten der Reinsprache von Herzen wünsche.

Obgleich der Druck in diesem Jahre von außen immer mehr nachließ, so war im Großen und Ganzen doch noch der Rückschritt an der Tagesordnung, hauptsächlich auf dem staatlichen und gottgläubigen Gebiete, wo man nur dann auf Zustimmung von oben rechnen konnte, wenn man im Zeichen des Krebses geboren war und diesem Sinnbild getreu folgte. Das zeigt unter vielen andern Erscheinungen obiger Erlaß des Oberkirchenraths in Karlsruhe, welcher sich innig dem Rückschritt anschloß.

Deßwegen fanden auch in diesem Jahre keine öffentlichen Versammlungen statt, außer die in den deutschkatholischen Gemeinden, wo ich hier und auswärts freie Vorträge in deutscher Reinsprache hielt.

Dafür entschädigten aber die vielen Beitritte muthvoller und wackerer Lehrer aller Glaubenschaften, die sich nun jeder in seinem Kreise der Sache annehmen werden, d. h. soweit es ihnen ihr Vorgesetzter, der Herr Pfarrer, als Schulaufseher, (Inspektor), gestattet und erlaubt. Freilich wenn dieser ein echter Römling oder ein echter Frömmler als Protestant ist, so wird er dem Lehrer verbieten, deutsch zu reden und zu lehren und es wird der ganze Erfolg somit immer wieder von dem Ermessen und von dem guten oder bösen Willen einzelner kleiner Machthaber und Willkürherrscher abhängen. Doch ich will das beste hoffen und das Rad der Zeit wird sich auch wieder zu unsern Gunsten drehen. Dann werden die Letzten vielleicht wieder die Ersten werden — doch nur auf dem Sprachgebiet; auf dem Staatsgebiet wollen wir das Lenken und Herrschen Andern überlassen, welche von Gott, wie man sagt, dazu berufen und dazu geboren sind.

§. 81. Neuer Zweigverein im Jahr 1858 in Freienwalde a. d. O.

Schon oben war von der erfolgreichen Wirksamkeit der Gebrüder Melcher in Freienwalde a. d. Oder die Rede. Durch ihre Anregung bildete sich daselbst ein Zweigverein, der sich an unsern Hauptverein anschloß. Diese strebsamen jungen Leute erhielten ihre wissenschaft-

liche Bildnng auf der Hochschule in Berlin, wo sie sich den
Fächern der Weltweisheit, den alten und neuen Sprachen,
der Geschichte u. s. w. widmeten.

Einen Beweis, daß es bei Ihnen sich nicht blos um
den Namen eines Mitgliebs unseres Vereins handelte, sondern, daß sie sich in der That als solche bewährten, gibt
die von W. Melcher ausgearbeitete und im Druck erschienene Schrift: „Ueber die Verwerflichkeit der
Fremdwörter in der deutschen Sprache". Diese
gibt I. die Gründe gegen die Anwendung der Fremdwörter
vom Standorte der Nützlichkeit an; betrachtet II. die
Fremdwörter vom Standorte der Schönheit aus und III.
die Fremdwörter vom Standorte der Wahrheit.

Diese gut und bündig abgefaßte Schrift verdient von
sehr vielen gelesen und beherzigt zu werden, weil noch
gar viele sich nicht von der Entbehrlichkeit mancher
unnöthiger Fremdwörter überzeugt haben.

§. 82a. Anzeige und Bericht in der badischen Landeszeitung vom Jahr 1858.

Heidelberg, 30. Wintermonat. (Verein für deutsche
Reinsprache.) Unser Verein nahm seit dem letzten Berichte wieder bedeutend zu, indem sehr viele echt deutsche
Männer und Jünglinge, Frauen und Jungfrauen, auch sehr
viele ehrenwerthe Lehrer ihren Beitritt melbeten, so daß er
nun über 1700 Mitglieder in 300 Ortschaften zählt. Er
ist somit der größte und zahlreichste Verein dieser Art im
19. Jahrhundert, dessen fruchtbare Wirksamkeit immer mehr
sich im Leben zeigen und ohne Zweifel nur gute Folgen
für die Bildung der Sprache und des Volks haben wird.
Auch in den Werken der Gelehrten bemerkt man mit
Wohlgefallen das eifrige Streben nach deutscher Reinsprache,
wie Röth in seiner „Geschichte der abenbländischen Weltweisheit", Otto Volger in „Erde und Ewigkeit", wie
K. G. Kärcher in seiner „Straferkenntniß", L. Büchner
in „Natur und Geist" und Biedermann in seiner „Wissenschaftslehre" sehr schöne Proben bargelegt haben. Endlich

können wir allen Freunden unserer Sache berichten, daß
sich in Freienwalde a. b. O. unter Leitung des Hrn. Melcher ein Zweigverein gebildet und an den unseren angeschlossen hat, welcher für Norddeutschland viel Schönes
verspricht. Der Gründer desselben veröffentlichte eine Schrift,
„Ueber die Verwerflichkeit der Fremdwörter", die in Berlin bei J. Springer erschien und allenthalben empfohlen
zu werden verdient. Wir laden nun alle verehrten Freunde
unserer Bestrebungen zum Beitritte ein, mit dem Bemerken, daß die Mitglieder kein Eintrittsgeld und keine jährlichen Beiträge wie bei andern Vereinen zu entrichten
haben, sondern daß ihre höchsten Ausgaben sich auf rein
deutsche Wörter beschränken. Briefe erbitten wir frei.

Der Vorstand: Dr. Brugger.

§. 82b. Auch die Stoffwissenschaft kann deutsche Wörter statt der fremden anwenden.

Vielfach herrscht noch die Ansicht oder vielmehr das
Vorurtheil, daß es unmöglich sei, in den Wissenschaften
viele Fremdwörter zu verdrängen und man müsse somit
alle beibehalten. Von der rein deutschen Sprache in der
Weltweisheit haben wir schon oben §. 70a Beispiele
gesehen. Auch Imanuel Hermann Fichte hat in
der Lebensbeschreibung seines Vaters J. G. Fichte in der
neusten Zeit 1862 manches Fremdwort vermieden und sehr
schön deutsch geschrieben, besonders dort wo er die Entstehung der ausgezeichneten „Reden an das deutsche
Volk" bespricht. Diese Reden sollten alljährlich am
19. Wonnemonat als am Geburtstage des echt deutschgesinnten Mannes auf allen Hoch- und Mittelschulen
und in den Vereinen aller Art vorgelesen werden, um
die Deutschen stets **wach für die Zukunft** zu erhalten, wie wir selbe schon vor 43 Jahren in den Versammlungen der allgemeinen deutschen Burschenschaft
zur Hochbegeisterung der Mitglieder vortrugen, obschon sie
damals zu den verbotenen Büchern gehörten! Doch

das hat sich nach Jahrzehnten auch zum bessern geän-
dert. Jetzt feiert man überall den Geburtstag des seltenen
Denkers und großen Deutschen, der in seinem Leben so
manchen harten Kampf wegen falscher Anklage und Ver-
leumdungen zu bestehen hatte und doch immer siegreich daraus
hervorging. — Obiger Schluß ist nicht richtig. Wenn
man viele nicht verdrängen kann, so muß man nicht alle,
sondern nur die unentbehrlichen und unübersetz-
baren beibehalten, die übrigen aber nicht. Davon gab
Moleschott in seinen Werken schlagende Beispiele, von
denen wir nur einige hier zum Beleg unserer Ansicht anführen wollen als Nachtrag zu §. 54. Kreatinin Fleisch-
grundlage, Inosinsäure Fleischsäure, Asparagin Spargelsäure, Solanin Erdäpfelgrundlage, Coniin Schirlingsgrund-
lage, Chinin Chinagrundlage, Propylamin Gänsefußgrund-
lage, Narkotin Mohnsaftgrundlage, Inosit Muskelzucker,
Methylamin Holzgeistgrundlage, Butylamin Butterfett-
grundlage, Glycerin Oelsüß, Elaïn Oelstoff, Caprinin Ziegenfett, Auripigment Schwefelarsenik. Diese mögen genügen, um zu zeigen, daß man manche Fremdwörter auch
in dieser Wissenschaft übersetzen kann, wenn schon im Gebrauche in Werkstätten der Scheidekunst und in den Arz-
neiläden die Kunstausdrücke beibehalten werden müssen. In
Volksschriften aber wird man gut thun, wenn man zum
Verständniß der Sprachunkundigen die Uebersetzungen
hinzu fügt.

§. 83. Nachtrag zu den Briefen des Jahres 1858.

Neuer Zweigverein in Berlin.

Noch sollen folgende zwei Briefe von diesem Jahre
hier eine Stelle finden, nämlich einer von Wr. Kanne-
gießer, dem Uebersetzer des Dante und einer von
Wilh. Melcher aus Freienwalde a. d. O., worin die
Gründung eines neuen Zweigvereins durch seinen
Bruder Johann Melcher in Berlin gemeldet wird.

Berlin, 22. Juni 1858.

Hochgeschätzter Herr und Freund!

Lange haben wir uns nicht mit einander brieflich unterhalten, und ich weiß nicht gleich, wer etwa im Rückstand ist, aber dießmal will ich nicht zögern, die kleine Schrift, die ich Ihnen hiemit zugehen lasse, und die ich Sie ersuche freundlich aufzunehmen, mit ein paar Zeilen zu begleiten. Mit Dante habe ich mich mein Leben lang beschäftigt, und ich gebe durch dieses kleine Heft einen neuen, vielleicht letzten Beweis meiner Vorliebe für ihn. Sollte mir aber der Himmel noch ein oder ein paar Jahre das Leben fristen, so möchte ich wohl einen Band oder ein Bändchen ähnlicher Abhandlungen hauptsächlich über Dante, aber auch über andere Dichter herausgeben, und den gegenwärtigen Versuch als eine Probe betrachtet wünschen. An diejenigen meiner gelehrten Freunde, welche Mitarbeiter an Zeitschriften sind, ergeht deßwegen die Bitte, zur Verbreitung desselben nicht bloß mündlich, sondern druckweise beizutragen, und dadurch auch den Verleger meiner Uebersetzung der divina Commedia zum Druck einer fünften Auflage geneigt zu machen. Je mehr das Leben sich dem Ende zuneigt, desto thätiger muß man sein, nach Göthe's Ausspruch: „Wenn man alt ist, muß man mehr thun, als da man jung war." Und gottlob, ich bin ungeachtet meiner 77 Jahre noch körperlich und geistig rüstig, und habe daher auch noch manche Wünsche, selbst Reisewünsche, und in die Weite, z. B. nach Rom, um eine dortige noch nicht benutzte Handschrift über den Dante zu untersuchen, oder gar nach Jerusalem, auf deren Erfüllung ich aber nachgerade Verzicht leiste, und selbst wohl kaum noch wieder nach Süddeutschland komme, obgleich ich selbst Heidelberg und die schöne Südwestecke Deutschlands noch nicht kenne, und mich nur höchstens nach Dresden, wo ich vorigen Sommer war, oder dießmal gar nur bis Freienwalde oder in die Umgegend verfüge.

Aber ich unterhalte Sie nur von mir und wichtiger
ist es mir, von Ihnen zu hören, oder mich nach ihren
Angelegenheiten, zumal schriftstellerischen zu erkundigen.
Wird Ihr Fremdwörterbuch nicht bald in zweiter Auflage
erscheinen? Ich habe immer in unserer deutschen Gesellschaft darüber einen Vortrag halten wollen, aber das ist
theils nicht ganz leicht, theils bin ich durch andere Aufgaben davon abgezogen worden. Neulich habe ich dort
mich über Schiller als Liederdichter etwas freimüthig aus-
gelassen, und früher das kleine Heftchen „Hymnen“ des sonst
unbekannten, aber eigenthümlichen Dichters Adolf Pichler
in Tyrol besprochen. Zunächst beschäftigen mich nun die
Ergänzungen zur Erklärung der göttl. Komödie. — Und
was haben Sie sonst der Lesewelt dargeboten? Oder sind
Sie amtlich zu sehr beschäftigt?

Daß ich gegen die schriftstellerischen Ehren, auch ge-
gegen die, Mitglied Ihres Vereins für deutsche Reinsprache
zu sein, nicht gleichgültig bin, bezeugt die Aufschrift. Es
ist das erstemal, daß ich mich einer solchen Eitelkeit schuldig mache, aber es ist wahrscheinlich auch das letzte Mal.

Und nun, mein Hochgeschätzter, geben Sie mir bei
Gelegenheit aber doch baldigst Nachricht und grüßen Sie
Hrn. Pr. Zittel, wenn Sie ihn sehen, in dessen „Sonntag-
abend“ sich einige Gedichte von mir befinden.

  Hochachtungsvoll

     Ihr

       ergebenster

      Dr. Kannegießer.

  Hochgeehrter Herr!

Verzeihen Sie gütigst, wenn ich Sie mit Folgendem
belästige.

1) Mein Bruder Johannes Welcher, stud. th. et ph.,
hat vor einigen Monaten in Berlin einen Verein zur
Reinigung der deutschen Sprache gestiftet, dem bis
jetzt 10 wissenschaftlich gebildete junge Männer angehören.
Aus einer süddeutschen Zeitung habe ich ersehen, daß der

von Ihnen geleitete Verein, der denselben Zweck hat, schon eine Anzahl von 1650 Mitgliedern umfasse und über ganz Deutschland verbreitet sei. Dürfte sich der Verein meines Bruders etwa dem Ihrigen anschließen und auf welche Weise?

2) Beifolgende Druckschrift „Ueber die Verwerflichkeit der Fremdwörter" ersuche ich Sie ganz ergebenst durchzulesen und bitte zugleich um geneigte Beurtheilung. Sollte Ihnen, hochgeehrter Herr, der Inhalt gut und der Sache förderlich erscheinen, so wären Sie vielleicht nicht abgeneigt, mir eine größere Anzahl von Druckstücken, 48, 72 oder drgl., abzunehmen, die ich gern erbötig wäre, Ihnen gegen den halben Preis nach Heidelberg zu schicken. Sie würden mich damit zu großem Danke verpflichten, da mir so die Verbreitung meiner Schrift erleichtert würde und ich zugleich in Betreff der Deckung der Druckkosten eine nicht unwesentliche Unterstützung erhielte.

Indem ich hoffe, daß Sie mir geneigtest werden Antwort zukommen lassen, zeichne ich mit der größten Hochachtung

Freienwalde a. d. O.

ganz ergebenst

Wilhelm Melcher,

Stud. theol. et ph.

§. 84. Zahl der Mitglieder im Jahr 1859, Angabe der Bedeutendsten und der neuen Ortschaften.

Die Zahl der Mitglieder des Vereins belief sich am Schlusse des Jahres 1859 auf 2018 von Anfang an gerechnet. Die Namen der Bedeutendsten sind folgende: Wr. Kruger in Hamburg, Gründer der germanischen Gesellschaft und Herausgeber des Teut, Oelbermann in Bonn, Wulff in Hamburg, Wilhelm Oehrström in Malmö, Eduard Harrison in Neworleans, Otto Reiche in Zeua, Siebel in Barmen, Schmid in München, Wr. Thoma in Heidelberg.

Zu dem Zweigvereine in Freienwalde a. d. O. traten wieder mehrere in diesem Jahre als Mitglieder bei.

In diesem Jahre erscheinen folgende neue Ortschaften: 339. Burkheim, 340. Edingen, 341. Parchewitz, 342. Handschuhsheim, 343. Nöttingen. 344. Ittlingen, 345. Langenschwalbach, 346. St. Goarshausen, 347. Tischendorf, 348. Altona, 349. Bonn, 350. Freiberg, 351. Faaborg, 352. Homburg, 353. Barmen, 354. Darlanden, 355. Sauerschwabenheim, 356. Birkendorf, 357. Malmö in Schweden, 358. Kälbertshausen, 359. Glogau, 360. Löwenberg, 361. Grünberg, 362. Rothenburg, 363. Oberhasselbach, 364. Landshut, 365. Rosenheim, 366. Kehl, 367. Hornberg.

§. 85. Briefe von Mitgliedern des Vereins im Jahr 1859.

Von Edinhard Reichardt und von den Gebrüdern Wilh. und Joh. Melcher liegen mehrere ausführliche Briefe von diesem Jahre vor, die aber zu lang sind, um hier gedruckt zu werden. Auch mehrere Gedichte von Wilh. Melcher sind eingegangen auf das Schillerfest, die aber des Raumes wegen hier nicht können eingerückt werden. Doch sollen drei Briefe von E. Reichardt hier folgen.

Mein treuer väterlicher Freund!

Nothgedrungen habe ich es lange anstehen lassen müssen, ehe ich auf Ihren werthen Brief antworten und für dessen freundlichen Inhalt verbunden mit dem schönen Geschenke Ihnen meinen schuldigen Dank abstatten konnte, was ich beides hiermit abthun will. Die Arbeiten, welche ich für die Prüfung anzufertigen hatte, sowie die Vorbereitungen zu derselben haben mir viel Zeit in Anspruch genommen, so daß ich kaum einige Augenblicke zu meiner Erholung anwenden konnte. Doch jetzt ist dieselbe vorbei, gestern am 7. d. M. Abends gegen 6³/₄ Uhr erhielten wir Abgehenden den Bescheid, daß wir zur Beziehung der Hochschule für reif und fähig gehalten würden. Ich er-

laube mir, Ihnen den Verlauf der Prüfung etwas näher
mitzutheilen, und hole deßhalb etwas weiter aus. Wenn
ich nicht irre, so reichte ich im Monat Hornung meinen
Lebenslauf, in reindeutscher Sprache verfaßt, bei der her-
zoglichen Prüfungsbetrauung ein (denselben werde ich Ihnen
später, nachdem ich die Abschrift davon vollendet haben
werde, übersenden). Ein paar Wochen darauf ließ mich
unser Vorstand, Herr Hofrath Wr. Fischer, auf seine Wohnung kommen, und dort schmähte er dann ganz gewaltig
auf meinen verderblichen Purismus. Ich mochte ihm
Gründe darbringen, welche ich wollte, er hörte darauf
gar nicht, sondern sagte blos: „Sie haben Unrecht;
Ihr Streben kann zu nichts helfen." Gegen eine Stunde
habe ich mit ihm gestritten, ohne daß er etwas Anderes
vorgebracht hätte; besonders mißfiel es ihm, daß ich statt
Professor Wißlehrer gesagt habe u. drgl. m. Wahrscheinlich fühlte er sich durch den deutschen Würdenamen verletzt.

Am 9. des Lenzmonat begannen die schriftlichen Arbeiten; von früh sieben Uhr an bis um zwölf Uhr Mittags,
also fünf Stunden, hatten wir Zeit, einen lateinischen Aufsatz anzufertigen, über den Satz: Cur proelio Chaeroneensi
Graecorum libertas eversa sit. Da ich kein großer
Geschichtner bin, so konnte ich auch nur allgemeine Gründe
anführen, und mußte es unterlassen, genauer auf die Sache
einzugehen, woher es denn kam, daß die Sprache und die
Gestaltung des Aufsatzes genügte, der Inhalt aber nicht
vollkommen entsprach. Der Aufsatz selbst war ungefähr
zwei Bogen stark, d. h. 8 Halbseiten groß. Von zwölf
Uhr bis um zwei Uhr war frei. Schlags zwei begannen
die Arbeiten von Neuem und zwar mußte innerhalb zweier
Stunden ein griechisches Uebungsstück angefertigt werden,
was ungefähr einen Raum von zwei Halbseiten eines Bo-
gens einnahm. Trotzdem, daß ich mich im Griechischen
nicht sehr auszeichne, habe ich doch meine Arbeit noch vor
vier Uhr abgegeben und ziemlich fehlerfrei sie vollendet.
Nach diesem war ein Tag lang Ruhe. Am 11. mit dem
Schlag sieben wurde zu rechnen begonnen; wir Abgehen-

ben (es waren unsere fünf Mann, da einer zurückgetreten
war) glaubten allgemein, daß wir bis um zwölf Uhr arbeiten dürften. Dem war jedoch nicht so, um 10½ Uhr
wurde uns gesagt, daß wir nur noch ½ Stunde Zeit hätten; da ich schon einen Theil der Rechnungen eingeschrieben
hatte, so hatte ich noch Zeit genug, meine Lösungen bis
auf eine abzuschreiben. Es waren fünf Aufgaben, mehr
und minder schwierig, und es that mir nur leid, daß ich
die Rechnung, auf welche ich die meiste Mühe verwandt
hatte, und von welcher ich mehrfache Lösungen gemacht
hatte, nicht einschreiben konnte; doch hat dies meinen übrigen Arbeiten keinen Abbruch gethan. Die übrige Zeit des
Tages, so wie der darauf folgende Tag waren frei. Am
13. wurde von früh sieben Uhr an, bis um zwölf Uhr ein
deutscher Aufsatz über den „Stoff des Minneliedes" angefertigt. Obgleich ich hier Stoff genug hatte zu schreiben,
so wurde ich durch einiges Unwohlsein abgehalten, viel zu
schreiben. Doch habe ich Alles so kurz und bündig darg-
gethan, als ich konnte, und hatte gegen zehn Seiten geschrieben. Nachmittags um zwei Uhr sollte ein Schiller'-
sches Gedicht „An die Freude" in's französische übersetzt
werden; freigestellt war es uns, dasselbe in Schlichtrede
oder in Dichtzeilen zu übersetzen. Letzteres unterblieb von
Allen, da die Zeit (3 Stunden) uns zu kurz zugemessen
war. Gegen 4½ Uhr war ich mit meiner Arbeit fertig,
und überhaupt war die schriftliche Prüfung vollendet. —
Während der Anfertigung dieser Arbeiten war es keinem
gestattet, auch nur das Geringste mit seinem Nachbar zu
verkehren. Das Hinausgehen war zwar gestattet, aber
nicht gern gesehen; jedesmal wurde beim Hinausgehen
aufgeschrieben, wann einer hinausgegangen und wann er
zurückgekehrt war. Außer dem Schulgebäude durfte sich
keiner auch nur auf Augenblicke aufhalten. Um uns hiezu
keine Gelegenheit zu geben, wurden uns Flaschen mit Wasser angefüllt in's Zimmer gestellt, die alle zwei Stunden
von Neuem gefüllt wurden. Der Schuldiener mußte uns
ebenso das Frühstück besorgen. — Nun muß ich eines

Falles erwähnen, der mir im ersten Augenblicke als ein Unglück erschien, der sich aber gerade zu meinem Glücke gestaltete. Da ich durch Unwohlsein veranlaßt war, zur Zeit als das Französische angefertigt würde, hinauszugehen, so begab ich mich zum erstenmale um 2³/₄ Uhr und zum andern male um 4¹/₄ Uhr hinaus. Beide male hielt ich mich nur auf kurze Zeit hier auf. Nach Vollendung meiner Uebersetzung ging ich auf die Wohnung eines mir befreundeten Schülers, um mir ein Buch, welches er von mir entlehnt hatte, wieder zu holen. Derselbe las mit zwei Anderen die Geschichte der französischen Staatsumwälzung von Dahlmann. Noch war ich nicht lange dort anwesend, als unser Vorstand eintrat, sich erkundigte, wie weit sie in ihrem Lesen vorgerückt wären, worauf er sich zu mir wandte, und sich erkundigte, was ich da zu thun habe. Ich sagte ihm die Absicht meines Dortseins und er fragte hierauf den Einen der Drei, Namens Hohr: Was haben Sie um 2³/₄ Uhr im Schulgebäude gemacht? Ich habe ein dort liegen gebliebenes Messer holen wollen. Mit dieser Antwort schien er zufrieden zu sein; er entfernte sich, und ich hielt mich auch nicht länger auf. Am andern Tage, wo die Schulstunden von Neuem gehalten wurden, ließ er den, welchen ich besucht hatte auf seine Wohnung kommen, und erkundigte sich, was er im Schulgebäude habe thun wollen, und zwar gegen vier Uhr. Derselbe entgegnete ihm, er habe einen Zeichenbehälter dort abholen wollen, den er schon lange vermißt habe, und den er auch dort wieder gefunden habe. Nachmittags nach der Schule mußte Hohr auf unseres Vorstands Zimmer kommen, und dieser mußte wiederum aussagen, was er schon am Tage vorher ausgesagt hatte. Nach einer Viertelstunde seines Aufenthaltes wurde er entlassen und ich berufen. Da sollte ich nun mit aller Gewalt durch Hülfe jener beiden meine französische Arbeit angefertigt haben, ein französisches Wörterbuch sei von Hohr gebracht, auf den Abtritt gelegt, von mir benutzt und von dem Andern, Namens Baumbach, wieder abgeholt worden. Auf diese Anschuldigung hin sagte ich: Da wissen Sie mehr als ich, denn ich kann Ihnen mit gutem Gewissen versichern, daß ich nicht das Geringste benutzt habe, was gegen die gesetzliche Ordnung verstoßen könnte. Zugleich erbot ich mich aber, eine andere Arbeit anzufertigen. Mit den Worten: „das wird sich alles noch finden", wurde ich entlassen. Am 15. mußte ich innerhalb eines Zeitraumes von 1½ Stunden eine andere französische Arbeit, welche noch einmal so groß als die vorige war, anfertigen. Wie bei den früheren Arbeiten, so war auch jetzt ein Lehrer zu meiner Beaufsichtigung da. Da ich von meinem Unwohlsein befreit war, so fiel es mir um so leichter, jenes Uebungsstück noch vor Ablauf der festgesetzten Zeit zu vollenden; auch war meine wiederhergestellte Gesundheit Ursache, daß diese letztere Arbeit weit besser als die erste ausfiel, und da die erste Arbeit weiter nicht berücksichtigt wurde, durch die zweite aber bewiesen wurde, daß ich bei der ersten keine fremde Hülfe benutzt hatte (bei Anfertigung der zweiten habe ich das Schulzimmer nicht verlassen), so erhielt ich im Französischen ein besseres Zeugniß, als ich eines für die erste Arbeit erhalten haben würde.

Am 4. d. M. wurde uns Abgehenden zum Behuf des Vortrages, welchen wir halten sollten, ein Spruch aus den Liedern Horaz: Quid sit futurum cras, fuge (Hor. Lieder. 1. Buch) IX., 13.) quaerere gegeben. Erst am Dienstag den 5. konnten wir mit der Ausarbeitung des Vortrags beginnen, da noch Arbeiten für diesen Tag vorlagen. Am 6. machten wir unsere Besuche bei den Mitgliedern der Prüfungsbetrauung und den Lehrern, und da wurde uns denn gesagt, daß wir unsern Vortrag am 7. Vormittags 8 Uhr halten sollten, um 9 Uhr dann würde die eigentliche Prüfung beginnen; was wir haben würden, solle uns am folgenden Tag erst mitgetheilt werden; nur sollten wir Horaz und Tacitus mitbringen, sowie die Henriade von Voltaire. — Sie werden erlauben hier auf ein paar Augenblicke die Darstellung zu unterbrechen, um Ihnen einen Trauerfall mitzutheilen, der auf die Gemüther der

Stadteinwohner und Umwohner einen tiefen Eindruck gemacht hat. Am 4. und 5. d. M. hatte die Prüfung auf der
Fachschule hieselbst stattgefunden. Ein junger Mensch aus
Gräfenthal, Namens Müller, der schon vor einem Jahre
die Prüfung nicht bestanden hatte, war in diesem Jahre
wieder so unglücklich, sie nicht zu bestehen. Das nahm er
sich so zu Herzen, daß er nach Anhörung seines Urtheils
sogleich nach Hause eilte, eine doppelläufige Handbüchse
(Pistole) lud, sich in ein von der Stadt ½ Stunde entfernt liegendes Wäldchen begab, und sich dort erschoß. Obgleich ich an seinem Unfall Antheil nehme, so kann ich ihn
doch in keiner Weise entschuldigen, da er lediglich allein die
Schuld seines Unglücks trägt, indem er sehr unfleißig gewesen war, und man ihm das Zeugniß der Reife nicht geben konnte. —

Am 7. also hielt ich meinen Vortrag, in welchem ich
einmal den Spruch auffaßte, wie ihn Horaz als Heide
genommen hatte, das anderemal aber ihn vom christlichen
Standorte betrachtete. Von 7 Uhr an bis gegen 10½ Uhr
hatten wir Größenlehre, verbunden mit Erddinglehre. Da
erstere vorwiegend war, so kam es, daß ich befriedigte;
weniger würde dies im umgekehrten Falle stattgefunden
haben. Nach diesem kam das Lateinische, in welchem wir
außer lateinischen Redeübungen oder vielmehr blos Sprechen über den Inhalt der verschiedenen Werke des Horaz
auch übersetzen mußten, und zwar solche Stücke, die wir
noch nicht gelesen hatten; dabei durften wir uns nur solcher Ausgaben bedienen, welche nicht die geringsten An-
merkungen, also außer dem Vorworte nichts enthielten. Mir wurde zum Uebersetzen eine Stelle aus
dem zweiten Briefe des zweiten Buches 13—22 gegeben,
die ich auch bis auf ein Wort „mangonum" richtig über-
setzte. Von 11¾ Uhr an bis 12½ Uhr hatten wir sodann
französisch, worin ich auch befriedigte. Außer einer Stelle
aus der Henriade von Voltaire übersetzten wir aus dem
Deutschen ins Französische, indem uns unser Lehrer das
deutsch sagte, was wir sogleich mündlich in Dichtzeilen

überſetzen mußten. Auch meine Antworten in Bezug auf
franzöſiſches Schriftthum genügten. Bis um 3 Uhr hatten
wir frei, und ich benutzte dieſe Zeit, die deutſche Geſchichte
noch einmal durchzugehen, da es ſehr wahrſcheinlich war,
daß wir Geſchichte haben würden. Es traf auch wirklich
zu, denn wir wurden zuerſt in der römiſchen Geſchichte be-
fragt, in welcher ich nur wenig genügte; dann aber, als
die deutſche daran kam, ſo befriedigte ich hierin ſowohl, als
auch in der franzöſiſchen und engliſchen Geſchichte. Die
Prüfung in der Geſchichte dauerte über 1³/₄ Stunden, und
mir war es nicht wohl zu Muthe, als wir auf ein paar
Augenblicke entlaſſen wurden. Darauf hatten wir noch bis
5¹/₂ Uhr Hebräiſch, worin ich ebenfalls befriedigte. Sodann hielten die Betrauten eine Berathung von ungefähr
einer Stunde, nach welcher wir die erfreuliche Nachricht
erhielten, daß wir beſtanden hätten. Doch wurde mir ge-
ſagt, daß ich meiner Schreibart entſagen ſolle, ich mache
mich nur dadurch lächerlich; zugleich aber wurde meine
Entſchloſſenheit und Willensfeſtigkeit anerkannt, mit welcher
ich mein Ziel verfolge. Und, als man mir das ſagte, ſo
ſchwur ich bei mir, dieſe Willenskraft auch fernerhin zu bewahren, und dem in keiner Weiſe untreu zu werden, was
ich mir nun einmal vorgenommen, und was ich als gut
erkannt habe.

Kurz nach Ablauf meiner ſchriftlichen Prüfung erhielt
ich einen Brief von einem Freund, der mir unter Anderm
ſchrieb: „Ja, als ein wahrer Freund wollte ich dich bitten:
Laß alle Deutſchthümelei! Du ſuchſt wohl den ſprachlichen
Prozeß, gewiß einen ebenſo der Entwickelung unterwor-
fenen wie jeder Organismus, alſo etwas Natürliches durch unnatürliches Eingreifen zu fördern, thuſt
aber nichts, als daß du denſelben zerſtörſt. Bitte, beherzige
das ja beim Eintritt in's akademiſche Leben! Hänge
auch nicht etwa an dem ſchwachen Faden der hier wirklich
zum Phantom gewordenen Ehre. Laß dich einmal ver-
lachen als Apoſtaten, aber mache Dich nicht fortwähren-
dem Geſpötte auch der Dummen (denn ſie thun es meiſt)

unterworfen. Und fürchtest Du, daß kluge und Ehren-
männer Deinen Abfall als solchen verachten, so kann ich
nicht glauben, daß das geschieht. Wenn Du also hierher
kommst — weg damit! Verleugne es nicht! aber sage:
peccavi, und habe den Irrthum eingesehen, bitte, folge
mir!" Sie sehen, welche Aufforderungen ein Freund an
mich stellt, aber ich kann ihm hierin nicht folgen, es würde
mir nur schaden, wenn ich gehorchen wollte. In dieser
Beziehung hat er mir einen schlechten Rath ertheilt. Ich
war aber auch so entrüstet über diesen seinen Brief, daß
ich nicht umhin konnte, ihn recht derb zu recht zu weisen.
Ich wies ihm das Fehlerhafte seiner Ansichten nach, indem
ich gerade das, was er als ungewöhnlich (unnatürlich) dar-
stellte, als folgerichtig bewies, und eben so das Gegentheil.
Und ich thue ja alles, was ich unternehme nicht um meinet-
und meiner Ehre willen, sondern nur aus Liebe zur Sache.
Gewiß, ich würde nicht verdienen ein Freund des Vaterlandes genannt zu werden, ich würde den Namen eines
Deutschen nicht haben dürfen, wollte ich ein Abtrünniger,
ein gedankenloser und böswilliger Feind meiner Muttersprache werden.

Dagegen erhielt ich Briefe von einer anderen Seite
her, die mich mehr freuten, und die gleichsam zur Beruhigung meiner gerechten Entrüstung beitrugen. Es waren
dies Briefe von dem edeln Brüderpaare Joh. und Wilhelm Melcher aus Freienwalde a. O. Mit ersterem trat
ich auf Ihr Anrathen in Briefwechsel, indem ich ihm von
Meiningen aus schrieb. Darauf hin antwortete mir Herr
Wilh. Melcher in einem Brief, den ich am 1./2 erhielt.
Ein anderer Brief folgte am 17. 3 von demselben und
am 8./4 bekam ich ebenfalls von ihm, zugleich aber auch
von seinem Bruder Johann einen Brief. Alle diese in-
haltreichen Briefe zeugen von einer großen Liebe und in-
niger Begeisterung für alles Deutsche. Unter Anderm
sind mir die Aufschlüsse, welche ich durch beider letzten
Briefe über die Junggermanen erhielt, sehr anziehend und
angenehm gewesen. Es ist immer sehr lobenswerth, wenn

sich Leute vereinigen, die mit Muth und Besonnenheit
deutsches Wesen und deutsche Sprache zu fördern suchen.
Und dies thut die junggermanische Gesellschaft, wenn sie
auch dabei meiner Meinung nach Fehlgriffe begeht, in
reichstem Maße. Denn offenbar sind das doch Fehlgriffe,
wenn man neue Wurzeln bilden will, und dabei wieder
seine Zuflucht zu fremden Sprachen nimmt; wie z. B.
Herr Kruger dies mit Mat (aus Magnet) und Plast
(aus dem Griechischen) gethan hat. Dadurch wird offenbar keine allgemeine Volkssprache geschaffen, denn derartige Wörter sind weniger verständlich als die ursprünglichen Fremdwörter, und haben, weil sie doch selbst fremden Ursprungs sind als Deutschwörter gar keinen Werth.
Ich halte es für zweckmäßiger, die bereits vorhandenen
deutschen Wurzelwörter, deren sehr viele, wenn auch nicht
verloren, doch nicht allgemein bekannt sind, hervorzusuchen
und sie zu Neubildungen zu verwenden. Unsere Sprache
hat deren so viele, daß wir zur Griechischen oder einer
andern Sprache gar nicht uns zu wenden brauchen, um
alle Begriffe bestimmt und genau auszudrücken. Dann
ist es noch etwas, was mir nicht gefallen hat; trotzdem
nemlich, daß die Junggermanen Alles aufbieten, um Deutschlands Einheit und Volksgefühl zu kräftigen, so sollen mehrere derselben dennoch sehr undeutsch, d. h. mit Fremdwörtern schreiben. Unstreitig aber muß man das edle
Streben dieser Gesellschaft sehr loben, zumal, da in jetzi-
ger Zeit von den meisten Bewohnern Deutschlands eher alles
Andere als das Wohl Deutschlands erstrebt wird. Ich
bin gar nicht abgeneigt, dieser Gesellschaft beizutreten;
möchte aber gerne erst einmal Ihren Rath und Ihre Meinung darüber vernehmen, ehe ich mich bestimmt erklärte;
denn ich schwanke noch einigermaßen. — Auch hat mir
Herr I. Melcher von einer Arbeit geschrieben, die er an
Sie in Betreff Ihres Wörterbuchs geschickt habe; der Umfang derselben scheint mir etwas Bedeutendes zu versprechen; gewiß ist dies aber auch ein Beweis von seiner
hohen Begeisterung für die Reinheit unserer Muttersprache.

16*

Von Eisenach aus erhielt ich vor Kurzem einen Brief, worin mir mitgetheilt wurde, daß mehrere Mitglieder für den Reinsprachverein gewonnen worden seien; doch da ich deren Namen noch nicht erhalten habe, so kann ich dieselben Ihnen auch noch nicht mittheilen; hoffentlich wird dies aber in einem zweiten Brief an Sie, der in Bälde folgen soll, geschehen. Auch hier habe ich einen Herrn, Namens Kaufmann, für die Sache gewonnen. Derselbe ist als Pfarrer im Dorfe Wallendorf bei Sonneberg erblindet, von da nach Meiningen gezogen, und ich besuche ihn von Zeit zu Zeit; habe auch mit ihm viel über die Reinsprache gesprochen, und er ist ihr sehr zugethan; aber eine bestimmte Erklärung, die nicht mehr lange ausbleiben wird, hat er noch nicht gegeben. — Es geschieht jetzt hier viel zur Verdrängung der Fremdwörter, z. B. stand erst gestern auf einem Schauspielzettel statt des gewöhnlichen: „zum Benefiz", „zum Besten".

Ein Stückchen, was ich bereits Herrn Melcher mitgetheilt habe, und welches sich in unserer Nähe zugetragen hat, muß ich auch Ihnen erzählen, zum Beweis, daß das Volk die Fremdwörter nie verstehen lernt. Auf einem Dorfe in der Nähe Meiningens beruft der Schulze seine Gemeinde, und eröffnet derselben Folgendes: Do hab ich e Schreibes (Schreiben) aus der Stad (Stadt-Meiningen) gekregt (bekommen), do stett denn dafim, daß di Herrn es gerne sähe (sähen) bam me (wenn wir) ons (unsere) Gronstöck drännirte (drainirten.) Ban ir (Wenn ihr) das zefriede seid, so schreib ich heut in die Stad on die Regiering, do kömmt dernachet (hernach) en Inschenirer (ein Ingenieur) 'raus (heraus), der ons (unsere) Aecker drännirt. Niemand antwortet, der Schulze weiß selbst nicht, was drainiren heiße, wenigstens sagt er weiter nichts. Da fängt endlich ein Bauer an und ruft: Nu ha ich'sen (Nun hab ich es) grod sät (gerade satt.) Bi lang is eewig här, bus (wo es) ons das Haiden geld (=Menge Geld) hot gekost, daß me bi Gronstöck zomme (zusammen) läte (legten), zont (abgekürzt aus jetzund=jetzt) wonn se (wollen sie (die Herren in der Stadt nemlich) widder Geld hä (wieder Geld haben) — nä, ich leids net! mei Gronstöck lenn zomme (meine Grundstücke liegen zusammen), sü dörfe net widder zertreanirt wär (sie dürfen nicht wieder zertrennt werden).

Recht sehr haben Sie mich mit Ihrem Bildnisse überrascht, welches ganz unbeschädigt an mich gelangt ist, wenn man einen Sprung in dem darüber befindlichen Glase keinen Schaden nennen kann. Ich habe das Bildniß wieder mit einem neuen Glase versehen, und so bildet es eine Hauptzierde unter meinen wenigen Bildern für mein Stübchen, welches ich nun am längsten bewohnt habe, da ich noch in dieser Woche von hier abreisen werde, und zwar zunächst nach meinem Wohnort, Wasungen, der nur zwei Stunden von Meiningen entfernt liegt, und dem ich durch die Werraeisenbahn noch näher gerückt bin. Dort werde ich mich ungefähr 14 Tage lang aufhalten, indem ich am 30. d. M. nach Jena abreisen werde. Sollten Sie daher gesonnen sein, noch vor meiner Abreise mir zu schreiben, so bitte ich Sie, Ihren Brief „An Eckhard Reichardt, der Gottgel. Befl. in Wasungen bei Meiningen" zu schicken. Von Jena aus werden Sie dann erst meinen Brief erhalten. — Ein guter Freund von mir (ich habe ihn schon vorher erwähnt als einen Feind der Reinsprache und insofern ist er mein Freund nicht) hat mir meine Zeit so eingetheilt, daß ich von früh sieben bis um elf Uhr die mir nöthigen Vorlesungen besuche, bestehend aus:

7 bis 8 Uhr Hebräisch (Hochgesänge) bei Hofrath Stickel.

8 bis 9 Uhr Corinther- und Galater-Brief bei Kirchenrath Rückert.

9 bis 10 eine öffentliche Vorlesung (Publikum).

10 bis 11 Uhr Kirchengeschichte bei Geh. Kirchenrath Hase.

11 bis 12 Uhr vielleicht Fechtstunde.

Da ich demnach den ganzen Nachmittag frei habe, so wende ich diese Zeit meistens zu meinen Forschnissen und

Arbeiten im Deutschen verwenden. Das Fechten werde
ich nur als Leibesübung betrachten und mich möglichst fern
von Händeln halten. Den Zweikampf halte ich überhaupt
für eine unwürdige und schlechte Sitte unserer Zeit, die
endlich auch einmal aufhören muß. Ich spreche nicht als
einer, der sich feig beträgt und Furcht hat, aber diese Art
des Fechtens, sich Lumpereien halber gleich zu schlagen, und
eine auf diese Art erhaltene Wunde für ehrenvoll zu
halten, ist meiner Meinung nach höchst unehrenhaft für
einen Menschen, der auf Bildung Anspruch macht. Auch
werde ich unter keine der dort bestehenden Verbindungen,
weder unter eine Burschen- noch Landsmannschaft treten,
indem diese Verbindungen, abgesehen, daß sie viel Geld
und noch mehr Zeit kosten, meistentheils nur Raufen und
Saufen zum Zweck haben, für Wissenschaft aber wenig
oder gar nichts thun. Roth wird ebenfalls nach Jena
übersiedeln, um dort Schulwissenschaften, vorzüglich aber
alte Sprachen- und Größenlehre zu treiben; wie ich gehört habe, so liegen unsere Wohnungen nicht zu entfernt
von einander und so wird unser freundschaftliches Verhältniß auch in Jena fortdauern. Auch wird ein Eisenacher,
dessen Name ich Ihnen schon in einem früheren Briefe zum
Eintragen mitgetheilt habe, nach Jena kommen, um dort
zu wissenschaften. Roth also, Pfeiffer und ich werden alsdann unsere Forschungen in der deutschen Sprache, bezüg-
lich deren Reinigung, vereint betreiben, und wo möglich
suchen wir noch Andere zu gleichem Streben zu ermuntern,
und stiften dann auf diese Weise eine neue Verbindung.

Doch muß ich gleich in die Schule, und sehe mich
veranlaßt, den Brief, welchen ich am 8. d. Mts. begann, aber erst heute vollende, zu schließen. Dennoch rufe
ich Ihnen aus der Ferne mit Roth zugleich einen freundlichen Gruß zu, mit der Bitte Ihre Liebe und Ihr Wohlwollen gegen mich auch fernerhin zu bewahren

Meiningen,   Ihrem
den 11. Ostermonat 1859.   dankbaren, jungen Freunde
                                        Eginhard Reichardt.

Mein lieber väterlicher Freund!

Schon lange Zeit ist es her, daß ich Ihren freundlichen Brief erhielt, und jetzt erst versuche ich es, Ihnen zu antworten. Ein deutsches Sprichwort sagt: Was lange währt, wird gut; demnach müßte mein Brief auch gut werden, und ob er es wird, das wollen wir sehen. — So bin ich denn jetzt in Jena, um zu wissenschaften, und wenn einem die Lust und Liebe zu einem Gegenstand nicht fehlt, so gibt auch Gott seinen Segen, und so wird er mich auch segnen, daß mein Vorhaben mir gelinge. Zu arbeiten habe ich genug, und ich freue mich darüber, daß ich ganz nach Belieben meine Beschäftigung wählen kann, daß kein Zwang mehr herrscht, sondern daß ich frei schalten und walten darf, frei, aber nicht zügellos. Von 6¾ Uhr an früh bis 8 Uhr höre ich bei Herrn Hofrath Stickel die Hochgesänge des alten Bundes, ein Gegenstand, der meine volle Theilnahme in Anspruch nimmt, weßhalb ich auch nicht dazu zu bewegen bin, irgend eine Vorlesung zu versäumen, oder wie man hier zu sagen pflegt: zu schwänzen. Der Vortrag ist zwar nicht so geläufig, wie z. B. der von Kuno Fischer, nichts desto weniger aber höchst anziehend. Gern würde ich Ihnen Etwas aus seinen Vorträgen mittheilen, wenn es nicht den Brief zu sehr verlängern würde, und genau genommen gehört es gar nicht zum Briefe. Hengstenberg, Tholuk u. a. Dunkelmänner werden dabei tüchtig durchgehechelt; es ist aber dieser Angriff nicht ein bloßes Schmähen und Schelten auf diese Leute, sondern es ist die gründlichste Art, wie er sie wiederlegt. Sehr oft weist er ihnen Widersprüche, Unsinnigkeiten u. drgl. nach, und er läßt nichts unerörtert, was seinen Zuhörern Mißverständnisse verursachen könnte. Doch ist Herr Stickel hinwiederum kein solcher, der sich vermißt, Alles zu wissen, im Gegentheil, wo etwas noch nicht sicher erwiesen ist, so sagt er, so meine ich es, ob es das Richtige ist, kann ich nicht behaupten, indeß diese Stelle ist noch nicht vollständig erklärt worden, sie ist sehr schwierig und muß späteren, tüchtigeren For-

schern überlassen bleiben. Komme ich diesen Sommer nach
Heidelberg, dann werde ich Einiges von Stickel mitbringen
und dasselbe Ihnen vorlesen; es ist fast wörtlich nachge-
schrieben oder vielmehr nachgeschmiert; denn dieser Brief
hier, so schlecht er geschrieben ist, ist dennoch eine Schön-
schrift zu nennen gegen jene Schrift im Heft. Fremdwörter
gibt es in Menge, so daß ich bei dem Vortrage kaum Zeit
habe, sie alle zu übersetzen; es ist das etwas Großartiges,
was der Mann hierin leistet z. B. etymologisirend, ästhetisch,
subjektiv, Translokation, Musikmeister, Testament, Majestät, relativ und sonstige Schönheiten — wer zählt die Namen? Es ist das etwas Abscheuliches, welcher Mißbrauch
mit diesen elenden Fremdlingen getrieben wird, und zumal auf
dem Lehrstuhl. Da kann man sagen: Wie ist es nur
möglich, so verständig und doch dabei so vernagelt zu
sein!

Dann höre ich bei Herrn Geh. Kirchenrath Rückert
Erklärung des Galater- und der beiden Korintherbriefe.
Das ist ein sehr tüchtiger, und dabei deutscher Mann, derb,
kernigt, zugleich aber auch offen, gerade ohne Falsch und
Heuchelei. Es werden manche hübsche Züge von ihm erzählt, deren Wahrheit man verbürgen kann, und die überall seine offene, gerade Sinnesweise und sein edles Herz
verrathen. So z. B. macht er sich nicht das Geringste
daraus, einem Manne, dem seine Last Holz zu schwer ist,
dieselbe abzunehmen und zu tragen. Wenn sich mancher
Feingebildete, oder Ueberbildete durch Rückerts derbes Wesen abgestoßen fühlt, so fühlt sich ein Anderer, der einen
deutschen Mann liebt, nur zu ihm hingezogen. Das An-
klopfen, Bücklinge und Kratzfüße kann er durchaus nicht
leiden. Sein Vortrag, obwohl viele Fremdwörter darin
noch vorkommen, trägt dennoch ein deutsches Gepräge. Schon
oft habe ich Anspielungen auf die Fremdwörter von ihm
vernommen, in welchen er den Gebrauch derselben lächerlich macht. z. B. sagte er einstmals: das ist so eine ein-
gebildete Narrheit, oder eine festgewurzelte Verrücktheit,
wofür wir d e u t s c h zu sagen pflegen: eine fixe Idee. Er

trägt allgemein verständlich vor, was freilich Manchem
mißfällt, die hinter den Worten der Gelehrten noch allerlei
errathen wollen und zwischen den Zeilen zu lesen suchen.
Ich kann es nicht unterlassen, Ihnen Einiges aus seinen
Vorträgen mitzutheilen. „Beim vierten Abschnitt des Ga-
laterbriefs, Satz 1, sagte er: Da hat schon vor langer
Zeit ein Mann gemeint, Paulus wolle durch seine Gleich-
nisse den Galatern Sand in die Augen streuen, sie dadurch
gewinnen. Ist das nicht ein furchtbarer Freigeist? Geht
der nicht über Jena und Tübingen? Aber er lebte weder
hier, noch dort, sondern in Wittenberg und hieß Luther.
Was sagen die Anhänger Hengstenbergs dazu? —" Dabei ist Rückert sehr eingehend in die Sache, nie haftend
an der Oberfläche. Haben Sie schon gehört wie er den
Aufenthalt des Paulus in Galatien erklärt, oder vielmehr,
aus welchen Gründen er ihn hervorgehen läßt? Nun es
ist der gewöhnliche, daß Paulus Krankheits halber dort zu-
bringen mußte. Was war dies aber für eine Krankheit?
Antwort Rückerts: Eine Augenkrankheit. Das schließt er
aus Gal. 4, 15. wo Paulus sagt: Wenn es möglich gewesen wäre, ihr hättet eure Augen dazumal ausgerissen und
mir gegeben. Wann sagen wir, so fährt Rückert fort, ich
hätte dir das und jenes gegeben? Offenbar, wenn wir
es bedürfen. Hätte Paulus nun sagen können, „ihr hättet
mir gerne eure Augen gegeben", wenn er sie nicht bedurft
hätte? — Ich muß nur noch über die abgeschmackten Ge-
gengründe lachen, die ihm von seinen Gegnern gemacht
worden sind, wie: „Da müßte Paulus viel Augen bekommen haben," oder „höchst unästhetisch" oder „pure Faselei"
u. drgl. m. Niemals beginnt Rückert seinen Vortrag mit
dem Gewöhnlichen: „Meine Herren!" sondern er übergeht
dasselbe und packt die Sache sogleich an.

Dann höre ich von 9—10 Uhr bei Wißlehrer Hilgen-
feld Einleitungswissenschaft in den neuen Bund, doch habe
ich dieselbe erst später belegt, nachdem er schon 6—7 Stunden vorgetragen hatte. Ein Fremdwörterfreund, doch ist
seine Sache sehr durchdacht, klar und verständlich. Sein

Vortrag ist zwar nicht sehr anziehend, eintönig, aber übersieht man das Geschriebene noch einmal, dann fühlt man erst recht die Tiefe seines Wissens. Obgleich ein Schüler von Baur in Tübingen, ist er doch von diesem nicht abhängig, sondern trägt frei seine eigenen Ansichten vor, die freilich nicht immer mit Baur in Einklang stehen. Das thut auch nichts zur Sache — Eines schickt sich nicht für alle — und es wäre schlimm, wenn alle Menschen wie Baur dächten; nicht als ob Baur falsche Ansichten hätte, sondern es würde bei einer Gleichheit im Wissen kein Fortschritt im Forschen und Suchen der Wahrheit sein.

Von 10—11 Uhr höre ich endlich bei Hase Kirchengeschichte, und es ist höchst anziehend, diesen grundgelehrten, scharfsinnigen und gebildeten Mann zu hören. Seine Aussprache ist trotz ihrer Leisheit ausdrucksvoll zu nennen, man fühlt, der Mann spricht mit Wärme und Liebe zur Sache; dabei kann man ihn vorurtheilfrei nennen, indem er keine christliche Glaubensschaft in der Geschicht vorzieht, sondern jeder Vorzüge und Schwächen berücksichtigt und in die richtige Beleuchtung stellt. Wie gewöhnlich aber ist sein Vortrag voller Fremdwörter. Wann wird es einmal in Deutschland besser werden? Es muß besser werden, sonst hört Deutschland auf zu sein.

Das wären die Vorlesungen, welche ich täglich höre. Außerdem habe ich Montags und Donnerstags von 1 bis 2 Uhr Chaldäisch bei Herrn Hofrath Stickel, zum Verständniß des Daniel.

Fragen Sie nun nach meinem sonstigen Leben in Jena, so habe ich Ihnen nun Folgendes mitzutheilen. Unter eine Verbindung bin ich nicht getreten, obschon ich, besonders von den Landsmannschaften, sehr dazu angereizt worden bin. So bot mir einer 20 Thlr. an, wenn ich der Sachsenverbindung beitreten würde, ich könne sie ihm, wenn ich wolle und wie ich wolle, Silbergroschen weise, wieder zurückerstatten. Ich dankte, denn diese eigenthümliche Landsmannschaft wäre die letzte, zu der ich träte. Freund Roth ist zu den Germanen getreten, einer sehr ehrenwerthen Bur-

schenschaft, die nur, wie man ihr nachsagt, den Fehler hat,
daß sie viel trinkt. Ich glaube aber, unter allen Verbindungen finden sich Leute, die gerne ein Glas über den
Durst trinken, und da kommt es auf den Einzelnen an,
wie viel er trinken mag und kann. Diese Burschenschaft
und die des Burgkellers streben vor allen andern, Einigung
unter die Burschenschaften zu bringen, und diese beiden haben sich sehr einander genähert und stehen auf gutem Fuß
zu einander. Dagegen sind die Teutonen eine Zwitterge-
sellschaft zwischen Burschen- und Landsmannschaft, wollen
von einer Einigung der Burschenschaften nichts wissen, aber
auch nichts mit den Landsmannschaften zu thun haben, und
verdienen, da sie das Gesuch der beiden andern Burschenschaften schmählich zurückgewiesen haben, die Verrufserklä-
rung, die ihnen von allen Verbindungen zu Theil geworden
ist, um so mehr, da sie höhere Zwecke kaum erkennen, und
überhaupt gar keine Zwecke haben. Wie schon erwähnt,
bin ich keiner Verbindung beigetreten; aber allwöchentlich
kommen wir Meininger, wer Lust hat, einmal zusammen,
unterhalten uns bei einem Glas Bier, das übrigens hier
sehr schlecht ist, über das engere und weitere Vaterland,
machen schlechte Witze, worin einer den andern zu überbie-
ten sucht. — Ferner bin ich zu der Jenaer Liedertafel getreten, die jeden Dienstag zusammen kömmt, und in trautem
Vereine sich durch Gesang unterhält. Singen muß ich,
sonst bin ich nicht gesund. — Auch besteht bei Rückert ein
sogenannter Gottesgelehrtheitsverein, dem ich beigetreten
bin. Derselbe kommt wöchentlich einmal und zwar am
Abend des Freitags auf zwei Stunden bei Rückert zusammen, wo dann jedes Mitglied nach einem vorher von Rückert gegebenen Schriftwort einen Kirchredeentwurf vorzu-
lesen hat. Ist dieses geschehen, dann stellt irgend Jemand
eine Frage auf, die von allen gemeinsam besprochen und
nach allen Seiten hin durchgegangen wird. Das ist ein
sehr hübscher Verein und für mich von großem Nutzen.
Mein Leben in Jena ist im allgemeinen billig, indem
ich für ein hübsches Stübchen mit dem nöthigen Geräthe

und für Aufwartung zusammen halbjährlich 9 Thlr. bezahle. Mein Vater hatte mir 35 Thlr. mitgegeben, aber die Beleggelder (Vorlesungsgebühren habe ich frei) Einzeichnungsgeld, u. drgl. haben schon vor 14 Tagen alle gemacht. Ich lebe nun ohne einen Pfennig Geld bis jetzt, und was noch mehr besagen will, ohne auch nur einen Pfennig Schulden gemacht zu haben, vor dem ich mich überhaupt sehr in Acht nehmen werde. Wie geht das zu? so werden Sie fragen. Und ich muß Ihnen antworten: Höchst einfach. Da ich eine Zahlstelle oder eine Art Freitisch habe, so brauche ich nicht für Mittagstisch zu sorgen; früh genieße ich nichts, Abends gehe ich von Einem meiner Freunde zum Andern, und sehe, was er hat, es herrscht eine Art Gütergemeinschaft unter ihnen, und da macht das wenig aus. Jetzt ist Pfingsten da, wo ich meine Pathen in Ramburg besuchen werde, die will ich etwas treten, daß sie mit Etwas heraus rücken; dann kann ich schon eine Zeit lang leben. Ich sehe, wenn man lustig und heiteren Sinnes ist, dann geht es einem immer gut. Ich erwartete Herrn Joh. Welcher aus Halle zu Besuch, doch der scheint auszubleiben. Ich habe die nöthigen Vorkehrungen getroffen, so daß ich, sollte er etwa nach meiner Abreise ankommen, höchstens am folgenden Tage wieder in Jena bin.

Bis jetzt habe ich in Jena noch nichts mit der Reinsprache ausgerichtet, ich wirke aber, wo ich kann und der Thüringer Sprachverein wird Ihnen bald seine sämmtliche Mitgliederzahl zuschicken, die für den Anfang immerhin genug ist. Nach Pfingsten werde ich mich ohnehin, da ich jetzt in Jena ordentlich eingerichtet bin, mit weit größerer Thätigkeit an das einmal begonnene Werk machen, es muß durchgeführt werden, dafür sind wir Deutsche; und ein Deutscher darf den Kopf nicht verlieren, er muß wirken, so lange es Tag ist. — Letzthin las ich in einem Auszug aus Luthers Werken in der Ueberschrift eines Liedes: Im Ton: Ein leppisch Mann u. s. w. — für „Nach der Melodie". Da haben wir also zwei sehr bezeichnende Wörter für dieses Fremdwort: Ton und

Weise. Das elende Fremdwort können wir entbehren, darum fort mit ihm!

Jena, 11. Brachmonat 1859.

Ihr
Sie liebender junger Freund
Edinhard Reichardt.

Jena, den 8. Heumonat 1859.

Mein lieber väterlicher Freund!

Heute um 11 Uhr kam ich aus meinen Vorlesungen und fand Ihren Brief vor. Nun, was mir dieser Freude gemacht hat, können Sie sich kaum vorstellen; auch aus diesem erkannte ich, daß Sie mir immer mit ungetheilter Liebe zugethan sind. Sogleich wollte ich Ihnen antworten, aber es lagen Arbeiten vor, die sich nicht aufschieben ließen, so daß ich erst heute Nachmittag um 4 Uhr mit dem Brief anfangen konnte. Aber kaum hatte ich oben Jena geschrieben, als mich ein Freund aus Eisenach besuchte, durch dessen Anwesenheit ich abgehalten wurde, weiter zu schreiben. Erst um 6 Uhr konnte ich fortfahren, und auch nur bis um 7 Uhr werde ich schreiben können, indem ich alsdann in das Gottgelehrtheitskränzchen muß, welches bis um 9 Uhr dauert. — Durch den erwähnten Eisenacher erfuhr ich, daß morgen noch 3 Freunde aus Eisenach und Mitglieder des Reinsprachvereins in Jena eintreffen würden. Ich hatte denselben vor ungefähr acht Tagen einige Satzungen zur Bildung eines Zweigvereins zur Begutachtung zugesandt, sie kommen aber selbst und ich werde den Brief nicht eher abschicken, als bis der Beschluß über die Vereinsbildung festgestellt ist, damit Sie das Nähere darüber erfahren können. Jetzt werde ich Ihnen vorerst etwas Anderes mittheilen.

Nachdem ich einige Tage bei meinen Bekannten in Hamburg zugebracht hatte, erhielt ich am 16. v. M. einen Brief aus Jena und zwar von Johannes Melcher aus

Halle, der schon am Sonnabend vorher iu Jena eingetroffen, aber am ersten Pfingstfeiertage seine Reise durch
den Thüringer Wald wieder fortgesetzt hatte. Er versprach
mir in diesem Briefe, spätestens am ersten Sonntag nach
Pfingsten Abends sich bei mir in Jena wieder einzustellen,
um sich ein paar Tage bei mir aufzuhalten; deshalb ging
ich am Sonnabend den 18. Brachmonat von Namburg
weg und nach dreistündigem Wege war ich wieder in meiner Behausung.

Bis zum 26. d. M. ist der angefangene Brief liegen
geblieben und jetzt erst kann ich daran denken, ihn weiter
fortzuführen. — Am Sonntag den 19. Brachmonat Nachmittags um 3 Uhr öffnete sich die Thüre meiner Stube
und ein junger Mensch trat ein, in dem ich Joh. Melcher
vermuthete und ich hatte mich nicht getäuscht. Ja er war
es, der sich mir in die Arme warf und den ich freundlich
in meiner Behausung willkommen hieß. Er ist eine schlanke
Gestalt, wenn auch, wie mir es schien, von schwächlicher
Brust; denn er ging meist etwas vorwärts gebeugt. Er
hat bräunlich blonde Haare, sein großes blaues, offenes
Auge zeugte vom treuen, ehrlichem Gemüth und lebhaftem
Geiste. Seine schön gestaltete Griechennase stand in schönen Verhältniß zu seinem runden, vollen, freundlichen Gesichte. Beim Lächeln zeigte sein rother Mund ein paar
Reihen weißer, gesunder Zähne. Das das Aeußere von
dem jungen Melcher.

Seinen regen Geist und seine wissenschaftlichen Kenntnisse lernte ich im Umgang immer mehr schätzen und achten. Bis zum Dienstag Vormittag hielt er sich bei mir
auf. Ich wollte ihn an diesem Tage noch bei mir behalten,
weil es mein Geburtstag war, aber er meinte: „den kannst
Du besser in Halle mit mir feiern. Vorwärts, nicht ge-
zögert, Du gehst jetzt mit mir nach Halle!" Ich machte
Einwendungen, aber sie halfen alle nichts, ich mußte mit.
Ein Glück war es, daß die Vorlesungen bei uns erst am
27. Brachmonat begannen. Also ging ich denn zu Fuß
mit ihm bis nach Naumburg. Er ließ es sich nicht nehmen,

die sämmtlichen Reisekosten zu tragen, und Abends um
6 Uhr waren wir mittelst der Bahn in Halle. So schön
wie in Jena ist es dort nicht; schon von Naumburg an
verflacht sich das Saalthal, und wenn auch bis nach
Weißenfels noch einige Spuren von Hügelchen sich zeigen,
so hört das doch nach dem obengenannten Orte gänzlich
auf. Halle selbst liegt in Mitten einer unabsehbaren Ebne,
nur Saalabwärts erheben sich einige Hügel, auf deren
einem am rechten Saalufer die Burgtrümmer Gibichen-
stein, wo Ludwig der Springer, Landgraf von Thüringen,
gefangen saß, und wo er den kühnen Sprung in die Saale
machte, dem er seinen Beinamen verdankt. Jetzt würde
er ihn nicht machen können, da nach meinem Augenmaß
die Saale wenigstens 25—30 Fuß, wo nicht noch weiter
vom Fuße des Berges entfernt, vorbeifließt. Man kann
aber sehr deutlich erkennen, daß das zwischen der Saale
und dem Giebichenstein liegende Erdreich angeschwemmter
Boden ist. Dem Giebichenstein gegenüber liegt ein Erho-
lungsplatz, zu welchem man vermittelst eines Kahnes über
die Saale fährt. Von dort aus übersieht man eine große
Strecke des Saalthales, und sehr malerisch nimmt sich der
gegenüberliegende Giebichenstein dabei aus. Vom Giebichenstein aus führt ein Weg rechts ab nach dem Badeort Witte-
kind, der sich weit schöner machen würde, wenn er eine
hübschere Lage hätte. Da hat denn nun die menschliche
Kunst viel thun müssen, was die Ortsbeschaffenheit versagt
hat, und ihre Früchte hat auch ihr Fleiß gebracht; denn im
Ganzen genommen ist es ein recht freundlicher Ort. —
Auf einen Menschenschlag in Halle machte mich Freund
Melcher aufmerksam; es sind dies die sog. Halloren, welche
wendischen Ursprungs sein sollen, sich nur unter einander
verheirathen, und beim Salzwerk meistentheils angestellt
sind. Sie tragen meist dunkle Hosen, die nur bis zum
Knie reichen; das untere Bein wird mit langen blauen
Strümpfen und Schnallenschuhen bekleidet. Der Brust-
latz ist meist (so viel ich gesehen habe) aus einem bunten,
grellrothem Stoff, und mit einer Reihe von 24 Knöpfen,

von der Größe welſcher Nüſſe, oder auch von der Größe
einer Haſelnuß, doch 24 müſſen es ſein. Der Stoff, aus
dem dieſelben, ſchien mir Stahl zu ſein; die Jacke hatte
einen handbreiten Schoß und war ebenfalls mit Stahl-
knöpfen beſetzt. In Halle beſteht die Sage, daß, wenn
ein ſolcher Hallore in ein Wirthshaus komme, um ſeinen
Durſt zu löſchen, er beim erſten Glas den oberſten Knopf
ſeines Bruſtlatzes aufknöpfe und bei den folgenden Gläſern
abwärts fortfahre aufzuknöpfen, bis der Bruſtlatz offen
ſei; beim 25. Glas aber fange er wieder an zuzuknöpfen,
bis beim 48. Glas der letzte oberſte Knopf auch in ſeinem
Knopfloche ſitze. Doch habe ich nie Gelegenheit gehabt,
dieſes Schauſpiel mit eigenen Augen zu ſehen, und es iſt
zweifelhaft, ob je einen ſolchen Durſt oder vielmehr Trink-
ſucht Jemand beſitzen könne. Aber alle Halloren, die ich
geſehen habe, ſind von kräftiger Leibesbeſchaffenheit und
einer ſtattlichen Größe. —

Auch hatte ich Gelegenheit, einigen Vorleſungen in
Halle beizuwohnen; ich hörte nemlich bei Tholuk, der das
Leben Jeſu von Johannes erklärte, habe aber kein Wort
verſtanden, da ich ſehr weit hinten ſaß und Tholuk ſehr
leiſe ſprach. — Leo las über den Tyroler-Aufſtand gegen
Napoleon I.; doch, da er nur die einzelnen geſchichtlichen
Thatſachen vortrug, konnte ich nicht hinter ſeine eigentlichen
Anſichten und Meinungen kommen, die ſehr dunkel gefärbt
ſein ſollen, wie er denn z. B. die franzöſiſche Staatsumwälzung als ein Strafgericht des zürnenden Gottes im
vorigen Jahre ſeinen Zuhörern dargelegt haben ſoll. Seine
Ausſprache iſt ſehr weinerlich, was ſich ſehr gut ausnimmt,
wenn er Witze zu machen beliebt, und dieſelben mit äußerſt
kläglicher Stimme anbringt; dann wird mehr über die Art
des Vortrags, als über den Witz gelacht. — Ferner habe
ich Schillers Leben von Haym vortragen hören, was mich
ſehr anſprach, da Haym mit einem freien Vortrag auch
eine höchſt lebendige Darſtellungsgabe verband. Beſonders
zog es mich noch an, als er den Aufenthaltsort Schillers
in Bauerbach bei Meiningen erwähnte, und ich dadurch an

eine Menge Oertlichkeiten um Meiningen erinnert wurde,
wo sich Schiller aufgehalten hatte.

Auch nahm mich Freund Johannes mit in die Versammlung seiner Verbindung, der Normannia, und ich habe
mich sehr erfreut an dem guten Geiste, welcher in derselben
herrscht. Wissenschaftliches Streben, Entfesselung des Geistes, das Ringen nach Wahrheit ist eine Hauptaufgabe dieser jungen Leute. Gewöhnlich thun sich 4—6 dieser Leute
zusammen, die wöchentlich dreimal unter sich Abends zu-
sammenkommen, dabei entweder Griechisch oder Französisch
lesen und das Gelesene besprechen, oder auch Deutsch an
dem dritten Abend treiben; wo alsdann ein Mitglied irgend
einen Vortrag über einen deutschen Dichter wählt und hält,
einige Stücke von demselben vorliest und worüber die Anderen urtheilen. Ich war bei einer solchen Versammlung,
wo ein gewisser Kalebow über Geibel sprach und dann
einige Gedichte von diesem vorlas. Er hatte nun diesen
Dichter gehörig herausgestrichen, was die Anderen nicht zugeben wollten. Da hätten Sie sehen sollen, wie die
jungen Leute so eifrig und voll Feuer ihre Ansichten vertheidigten, — das war einer meiner schönsten Abende, die
ich je erlebt habe. — Noch eine andere Verbindung von
vielleicht 6 Mann hatte Melcher gegründet, die einmal in
der Woche zusammenkömmt und aus Verbindungs- und
Nichtverbindungsleuten besteht. Ein Mitglied dieser Gesellschaft hält in einer jeden Versammlung einen Vortrag
über irgend einen Gegenstand, den man in der vorigen
Versammlung bestimmt hat. Bedient sich einer eines
Fremdworts, und ein Anderer weiß ein gutes deutsches
Wort dafür, so muß das Mitglied einen Pfennig Strafe
zahlen. Leider wird der Verein, da Melcher jetzt von
Halle nach Berlin übersiedeln wird, eingehen, denn er ist
die Seele vom Ganzen und hält ihn noch aufrecht. So
blieb ich denn bis zum Sonntag früh in Halle, wo ich
um 6 Uhr abfuhr und nach Jena zurückkehrte. Johannes
hatte wiederum die Güte, auch diese Fahrkosten bis nach

17

Apolda zu bezahlen, von wo aus ich noch 3 Stunden bis
nach Hause hatte.

Etwas hätte ich fast übergangen. Am Freitag Nachmittag, den 24. Brachmonat nemlich kam Johannes nach
Hause (ich war auf seiner Wohnung geblieben) und
erzählte mir, daß er in einem Zeitungsblatt gelesen habe,
in Gotha sei am 16. Brachmonat Versammlung der freien
Gemeinden gewesen, unter deren Vertreter auch Sie angeführt gewesen seien. „O", rief er aus, „hätte ich mich
nur etwas mehr bei meiner Reise durch den Thüringer
Wald beeilt, so wäre ich rechtzeitig in Gotha eingetroffen,
und hätte ihn, den ich so sehr verehre, sprechen können."
Denn am 18. Nachmittags traf er in Gotha ein und hätte
recht gut, wie er meinte, schon am 17. Vormittags dort
sein können. Und mein Bedauern, Sie nicht gesehen zu
haben, war nicht minder groß. Hätte ich das geahnt, so
würde ich unfehlbar statt nach Hamburg nach Gotha gereist sein, zumal dort meine zweite Schwester sich aufhält,
die ich auch noch nicht besucht habe. Noch jetzt dauert es
mich, Sie nicht gesprochen zu haben.

Am 9. d. M. erhielt ich einen Besuch aus Berlin von
Bernhard Borsdorf, einem Mitglied des Reinsprachevereins, der bis zum 11. bei mir blieb und alsdann abreiste,
um den Thüringer Wald zu besehen. Auch dieser junge
Mann hat mir sehr gut gefallen und manche schöne Stunde
haben wir zusammen in Jena verlebt. — Unterdessen waren auch nach und nach die oben erwähnten Eisenacher
eingetroffen, und als ich Rücksprache mit ihnen über die
Gründung eines Zweigvereins nahm, so wollten sie nichts
davon wissen, sie meinten, sie gäben sich von selbst
Mühe, die Fremdwörter zu vermeiden, sie gehörten ja auch
zu dem Heidelberger Verein, wozu da noch Zweigvereine
gründen. Ich mochte ihnen beweisen durch noch so viele
Gründe, wie zweckmäßig die Bildung eines Zweigvereins
sei, sie gingen nicht darauf ein, und ich merkte, daß es bei
den meisten ein zu geringes Vertrauen sei, welches sie in
ihre Kräfte setzen. Auch kommt noch das hinzu, daß die

Vorsteher der beiden Lehranstalten in Eisenach nicht sowohl
Feinde der deutschen Sprache, als vielmehr Feinde jeder
Vereinigung ihrer Schüler sind, mag dieselbe noch so
unschuldige und sogar nützliche Zwecke haben. Nur zwei,
Arno Trautvatter und Adolf Stegmann haben mir zuge-
sagt, daß, sobald sie selbstständig seien, sie auch eifrig Hand
ans Werk legen würden, einen Verein zu gründen, und
wissenschaftlich dabei zu Werke zu gehen, was mich sehr
gefreut hat; sie sind es, auf welche ich noch, nebst Alexander Bley meine Hoffnung setze. Ich werde aber von nun
an in Jena unter meinen Bekannten und solchen Leuten,
die Sinn für die Sache haben, einen solchen Verein zu
Stande zu bringen suchen. — Da muß ich Ihnen Etwas
erzählen, was in unser Gebiet einschlägt. In meinem
Hause wohnt auch ein Franzose, Namens Panchaud, der
ungefähr 1½ Jahre in Deutschland, schon ziemlich gut
deutsch spricht. Derselbe sagte mir neulich, er habe sich
schon oft gewundert, daß in deutschen Werken so viele französische Wörter vorkommen, die er nicht verstehe. Man
sieht hieraus, daß dem Ausländer durch die Einmischung
ihrer Ausdrücke in unserer Muttersprache keine Erleichterung,
sondern nur Schwierigkeiten beim Erlernen der deutschen
Sprache gemacht werden. Und doch sucht man gerade auf
diese Weise die Fremdwörter in Schutz zu nehmen.

Von Rückert habe ich ein paar Aussprüche Ihnen an-
zuführen, die folgendermaßen lauten: „Meyer sagt hier —
exhibiren — er hätte auch besser gethan, ein deutsches
Wort statt des Fremdwortes zu sagen, das ist aber das
Ueble, daß der Mann nicht drei Worte deutsch hinter einander sprechen kann." Ferner: „Meyer sagt — absurd —,
ich sage — ungereimt." Sie können hieraus sehen, daß
Rückert kein Freund von Fremdwörtern ist. Zum besseren
Beweis dafür lege ich Ihnen aber sein neuestes Werk
„Vernunftthum", das er aber Rationalismus nennt, bei.
Obwohl noch immer viele Fremdwörter darin vorkommen,
so ist diese Sprache dennoch eine Mustersprache für unsere
deutschen Gelehrten. Wenn alle so, wie Rückert, fortführen,

17*

dann würde ja wohl auch für unsere Muttersprache ein
helles Licht und ein schöner Tag aufgehen. Ich bitte Sie,
dieses Büchlein als einen Beweis meiner Liebe und An=
hänglichkeit anzunehmen; ich bin zwar nicht der Verfasser,
aber ein großer Verehrer des alten Rückerts wegen seiner
durch und durch deutschen Gesinnung und Gründlichkeit, und
insofern wird Ihnen auch diese Gabe als ein Geschenk von
mir nicht geringeren Werth in Ihren Augen haben, als wenn
es von mir selbst herrührte.

Ich weiß gar nicht, wie ich Ihnen genug danken soll
für Ihr freundliches Anerbieten, worin ich schon wieder
die größten Beweise Ihrer Hingabe und Liebe zu mir er=
blicke; mit dem größten Dank nehme ich Ihren gütigen
Antrag an; ich würde vielleicht unter anderen Umständen
Bedenken tragen, darauf einzugehen, indeß ich kenne Ihre
wohlmeinende Absicht und fürchte durch ein Ausschlagen
Ihres Angebotes, das aus dem menschenfreundlichsten Her=
zen kommt, Sie zu kränken. Am leichtesten werde ich im
Stande sein, Ihr Fremdwörterbuch abzusetzen, auch kann
ich wohl gut das Christenthum im Geiste des 19. Jahr=
hunderts absetzen, und dürfte ich mir wohl als besonderes
Geschenk ihr Urbild der deutschen Reinsprache ausbitten?
Ich komme mir etwas zu frei vor, aber ich will keinen
Rückhalt machen; sollen die Leute von mir erfahren was
ich will, so muß ich es alsdann ihnen sagen, und nicht es
sie rathen lassen. — Was die Gesangstücke anbelangt,
so könnten Sie mir eine rechte Freude damit machen, denn
Gesang ist mein Leben, und wenn ich nicht singen dürfte,
ich würde mich höchst unglücklich fühlen; deshalb bin ich
auch hier unter die „Liedertafel" getreten, die morgen als
am Mittwoch Nachmittags 5 Uhr eine Tonaufführung in
der Hochschulkirche geben wird, wo unter Anderem mehrere
Kirchentonstücke von Seb. Bach vorgetragen werden; z. B.
„Ich hatte viel Bekümmerniß" u. s. w. Gewöhnlich singe
ich zweite Hochstimme, mitunter, aber selten, auch erste
Tiefstimme. Meine Stimme umfaßt nämlich 16—17 Töne,
von dem unteren F an bis zum oberen E; am stärksten

ist sie in der Mitte von C — c. Sonst beschäftige ich mich noch auf dem Saitenspiele etwas, obschon meine Leistungen zurückgekommen sind durch meinen Aufenthalt in Meiningen, wo ich innerhalb 8 Jahren nur wenig gespielt habe, aber ich werde nicht unterlassen, das Versäumte hier nachzuholen.

Auch wird lateinisch und griechisch hier fortgetrieben, und ich habe mich mit zwei jungen Altsprachwissenschaftern vereinigt, mit denen ich lateinische Uebungsstücke wöchentlich zweimal schreiben und durchgehen werde. Mit einem andern jungen Gottesgelehrten werde ich den Philoctetes des Sophocles lesen; mit Letzterem spreche ich auch auf unsern Lustwandelungen in der Umgegend Jena's Lateinisch. Wenn auch meine Fertigkeit nicht so groß im Lateinsprechen ist, so hoffe ich doch durch fortgesetzte Uebung es noch zu Etwas zu bringen.

Sie nehmen mir es nicht übel, daß ich diesmal mein Päckchen nicht frei gemacht habe, aber es fehlt mir an Geld. Zwei Thaler habe ich zwar noch, aber die sind für einen andern Zweck, nemlich zur Reise nach Heidelberg bestimmt, wohin ich sicher kommen werde, wenn nicht irgend ein unvorhergesehenes Hinderniß dazwischen tritt. Wie ich gehört habe, so werden am 15. d. f. Mts. die Vorlesungen geschlossen, indeß ist es nicht sicher; es kann immer sein, daß noch bis Ende des nächsten Monats gelesen wird, aber man weiß das nicht gewiß.

Nun leben Sie wohl. So Gottes Wille es ist, so werden Sie in Bälde leibhaftig vor sich sehen

Ihren

Sie liebenden Freund

. Ebinhard.

§. 86. Lebenslauf von A. E. Reichardt.

Dieser Lebenslauf eines dreiundzwanzigjährigen jungen Mannes, welcher sich mit aller Kraft der Reinsprache annimmt, wie alle seine Briefe beweisen, enthält so

manches anziehende, weil er mit seltener Aufrichtigkeit und
Wahrheitsliebe geschrieben ist, daß ich ihn hier gern ganz
nach der Urschrift geben möchte. Allein es würde die vorgezeichnete Gränze dieses Buches überschreiten. Daher möge
ihn E. Reichardt später selbst herausgeben.

§. 87. Vortrag von Ebinhard Reichardt auf der Wartburg bei Eisenach über deutsche Reinsprache.

Wie viel Mühe sich Reichardt gab, überall die Sache
der Reinsprache zu vertheidigen und in Anregung zu bringen, haben wir oft schon aus seinen Briefen gesehen. Ein
neuer Beitrag soll hier folgen in „den Beantwortun-
gen einiger Fragen in Bezug auf die deutsche
Reinsprache". Vorgetragen in der Versammlung mehrerer Mitglieder des deutschen Reinsprachevereins am
9. Schneemonat 1859 auf der Wartburg bei Eise-
na ch.

Werthe Freunde! — Wir feiern heute die Erinnerung
an den Tag, an welchem ich zum deutschen Reinspracheverein in Heidelberg trat, durch welchen Beitritt ich meine
Redeweise und mit ihr meine Sinnes- und Denkungsart
änderte. Es gilt also unsere heutige Versammlung der
Erinnerung des Tages, an welchem meine Liebe zum deutschen Wesen mächtig in mir angeregt und begründet wurde,
die sich von Tag zu Tag immer mehr befestigte und er-
starkte. Soll ich mich nicht der Wiederkehr des Tages erfreuen, der mir so viele, vorher ungekannte Freuden erschloß?
Und wie könnte ich dies anders am besten, als daß ich alle
meine deutschen Freunde Theil an meiner Freude nehmen
lasse? Ja, geliebte Freunde! Ihr verdient es, Euch mit
mir zu freuen, habt Ihr doch auch in meinem Leid mit
mir getrauert! Ihr steht mir besonders nahe, nicht durch
die Bande des Blutes, nein, ein viel schöneres Band vereinigt mich mit Euch allen, nemlich ein geistiges Band, die
Aehnlichkeit der Gesinnungen. In Euch allen lebt, wie in

mir, die Liebe zu einem gesammten deutschen Vaterlande,
zu einem großen deutschen Volke. Auch Ihr macht keinen
Unterschied zwischen Preußen und Oestrich, zwischen Baiern
und Hannover, zwischen Sachsen und Württemberg, Euch
alle beseelt der Gedanke an ein einziges deutsches Vaterland. Ihr alle habt Euch, gleich mir, entschlossen, die Be-
festigung des Bandes zu erzielen, welches einzig und allein noch Deutschlands Bruderstämme zusammenhalten
kann, dem deutschen Volke das Gut zu wahren, welches
allein noch das deutsche Volk kennzeichnet, nemlich seine
Sprache. Ihr alle wißt, in welchem Zustande sich dieselbe befindet, Ihr alle erkennt, daß durch Verschlimmerung
dieses Zustandes das Band, welches zur Einigung Deutschlands beitragen soll, immer mehr gelockert und aufgelöst
wird, Ihr alle leugnet nicht, daß, wenn dieses Band ge-
löst ist, auch Deutschland zu sein aufhört und deshalb seid
Ihr alle auch entschlossen, Euch nach Kräften jener Gefahr
entgegenzusetzen. Groß ist die Gefahr, groß sind die Schwierigkeiten, welche es zu überwinden gilt, soll anders die Gefahr beseitigt werden; aber ich bin auch überzeugt, daß
ebenso groß Euer Muth, noch größer Eure Standhaftigkeit
und Eure deutsche Ausdauer sein wird.

Schon Jahrhunderte lang hat man das deutsche Volk
darauf aufmerksam gemacht, daß nichts nachtheiliger sei,
als gerade die Vermengung des Fremden mit dem Eigenen,
indem dadurch seine Ureigenthümlichkeit zuletzt schwinden
müsse, aber Alles vergebens. Hätte man immer die Reinheit der Sprache mit Ausdauer und Beharrlichkeit verfolgt, man würde dem Ziele viel näher stehen, als es jetzt
der Fall ist. Schon seit dem 16. Jahrhundert traten tüchtige Männer auf, die mit Wärme die eckle Ausländerei,
die Einmischung fremder Wörter in die deutsche Sprache
mit Recht tadelten. Ein solcher war Luther, ferner Philipp
v. Zesen, Caspar v. Stieler, später Campe, Herder, Jahn
u. v. a. Wenn diese Männer für unsere Muttersprache
das Wort redeten, ja, da waren es nur Wenige, die damit einverstanden waren, die Mehrzahl wollte die alte,

halsbrechende, schlechte Bahn nicht verlassen, die Wenigen
aber besaßen die Ausdauer nicht, das Gute zu verfolgen,
auch sie ließen ab, und die Folge davon war, daß die
schönsten Hoffnungen zu Grabe gingen. Hätten sie nur den
Muth gehabt, dem Vorurtheil kräftig zu widerstehen, hätten
sie nur deutsche Ausdauer in dieser Sache gezeigt, und
hätten sie nicht vorher am Gelingen des Guten gezweifelt,
es stände jetzt bei Weitem besser um unsere Muttersprache.

Kein Volk der Erde ist bedächtiger, als das deutsche.
Es erwägt eine Sache und deren Folgen erst nach hundert
Seiten hin, bevor es sich entschließt. Sieht es aber, daß
man durch Ausdauer und Muth dem Ziele näher kommt,
bemerkt es ferner, daß das Gute sich zum Vortheil ausbreitet, und ist es schon vorher der Sache nicht ganz abgeneigt, so ist es um so eifriger darauf bedacht, dieselbe zu
unterstützen, sie zu fördern. Unzählige Beispiele könnten
hiezu als Beleg angeführt werden. — Unser sind wenig,
lieben Freunde; wir, die wir nur ein einiges deutsches
Vaterland anerkennen, zeigen wir unseren Landsleuten, daß
wir mit Ausdauer und Muth die Sache der Sprachreinigung verfolgen werden, uns dem lastenden Drucke des
fremden Joches zu entziehen; denn so lange wir uns noch
fremder Wörter bedienen, so lange geben wir auch den
Beweis, daß wir dem Joche des Auslandes unterworfen
sind, daß die Fremdherrschaft noch nicht gebrochen ist. Wir
alle sind keine großen Männer, aber Ausdauer und Beharrlichkeit, gepaart mit Muth und Kraft, können uns dazu
erheben. Und wenn wir mit unseren schwachen Kräften
ausgerüstet, zeigen, wozu Beharrlichkeit und Muth führen,
wenn wir das deutsche Sprichwort: „Steter Tropf höhlet
den Stein" auch hier zur Anerkennung bringen, sollte sich
da nicht mancher bewogen fühlen, eine Sache zu fördern,
die er erst nicht beachtete und die von so großen Folgen
ist? Und haben denn nicht schon Männer von tiefer wissenschaftlicher Bildung der Sprachreinigung ihre Hülfe an-
geboten? Wer war es, als der Heidelberger Sprachverein zu Stande kam, der zuerst beitrat? Der große von

Hammer-Purgstall in Wien, der als Forscher und Kenner
der Sprachen des Ostens rühmlich genannt wird, war sogleich bereit, dem Vereine beizutreten und die Reinheit der
Sprache zu fördern. Sein Wirken, wenn es auch nur ein
kurzes war, da ihn der Tod zu früh für die Sache der
Reinsprache ereilte, sein Wirken für unsere Muttersprache,
sage ich, ist nicht ohne gute Folgen geblieben. Auch der
greise Paulus, der mit dem großen Göthe durch das Band
der Freundschaft innig verbunden war, dessen Name noch
jetzt auf dem kirchlichen Gebiete hervorleuchtet, auch er erkannte das zunehmende Bedürfniß einer Sprachreinigung
und wurde nicht nur Vereinsmitglied, sondern er gehörte
zum Vorstand des Vereines. Doch starb auch er, ehe er
etwas Bedeutendes in der Sprachreinigung geleistet hatte.
Ehren wir sein Andenken dadurch, daß wir das Ziel, dem
er zusteuerte, nicht aus den Augen verlieren, sondern rastlos uns bemühen, dasselbe zu erreichen! — Gervinus und
viele andere gelehrte Männer sind dem Reinsprachverein
gewogen, woraus hervorleuchtet, daß die Nothwendigkeit
einer Sprachreinigung von Tag zu Tag immer fühlbarer
wird, und daß selbst wissenschaftlich gebildete Männer es
nicht verschmähen, dem höchst vaterländischen Verein sich
anzuschließen.

Leider sind wir auch noch nicht von dem Einflusse der
Menge frei. Auch unter uns hat noch das Vorurtheil eine
zu tiefe Wurzel gefaßt. Nur eins sei erwähnt, daß wir
uns nemlich noch immer scheuen, statt der fremden Ausdrücke entweder neue Wörter zu schaffen, oder bereits vorhandene „neue" deutsche
Wörter zu gebrauchen. Ja, es geht dies noch weiter, daß man sogar Bedenken trägt, statt der
fremden solche deutsche Wörter anzuwenden,
die schon seit langer Zeit in unserer Sprache
vorhanden sind. Ein Grund hiervon mag sein, „daß
wir noch zu wenig mit der deutschen Sprache bekannt sind".
Wenn wir aber lieber Fremdwörter statt der deutschen gebrauchen, wenn wir die Mühe scheuen, ein gutes deutsches

Wort aufzusuchen, so werden wir auch keine größere Sprachkenntniß erlangen. Es wäre daher sehr nöthig, daß wir
uns mit den deutschen Schriftwerken etwas mehr bekannt
machten, — gar manches Fremdwort würden wir alsdann
durch ein deutsches ersetzen können. Lessing unter Anderen
hat sehr viel hierin geleistet. Er war aber nicht der Art,
wo bereits ein deutsches Wort statt des Fremdwortes vorhanden war, letzteres dem ersteren vorzuziehen, im Gegentheil, lieber gebrauchte er z. B. statt „Tragicomödie" das
deutsche Mischspiel und so sehr oft. Man lese nur in
unsern Hauptschriftnern der Neuzeit sowohl, als des Alterthums, und man wird manches Fremdwort entbehrlich finden lernen. Die gute Folge hat das Lesen wenigstens,
daß man sich eine größere Sprachkenntniß aneignet. Dann
wird es uns auch um so leichter sein, uns von dem Vorurtheil,

daß **wir** keine neuen Wörter bilden dürften,
zu befreien. Ohne Sprachkenntniß ist das Wörterbilden
nicht gut möglich. Je mehr wir uns aber in das Wesen,
in den Geist unserer Sprache versenken, um so mehr werden wir auch erkennen, welches Vorzuges unsere Sprache
sich rühmen kann, nemlich des der Zusammensetzung und
Ableitung. Dann werden wir auch um so leichter erkennen, was dem Geiste der Sprache nicht zuwider ist, und
das Fremdartige nicht nur unnöthig, sondern auch gerade
zu dem deutschen Sprachgeiste am meisten entgegen finden.
— Aber wer darf denn eigentlich neue Wörter bilden?
Dies dürfen nur die Gelehrten, die großen Männer. Und
warum diese? weil sie mehr Kenntnisse, als wir besitzen.
Letzteres will ich theilweise zugeben, Ersteres kann ich
unmöglich einräumen. Wie entwickelte sich denn unsere Sprache? Waren es die Gelehrten, die den Wort-
reichthum derselben schufen, oder war es das Volk? Gewiß das Letztere war es, das Volk schuf neue deutsche Wörter, das Volk entfaltete den Reichthum unserer Sprache,
das Volk benutzte die Fähigkeiten der Sprache, ihr zum
Vortheil. Die Gelehrten aber, wenn sie deutsch schreiben

wollten, konnten nur die Volkssprache benutzen; sie waren
es, welche die Sprache zuerst entstellten, sie schwärzten die
ersten Fremdwörter ein, das Volk dachte daran nicht. Vielleicht sagt Einer oder der Andere: Das ist wahr, daß das
Volk neue deutsche Wörter schuf und schaffen kann, aber
wir bilden doch nicht das ganze Volk? wie dürfen wir
uns unterwinden, dem übrigen Volke neue Wörter vor-
schreiben zu wollen? Darauf muß ich zweierlei entgegnen,
erstens daß man sich nicht fürchten soll, wenn man dem
Volke ein neues Fremdwort vorlegt, und zweitens, daß die
Gelehrten ebenfalls nur ein s e h r kleiner Theil des Volkes
sind, und dann möchte ich wohl wissen, wie es das ganze
deutsche Volk der Urzeit angefangen hat, neue Wörter zu
bilden; wie lange das Volk sich berathen hat, ob dieses
oder jenes deutsche Wort gültig oder ungültig sei. Ich
möchte dabei gewesen sein, wenn das g a n z e Volk Wochen
oder Monate lang zusammengesessen hat, und neue deutsche
Wörter bildete, damit womöglich man es jetzt nachthun
könnte. „So meinen wir es nicht", wird man mir erwidern.
Aber wie denn, wenn der E i n z e l n e aus dem Volke nicht
Wörter gebildet haben soll, sondern das g a n z e Volk dabei thätig war? Ihr werdet mir gewiß beipflichten, wenn
ich sage, daß nur der Einzelne neue Wörter schuf, und
daß die Anderen sie annahmen, oder auch nicht. Auch
wir sind einzelne Glieder des großen deutschen Volkes, auch
uns kommt es zu, neue Wörter zu bilden, nur das ist uns
abzusprechen, daß alle von uns hervorgegangenen deutschen
Wörter gleich die mustergültigen wären. Und das wollen
wir auch nicht, daß unsere Wörter sogleich als höchst vortrefflich angepriesen und überall benutzt werden; aber überzeugt bin ich, wenn wir uns eifrig bestreben, statt der
fremden neue deutsche Wörter zu bilden, mit der Zeit doch
dieses oder jenes Fremdwort schwinden werde. Wie ging
es denn nicht Philipp von Zesen? Auch er schuf neue
Wörter; ja, viele verloren sich, doch nahm man auch Uebersetzungen von ihm statt der Fremdwörter in unsere Schriftsprache auf; es sei nur das von ihm gebildete Wort

„Huldinnen" statt Grazien erwähnt, welches jetzt noch ein Lieblingswort der Dichter ist, und selbst von den größten Schriftnern Deutschlands nicht verschmäht, sondern gebraucht wurde. Ferner Campe? Viele seiner Uebersetzungen, welche dem Sprachgeiste nicht anstanden, verloren sich, sehr viele gingen aber auch in die Schriftsprache über, z. B. Zerrbild statt Carrikatur. — Und in neuerer Zeit! wie viele Fremdwörter sind da nicht recht gut übersetzt worden, die man sonst für unübersetzbar hielt. So z. B. erhält das Wort „Schriftthum" für „Literatur" immer größere Anerkennung. Wenn wir aber uns scheuen, neue deutsche Wörter zu bilden, wenn sich Alle scheuen wollten, dies zu thun, so würde an eine Sprachreinigung nicht zu denken sein. Es ist höchst nothwendig, daß statt der fremden deutsche Wörter gebraucht werden, indem sonst die Sprache leidet. Und wenn auch unsere Uebersetzungen nicht die besten sind, so dürfen wir doch damit nicht aufhören, andern werden sie besser gelingen. — Der andere Einwurf, daß die Gelehrten vermöge ihrer größeren Kenntnisse ausschließlich berechtigt wären, neue Wörter zu schaffen, ist durch das Vorausgeschickte zum Theil erledigt, worin gesagt ist, daß Jedermann Neuwörter bilden darf. Aber ich habe noch hinzuzufügen, daß die Gelehrten nicht immer befähigt sind, trotz ihrer Kenntnisse, neue Wörter zu schaffen, da sie nur in dieser oder jener Wissenschaft Gründlichkeit besitzen, am wenigsten aber dieselben in der deutschen Sprachwissenschaft zu Hause sind. Von solchen Gelehrten läßt sich die geringste Hilfe erwarten. Diejenigen Gelehrten aber, welche sich der deutschen Sprachforschniß widmeten, sind wohl geeignet, neue Wortbildungen zu machen, ausschließlich aber haben sie dieses Vorrecht nicht; das ganze Volk besitzt dieses Recht, mit ihm zugleich die Gelehrten, mit ihm auch wir, die Ungelehrten.

Ein anderer Einwurf, der heute gemacht wird, ist, daß neue Wortgebilde unverständlich seien, und es deßhalb besser wäre, man behielte die fremden Ausdrücke bei. Auch hier muß ich sagen, daß Ersteres nur

theilweife wahr fei, Letzteres aber hieraus nicht hervor-
gehe. Um alfo den erften Theil zu befprechen, daß neue
deutfche Wortgebilde Mißverftändniffe erregten, fo muß ich
vorausfchicken, daß mir dies bei den Fremdwörtern in noch
höherem Maße ergangen ift, und um diefe Mißverftändniffe zu heben, ich mich nach deutfchen Ueberfetzungen um-
fah. Nicht immer fand ich diefelben, und ich mußte fie
felbft zu bilden fuchen. Der Grund aber, woher es rühren
mag, daß meine Ueberfetzungen mitunter unverftändlich find,
mag folgender fein: Erftens habe ich oft noch keine deutliche Vorftellung von dem im Fremdwort enthaltenen Begriff und überfetze es nach Gutdünken, etwa der mir gemachten Vorftellung entfprechend. Dann glaube ich auch
bisweilen, es fei ein ganz befonderer Begriff im Fremdwort enthalten, und gehe nun darauf aus, diefen Begriff
auch ganz befonders in der Uebertragung hervorzuheben;
die Folge davon ift, daß das deutfche Wort einen fchiefen
Begriff erhält, und mithin fchief verftanden wird. Be-
ftrebe ich mich aber, die Fremdwörter gut deutfch wieder
zu geben, fo bin ich auch darauf hingewiefen, den Begriff
des Fremdwortes genau zu beftimmen, wodurch ich zu einer
deutlicheren Vorftellung gelange, und, habe ich diefelbe,
find meine Begriffe klar und beftimmt, fo fehlt es mir
auch nicht an Worten, ich werde nicht lang zu fuchen brauchen, fondern mit dem klaren Bewußtfein fteht mir auch
eine klare reine Sprache zu Gebot. Einen großen Vortheil bringt alfo das Streben, die Fremdwörter zu verdrängen, dadurch, daß man zu deutlicheren Vorftellungen
und beftimmteren Begriffen gelangt. — Doch möchte ich
wiffen, was gefchehen wäre, wenn ich ftatt meiner Ueber-
fetzung die Fremdwörter gefetzt hätte, ob da nicht noch
größere Mißverftändniffe entftanden wären, indem ich diefen Sinn in das Fremdwort legte, ein Anderer aber etwas
Anderes darunter verftand, ein Dritter den Begriff wieder anders auffaßte, — als wenn ich mich deutfch aus-
brückte. Soll das ganze Denkgefchäft klarer und beftimm-
ter werden, als es jetzt ift, fo müffen durchaus die

Fremdwörter weg; ein deutsches Wort ist immer verständlicher als ein Fremdwort, wenigstens kann man sich bei Ersterem eher eine Vorstellung als bei Letzterem machen. Man frage einmal einen Menschen, der nichts von fremden Sprachen versteht, was er sich bei dem Worte „adieu" denke. Die Antwort lautet gewöhnlich: „Wenn man fortgeht, so sagt man es" — er spricht also, ohne zu denken, und so lange noch gedankenlos gesprochen wird, so lange werden auch die Fremdwörter an der Tagesordnung sein. Wer also durch Fremdwörter seine Gedankenarmuth bergen will, für den sind sie höchst nothwendig — wer aber sich bestrebt, zu denken, der braucht sie nicht, dem wird es nie an deutschen Wörtern fehlen, sich auszudrücken.

Und wenn wir jetzt auch noch nicht die Geschicklichkeit besitzen, gute neue Wörter zu bilden, so dürfen wir dennoch nicht davon abstehen, „ein Meister wird nicht geboren," sondern „Uebung macht den Meister." Mit der Zeit werden wir durch Uebung doch noch dahin gelangen, für dieses oder jenes Fremdwort ein gutes deutsches Wort zu schaffen; wenn es nur alle Deutschen ebenso machten! Dann sähe man doch, daß die Sprache lebe, daß Bewegung und Lebenskraft in ihr herrsche, es würden gewiß ganz gute Wörter erschaffen, und was nicht brauchbar wäre, würde sich von selbst verlieren, und ein brauchbares an dessen Stelle treten. Immer ist es zu loben, wenn man die Fremdwörter übersetzt und die deutschen Uebersetzungen beibehält, und selbst die weniger guten so lange gebraucht, bis bessere an deren Stelle treten.

Gebrauchen und schaffen wir aber immerhin Neuwörter, durch sie wird gewiß ein größerer Vortheil der Sprache erzielt, als durch die Fremdwörter. Freilich leben wir in Verhältnissen, die es uns nicht gestatten, überall rein deutsch zu reden, aber unter uns können wir dies ungestört, darum thun wir es auch! Sich gegen unseres Gleichen und gegen das Volk rein deutsch auszusprechen, ist gewiß höchst nothwendig und gut. Luthers Grundsatz war in dieser Beziehung: Nicht in den lateinischen Buch-

staben nachzusehen, wie die Esel thun, wenn sie
deutsch reden wollen, sondern zu reden, wie die
Mutter im Hause, der gemeine Mann auf dem
Markte spricht. Wenn aber Luther das jetzige Hoch-
deutsche hörte, würde er nicht den Strick ergreifen, und die
Schänder der deutschen Sprache aus dem Heiligthum hinaustreiben? Ist das eine Sprache, wie sie die Mutter
im Hause oder der gemeine Mann auf dem Markte
spricht?

Noch einmal, liebe Freunde! bleiben wir dem gefaß-
ten Vorsatz getreu! zeigen wir Muth und Ausbauer, geben
wir den Beweis, daß Reinheit der Sprache nicht zu den
Unmöglichkeiten gehöre, gehen wir auf der einmal betretenen Bahn muthig vorwärts, behalten wir das ausgesteckte
Ziel fest im Auge, und sollten wir es auch nicht erreichen,
suchen wir ihm so nahe als möglich zu kommen! Seien
wir wenigstens unter uns ganz deutsch, wenn wir es nicht
überall sein können! Freilich würde es sich mehr schicken,
daß wir uns in jeder Beziehung als ächte deutsche Jünglinge bewiesen, und den Muth zeigten, unsere Gesinnung
offen darzulegen. Fordern wir Andere zu gleichem Streben auf, es wird noch manches Gute erreicht werden!
Ueberall werden Stimmen laut, überall beklagt man sich
mit Recht über den Fremdwörterunfug, Vielen scheint eine
Sprachreinigung höchst nothwendig, die Wenigsten wagen
es mit Ausbauer die Fremdwörter zu vermeiden. Zeigen
wir ihnen, daß nur Muth, Kraft und Beharrlichkeit das
ersehnte Ziel herbeiführen können!

———————

Es lebe Deutschland und sein Volk, es lebe die deutsche Sprache und deren Beschützer, es lebe vor Allem der
jünglingsfrische Greis, der uns mit seinem würdigen Beispiele voranleuchtet, der, wenn alle schweigen, einzig und
allein die Ehre unserer Muttersprache versicht, mit einem
Wort, es lebe der wackere Brugger in Heidelberg!

§. 88. Zwei Briefe von Dr. Otto Volger in Frankfurt a/M.

Frankfurt a/M., 9. Wintermonat 1859.

Hochverehrter Herr!

Endlich komme ich dazu, Ihnen, in ergebenster Erwiderung Ihrer freundlichen Zuschrift an das Hochstift vom 22. v. M., die Nachricht von dem glücklichen Fortgange unserer Angelegenheit zu geben. Unser Verein besteht jetzt aus 60 Mitgliedern, die Satzungen sind genehmigt vom hohen Rathe hiesiger Freien Stadt und heute werden die Abdrücke, wie beifolgend verbreitet. Wir hoffen in Frankfurt eine Stätte zu gründen, an welcher die Keppler und Schiller unseres Volkes fortan sich die Anerkennung und den Dank nicht der späteren Jahrhunderte allein, nein, was den Lebenden so wohlthut, auch ihrer Zeitgenossen zu erkämpfen im Stande sein werden.

Am 23. Weinmonat habe ich in der Gründungs-Versammlung Ihrem freundlichen Auftrage gemäß, Ihr Schreiben verlesen und Ihre Schenkung angekündigt. Es fehlte leider jener Versammlung noch die Verfassung und ein Vorstand, welcher mit Beantwortung und Dankerstattung hätte beauftragt werden können. Nehmen sie daher heute mit diesen meinen Zeilen fürlieb.

Werden Heidelbergs „Professoren" unserem Vereine nicht zu gewinnen sein? — Ich bitte sie, die Begeisterung des herrlichen Schillerfestes zu benutzen. Jetzt müssen wir das Eisen schmieden, denn es glüht einmal hell auf, wie seit langer Zeit nicht.

Sie sehen, daß ich treu zur Fahne der Reinsprache stehe — trotzdem daß ich wohl weiß, daß ich mir die Gegenwart dadurch erschwere. Gar viele sonst ziemlich begeisterte und für unsere schöne Sache nützliche Leute sind in diesem Stücke kopfscheu, unklar und gleichgültig. Wir müssen uns hüten, zu verrathen, daß wir diesen Leuten

etwas aufbringen möchten, damit wir nicht Stutzigkeit
erregen. Ich stelle mich auf den Fuß des „leidenden Wi-
derstandes“ — indem ich stets erkläre, ich sei einmal für
die Reinsprache entschieden und könne meinestheils nicht
anders, wenn man ändern wolle, so solle man mich nur
überstimmen. Damit habe ich viel durchgesetzt — blicken
Sie in unsre Satzungen. Es hat nicht gefehlt an Vorschlägen, von „Akademie“, „Präsident“, „Abjuncten“, „Sekre-
tären“, „Kassierern“ u. s. w. u. s. w. — die abgeschmack-
testen Einwürfe habe ich hören müssen: die Dummheit ist
unser größter Feind. Nur stille fortgewirkt, denke ich.
Man darf es den Leuten nicht sagen: ihr sollt mit mir
rein schreiben und reden — sondern man muß es
thun; das Beispiel wirkt ungeheuer, und einige Tausende von Abdrücken eines reingeschriebenen Buches, wie
unserer bis übermorgen in wenigstens 20,000 Abdrücken
in die Welt wandernden Satzungen, machen einen mächtigen Eindruck, indem sie die Leute an den schönen Klang
der reinen Sprache gewöhnen, welcher im Geiste widerklingt
als klares Verständniß.

Herrn Lommel meinen besten Gruß. Ihnen, hochver-
ehrtester Herr, ein herzliches Glückauf zu Ihrer Jugend-
frische im 64. Jahre, die so manchen Jüngling beschämt.
Ganz der Ihrige
G. H. Otto Volger Dr.

Frankfurt a/M., 13. Wintermonat 1859.
Hochverehrter Herr!

Mit verbindlichstem Danke zeige ich Ihnen hiedurch
den Empfang
1) Ihres Jahresbeitrages für das Hochstift, bestehend in 2 Thalern,
2) der in Ihrem geehrten Schreiben vom 10.
Winter- (irrig „Wein-“) monat aufgeführten
sieben Werke für das Hochstift
einstweilen von mir aus an, und werde Alles in der

nächsten Sitzung des einstweiligen Geschäfts-Ausschusses
vorlegen.

Daß ich dieser Pflicht nicht gestern schon nachkam und
fast auch heute nicht mehr die Zeit dazu finde, daran sind
Ihre lieben Schriften Schuld, welche mich seit deren Eingang unablässig beschäftigt haben, und von welchen die
eine meine Theilnahme in noch höherem Grade in Anspruch nahm, als die andere. Ich will indessen nicht versuchen, brieflich darüber mein Herz auszuschütten, zumal
da mir die Zeit entfernt nicht vergönnt sein würde, um
mir darin nur einigermaßen zu genügen. Ich bedaure oft,
daß die Einläßlichkeit, mit welcher ich mich meinem nächsten Wissenschaftsgebiet widmen muß, mich verurtheilt, an
so Vielem, was mir anderweit nahe genug liegt, mit ra-
schem und oberflächlich darüberhin gleitenden Blicke vorübergehen zu müssen. Um so erfreulicher ist es mir, wenn
eine Freundeshand mich bei gutem Anlasse an rechter
Stelle aufzuhalten weiß und mich tiefere Blicke in eine
Welt thun läßt, die mir ohne diese gütige Weisung auch
ferner unbekannt geblieben sein würde. Ihr Leben, Streben und Wirken, hochverehrter Herr und Freund, ist eine
solche Welt für mich und es überkam mich gestern und
heute eine wahre Sehnsucht nach Ihnen und Ihrer lieben
Gemeinde, von welcher nur unser trefflicher Freund Lommel mir bekannter ist. Nicht daß ich mich zum Anschlusse
an eine Glaubensgemeinschaft eignete, welche auch nur um
ein Haar enger ist, als die Gemeinde aller Denkenden
und nach den höchsten Gütern der Menschheit Strebenden. Aber eben als einen Theil dieser Gemeinde sehe
ich Sie und jene muthigen und liebenden Männer an,
welche sich in Heidelberg in gleichem Streben mit Ihnen
vereinigt haben. Längst wäre ich einmal in Heidelberg
gewesen, wenn nicht die Opfer, welche meine hiesige Stellung mir auferlegt, alle meine Mittel überschritten oder
wenigstens so sehr in Anspruch nähmen, daß ich auf Ver-
gnügungs-Ausflüge gänzlich verzichten muß. Aber sobald
mir's einmal möglich ist, so komme ich gewiß. Es gibt

für mich keine größere Herzensstärkung, als den Verkehr
mit einem älteren Manne, der im Kampfe für die edelsten Gedankenziele sich den frischen Muth der Jugend bewahrt hat.

Von unsern Satzungen sende ich Ihnen unter Band
noch einen kleinen Vorrath — es stehen weitere zu Ge-
bote. Von allen weiteren Fortschritten der Sache werde
ich Sie in Kenntniß erhalten, bis die „Berichte" zu erscheinen beginnen können. Daß die Männer, welche am
Meisten dazu berufen erscheinen könnten, unser Stift zu
fördern, ja selbst solche, welche im Voraus die schönsten
Worte dafür hatten, es nun bei den schönsten Worten bewenden lassen und nun selbst mit ihren Namen zurück-
halten — bis die Sache ohne sie durchgekämpft ist — —
das werden Sie Welterfahrener Sich selber sagen. Jetzt
gilt es Zähigkeit — es soll an mir nicht fehlen. Es gereicht mir unterdessen zur Freude, daß einige unserer Ton-
angeber den glücklichen Gedanken gehabt haben, sich zur
Mitgliedschaft zu melden. Die Andern werden also folgen. Für uns unterdessen gilt auch fürder Seneca's Wort:
Nil magis praestandum est quam ne pecorum
ritu sequamur antecedentium gregem, pergentes
non qua eundum est sed qua itur.

Hochachtungsvollst

Ihr

ergebener

G. H. Otto Volger Dr.

§. 89. Junggermanische Gesellschaft.

Im Jahr 1859 entstand die Junggermanische
Gesellschaft, die Nürnberg zu ihrem Hauptorte wählte,
wohin auch ihr Gründer Fr. J. Kruger aus Hamburg
übersiedelte. Ich trat sogleich als Mitglied derselben bei,
weil ich mit den Satzungen in der Hauptsache überein-
stimmte und versprach mir sehr viel von ihrer Wirksamkeit, was leider später nicht eintraf.

18*

Satz 2 derselben heißt: „Die Zwecke der Gesellschaft sind vaterländische und geistige. Die vaterländischen Zwecke sind folgende:

1) Sie erkennt als ihre Aufgabe, allen auf Befreiung des deutschen Volkes von irgendwelcher geistiger oder volkheitlicher Abhängigkeit hinzielenden Richtungen, so wie allen vaterländischen Bestrebungen der Deutschen des In- und Auslandes überhaupt einen Vereinigungs- und Mittelpunkt abzugeben, soweit dieselben nicht das Gebiet der Verfassungstaatskunst berühren. So wird sie namentlich die Bestrebungen für körperliche Kräftigung und Wehrhaftigkeit des deutschen Volkes, sowie für Leitung der deutschen Auswanderung nach solchen Ländern unterstützen, welche eine für die Erhaltung des Deutschthums und die Rückwirkung auf den geistigen und leiblichen Wohlstand des Mutterlandes günstige Lage besitzen.

2) Die Germanische Gesellschaft erkennt die Gemeinsamkeit der Angelegenheit aller Germanischen Hauptvölker und wird mit denselben, insbesondere den vlaamischen Belgiern, Holländern, Engländern und Skandinaviern, eine innigere Wechselwirkung zu befördern suchen.

3) Die Germanische Gesellschaft stellt die allgemeinste Duldung auf dem Glaubensgebiete auf.

Die geistigen Zwecke der Gesellschaft sind folgende:

1) Herstellung einer Einheit in allen die Reinigung und Fortbildung der Muttersprache, die Rechtschreibung u. s. w. betreffenden Angelegenheiten.

2) Verbreitung der Kenntniß und vorurtheilsfreien Anschauung unserer deutschen Geschichte.

§. 90. Aus dem „Teut," Jahrbuch der junggermanischen Gesellschaft vom Jahr 1859.

Anfangs nahm sich das Jahrbuch „Teut" mit Ernst und großem Eifer der Reinsprache an, d. h. enthielt einige Aufsätze darüber, wie wir unten sehen werden, um sie zu empfehlen, obgleich die meisten Mitarbeiter nach wie vorher die unnöthigsten Fremdwörter gebrauchten. Doch leider nach 2 Jahren ging die Zeitschrift aus Mangel an Hilfsmitteln und an Abnehmern ein, obschon Kruger sich alle Mühe gab und viele Opfer brachte, um die Sache aufrecht zu erhalten. Die Gesellschaft selbst hielt keine Zusammenkünfte mehr, kurz sie schlief sanft im Herrn ein, obschon eine öffentliche Anzeige davon es eingestand. Denn auf eine Anfrage in der Didaskalia von mir, erhielt ich die Antwort: „Die Gesellschaft bestehe dennoch fort." Nun es mag so sein, aber ohne jedes schriftliche und mündliche Lebenszeichen wird ein gar zu großer Glaube an die Wirklichkeit und an den Bestand einer Gesellschaft gefordert, deren Mitglieder selbst nichts mehr von einander wissen oder erfahren; doch genug, sie war einmal da! mit einem schönen und eblen Zwecke und einem herrlichen Anfang! Daß sie wie alles auf der Erde auch ein Ende nehmen muß, das liegt im Gange der irdischen Gesetze und Dinge. Von Lützelberger sind mehrere Aufsätze über Reinheit der deutschen Sprache im Teut und auch von mir.

Hier soll ein Aufsatz aus dem Teut dem Jahrbuch der junggermanischen Gesellschaft I. Heft S. 33 eingerückt werden.

Ueber die Reinigung und Fortbildung der deutschen Sprache.

Von

Fr. J. Kruger.

I. Die seitherigen Bestrebungen für Sprachreinigung.

Eines der hauptsächlichsten und untrüglichsten Anzeichen des geistigen Verfalls war in unserer Geistesgeschichte von jeher die Ueberhandnahme der Sprachmengerei. Dieselbe ist die natürliche Folge versiegender Schöpfungskraft

bei steigender Gedächtnißgelehrsamkeit und Fachbeschränkt=
heit, neben oberflächlicher Vielwisserei und Afterbildung
in den sogenannten gebildeten Ständen. Bekanntlich hatte
die Sprachverderbniß im 17. Jahrhundert einen Höhe=
punkt erreicht, der sich nur schwer selbst übersteigen konnte.
Durch die angestrengte Thätigkeit der erleuchtetsten Geister
unseres Volkes ward allmälig jener Schandfleck des deut=
schen Wesens getilgt. Leider brachte aber der geistige Ver=
fall, welcher nach unserer großen Literaturblüthe zu An=
fang dieses Jahrhunderts eingetreten, mit jenen Ursachen
auch wieder dieselben traurigen Folgen für unsere Sprache
mit sich. Die allseitigen umfassenden Geister jener großen
Zeit alterten und starben allmälig aus, um einem Ge=
schlechte von Fachgelehrten und Sammelschreibern Platz zu
machen, die geistig meist in irgend einer fremden Literatur
wurzelten und bei ihrem Mangel an Ueberblick über das
Ganze der vaterländischen Sprache und Literatur, dieselbe
in ihrem engeren Kreise fortwährend durch fremde Ein=
mengung zu verunstalten suchten. Hiezu kommt die Ueber=
handnahme der Uebersetzungswirthschaft aus Mangel an
hinreichendem Vorrath eigener Erzeugnisse, indem auf der
Bühne, wie namentlich in Romanen und in der Presse
durch leichtfertige Handwerksübersetzer eine Unzahl franzö=
sischer und anderer Wörter in die deutsche Sprache ein=
geschmuggelt oder in derselben befestigt wurden. Glück=
licher Weise ist das Unwesen noch nicht so weit gediehen,
wie in jener ersten Zopfperiode. Wie es aber hierzu von
Seiten eitler Gelehrten, sowie Afterliteraten keineswegs an
gutem Willen fehlt, dafür könnten wir hier eine Menge
Beispiele anführen. Wir erwähnen hier nur eine 1857 in
Leipzig bei Brockhaus erschienene „Musologie“ von Karl
Friedrich Merleker. Diese „Musologie“ behandelt ihrem
Urheber nach diejenige Wissenschaft, „welche den intellektuel=
len oder scientifischen Menschen zum Gegenstande hat“
(d. h. sie ist eine Allgemeine Kunst= und Wissen=
schaftslehre). Ueber die Eintheilung und Unterbe=
nennungen gibt der Verfasser in seiner Vorrede ausführ=

lich Rechenschaft. Er theilt sein Werk in drei Bücher.
„Das erste," sagt er, „nenne ich nach eigner Terminologie
und mit einer eigenthümlich gebildeten vox hybrida, der
man aber die Bedeutung augenblicklich anhört, (!) Koinodoktologie und handle in derselben in 5 Capiteln von
der Sprache (Phonologie), der Schrift (Graphologie), dem Druck (Typologie), den Büchern und Büchersammlungen (Bibliologie) und von den Bildungsanstalten (Studiologie, Grammatologie, Mathematologie)." Das zweite Buch führt den Titel: „Ethnodoktologie;" das dritte: „Chresimodoktologie"
und zerfällt in eine Epistematologie und eine Kalotechnologie. Auf diese Weise glaubt der eitle Verfasser durch
Verhunzung seiner Muttersprache die Welt über seine
Gelehrsamkeit in Erstaunen zu setzen, während ein jeder
Vernünftige doch nur über ein solches verschrobenes Machwerk deutscher Sprache lacht, dem man auf der Stirne
ansieht, daß sein Verfasser es im Schweiße seines Angesichtes mit Hülfe eines griechischen Wörterbuches zu Stande
gebracht hat.

Wie die Eitelkeit gelehrter Zöpfe, besonders jener
Strohphilosophen, mit denen Deutschland im Laufe der
letzten Jahrzehnte mehr als hinlänglich versehen war, uns
mit einer Fluth von griechischen und lateinischen Worten
überschwemmte, ebenso die Presse, besonders ein Theil
der Feuilletonisten mit Französischem, verdorbenem Englisch u. s. w. Je mehr dieses Unwesen Ueberhand nahm,
um so größere Theilnahme verdienen diejenigen Männer,
welche sich mit vereinten Kräften bestrebten, unserer Sprache
ihre Ursprünglichkeit zu erhalten und wieder zu gewinnen.
Am meisten macht sich in neuster Zeit der von J. F. Keil
gegründete Potsdamer Verein für deutsche Reinsprache bemerklich, indem er mit rühmenswerther Ausdauer und ohne
sich durch den Hohn und Spott seiner Gegner irre machen
zu lassen, seit Jahren in öffentlichen Blättern und zwar
in der Regel mit bezahlten Einrückungen gegen die Sprachmengerei ankämpft.

Eine weitere Ausdehnung und eingreifendere Wirksamkeit erlangte der „Verein für deutsche Reinsprache", dessen Hauptsitz Heidelberg ist. Der Gründer desselben ist der Junggermane Herr Pfarrer Brugger daselbst. Seit Jahren für diese vaterländische Sache thätig, ließ derselbe schon 1844 einen Aufruf an die Deutschen ergehen, welcher damals in der Karlsruher Zeitung, in Gubitz' Volkskalender und mehreren Zeitschriften erschien. Ueber seine weitere Thätigkeit erhalten wir aus bester Quelle die nachfolgende Mittheilung.

Der Verein für deutsche Reinsprache in Heidelberg.

Derselbe wurde den 6. Mai 1848 von Dr. Brugger in Heidelberg gegründet. Die Veranlassung und die Gründe hiezu liegen ganz nahe. Die deutsche Sprache gehört ihrem wundervollen Baue, ihrer Eigenthümlichkeit und Bildungsfähigkeit nach, zu den vorzüglichsten und schönsten der Sprachen der Erde. Doch wurden diese Vorzüge bisher von sehr Vielen nicht genug gekannt und beachtet, wie der Deutsche gemeiniglich alles geringschätzt, was er ist und besitzt, und wenn es auch noch so vorzüglich wäre. Man schätzte fremde, alte und neue Sprachen höher als die Muttersprache und vernachlässigte diese; ja, man entstellte sie überdies durch Vermischung mit einer Menge von Fremdwörtern und trieb dies so weit, daß in Zeitungen oft nicht zwei Zeilen ohne ein solches vorkommen.

Da es nun dem Einzelnen unmöglich ist, diesem Unwesen zu steuern, so faßte Dr. Brugger den Entschluß, mehrere gleichgesinnte Männer von wissenschaftlicher Bildung und von Ansehen in der gelehrten Welt zum Beitritt zu einem Vereine zu bringen, der durch die Vereinigung und das Zusammenwirken Vieler endlich auf diesem Gebiete allmählich eine bedeutende Verbesserung hervorbringen sollte.

Die Hauptgrundsätze und Satzungen wurden schon oben angeführt.

In kurzer Zeit breitete sich der Verein über ganz Deutschland aus und es traten aus dem Süden und Norden Männer von Gewicht und Bedeutung hinzu, wie Hammer-Purgstall in Wien, Eduard Duller in Darmstadt, Henrici in Goslar, Malten, Herausgeber der neuesten Weltkunde in Frankfurt und 23 Hochschullehrer von Heidelberg 2c. 2c. Im Jahr 1850 gab der Gründer des Vereins, Dr. Brugger, die „deutsche Eiche" als erste Zeitschrift zur Förderung deutschen Sinnes, deutscher Gesittung und deutscher Reinsprache durch Belehrung und Unterhaltung. heraus, welche sich bald eines ausgedehnten Leserkreises erfreute. Allein wegen des in folgendem Jahre erschienenen Druckgesetzes, wonach eine Hinterlegung von 2000 Gulden als Bürgschaft für die Zeitschrift stattfinden sollte, mußte die Zeitschrift geschlossen werden, nachdem sie erst durch anderthalb Jahre erschienen war. In derselben findet man das Verzeichniß der Mitglieder bis 760.

In den ersten Jahren hielt man Versammlungen in Heidelberg, Frankfurt a. M., aber diese mußten wegen der damaligen Zeitverhältnisse bald unterbleiben. Es bildeten sich auch Zweigvereine in Darmstadt, Frankfurt, und die neuesten erst kürzlich in Berlin und Freienwalde a. O. Nach dem Eingehen der Zeitschrift wurden jährlich in dem Unterhaltungsblatte des Frankfurter Journals, in der „Didaskalia," Berichte über Stand und Fortgang des Vereins veröffentlicht, welche auch in andere Blätter übergingen. Jetzt zählt der Verein 1700 Mitglieder in 300 Ortschaften.

Die Wirksamkeit des Vereins zeigt sich nicht nur bei den Mitgliedern desselben, sondern sie erstreckt sich auch auf viele andere und zwar bedeutende Männer, welche in ihren Werken mehr und mehr der deutschen Reinsprache sich befleißen und sehr viele Fremdwörter vermeiden. Das wird jeder bemerken, der neuere Schriften der Gelehrten

durchsicht, welche jetzt auch angefangen haben, für das
Volk zu schreiben und sich nicht mehr in abgeschlossener
Ferne von demselben halten wollen. Diese können allerdings sehr viel zur Läuterung und Reinigung der Sprache
beitragen, weil sie ja als Gelehrte der alten und neuen
Sprache kundig sind und somit die Kunst der treuen und
guten Uebersetzung inne haben. Und das ist das ganze
Geheimniß und die Aufgabe, daß man gelungene Uebersetzungen in deutscher Sprache für fremde Ausdrücke gibt.
Das verstehen somit jene Männer am besten, welche sich
die Gelehrtheit zum Lebensberufe erwählten. Nur herrscht
bei Manchem noch das Vorurtheil, als müsse die gelehrte
Handwerkssprache beibehalten werden und als sei es
unmöglich, vieles gut deutsch zu geben. Diese verwei-
sen wir auf das Beispiel von Otto Volger in Frankfurt und von Biedermann, der in seiner Wissenschaftslehre, wie jener in dem Werke „Erde und
Ewigkeit", ein musterhaftes Deutsch schrieb. Freilich muß
zuerst der Sinn für deutsche Sprache und Liebe zum
deutschen Volke erwacht sein, sonst wird man hier Nichts
leisten.

Daß es möglich ist, hier etwas zu leisten, bewies
der Gründer des Vereins, Dr. Brugger, welcher in
zehn Jahren folgende Bücher in deutscher Reinsprache
dem Drucke übergab, die von Bangel und Schmitt
in Heidelberg durch alle Buchhandlungen bezogen werden
können:

„Das Fremdwörterwesen und seine Nachtheile,"

„Das Urbild der deutschen Reinsprache,"

„Das Christenthum im Geiste des 19. Jahrhunderts,"

„Der Deutschkatholizismus in seiner Entwicklung."
  2 Bände.

„Das Buch von der Freiheit,"

„Die deutsche Eiche," 1850 und 1851. Erste Zeit-
    schrift.

„Aus dem Frühlinge meines Lebens," Gedichte.

„Ansichten über Welt und Zeit. 1859."

„Fremdwörterbuch mit 14,000 Fremdwörtern für das
deutsche Volk."

Ueberdies zeigte er auch mündlich die Möglich=
keit der Durchführung der deutschen Reinsprache, indem
er mehr als 2000 Vorträge in derselben vor zahlreichen
Versammlungen gehalten hat. Somit hoffen wir, daß auch
im neuen Jahr der Verein, dem im verflossenen wieder
sehr viele edle Männer und Frauen beitraten, einen neuen
Aufschwung und bedeutenden Fortgang nehmen werde. Je
mehr die Deutschen aller Stände diese herrlichen Bestreb=
ungen kennen lernen werden, desto mehr werden sie auch
Begeisterung im Leben dafür äußern und in Jahrzehnten
werden die Fehler von einigen Jahrhunderten so ziemlich
getilgt sein, und der Verein, der im 19. Jahrhundert als
der einzige und zahlreichste in seiner Art vorhan=
den ist, wird in der Geschichte der deutschen Sprache im=
mer mit Ehren erwähnt werden." —

Von den Schriften unseres so verdienstvollen Mitglie=
des liegt uns sein „Fremdwörterbuch für das deutsche
Volk" (Heidelberg bei Bangel und Schmitt 1855) vor,
das wir allen Junggermanen, welche ihren Pflichten in
Betreff der Reinhaltung ihrer Sprache nachzukommen be=
reitwillig sind, auf das Angelegentlichste empfehlen müssen.
Außer den besten älteren Ueberstzungen der Fremdwörter
enthält es manche glückliche Neubildungen, welche wohl
verdienten, in Gebrauch zu kommen.

§. 91. Fortsetzung dieses Aufsatzes.

**II. Ueber das Verhältniß der Junggermani=
schen Gesellschaft zur Sprachreinigungsfrage.**

Nachdem wir die hauptsächlichsten seitherigen Bestre=
bungen auf dem Gebiete der Sprachreinigung berührt,
wollen wir, der Aufforderung unserer Mainzer Versamm=
lung nachkommend, das Verhalten unserer Richtung zu
diesen Bestrebungen näher erörtern.

Es versteht sich von selbst, daß Neuerungen nur dann eintreten dürfen, wenn es gilt, wirkliche gemeinschädliche Mißbräuche abzustellen. Die bloße fremde Abkunft so vieler Wörter wäre durchaus kein Grund, sie nicht anzunehmen, wenn dieselbe nicht für die Nationalbildung und die Fortentwickelung des deutschen Schriftthums die allerentschiedensten Nachtheile mit sich brächte, welche zunächst hier zur Erörterung kommen müssen. Eine jede Sprache wirkt in zweierlei Weise auf den Geist des sie redenden Volkes ein, indem sie durch den tieferen geregelten Bau das logische Denken, die Vergleichungs- und Unterscheidungsgabe, durch die Ausnahmen und die Wurzelwörter das Gedächtniß übt. Soll der Geist eines Volkes stets die harmonische Mitte zwischen Gedächtniß- und Verstandesbildung bewahren, dann muß zunächst seine Sprache durch Ausbildung eines streng geregelten Baues und Sicherung gegen Ueberfülle des Wörterschatzes hierauf einwirken. In ihrer Reinheit erfüllt nun unsere Muttersprache jene doppelte Aufgabe in vollkommnerer Weise, als irgend eine andere der lebenden Sprachen. Sie enthält einen reichhaltigen Wurzelschatz neben einer Menge von Mitteln, denselben in der einfachsten Weise zu verwerthen. Nehmen wir beispielsweise nur das Zeitwort „setzen,“ welche Fülle von Begriffsbezeichnungen lassen sich aus demselben durch Anwendung von Umlaut, Vorsilben, Endungen, Zusammensetzungen u. s. w. bilden — (wie Gesetz, besetzen, absetzen, aufsetzen, untersetzen, beisetzen, entsetzen, sich entsetzen, versetzen, zusetzen, Setzer, Satz, Besatz, Aufsatz, Satzung u. s. w.). Diese Einfachheit bei so gewaltigem Reichthume, welche die deutsche Sprache eben als eine Ursprache bekundet, giebt ihr einen hohen Vorzug vor den westlichen Mischsprachen, dem Französischen und Englischen, die bei der Mangelhaftigkeit ihres innern Baues fast ausschließlich darauf angewiesen sind, für neue Begriffe stets auch neue Worte aus ganz fremden Sprachen herüberzuholen, welche ihren zusammenhangs- und gesetzlosen Charakter immerfort steigern, und ohne der Denkkraft ein

Gleichgewicht darzubieten, das Gedächtniß einseitig belasten.
Nehmen wir einige Beispiele aus der französischen Sprache.
Dieselbe besitzt selbst für unser Wort „Uhr", also im
Allgemeinen ein Geräth für Zeitmessung, keinen entsprechenden Laut, sondern muß stets wissen, was für eine Art
von Uhr gemeint sei, um dieselbe alsdann durch irgend
einen zufälligen Laut zu bezeichnen. So heißt die Thurm-
uhr horloge, die Taschenuhr montre, die Wanduhr pen-
dule, die Sonnenuhr quadrant solaire, während wir auf
die allereinfachste Weise durch Zusammensetzung diese Bezeichnungen in der Art erhalten, daß zugleich das Wesen
der Sache klar vor die Seele tritt. Ebenso entnahm die
französische Sprache, als das rheinische oder fränkische Volk
Gallien unterjochte, der deutschen die Worte für die vier
Himmelsgegenden, als: nord, sud, est, ouest; sie ist aber
unfähig, aus diesen Hauptwörtern zugleich Eigenschafts-
wörter zu bilden. Während unsere Ursprache von Nord
— nördlich, von Süd — südlich, von Ost — östlich, von
West — westlich ableitet, entlehnt die französische Meng-
sprache vielmehr die betreffenden Wörter aus dem Lateinischen und sagt: septentrional, meridional, oriental,
occidental.

Dieser hohe Vorzug unserer Sprache würde nun
durch die Fremdwörter vollständig vernichtet, wenn das
Einmischungsunwesen in demselben Maaße fortdauerte, in
welchem es seither sich geltend gemacht hat. Wie groß die
Gefahr ist, können wir durch ein einziges Beispiel beweisen. In Betreff des Begriffs Musik sind wir nämlich
jetzt schon fast in derselben Lage, wie die Franzosen mit
dem Begriff Uhr. Die Gimpelhaftigkeit unserer Tonkünstler und Tongelehrten hat nämlich seither verhindert, daß
für diesen einfachen und alltäglichen Begriff eine deutsche
Wurzel gesucht und im Gebrauch durchgesetzt wurde und
die Folge davon war, daß für die verschiedenen Arten der
Musik und ihrer Handhabung ein wahrer Babel von Fremdwörtern eingeschmuggelt worden, die zum Gesammtbau
unserer Sprache auch nicht im Geringsten stimmen. Wir

erwähnen nur die vollkommen falsch gebildeten Wörter:
musikalisch, Musikant, dann musiciren, componiren, Con-
zert, Virtuos, (musikalisches) Instrument, Orchester, Ouver-
ture, Symphonie, Präludium, Conservatorium u. s. w.

Eine ganz natürliche Folge solcher Mißstände ist, daß
bei der Gesammtheit, wie beim Einzelnen, alle Schärfe
und Unmittelbarkeit des Denkens verloren gehen muß, indem es bald an Bezeichnungen für allgemeine, bald an
solchen für besondere Begriffe fehlt und so Unsicherheit
und Unklarheit hervorgerufen wird. Es ist gewiß kein Zufall, daß Frankreich und England nur in der Zeit so
scharfsinnige Denker, wie Descartes, Locke u. s. w. her-
vorbrachten, als noch das Latein die Sprache war, in der
der Gelehrte vorzugsweise dachte, während jene beiden
Nationen heutzutage den Ruhm der philosophischen Forschung, eben der Armuth ihrer Sprache wegen, an die
deutsche Nation zu deren fast alleinigem Eigenthum überlassen mußten. Nicht minder geht aus unserer neueren
Geistesgeschichte überall hervor, daß Jeder, der abweicht
von den Bahnen des gesunden Menschenverstandes, auch
mit einer reinen und klaren Sprache nichts mehr zu schaffen hat, und es sind namentlich die Spätlinge der Hegel-
schen Schule, welche durch ein wahres Kauderwälsch von
griechisch-deutsch ihre Hohlheit und Gedankenarmuth zu ver-
stecken bemüht sind. Ein abschreckendes Beispiel und zugleich einen treffenden Beweis für die Behauptung Brug-
gers, daß Vaterlandsliebe und eine reine deutsche Sprache
sich gegenseitig bedingen, gewährt jener Herr Julius Frö-
bel, den wir in einem eigenen Aufsatze dieses Heftes behandelt und auch sonst mehrfach erwähnt haben. Wir
entnehmen ein anschauliches Beispiel für seine Kunst, die
Gewöhnlichkeit seiner Gedanken durch einen Schwall von
Fremdwörtern zu verdecken, nicht etwa aus seinem, auf die
Gebildeten berechneten größeren Werke, sondern aus seiner
Schrift: „Die deutsche Auswanderung." Dort heißt es u. A:

„Wie der Nordamerikaner für die Geschwindigkeit und
Energie ganz in abstracto, so hat der Deutsche für die

Bildung ganz in abstracto eine Passion, und die Bildung in abstracto kann nur im subjectiven Interesse des Individuums verstanden sein. Es ist die theoretische Form, in der in Deutschland der Individualismus auftritt, eine Richtung, welche mit dem bloßen individuellen Sein des Menschen abgesehen von jedem Thun, die Schuld an die Welt zu bezahlen meint. So aber läßt sich die amerikanische Welt nicht abspeisen. Und ich glaube, sie hat Recht. Für das individuelle Sein eines Menschen interessirt sich die Welt erst dann, wenn dieser Mensch etwas Interessantes thut. Praktisch also muß man eingreifen, wenn man in der Sphäre der amerikanischen Bildung eine Stellung einnehmen will."

Welch' entsetzlicher Wortschwall für den allbekannten Satz: „Der Deutsche gesteht schon der Bildung an und für sich eine Berechtigung zu, der Amerikaner jedoch nur dann, wenn sie für das Leben angewendet wird." Solche Narren „in abstracto", deren Verstand wie eine Gliederpuppe auf brüchigen Beinen tanzt, sind es, die mit ihrer gesunden Vernunft zugleich das Pflichtgefühl gegen ihr Vaterland abwerfen und das Volk, welches hinter ihren hochklingenden Phrasen tiefe Weisheit sucht, in seinem innersten Kerne verderben.

Leider hat dieses Unwesen aber noch viele andere Vertreter, und wir können nicht umhin, zu behaupten, daß die Unklarheit und Verworrenheit der meisten heutigen politischen Parteien mit in dem übermäßigen Gebrauch von Fremdwörtern liegt, welche den Begriff, der unter ihnen verborgen ist, in einen abstracten Nebel einhüllen, statt die Sache durch die Wortbedeutung klar hervortreten zu lassen. Daher kommt es auch, daß derartige Wörter, die Anfangs vornehm und pomphaft klangen, wie Literat, Philologe, die Parteiwörter Aristokrat, Demokrat ꝛc., so leicht einen verächtlichen Charakter annehmen und zu Schimpfwörtern werden. Ein solcher Sinnwechsel kann bei einem ächten deutschen Worte mit deutscher Wurzel und Bedeutung nicht leicht eintreten, und der Fremd-

wörtergebrauch beeinträchtigt also auch die Stätigkeit der
Sprache.

Die plastische Anschaulichkeit der deutschen Rede,
welche selbst das „Begreifen" in faßlicher Weise zu ver-
sinnlichen weiß, wird noch gehoben durch ihre bekannte
Fähigkeit, das innerste Wesen der Sache schon durch den
äußeren Klang anzudeuten:

> Sie saus't und braus't,
> Wie der Sturm,
> Wenn er rüttelt den Thurm;
> Oder sie säuselt
> Lieblich linde
> Wie durch Blumen
> Die Frühlingswinde.

Auch diese herrliche Eigenschaft, welche das Urthum
unserer Sprache bekundet, geht durch die Fremdwörter
verloren, die meist nur einen leeren Schall darbieten.
Dieser ihr Mangel an Anschaulichkeit, wie an Klangsinn,
macht sie aber auch für die Dichtung unfähig, deren Wesen eben in der Bildlichkeit besteht. Wie abscheulich würden sich in einem Verse Worte, wie Magnetismus,
Elektrizität 2c. ausnehmen, und doch ist die magnetische
wie die elektrische Kraft im Grunde etwas Hochpoetisches.
Wie ist es nun gar mit den Bezeichnungen für das Kriegswesen!

Wir sehen also im Fremdwörterunwesen eine Haupt-
ursache, weßhalb unsere Dichtkunst sich so wenig mit der
Gegenwart befreunden will, und seine Beseitigung erscheint
so als erste Bedingung einer gedeihlichen Entwickelung unserer Literatur.

Die Fähigkeit der Anwendung für die Poesie ist aber
auch der Prüfstein für die Fähigkeit eines Wortes, vom
Volke verstanden zu werden, da dasselbe stets nur in Bildern denkt, und somit vor Allem einen greifbaren Sinn
verlangt. Und doch, wie entsetzlich hat sich unsere Zeit,
welche die Volksbildung doch so gern im Munde führt, in
dieser Beziehung gegen dieselbe versündigt. Nicht blos ein

jedes Fach in der Wissenschaft, sondern ein jeder Stand verschanzt sein inneres Wesen hinter einen wahren Wust von „technischer Terminologie". Das Seewesen, die mechanischen Gewerbe und das Heerwesen borgen sie aus dem Englischen und Französischen, die philosophische Stockgelehrsamkeit aus dem Griechischen und Lateinischen, die Musik aus dem Italienischen. So kommt es, daß selbst Gebildeten es schwer fällt, sich von all' den verschiedenen „Chargen" der „Armee," wie des „Zivildienstes", der Fakultätseinrichtung der Universitäten, dem Wirrwarr des Orchesters, einen klaren Begriff zu machen, während sich das Alles schon durch den bloßen klaren Wortsinn bewerkstelligen ließe.

Aus dem Gesagten mag erhellen, daß die hier besprochene Sprachreinigungs=Frage keineswegs blos eine Schrulle überspannter Deutschthümler ist, sondern eine wichtige vaterländische Angelegenheit, welche den innersten Kern der deutschen Volksbildung berührt. Schon hieraus geht hervor, daß eine Gesellschaft, welche gleich der unsrigen ihren Lebensbestand auf die Entwickelung des deutschen Bewußtseins gegründet hat, diese Frage in das Bereich ihrer angelegentlichen Bestrebungen ziehen muß.

Nun ist auch durch eine Gesellschaft wie die unsrige, die Möglichkeit einer gedeihlichen Förderung jener vaterländischen Sache mehr gegeben, als irgendwo anders. In der Entwickelungsgeschichte der Sprache und Literatur sehen wir hauptsächlich zwei Wege eine bedeutende Rolle spielen; der eine ist der einer unbedingten Ueberwachung, der andere der einer unbeschränkten Freiheit. Auf jenem Wege schritt und schreitet die französische Sprache noch jetzt unter der Obhut der Akademie fort, der andere ist seit Jahrhunderten in Deutschland vorherrschend. Beide in ihrer Einseitigkeit haben ihre Vorzüge und Nachtheile. Eine gelehrte Körperschaft verfällt leicht in das Zopfthum und hemmt mehr, als daß sie zum Fortschritte beiträgt. Dagegen verlieh sie der französischen Sprache eine gesetzliche Bestimmtheit, welche der unsrigen gänzlich abgeht.

Im siebzehnten und noch in der ersten Hälfte des acht-
zehnten Jahrhunderts sah man die Akademie als eine
Mustereinrichtung an, die man für Deutschland mit derselben Narrheit ersehnte, wie in den letzten Jahrzehnten die
Börnesaner die französische Zentralisation. Leibnitz schlug
bereits damals mit vernünftiger Mäßigung eine gesetz-
gebende Gesellschaft vor, an deren Spitze ein „hohes Haupt"
sich stellen müsse, und später suchte Gottsched mit seinen
Anhängern jenen Mangel durch eine Diktatur zu ersetzen.
Bekanntlich war jedoch dieselbe nur vorübergehend und die
von jeher in Deutschland vorherrschende unumschränkte
Freiheit der Entwickelung brach sich von Neuem Bahn und
erhielt ihre Herrschaft bis auf den heutigen Tag. Aber
auch diese hat in ihrer Einseitigkeit Mängel, welche
für unser literarisches Leben von großem Nachtheile
sind. Die vollständige Einzelwillkühr förderte in den Zeiten des Rückgangs die Verwilderung und Verderbniß der
Sprache nicht minder, als in den Zeiten unserer großen
Literaturblüthe den Aufschwung derselben und trägt die
Hauptschuld an der neuesten Sprachmengerei. Wie wenig
für die Rechtschreibung auf diesem Wege Etwas zu hoffen
ist, lehrt die Erfahrung täglich.

Nach dem Allem wäre eine noch fehlende Entwicklungs-
form zu wünschen, welche das Gute der französischen und
der deutschen in sich vereinigte, die Fehler derselben aber
vermiede. Eine solche bietet aber unsere Gesellschaft dar,
wenn dieselbe es zur Aufgabe ihrer Wanderversammlungen
machte, nach allseitiger Erörterung der seither in- und außerhalb der Gesellschaft gemachten Vorschläge über Sprach-
förderung und verbesserte Rechtschreibung den besten derselben durch Gesammtbeschluß Gesetzeskraft für alle Mitglieder zu verleihen. Namentlich die Fremdwörterfrage ließe
sich in dieser Weise erledigen, indem die Versammlungen
die leicht zu verbannenden Fremdwörter zu Gunsten guter
Neubildungen mit einem Verbote belegen und jeden Ver-
stoß gegen dasselbe in Junggermanischen Schriften zum Besten der Vereinskasse mit einer Geldbuße bestrafen würden.

Einen ähnlichen, nicht so weit gehenden Vorschlag brachte der Verfasser schon auf der Mainzer Versammlung vor, es wurde jedoch eingewendet, dies sei eine Beeinträchtigung der Freiheit. So lange unsere Gesellschaft noch nicht eine größere Ausdehnung hat, mag dies seine Richtigkeit haben; wenn sie aber nach Erwarten sich über sämmtliche gebildeten Stände unserer Nation ausgedehnt hat, wäre ein Weiterverharren auf diesem „Individualitätsprinzip" gegenüber der bessern Einsicht der Gesammtheit nur unberechtigter Dünkel zu nennen oder Unfähigkeit, sich einer gesetzlichen Ordnung zu fügen. Daß der Freiheit der Entwicklung wie bei einer Akademieverfassung Hemmnisse gelegt würden, wäre schon beswegen nicht zu fürchten, weil die Gesellschaft schon jetzt nicht blos aus Gelehrten und Schriftstellern, sondern auch aus Künstlern, gebildeten Kaufleuten u. s. w. besteht, so daß neben dem gelehrten auch der gesunde Menschenverstand jederzeit sein Recht behaupten wird.

Von der lebhaftesten Ueberzeugung durchdrungen, daß durch die Willkür des Einzelnen die Sache niemals zu genügender Erledigung kommen könne, werden wir unsere nachfolgenden Vorschläge nur dann in dieser Zeitschrift und sonst praktisch anwenden, wenn dieselben von der Versammlung geprüft und mit Gesetzeskraft versehen worden. Bis dahin werden wir die jetzt noch unvermeidlichen Fremdwörter beibehalten.

Die Art und Weise, wie unsere Sprache zu reinigen ist, wird natürlich zunächst durch die oben erörterten Nachtheile bedingt, welche im Einzelnen wieder in höherem oder geringerem Grade obwalten. Es versteht sich daher von selbst, daß man die Fremdwörter nicht durch solche Ausdrücke ersetzen dürfe, welche an und für sich selbst wieder auswendig gelernt werden müssen. Wenn ein Wort auch ursprünglich germanischen Ursprungs, aber in dem heutigen Gesammtbau unserer Sprache nicht mehr wurzelt, dann ist es für uns ein Fremdwort, während es Thorheit wäre, solche aus fremden Sprachen eingebürgerte Wurzeln, welche

19 *

eine ganz deutsche Form haben, blos dieses fremdländischen Ursprungs wegen verbannen zu wollen.

Neubildungen sind zur Verdrängung der Fremdwörter unumgänglich nothwendig. Dieselben waren in der ganzen Zeit unserer Sprachentwickelung im Gange, und das berühmte Grimm'sche Wörterbuch weis't nach, daß fast ein jeder Schriftsteller von Bedeutung zur Bereicherung seiner Muttersprache beigetragen habe. Namentlich wurde in den letzten Jahrzehnten des vorigen Jahrhunderts eine Menge neuer Wörter geschaffen. Es fehlte aber damals leider an einem durchgreifenden Plane und das Werk wurde deshalb nur unvollständig ausgeführt. Einen solchen Plan wollen wir hier vorlegen.

Die damaligen Fehler betrafen theils die Form, theils das Wesen der Sache. In der Form sah man wenig auf den Wohllaut und den unserer Sprache innewohnenden Klangsinn. Bekanntlich hat dieselbe eine Ueberzahl an Zischlauten, welche sie bisweilen häßlich macht. Bei Neubildungen wäre also zunächst darauf zu sehen, daß die Zahl der Wörter mit ähnlichen unschönen Mitlautern durch sie nicht vermehrt würde. Dies ist aber durch solche Worte wie Schauspiel, Lustspiel u. s. w. ganz unnöthiger Weise geschehen. Weitere Fehler waren damals, daß man nur zu sehr auf die Bedeutung des Fremdwortes in dessen Stammsprache Rücksicht nahm, da es doch eine bekannte Thatsache ist, daß die letztere und die wirkliche Bedeutung des Wortes in der Regel nicht übereinstimmen; endlich ließ man die Zusammensetzungsfähigkeit unserer Sprache zuviel des Guten thun, wodurch dieselbe leicht schleppend und unbeholfen wird. —

Es geschah durch Einwirkung der morgenländischen, besonders der indischen Sprachforschung, daß man in neuester Zeit nicht blos auf den äußern Bau, sondern namentlich auch auf die Grundbestandtheile der Sprachen Rücksicht nimmt, sie bis in ihre Urwurzel zurückverfolgt. Das Sanskrit, jenes wundervolle Sprachgebäude, auf dessen Wurzelschatz sich die meisten Wörter des indogermanischen

Sprachstammes zurückführen lassen, und die hochausgebil=
bete Sanskritgrammatik gaben hiezu den Hauptanstoß. In
der deutschen Sprache giebt es gleichfalls eine Menge von
Stammsylben, welche aus sich heraus ein ganzes Volk von
Wörtern erzeugen; neben diesen giebt es aber eine Menge,
deren Ursylben aus unserer Sprache gänzlich abhanden ge=
kommen sind, und die also, obwohl deutschen Ursprungs,
doch in ihrer Vereinzelung wie Fremdwörter dastehen. An=
dere wieder ermangeln nur einer größeren Ausdehnung
und überlassen es den Fremdwörtern, die Begriffe auszu=
drücken, welche sie selbst bezeichnen müßten. Aus diesen
durch Rückbildung nach den Form= und Lautgesetzen der
deutschen Sprache sowie einem logischen Plane gemäß, neue
Wörterfamilien zu erzeugen und durch dieselbe die Fremd=
wörter in Masse auszuwerfen, dies wäre unserer Ansicht
nach die erste Aufgabe Derer, welche die Sprache zu rei=
nigen und zugleich innerlich durchzubilden bestrebt sind.

Als Beispiel für die logischen Nachtheile des Fremd=
wörterunwesens führten wir oben das Wort Musik an,
welches seiner fremden Abkunft wegen eine Fortbildung
nach deutschen Sprachgesetzen nicht gestattet und daher es
einer Menge von Fremdwörtern überlassen mußte, die Ar=
ten der Musik und die mit ihr zusammenhängenden Ge=
genstände zu bezeichnen. Es diene uns hier als erstes Bei=
spiel für unsern Reinigungsplan.

Eine schöne Wurzel, welche mit dem Begriff engver=
wachsen, ist Ton. Dieselbe ist in Zusammensetzungen be=
reits auch für Musikalisches in Gebrauch, wie die Worte
Ton=leiter, Ton=halle (ein öffentliches Lokal in
Hamburg) u. s. w. beweisen. Davon leitet auch Hr. Brug=
ger das Zeitwort ton=en für musiciren ab, und von die=
sem Ton=er für Musikant. Davon lassen sich nun
sämmtliche zur Musik gehörigen Gegenstände einfach und
leicht bilden.

Die Musik selbst heißt in ihrer allgemeinen Bedeu=
tung Tonerei, (wie Malerei von Maler) oder Ton=
kunst. Eine Einzelmusik dagegen ist ein Ge=ton, genau

gebildet wie Ge=tön von tön=en, Ge=dicht von Dichten, Ge=sang von singen u. s. w.

Ouvertüre — Vorgeton; Präludium — Angeton.

Concert — Tonung.

Musikalisch — tonisch, tonlich, tonkundig, tonliebend, tonsam.

Conservatorium oder Akademie der Musik — Ton= schule, Getonschule.

Musikalisches Instrument — Tone (verhält sich zu tonen, wie Trompete zu trompeten, trommeln zu Trommel u. s. w.)

Die Tonen zerfallen nun in 5 Hauptarten:

1) Volltonen oder Blastonen, Vokalinstrumente.

2) Streichtonen, wie Geige u. s. w.

3) Greiftonen, wie Guitarre, welche Klimper heißt von klimpern.

4) Schlagtonen (Trommel, Pauke u. s. w.)

5) Tasttonen, (Orgel, Flügel, Klavier oder Täste u. s. w.

Componiren — tondichten, vertonen (mit dem Wenfall.)

Componist — Tondichter, Vertoner, Tonschöpfer.

Composition — Vertonung (eines Liedes), Tondich= tung, Tongedicht, Tonwerk, Tonschöpfung.

Musikstück — Tonstück.

Oper — Tonspiel.

Virtuos — Tonkünstler, Tonmeister.

Theorie der Musik — Tonik, Tonlehre.

Orchester — Tonbühne, Vorbühne, Tonerraum.

Dieses Beispiel, welches man noch viel weiter in's Einzelne hinein verfolgen könnte, mag darthun, wie man zum Heil und Nutzen unserer Sprache und ihres geistigen Gehaltes die Fremdwörter schockweise herauswerfen kann und muß. Zugleich erinnern wir an das über den nach= theiligen Einfluß der Fremdwörter auf die Dichtung Gesagte, indem dieser selten schroffer hervortritt, als gerade hier. Wer würde den Ausdruck: „Musikalisches Instrument" in ein Gedicht bringen? Welche schöne Wörter lassen sich da=

gegen von Tone bilden; wie dichterisch lauten z. B. diese Worte: „Die Schlachttone ruft" (statt Trompete).

§. 92. Schriften in deutscher Reinsprache im Jahre 1859.

Von Wilhelm Melcher in Berlin erschien in diesem Jahre unter dem angenommenen Namen Reinhold Lenz, Mitglied des Heidelberger Vereins für deutsche Reinsprache: „Schillers Leben, der deutschen Jugend erzählt." Verlag von C. W. Mohr u. Comp. Berlin 1859. Diese kleine Schrift war zur Schillerfeier bestimmt, die in diesem Jahre überall gefeiert wurde. Sie wird sich immer als ein schönes Geschenk für die reifere Jugend eignen, weil in ihr die Hauptzüge und Eigenschaften nebst den Schicksalen des großen Dichters lebhaft geschildert sind.

Eine herrlichverfaßte Schrift ist die von Dr G. H. Otto Volger in Frankfurt a/M. mit der Aufschrift: „Das freie deutsche Hochstift für Wissenschaften, Künste und allgemeine Bildung zu Frankfurt a/M. Vorläufiger Entwurf eines freien Anregungs- und Lehrvereins zur Vertretung der gesammten deutschen Bildung als einheitlicher Geistesmacht und zur Belebung des Selbstgefühls im deutschen Volke." Auch die Satzungen desselben sind rein Deutsch geschrieben.

Das ist ein wahres Meisterwerk in Bezug auf Inhalt und Ausdrucksweise, das ich gern ganz hier möchte abdrucken lassen. Weil das aber zu viel Raum einnehmen würde, so kann nur der erste Theil hier stehen, nebst dem Vorwort.

Vorwort.

Für Deutschland ist eine ernste Zeit gekommen, in welcher Keiner, der ein Wort zur Verständigung weiß, dasselbe ungesprochen, Keiner, der ein Werk zu thun vermag, es ungethan lassen sollte. Nur allzu oft wird der treffliche

Spruch, daß der Schuhmacher solle beim Leisten bleiben, zum Vorwande genommen für bequeme Theilnahmlosigkeit und unmännliche Scheu. Wo es dem Vaterlande gilt, ist Jeder berufen, mitzurathen und mitzuthaten, und nur ein Tropf dankt Gott an jedem Morgen, daß er nicht braucht für's Römisch' Reich zu sorgen. Auch der Gelehrte ist vorab ein Mensch und Bürger, und wie erklärlich und dadurch verzeihlich immerhin es erscheinen mag, im engsten Kreise der Fachwissenschaft die Begeisterung für allgemeinere Bestrebungen zu verlieren — eine Pflichtvergessenheit muß es gleichwohl genannt werden. Gerade die Gelehrten haben, als Träger eines so namhaften und vorzüglichen Theils der Bildung, und gerade in unserem Volke, dessen Größe und Hoffnung so wesentlich auf seiner Bildung beruht, einen unermeßlich wichtigen Beruf. In dieser Ueberzeugung wagte ich schon einmal, meinen näheren Fachgenossen die Mahnung zuzurufen: „Vergessen wir über unserer Wissenschaft nicht, daß wir Söhne eines großen Volkes sind." Dieser Ruf hat vielfachen Widerhall, nirgends einen Tadel gefunden. So hoffe ich denn, auch jetzt nicht gescholten zu werden, wenn ich versuche, ein Wort der Verständigung zu reden und, mit wie schwacher Hand es immerhin sein mag, einen Grundstein zu legen zu einem Bau, welcher, ausgeführt von begeisterten und hingebenden Kräften, dem gemeinsamen Vaterlande zum Heile gereichen wird.

Der Entwurf, welchen ich hier vorlege, ist nicht mein alleiniges Eigenthum. Derselbe ist, wenn auch ohne bestimmtere Form, in vielen Köpfen entsprungen, und neben jungen thatkräftigen Männern haben silberhaarige Greise mit jugendfrischem Herzen sich für den wesentlichen Grundgedanken desselben erwärmt. Mit Vielen habe ich ihn theils im Allgemeinen, theils in Einzelnheiten besprochen und überlegt. Von allen Seiten ward ich nur ermuthigt. Hier in Frankfurt drängen zahlreiche vereinzelte Bestrebungen, welche weiterer Entwicklung und höherer Vereinigung harren, naturgemäß zu demselben hin. Von Außen kommen in der Nähe und Ferne entsprechende Wünsche demselben entgegen.

Meine hiesige Stellung allein giebt mir den unmittelbaren Beruf, giebt mir auch den Muth, mit diesem Entwurfe hervorzutreten; sie mag, mit allen den Schwierigkeiten, welche sie mit sich bringt und deren bisher, wie ich gerne glauben möchte, nicht mißlungene Ueberwindung mir nur unter der sicheren Führung eines leitenden höheren Gedankens möglich war, mich schützen vor dem Scheine einer Anmaßung, die mir ferne liegt. Einer muß handeln, wenn etwas geschehen soll. So kam ich zum Entschlusse, den die Zeit fordert. Man übersehe mich für heute — morgen werden Alle, an die ich mich in den folgenden Blättern nicht vergebens wende, an meiner Stelle einstehen. Ich habe das beruhigende Bewußtsein, im Einverständnisse mit Vielen zu unternehmen, was gleichwohl eines Unternehmers bedurfte, wenn es nicht bei frommen Wünschen bleiben sollte.

Dabei bilde ich mir entferntest nicht ein, daß die Art, in welcher ich diesen Entwurf darlege und einleite, Allen gefallen werde. Da man es nun aber einmal unmöglich Allen recht machen kann, so bleibt nichts übrig, als daß man es nach bester Ueberzeugung, und daß man es den Tadlern nicht allzu schwer mache, indem man sich offen und unverstellt darbietet. Wer zu tadeln findet, der table also mich, nicht die gute Sache — noch besser aber, er lasse, wenn er sich selbst zu bezwingen vermag, den Tadel schweigen, um der guten Sache nicht Abbruch zu thun, mache sich dagegen um so mehr in der Sache geltend, wozu ihm ja die freieste Gelegenheit offen steht. Dieses Wort gilt hauptsächlich Denen, welche mich nicht kennen. Auf die freundliche Nachsicht der vielen näher oder ferner mir befreundeten Träger und Pfleger aller höheren Bestrebungen in Frankfurt zu rechnen, bin ich zu sehr gewohnt, als daß ich es nicht mit vollstem Vertrauen wagen sollte.

Frankfurt am Main am 1. Herbstmonat 1859.

Otto Volger, Dr.

D. Z. Lehrer der Stein-, Erdbau- und Erdgeschichtskunde am Senkenbergischen Stifte.

Deutschthum und Welschthum.

Die Geschichte unseres Volkes hat unserer staatlichen Einheit die größten Schwierigkeiten bereitet. Vielfach bot sie das Bild der inneren Auflösung, mangelnden Zusammenwirkens im günstigeren, offenen Zwiespaltes und Bürgerkrieges im schlimmeren Falle. Im Großen und Ganzen zeigt sie uns den Uebergang eines einheitlichen Reiches mit gesetzlichem Wahlkönige zu einem locker zusammengehaltenen Bunde selbstständiger Staaten, von welchen gar oft der eine, wenn auch nicht bereit ist — denn das zu glauben gestattet die Ehre nicht — so doch bereit scheint, an dem andern zum Verläugner zu werden und, während eine Stunde des Gerichtes in der Weltgeschichte geschlagen hat, am Feuer die Hände zu wärmen und — zu plaudern. Auf den blos äußerlichen Anblick könnte man meinen, in unserer Volksgeschichte nicht einen Entwicklungs- sondern einen Zersetzungsgang zu sehen. Während andere Völker immer mehr geeinigt wurden, ganz besonders unser Nachbarvolk jenseit der Wasgauhöhen und des Ardennenwaldes dahin gelangte, staatlich nur noch in einem Haupte zu leben und durch einen Mund zu reden, welcher nach Außen, wie nach Innen, sagen darf, „ich bin der Staat," machten bei uns immer mehr „viele Köpfe und viele Sinne" sich geltend. Während dort die einheitlich in Bewegung gesetzte Kraft nach Außen immer wirksamer ward, erlahmte sie bei uns durch ungeschickte, unzweckmäßige, stets sich selber behindernde Zerfahrenheit. Unsere Unbehülflichkeit ist geringeren Gegnern ein Spott. Dünkelhaft verläugnen kleine, von unserem Volksstamme abgelenkte Zweige, selbstständiger aufgewachsen und durch geschlossenere Entwicklung gekräftigt, die große Mutter — dort an den Alpen die Deutschen Schweizer, dort an den Küsten die Deutschen Niederländer. Die Deutschen Elsäßer und Lothringer haben vollends gelernt, gegen uns selber die Franzosen zu spielen.

Trotz alledem — das Deutsche Volk ist nicht in Zersetzung, sondern in seiner eigentlichsten Entwicklung be-

299

griffen; es ist in Wirklichkeit jetzt einiger, denn je. Es
gab noch nie ein so mächtiges Einigungsstreben, ein
so lebendiges Einheitsbewußtsein im Deutschen Volke,
als jetzt. Selbst der so vorschnell bei jedem Anlasse sich
regende Argwohn unheilvoller Sondergelüste und die bit-
teren Verrathsbeschuldigungen, welche, auf fremde List und
lügnerische Mißtrauenssaat gegründet, mit verantwortungs-
schwerer Leidenschaftlichkeit verlauten, sind nur Beweise der
Eifersucht, mit welcher die Liebe zur Einheit in allen Herzen sich geltend macht. Nie, so lange es noch ein Deutsches Reich und einen Deutschen König gab, hat das Volk
Deutschlands so klar und bestimmt nach einem Zwecke ge-
blickt, als jetzt. Wir sind einiger geworden, seit wir getheilt sind, und jeder weitere Schritt zu unserer Theilung
in der Form nähert uns im Wesen mehr unserem einheitlichen Ziele; jeder Unglücksschlag, welcher uns schmerzlicher
unsere Zerrissenheit fühlen läßt, ist ein glühender Ham-
merschlag, der einen Bruch unserer Einheit vernietet und
schweißt.

Ja, trotz alledem, was unsre Kraft lähmt
und behindert — wir waren auch nie so mächtig, als jetzt. Mag die unbehülfliche Verwendung der
Stärke, die Vergeudung der verlorenen Anstrengungen der
vereinzelten Glieder, das unangemessene Verhältniß der
Wirkung zu der Größe des Deutschen Volkes den Spott,
welcher der Schwäche gilt, verleiten, sich gegen uns her-
vorzuwagen: die Geschichte der jüngsten Tage — o, möge,
um sie zu richten, ein jüngster Tag nicht ausbleiben! —
hat unverhohlener, als je es geschehen, verrathen, welche
Macht alle anderen Völker im Deutschen Volke erblicken. Durch ihr Verhalten haben alle stillschweigend anerkannt, daß in diesem Volke der Schwerpunkt der
gebildeten Menschheit liegt. Eine Kraft, die durch
Mißgriffe sich selber behindert, kann tausendmal des au-
genblicklichen Erfolges fehlen — aber Niemand hält sie
für gebrochen, Niemand wagt an ihr zu zweifeln, und
der vom Glücke zum Uebermuthe verlockte Gegner schließt

kläglich einen faulen, welschen Frieden, weil er mit Schrecken
ahnet, daß der Uebermacht, die er herausgefordert, ein richtiger Griff gelingen werde, der ihn zerschmettern muß. Das
Deutsche Volk schickte sich an, diesen Griff zu thun, der
faule, welsche Friede ward geschlossen; aber gleichwohl, es
wird seinen Griff thun müssen, früher oder später. An
uns ist es nicht, über diesen Frieden und über unsere Uneinigkeit zu hadern — sondern die Einigkeit aufbauen
zu helfen mit allen Kräften und mit aller Selbstüberwindung!

Was unser Nachbarvolk groß macht, das ist
seine Schwäche, die Wurzel seines Verderbens!
Beneiden wir es also nicht! Dort sind alle Fäden der
Einzelkräfte zusammengesponnen zu Schnürchen, und alle
Schnürchen zusammengewürgt und gedreht zu einem einzigen Stricke, der in der Hand eines menschenverachtenden
Henkers fähig ist, unter dem Paukenklang irgend eines hoh-
len Gelegenheitswortes den freien Athem der Menschheit
zu ersticken. Keine Freiheit ist heilig in dem Staate,
welcher mehr, als irgend ein anderer, die Freiheit im Munde
führt. Kein selbstständiges Streben, keine eigenthümliche
Richtung des Einzelnen wird gepflegt, wird auch nur ge-
schont. Und durch welches Mittel erreicht die Gewalt ihre
Absichten! Aus dem struppigen Ginster, aus dem berau-
schenden Hanfe, aus der brennenden Nessel und aus dem
hinfälligen Lein macht die gleiche Röttung die gleichen
schmiegsamen Fasern. So unterwirft herkömmlich — die
Pest der Sittenverderbniß, die stets von Westen her sich
über unsere Gränzen ergoß, bezeugt es — der Machthaber
Frankreichs sein ganzes Volk der sittlichen Rötte, um
einen brauchbareren Stoff für sein Gewerbe zu haben —
für das Gewerbe: die Fesseln zu drehen, in welchen die
Menschheit zu seinen Füßen liegen soll. Wie in einem
Kriegsheere ist die gleiche Ordnung im ganzen Frankreich;
ein und dasselbe Gesetz, eine und dieselbe Art der Verwaltung, so verschieden auch Lage, Land und Leute, eine und
dieselbe Bildung — oder richtiger Zucht — eine und die-

selbe Lehre, eine und dieselbe von oben anbefohlene An-
schauung. Wo ist dort noch Spielraum für den edleren
Eigensinn, wo eine Rücksicht auf Naturverschiedenheit und
Sonderbedürfniß, wo eine Gewährschaft für eigene Gestal-
tung, wo eine Befugniß für eigene Bildung, wo eine Frei-
heit des Wortes in Rede und Schrift, eine Freiheit der
Forschung, eine Freiheit selbst des Gedankens? Nichts von
Allem — aber von Allem ein hohnvolles Zerrbild. Des
Machthabers Willkür bestimmt Werth und Unwerth, er-
hebt die Verworfenheit zum Ruhme, gibt die Tugend dem
Gelächter preis, beherrscht die Begriffe des Guten und des
Schlechten, verkündet amtlich, was als Wahrheit und was,
den Thatsachen zum Hohne, als Unwahrheit zu gelten habe,
und schreibt der öffentlichen Meinung ihre Urtheile vor.
Wer könnte Frankreichs Volk um seines Herrschers Macht
beneiden, die gegründet ist auf eine Franzosenseuche im
Staats-, im Gesellschafts-, im Geistesleben!

Was dagegen unser Deutsches Volk schwächt,
das ist seine Größe, die Wurzel seines Gedei-
hens, seiner mächtigen Entfaltung! Der Man-
gel an Einheit ist nur der thatsächliche Ausdruck des Maßes,
in welchem das uns eingeborene Streben nach freier
Entwicklung siegreich geblieben ist, gegen jeden unnatürlich ausgleichenden Zwang. Oder sollte man wirklich in
der Schwächung der von Pipin's Sohne mit bonopartisti-
schen Gewaltthaten gegründeten Deutschen Königs- und
Römischen Kaisermacht nichts, als den Ehrgeiz der nach
Selbstherrschaft strebenden Fürstengeschlechter erblicken? Nimmermehr! Die Erstarkung der Fürsten in Deutschland war nur ein naturgemäßes Nebenergebniß des Zusammenwirkens der freien Gemeinden und Landschaften
innerhalb der einzelnen Stämme zu gemeinsamer Aufrechthaltung und Sicherung ihrer Selbstständigkeit gegenüber
der Alles mit gleichem Zwange bindenden Königsmacht.
Hatte dieses Zusammenwirken auch nicht die Form von
Bündnissen, und geschah es auch nicht in klar bewußter
Absicht, so bestand es doch thatsächlich in der bald von die-

ser, balb von jener Seite gewährten Unterstützung, durch
welche die Stammesfürsten mächtig wurden. Die Deutschen Fürsten sind weniger auf ihre Throne gestiegen,
als von den der Freiheit und Selbstständigkeit dienenden
Sonderbestrebungen der Stände und Stämme zu denſelben emporgetragen worden. Eben deshalb ſitzen
ſie auf dieſen Thronen ſo feſt und ſicher. Wie
durchſchnittlich noch jetzt in Deutſchland das Dorf in ſeinem
Edelmanne ſeinen natürlichen Vertreter erblickt, ſo der Gau
in ſeinem Grafen, ſo die Landſchaft in ihrem Fürſten. Tau-
ſend Ausnahmen und ſchroffe Gegentheile vermögen noch
jetzt nicht, dieſes Verhältniß zu verläugnen. Es iſt ſo;
und es war von jeher ſo; und es zeigte ſich dieſes im
Laufe der Geſchichte zunehmend in demſelben wachſenden
Maße, in welchem die in Frankreich vermittelſt Bluthoch-
zeiten, Dolchen, Duftäpfeln und Erkaufungen gelungene
Vereinigung aller Macht auch in Deutſchland vom König-
thume, wenn auch immerhin nie mit jenen verruchten Mitteln, erſtrebt wurde. In Deutſchland wuchs der Widerſtand
in's Uebermaß und brach die Einheit. In Frankreich wuchs
die Einheit in's Uebermaß und brach jeden Widerſtand. Die
Deutſche Geſchichte iſt eben ein vollkommenes Gegenſtück
zur Franzöſiſchen — und preiſen wir uns glücklich über
unſern Theil! Einig zu ſein, waren die Deutſchen Stämme
ſtets von Natur berufen, aber wenig mit Bewußtſein darauf bedacht. Die Sorge für ihre Selbſtſtändigkeit dagegen war ſo groß und ſo bewußt, daß die Einigkeit nur all-
zuleicht darüber vergeſſen werden konnte. Doch dauerte
dieſe Vergeſſenheit nur ſo lange, bis die aus der Allein-
herrſchaft erzeugte Macht der Gewalthaber Frankreichs der
Freiheit Deutſchlands insgeſammt und ſomit auch der
Selbſtſtändigkeit der einzelnen Stämme eine größere Gefahr bereitete, als die ſich ſelbſt beſchränkende Einheit, mit
deren Hülfe nun allein noch die Freiheit geſichert werden
konnte. Wie die Gefahr wuchs, begann man ſich der Einheit zu erinnern. Nur einmal ſah man ganz Deutſchland in einem Herzen und einem Sinne geeinigt. Es

war in dem Augenblicke, wo Deutschlands Freiheit zu ver-
löschen drohte. Es war zur Abwerfung des napoleonischen
Joches und zur Austilgung des übermüthigen Soldaten-
thumes. Auch in diesem Jahre wieder flammte bei der
ersten Bedrohung, die der Neujahrsgruß an der Seine der
Deutschen Freiheit zu bieten wagte, sogleich in allen Stämmen unseres Volkes das helle Verlangen nach Einheit auf.
Freilich glaubte auch alsbald die Selbstständigkeit nicht etwa
blos dieser oder jener fürstlichen Krone, nein, gestehen wir
es offen, die Selbstständigkeit der durch die Fürsten mehr
oder weniger geschichtlich sich vertreten fühlenden Stämme
eifersüchtig sich bedroht und machte um so lebhafter sich geltend, je mehr es dem besorgten Herrscher Frankreichs gelang, den entbrannten Krieg auf Italien zu beschränken.
Dieser Widerstreit des Selbstständigkeitsstrebens und des
Einheitsbedürfnisses gegen einander liegt einmal im Deutschen Wesen; man kann ihn nicht wegläugnen, sondern muß
sich mit ihm abfinden.

Das Selbstständigkeitsstreben beginnt in unserem Volke
bereits bei den Einzelnen und beruht im Wesentlichen auf
dem Tüchtigkeitsgefühle jedes Einzelnen. Der Franzose,
welcher jenes Werthbewußtsein des Einzelnen nicht kennt,
fühlt sich nur als Antheilhaber an der Macht und Ruh-
mesbank des Staates. In Deutschland will Jeder zunächst selber als etwas anerkannt sein, weil er sich bewußt
ist, etwas zu sein. Daraus entspringen viele Eigenheiten,
sagen wir immerhin Fehler; aber vergessen wir doch nicht,
uns Rechenschaft zu geben über die achtungswürdige Quelle
dieser unserer Fehler. Schon im Kreise der Hausgenos-
senschaften bemerkt man das Behagen, mit welchem der
Einzelne sich geltend macht, um nicht eine bloße Ziffer oder
gar ein Null zu sein. Der Sohn im Hause erlangt seine
volle Geltung, sobald er in der Fremde war und seine
Schicksale und Erlebnisse eine Zeit lang von denen der
übrigen Glieder des häuslichen Kreises getrennt hatte. Eben
die Trennung macht selbstständig. Daher der Trennungs-
trieb bei den Deutschen, welcher durch alle Heimathsliebe

nicht unterdrückt werden kann. Da nun die Fremde wesentlich so die Selbstständigkeit unterstützt, so wird auch in
der Gemeinde der Fremde hochgeachtet und für die Ge-
meindeglieder selbst die Fremde als eine Bedingung der
Selbstständigkeit und der höheren Achtung betrachtet. Wer
nie in der Fremde war, darf sich nicht wollen geltend machen. Daher nun das Zurschautragen des Fremden, der
in der Fremde angenommenen Sitte und Mundart, welche
frazzenhaft bei Ungebildeten bis zur Verleugnung der Heimath und Sprache geht. So ist unser stolzer Selbststän-
digkeitstrieb die Quelle unserer fremdwörterreichen Sprachverderbniß, wie unserer übermäßigen Fremdenverehrung,
die bis zur Selbstvergessenheit und Vernachläßigung der
eigenen Würde, ja, zur Unterwürfigkeit gegen das Fremde
bei Einzelnen sowohl, wie bei der Volksgesammtheit sich
verirrt. Die Sprache läßt sich von den Fremdwörtern
säubern; die Verirrung läßt sich durch das Bewußtwerden
verhüten; die Empfänglichkeit für das Fremde wird, auch
wenn sie sich auf das Gute und Gediegene allein beschränkt,
genügen, um dem Reichthum unserer Bildung stets förderlich zu sein. Der schöne Quell aber, aus welchen alle
jene Eigenthümlichkeiten der Deutschen entsprungen sind und
noch immer entspringen, das Streben nach Selbstständigkeit und Geltendmachung der Tüchtigkeit des Einzelnen,
wird und soll uns bleiben und mit Stolz bewahrt
werden bei den Einzelnen, wie bei den Gemeinden, den
Volksstämmen. Bei den Franzosen scheint eine kunstmäßige
Gliederung und Gängelung, ein Zwang der Gesammtheit
durch einen Herrscherwillen unaustilgbares Bedürfniß zu
sein. „Wenn es keinen Gott gäbe, so müßte man einen
ernennen," hieß es dort — und wenn es keinen Fürsten
auf dem Throne gibt, so eilt man, einen gemeinen Zucht-
meister zu erhöhen. Im Gegensatze dazu glüht in dem
Deutschen das unverlöschliche Feuer der Freiheit, und die
Fürstenmacht konnte bei uns von jeher nur aus dem freien
Zugeständnisse des eigensinnigen Volkswillens erwachsen.
Schwerlich wird daher in Deutschland eine Einigung

auf die Dauer möglich sein, welche über das Maß des gemeinsamen Bedürfnisses zur Erhaltung der Deutschen Freiheit irgend hinausgehen möchte.

Aber das Deutsche Volk seiner Einheit dauernd vergessen zu lassen, wird sicherlich noch weniger gelingen; denn diese Einheit beruht auf einem Naturverhältnisse und eben auf dem, daß der Deutsche Mensch den Naturverhältnissen — und zu diesen gehört auch die Geschichte — getreulich nachlebt. Der Deutsche Mensch ist eben ein anderer Mensch, als der von fremdem Volke, und nur mit Deutschen kann der Deutsche dauernd, überhaupt wahrhaft, sich wohl fühlen. Der Gegensatz zwischen Deutschthum und Welschthum zumal ist ein unvertilgbarer. Dem Welschen, vorab dem Franzosen genügt überall die Form, die Aeußerlichkeit, die Oberflächlichkeit, der Schein. Dem Deutschen, der wahrlich mit Recht das Beiwort des „ehrlichen" führt, ist es stets um das Wesen, die Innerlichkeit, die Gründlichkeit, die Wahrheit zu thun. Mit seiner Natur und Geschichte will er nicht durch künstliche Unnatur und schroffen Bruch sich abfinden, sondern, ihr angehörig, schmiegt er sich innig derselben an; durch sie geworden, will er nur weiter aus ihr sich entwickeln. Daraus entspringt freilich eine große Verschiedenheit zwischen dem Friesen und dem Tyroler, zwischen dem Pommern und dem Rheinländer, dem Sachsen und dem Schwaben. Jeder von ihnen denkt Deutsch, fühlt Deutsch, redet Deutsch — aber so verschieden, wie die Deutsche Natur ihrer Deutschen Lande, so verschieden ihre naturgemäße Lebensweise und ihre Schicksale, so verschieden ist auch dieses Deutsch ihres Denkens, ihres Fühlens, ihrer Rede. Mit dieser Hindeutung ist die ganze Ursache der ungenügenden Einigkeit Deutschlands bezeichnet. Sie erklärt, weshalb der Deutsche nicht einerlei Gesetz, nicht einerlei Verwaltung, einerlei Bildung, einerlei Lehre, einerlei Anschauung für Alle weder schaffen noch ertragen kann. Er hat das unabweisbare Bedürfniß wahr und treu zu sein, in

allen Stücken allen von der Natur und Geschichte gegebenen Verhältnissen vollkommen Rechnung zu tragen.

Man pflegt vielfach mit hoffnungslosem Angesichte
hinzudeuten, auf die Verschiedenheit, welche so schroff auf
dem Gebiete der „geoffenbarten" Anschauungen, des Glaubens, sich darstellt. Hier geht anscheinend ein jäher Riß
zwischen N o r d und S ü d durch Deutschland mitten hindurch. Der Gegensatz zwischen dem verstandeskälteren
Norden und dem gefühlswärmeren Süden liegt diesem Verhältnisse allerdings tief zum Grunde; aber er hat dasselbe
nicht erzeugt, sondern nur gleichsam auf sich genommen.
Die vielfachen Ausnahmen und Abweichungen, welche geschichtlich rein in staatlichen Verhältnissen begründet sind,
beweisen, daß es sich hiebei n i c h t um eine bloße Natur-
beziehung handelt. Nur weil im Großen und Ganzen die
erziehungsgemäße Verschiedenheit des Glaubensbekenntnis-
ses mit der naturgemäßen Scheidung und Zusammenschaa-
rung norddeutscher und süddeutscher Stämme zusammen-
fällt, tritt dieser Zwiespalt so stark hervor. Aber es ist
ein Irrthum zu glauben, der Lutherische in Oesterreich sei
darum norddeutsch oder „preußisch," oder der Päpstliche
am Niederrhein sei darum süddeutsch oder „österreichisch"
gesinnt. Der Zwiespalt der Bekenntnisse geht nur n e b e n -
h e r. Der D e u t s c h e G e i s t w i d e r s t r e i t e t j e g l i c h e r
Einbannung in starre Bekenntnisse. Nach solchen
sich zu zerspalten kann daher nimmermehr dem Deutschen
Wesen entsprechen. Da es zwei oder mehrere verschiedene
Wahrheiten, die einander ausschließen, nicht geben kann,
jedes Glaubensbekenntniß aber den Inbegriff einer aus-
schließenden Wahrheit für sich in Anspruch nimmt, so vermag das Deutsche Wesen den Bekenntnissen gegenüber sich
nur in jenen t i e f s i n n i g e n Z w e i f e l n zu äußern, welche
die Wahrheit suchen, die über allen Bekenntnissen steht.
Der geschichtlich künstliche, durch Aufpfropfung auf die
Stammesverschiedenheit bis zum Gegensatze ausgeartete
Zwiespalt auf dem Glaubensgebiete weicht daher einer weit
naturgemäßeren und versöhnlichen Mannigfaltigkeit auf dem

Gebiete des reinen Gedankens, einer Mannigfaltigkeit, welche durch das sie beherrschende freie, nur durch sich
selbst beschränkte Erkenntnißstreben innigst zu einer höheren Einheit verknüpft ist, die man längst in ihrer Eigenthümlichkeit anerkannt und als Deutsche Denkweisheit zu bezeichnen sich gewöhnt hat. Da es im Gegensatze zu der Verschiedenheit der Offenbarungslehren nur
eine Natur gibt, so entspricht es dem Deutschen Wesen,
bei diesem Bestreben nach Erkenntniß der Wahrheit sich
innigst an die Naturbetrachtung anzuschließen, eine
Neigung, welche für die Deutsche Denkweisheit im höchsten
Grade bezeichnend ist. Diese reine Gedankenerhebung zum
Suchen nach der höchsten aller Wahrheiten, ist bei dem
Deutschen nicht blos eine Beschäftigung weniger, bevorzug-
ter Geister, sondern sie ist hier vielmehr stets das Ziel
aller Bestrebungen, welche hervorragend geistige Thätigkeit erheischen: aller Kunst, wie aller Wissenschaft — und der Deutsche weiß Kunst und Wissenschaft,
weiß geistige Thätigkeit mit zahlreichen Beschäftigungen zu
verbinden, welche bei anderen Völkern, zumal den Franzosen, bloße Gewerbe sind. Der hat sich nie unter dem
Stande der Handels- und Geschäftsleute, der Handwerker,
der Bauern, von andern zu geschweigen, umgesehen, wer
nicht mit Ueberraschung oft am Zahltische, wie am Pfluge,
an der Metzgerschirn, wie an der Hobelbank, im Berg-
werke, wie am Leisten einen grübelnden Deutschen Denker
gefunden hat.

In diesem Bedürfnisse der Wahrheit, des Ein-
klanges mit der Natur, beruht unser unversöhnba-
rer Gegensatz gegen andere Völker, welche dieses Bedürfniß nicht in gleichem Maße kennen, beruht die unverbrüch-
liche Gewährschaft unserer Einigkeit; denn in
ihm beruht die Deutschheit selber, die Mannigfaltigkeit unter höherer Einheit in der Denkweise,
in den Sitten, in der Wissenschaft, in der Kunst, in
den gesellschaftlichen Einrichtungen, im Staatsleben. Ja, die Quelle all unserer Uneinigkeiten, all un-

20*

serer Zwiste in engeren und in weiteren, in höheren und in niederen Kreisen entspringt aus diesem edlen Grunde. Jeder meint es redlich, gründlich redlich mit seiner Stellung, seiner Aufgabe, seinen Ansichten, seinen Urtheilen, seinen Vorschlägen, und eben weil er es so redlich meint, setzt er sich nicht über die eigene Ueberzeugung, noch über die des Nächsten hinweg, sondern er sucht die seinige geltend zu machen, die andere zu beseitigen und zwar gründlich und mit Gründen. Nun wird erörtert und begründet von beiden Seiten, der Eine wird dem Andern zum Gegner, und Versöhnung ist nur durch den vollständigsten Austrag möglich, zu welchem es freilich, wie bei so vielen Verhandlungen des weiland Reichskammergerichts, gar oft nicht kommt, weil das Rad der Geschichte weiter rollt, ohne durch die kleinen Anstände der Einzelnen sich aufhalten zu lassen. So im geselligen Kreise, so in den Gemeinden, so in allen weiteren Abstufungen bis zum Bundestage und bis zum Schriftenwechsel der Kronbeamten hinauf; so in den kleinsten, wie in den größten Rechtshändeln; so in wissenschaftlichen Zeitfragen. Selten eine Zusammenstimmung, stets Abweichungen mindestens in Nebensachen, stets Verbesserungsvorschläge, Rückblicke bis in's Anfangslose, immer mit dem besten, redlichsten Willen — aber freilich zum Nachtheile der äußerlichen Einigung, zumal raschen Beschlusses. Stets ist bei den Deutschen das Bessere das Hinderniß des Guten.

Man schildert diese Seite des Deutschen Wesens als gehässig; man hat sie bespöttelt — daß man sie zu verachten gewagt hätte, habe ich nie gefunden, so wenig, wie selbst der Frevler die Tugend wahrhaft zu verachten wagt, auch wenn er sie haßt und ihr Hohn spricht. Es ist aber in Wirklichkeit unsere trefflichste und edelste Eigenschaft, deren vernünftige Mäßigung wohl wünschbar sein mag, aber kaum allzusehr empfohlen werden darf, aus Sorge, zu viel von jenem Kleinode zu vergeben. Es ist nicht zu verkennen, daß diese Eigenschaft die Entwicklung einer ähnlichen Staatsmacht hindert, wie andere, minder

redliche Staaten sie zu erlangen vermocht haben. Deutschland wird, soweit man vorauszusehen wagt, nach Außen
nicht leicht anders, als blos vertheidigungsweise, eine an-
gemessene Kraft entwickeln. Mit klarem Bewußtsein
hoffen wir zwar, es weiter zu bringen, als bisher. Aber
selbst, wenn es nicht gelingen sollte, welcher Deutsche ver-
möchte den Gedanken dauernd zu pflegen, daß jene Kraft-
entwicklung, daß der plumpe Stolz des Engländers, der
auf seinen Weltschutz pocht, oder die schale Ruhmredigkeit
der Angehörigen eines erobernden Staates, Güter seien,
um deren Kauf man den trefflichsten Grundzug des Deutschen Wesens dahingeben möchte.

Und wenn man wollte — man könnte es nicht.
Das empfindet jeder Deutsche, der nur einmal welsche
Denkweise, welsches Wesen in der Nähe kennen gelernt. Wo
eine Meinungsverschiedenheit, durch eine dreiste Behauptung
wach gerufen, eifrigst mit Gründen und Gegengründen aus-
gefochten werden will und dann plötzlich durch wahrheits-
widriges Taschenspielerstück des in die Enge getriebenen
Gegners mit der schnöden Wendung „das war ja eben
meine Meinung" abgebrochen wird — da kocht es in dem
wahrheitstreuen Deutschen Herzen, dem nicht an dem Scheine
des Rechthabens, sondern an der Geltung seiner
Gründe gelegen ist. Wo ein Rechtsstreit über eine wohl-
begründete Verpflichtung von dem durch Beweise überführ-
ten Beklagten plötzlich nicht durch Anerkennung des Rechtes,
sondern blos durch thatsächliche Erfüllung erledigt und von
dem Kläger allenfalls, trotz frecherweise beigefügten Ver-
pflichtungsläugnungen, mit Befriedigung über die erreichte
Thatsache fallen gelassen wird, da empört sich das Deutsche Gefühl aus tiefstem Grunde. Die Welschen, sie lachen
befriedigt — und spotten der „Deutschen Rechtsfragerei." Wenn ein Napoleon, der Unterdrücker jeglicher
Freiheit in seinem eignen Volke, es wagt, als Fürsprecher
für die Freiheit Italiens aufzutreten, da erbittern sich ob
der Lüge Tausende Deutscher Gemüther, die stets für die
Freiheit der Völker, auch für die Freiheit Italiens ge-

schwärmt haben, und werden zu rücksichtslosen Sachwaltern
Oesterreichs. Und wenn die „Italienische Frage" zum heuch-
lerischen Vorwande genommen wird für einen längst ge-
suchten und längst vorbereiteten Krieg, mit welchem man
das eigne Volk einem Aderlasse für das prickelnde Geblüt
und gegen die Regung des Selbstbewußtseins einem Mohn-
rausche eitler Großthaten zu unterwerfen beabsichtigt, so
sträubt sich jedes Deutschen Rechtsgefühl gegen alle der-
malige Erörterung dieser Frage, und nur der trügerischen
Begriffsverzwickung und Sinnverwirrung von Staatskünge-
lerei und Englischer Geldbeuteltheilnahmlosigkeit kann es
gelingen, das bis auf's Aeußerste getriebene Oesterreich
schließlich zum Friedensstörer zu erklären, weil es statt des
welschen Lügenspiels einen offenen ehrlichen Deutschen Krieg
eröffnet. Und jetzt, da der Krieg vorbei und für uns unglücklich geendigt ist — halten wir noch fest an der Deutschen Rechtsfragerei. Der Verlust der Lombardei
konnte verschmerzt werden; die Kränkung des Rechts verschmerzt der Deutsche nie. Statt Schadenfreude erfüllt nur
neuer Ingrimm unsere Brust ob dem Hohne, mit welchem
der „Befreier Italiens" den Schauplatz seiner Prahlerei,
sein verpfändetes Wort, wie schon so oft, und seine aufgestellten Grundsätze im Stiche läßt. Das Deutsche Herz
beginnt wieder, sich für Italien zu erwärmen, aus Empö-
rung über den Lug und Trug. Der Deutsche macht nie
den eignen ungerechten Vortheil, sondern stets das Recht,
nie den Erfolg, sondern die biedere Wahrheit zur Grundlage seines Denkens und Handelns. So im Staatsleben,
so im Hause.

Ein Deutscher Bauer, ein Deutscher Handwerker, ein Deutscher Kaufmann arbeitet, um redlich in
seinem Stande zu bestehen; was der Fleiß schafft, wird
bedächtig zu Rathe gehalten, und zu desto behäbigerem Leben innerhalb des Standesherkommens benutzt. Aber jeder
trägt das Zeichen seines Standes, hoch oder niedrig, mit
Biederkeit und Treue. In Frankreich will Jeder nur „sein
Glück machen", um so bald als möglich sich mit trügeri-

ſchem Scheine zu umgeben, Stand und Herkommen lüg-
neriſch von ſich zu werfen und mit der Aufgeblaſenheit des
Emporkömmlings den vornehmen Herrn zu ſpielen. Adel,
Rang und Anſpruch, Amtskleid und Ehrenzeichen werden
erborgt — der Schein beglückt dieſe Menſchen. Der
Deutſche Künſtler iſt ein Geweihter ſeiner Kunſt; er
vergißt ſich in ſeinem Streben, in ſeiner Andacht; er ver-
ſchmäht, nach Erfolgen zu haſchen; er allein iſt unbefriedigt,
wenn allgemeine Anerkennung ſeine Werke für vollendet erklärt. Der franzöſiſche Künſtler ſucht nur den Erfolg;
er hält es für ein Glück, je eher, deſto lieber eine:1 mei-
netwegen närriſchen „Beſchützer“ zu finden, welcher ihm zu
goldenen Ernten verhilft; bezahlter Ruhm behagt ihm,
gleich wohlverdientem, denn er erfüllt ſeinen Zweck: den
Erfolg. In Frankreich will der Künſtler berühmt und
reich, in Deutſchland will er, wenn auch in Stille und
Armuth groß werden, und zum Glück, obwohl erſteres
leichter iſt, ſo hegte doch Deutſchland ſtets mehr große
Künſtler, als Frankreich berühmte. Daſſelbe gilt von den
Dichtern. In Deutſchland Schiller, in Frankreich
Lamartine. Aus der Stille laſſen ſie in Deutſchland
ihre Werke ſich Bahn brechen, während der Meiſter im
Verborgenen bleibt und in Dürftigkeit ſtirbt. In Frankreich kennt man den Dichter und die morgenländiſche Pracht,
mit der er ſich umgiebt, mehr, als ſeine Werke; auch er
macht ſein „Glück“, und wenn, was leicht gewonnen war,
wieder leicht zerronnen iſt, ſo wendet er ſich allenfalls mit
dem Bettelteller ſeines friſch geputzten Ruhmesſchildes an
die „Nation“, deren Ruhm in ihm und ſeinem Verſchwen-
derleben verpfändet iſt. Nicht beſſer ſteht es in Frankreich
um die Wiſſenſchaft und ihre Bekenner. Die Wiſſenſchaft ſelbſt iſt dort eine Staatsordnung, iſt vollſtändig
von der Staatsleitung in Sold und Pflicht genommen, erwartet von dieſer Anerkennung und Ehre und empfängt
von ihr den Stempel ihres Werthes. Das Freieſte, die
Sprache ſogar, iſt ſtaatlich geregelt und keiner freien
natürlichen Entwicklung mehr fähig. Das Maß, in welchem

eine Wissenschaft in Frankreich Aussicht auf Gedeihen hat, richtet sich gänzlich nach dem Grade, in welchem dieselbe die Freiheit des Einzelnen ausschließt. Die Rechnung und Größenlehre blüht daher allein auf gleicher Höhe wie in Deutschland. Nächst ihr die Wissenschaften, welche sich in Maße und Zahlen kleiden, von Naturwissenschaften die Lehre von den Kräften und von den Stoffen. Aber die inneren Gesetze und Verknüpfungen der Erscheinungen findet nur der Deutsche Geist. Mag immerhin der Teutsche Name des Küfer-Geschlechtes im Elsaß in die welsche Form Cuvier übersetzt sein, jedes Blatt in Cuvier's des Großen Werken beweist, daß er ein Deutscher war! Wohl hat Frankreich zu allen Zeiten einzelne große Männer gehabt, die in dem lichtarmen Volke leuchten würden, als einsame Sterne auf dunklem nächtlichem Grunde; aber ihr Glanz ist vielfach überblendet von den zahllosen Gaslichtern der „Berühmten", welche in diesem Lande und in der einen Stadt, deren Bedeutung das ganze übrige Land unnatürlich überwiegt, jahraus, jahrein wie die Pilze, emporschießen mit der Triebkraft der Ruhmsucht und unter den rasch zeitigenden Strahlen der Gunst. Nicht die Erkenntniß der Wahrheit, nicht die Veredlung des eigenen Wesens und die Erhebung der Menschheit ist das Ziel, nach welchem diese Schaaren streben, sondern ein Amt, eine Auszeichnung auf dem Kleide, eine Mitgliedschaft, die Ehre, nur einmal einen Vortrag in der „Staatsanstalt" zu halten und in den Zeitungen als Entdecker irgend einer neuen Thatsache oder eines neuen Verfahrens genannt zu werden, deren Werth und Wichtigkeit so ruhmredig verkündet wird, daß man gestehen muß, die Fortschritte und Vervollkommnungen der Welt müßten sich für ein Jahrhundert überstürzen, wenn alle die Erfindungen und Entdeckungen Grund und Werth hätten, welche dort im Laufe eines einzigen Jahres belohnt werden. Wer sich gar keinen anderen Rath weiß, der bringt es wenigstens dahin, eines jener unzähligen geheimnißvollen, entdeckungsschwangeren „versiegelten Päckchen" zu überreichen, welche sorgfältig öffentlich ver-

kündigt und dann stille bewahrt werden, um — in stillster
Stille vergessen zu bleiben. Unterdessen nährt sich die Wissenschaft von den Früchten Deutschen Fleißes und Deutscher Gedanken. Ein Kant entwirrt in seinem tiefen Geiste
die Grundzüge des Bauplanes der Welt und schreibt die
„allgemeine Naturgeschichte des Himmels." Lambert der
Schweizer, halb Deutscher, halb Franzose, entlehnt sie ihm
flüchtig und unvollständig. Der Franzose Laplace kleidet, fast ein halbes Jahrhundert später, dieses Bruchstück
in die Formen strenger Rechnung, und so wird dasselbe
zum Ruhme des ersten Kaiserreiches bei guter Zeit den
Deutschen wieder aufgetischt und soll sie von der Herrlichkeit des „großen Volkes" überzeugen. Solcher Ruhm muß
genügen, um den traurigen Bildungszustand des Volkes im
Ganzen zu verhüllen, dieses Volkes, dessen Tausendmaltau-
sende dem neuen Kaiserreiche durch ihre Stimmen die Weihe
des freien „Volkswillens" verleihen. Das ist ein Volk,
wie man es braucht, um Soldatenreiche zu schaffen und
den Brand der Welt zu entzünden. Statt der Bildung
ein von oben gegebenes Losungswort, welches im Rausche
von Mund zu Munde wiederklingt. Dazu der äußerliche
Verputz und eine beleckte Oberfläche — so ist der Beruf,
die Welt „gebildet" zu machen, unabweisbar.

Wie so gänzlich anders in Deutschland und bei unserem Volke! Durch alle Schichten verbreitet sich hier eine
wahre Bildung, deren Mangel längst als Schande galt.
Kaum eine Hütte, in der man nicht läse — und nicht etwa
blos was von Oben her dargeboten und gebilligt worden
ist, sondern was man in freier Wahl sich gewählt. Da wird
bedacht, erwogen, verhandelt — kein Losungswort verfängt
allgemein und auf die Dauer, bald macht sich Jeder selber
das seine. Soweit Jeder selber ein Denker, ist auch Jeder
sein eigener Lenker. Ein solches Volk hat seine Geschicke
in eigener Hand. Man kann es zeitweilig zwingen, aber
man kann es nicht verführen. Nur wo es mit selbst-
bewußtem Willen handelt, sind mit ihm Thaten zu ver-
richten, die seiner Kraft entsprechen. Jeder Aufdringung

setzt es den zähen Widerstand des Unwillens entgegen, und jahrelanger Zwang erweist sich schließlich als vergebliches Bemühen — sobald er nachläßt, stellt die unerschlaffte Spannung Alles wieder her. Aber deshalb eben schläft in diesem Volke jene ungeheuere Macht. Wer sie entwickeln will, der muß das Bewußtsein und den Eigenwillen nicht unterdrücken, sondern vielmehr entwickeln und klären: das ist zu Deutschlands Größe der Weg, während Frankreichs Macht auf dem Mangel wahrer Bildung beruht, welcher es möglich macht, alle Einzelnen für einen Willen zu verwenden. Die Höhe der allgemeinen Bildung unseres Volkes bedingt nun aber Uneinigkeit und Thatlosigkeit gegen Außen nur so lange, als wir dieselbe im blinden Eifer blos für unsere Selbstständigkeitsbestrebungen verwenden. Sobald dagegen in uns das Einheitsbedürfniß und die Nothwendigkeit rechtzeitiger und zweckmäßiger Beschränkung der Selbstständigkeit zum Zwecke gemeinsamen Handelns gegen Außen, sobald in uns der Werth des eigenen Deutschen Wesens zum vollen Bewußtsein kommt, so wird eben diese Höhe der Bildung, durch welche unser Volk alle anderen Völker so weit überragt, die Mutter einer Macht und Größe werden, welche durch den Sieg des Deutschthums den Segen der edelsten Menschlichkeit über die ganze Erde zu tragen berufen ist.

Der Verbreitung der allgemeinen Bildung in Deutschland dient ein Heer von geistigen Eroberern, ein Heer von Gelehrten. Ihr wollt die „Professoren" unserer Hochschulen zählen; — es ist nicht der Mühe werth! Nicht der Stand allein, der es zufällig mit sich bringt, daß sie durch die Wissenschaft ihr Brod finden, macht diese zu Gelehrten — und ungleich viel zahlreichere Gelehrte sind in Deutschland, welche der Wissenschaft nur opfern, sei es bei Reichthum, sei es bei Armuth, aber das Opfer ihres Fleißes, das Opfer ihrer Gedanken, das Opfer ihres heiligen Erkenntnißstrebens. Nach Zehntausenden müssen sie gezählt werden, die bei lärmendem Tage und in stiller

Nacht mit unerschöpflicher Geduld, mit unermüdlichem Eifer treulich forschen und sammeln und ihr ganzes Leben, aller Güter vergessend, der Lösung der Fragen widmen, welche ihnen die Wissenschaft gestellt hat. Diese gehören nicht den Hochschulen, nicht den Gelehrtenzünften allein an, sondern in Menge finden sie sich überall zu Stadt und Land und in dem verschiedensten Stande und Berufe. Die Wenigsten derselben werden je genannt — sie streben nicht, genannt zu werden. Ihr Wirken bleibt unbekannt — aber es befriedigt ihr geistiges Bedürfniß; auch verlischt das einsamste Lämpchen nicht, ohne mit seiner Helligkeit einen engeren Kreis durchdrungen zu haben, über welchen seine bescheidenen Strahlen sich erstreckten. Könnte man geistiges Licht den leiblichen Augen wahrnehmbar machen, ein Heer von Flammen würde auf dem Deutschen Boden erglimmen und dieses ganze geheiligte Land mit hellem Glanze übergießen. Und dieses Licht ist nicht ein königlich oder kaiserlich oder sonstwie machthaberisch gefärbtes — sondern ein reines, aus allen Farben und Strahlen zusammengeflossenes, wie das Himmelslicht selber. Frei, nach eigener Wahl und Selbstbestimmung folgt Jeder seiner eigenen Richtung. Weil die Einzelnen so tüchtig sind, verlieren sie sich nicht in einer verschwemmenden Strömung. Die Hochschulen selbst sind in Deutschland nur Sammelplätze, nicht die Staatspächter des Lichtes. In ihrer Vielheit entsprechen sie dem Freiheitsstreben des Volkes. Jeder Stamm hat seine besondere Hochschule; keine derselben hat dauernd je die übrigen überstrahlt, und gerade die Hochschulen der kleinsten Staaten waren meistens, wenn auch nicht die glänzendsten, so doch die leuchtendsten. Eine Lehre und Richtung, welche an der einen sich nicht vertreten findet, gewinnt an einer anderen einen Platz. Ausschließung ist auf die Dauer unmöglich. Vollends durch die Verbreitung selbstforschender Gelehrter und freier wissenschaftlicher Vereine außerhalb der Hochschulen in allen Orten des Vaterlandes wird eine unendliche Vielseitigkeit der Wissenschaften und ihres Einflusses auf die Geistesbildung des ganzen

Volkes herbeigeführt. So ist die freieste Entwicklung
der Wissenschaften und damit der in Deutschland durchaus auf jene begründeten Bildung, welche immer weitere Kreise des Volkes durchdringt, im vollsten Maße ge-
währleistet. Eben damit aber ist auch das Mittel gegeben,
alle Schwierigkeiten, die des Deutschen Volkes edle Eigenthümlichkeit seiner staatlichen Entwicklung bereitet, allmählig zu
überwinden und jene Uebereinstimmung herbeizuführen,
welche für eine einheitliche Machtentfaltung die unerläßliche Bedingung ist. Kein Volk hat so große Mittel sich aufzuklären, als das Deutsche in seiner freien Wissenschaft
und Bildung, und unvermerkt neben aller anderen Aufklärung gelangt es auch täglich mehr dahin, sich über sich
selber, seine Größe und seine Ziele, aufzuklären.
Machen wir es denn vollends zu unserem heiligsten Berufe, das Selbstbewußtsein unseres Volkes über seine
Schwächen und über seine Kräfte, über seine Fehler und
über seinen unvergleichlichen Werth zu klären, das Selbstgefühl unseres Volkes zu wecken und zu stärken. Rufen wir demselben die Gefahren seiner Uneinigkeit unermüdlich in's Gedächtniß. Aber lehren wir dasselbe auch
diese Uneinigkeit nicht selber zu verachten, nicht ob derselben und ob der Unversiegbarkeit ihrer Quelle an sich selber irre zu werden und am eigenen Volksthume zu ver-
zweifeln. Lehren wir es vielmehr den edlen Grund, aus
welchem jene Uneinigkeit entspringt, mit Stolz erkennen
und bauen wir ihm eben damit auch die dem unbeugsamen
Selbstgefühle nothwendige goldene Brücke zu bewußtvol-
ler Selbstbezwingung und zu dem, nach dem höheren
Ziele der Einigung führenden Wege der Entsagung. — Die
Formen wird jede Zeit von selber geben; sie sind die rechten, sobald der rechte Geist in uns Allen lebt.

§. 93. Das achte Buch ohne Fremdwörter
im J. 1859. Ansichten über Welt und Zeit.

Im Jahr 1859 erschien bei Bangel und Schmitt in
Heidelberg mein achtes Buch ohne Fremdwörter, mit

der Aufschrift: „**Ansichten über Welt und Zeit**
von Dr. J. D. C. Brugger"*, Gründer des Vereins für
deutsche Reinsprache. Als Wahlspruch steht auf der Rück-
seite des ersten Blattes:

> „Jeder schaut die Menschen, die Dinge und Bege-
> benheiten auf s e i n e Weise und mit s e i n e n Augen
> an; darum mag auch diese Schrift für V i e l e aber
> nicht für a l l e taugen."

Das Vorwort lautet so:

„Schon vor längerer Zeit erschien ein Werk mit der
Aufschrift „W e l t und Z e i t, das sehr viel Aufsehen in
ganz Deutschland erregte und eine Menge Freunde sich erwarb, sowie es heftige Gegner fand. Der Name des Verfassers war nicht genannt und er wollte damals nicht genannt sein; jetzt darf man ihn wohl nennen, es war der
geistreiche und scharfsinnige Rechtsgelehrte Jassois in Frankfurt a/M., der längst mit Tod abgegangen ist.

Es wird wohl jetzt, nachdem die Zeiten sich bedeutend ge-
ändert haben, und man über viele Dinge theils ruhiger, theils,
unbefangener, oft ganz anders denkt als damals, erlaubt
sein, mehrere der in obigem Werke enthaltenen Aussprüche
und Ansichten einer näheren Prüfung zu unterwerfen und
darüber ein zustimmendes oder auch ein verwerfendes Urtheil zu fällen. Hie und da werden solche Sätze zu An-
knüpfungspunkten dienen, um noch mehreres damit Verwandte
und Naheliegende daraus zu entwickeln, oder es wird das
Unrichtige oder Zweifelhafte derselben durch Gründe belegt
und das Gegentheil davon ins Licht gestellt werden. Manchmal wird man uns beistimmen, oft auch von uns in den
Ansichten abweichen, da jeder die Menschen, die Dinge
und Begebenheiten mit s e i n e n Augen ansieht und auf
seine Weise sich erklärt. Darauf muß jeder gefaßt sein,
der weiß, daß Niemand auf der Erde auf Unfehlbar-
keit Anspruch machen und die Wahrheit a l l e i n besitzen
kann. Auch hier muß das große Gesetz der Mannigfaltigkeit und Verschiedenheit wie überall zu Tage
kommen und seine Wirksamkeit äußern.

Wie die Richtungen und Zwecke verschieden sind, so werden auch die Urtheile und Ansichten über einen und denselben Gegenstand immer verschieden ausfallen, je nachdem man zu dieser oder jener Farbe sich bekennt. Allgemeine Uebereinstimmung kann man nicht erwarten, da diese nach höhern Gesetzen unmöglich ist. Wenn nur das Streben nach Wahrheit und Menschenveredlung zu Grunde liegt, so darf man über manche abweichende Meinungsäußerungen beruhigt sein, indem noch keiner erschienen ist, der, wie das Volk sagt, alle Berge eben zu machen im Stande gewesen wäre. Auch wir wollten nur einfach unsere Ansicht Anderen zur Prüfung vorlegen und gestatten Jedem das Recht der Annahme oder Verwerfung, weil Freiheit im Reiche der Geister das erste und höchste Grundgesetz ist und bleibt."

Heidelberg im Christmonat 1858. Der Verfasser.

§. 94. Bund der freien Gemeinden und Vorträge in der ▭.

Auch in der Hauptversammlung der deutsch-katholischen und freien Gemeinden den 16. Brachmonat 1859 brachte ich die Reinsprache in Anregung und es gelang durchzusetzen, daß die Gesammtheit der zusammengetretenen Gemeinden künftig **Bund** und nicht Union oder Convention u. s. w. heißen soll. Auch bemühten sich mehrere Sprecher soviel als möglich, die Fremdwörter zu vermeiden, wie der gedruckte Bericht über die Verhandlungen daselbst nachweist. Vorzüglich war Uhlich für die Reinsprache, die er auch in allen seinen Vorträgen und Aufsätzen nach Kräften anwendet. Er ist einer der verständlichsten und gemüthlichsten Volksredner, der schon viel gewirkt hat und einst sehr vermißt werden wird nach seinem Tode. Sein Sonntagsblatt ist ein Muster deutscher Schreibart.

Endlich suchte ich auch bei meinen Vorträgen in der ▭ die Reinsprache üblich zu machen, was vielfältig Nachahmung fand.

§. 95. Aufsätze in Zeitungen im J. 1859.

Schillerfeier.

Von den vielen Aufsätzen, die theils ich, theils andere in Zeitungen und öffentlichen Blättern einrückten, sollen hier nur einige Platz finden, um zu zeigen, daß in diesem Jahre wieder ein neues Leben des Fortschrittes und des freien Redens und Schreibens auftauchte und daß überall in Deutschland mit der **Schillerfeier** zum Andenken seines hundertjährigen Geburtstages, auf dem geistigen und staatlichen Gebiete die Gedanken des unsterblichen Dichters die Herzen des deutschen Volkes bewegten. Das war eine Feier, wie noch keine in allen Gauen des großen Vaterlandes, ja selbst im Auslande und sogar in Amerika, wo nur Deutsche wohnen, stattfand. Die großen wie die kleinen Städte, alle einzelne Gesellschaften u. s. w. stellten allerlei Festlichkeiten an, um diesen Tag würdig zu begehen.

Da ich meine zu diesem Zwecke gehaltenen Vorträge nicht aufzeichnete, so kann nur ihr Hauptinhalt unten aus den Aufzeichnungen Anderer, die in Zeitungen erschienen, gegeben werden. Nur Einen fand ich noch, „Friedrich Schillers Glaubensrichtung", der soll hier einen Platz finden. Dann mag ein Bericht aus dem Heidelberger Tagblatt vom 7. Weinmonat 1859 hier über meinen Vortrag in der deutschkatholischen Gemeinde stehen.

Friedrich Schiller's Glaubensrichtung.

Nicht wurde leicht im deutschen Gesammtvaterlande ein hundertjähriges Geburtsfest mit solcher Theilnahme und allgemeiner Begeisterung gefeiert, wie das von Friedrich Schiller, den man zwar in den Adelstand erhob, der aber dennoch ein Mann des Volkes im edelsten Sinne war und blieb und immer bleiben wird. In seinem Leben wurde ihm das Dornenloos der meisten großen Männer zu Theil, die mit Verfolgung, mit Mißge-

schick und Kummer aller Art *) zu kämpfen haben; allein
sein Geist erhob sich immer über das Alltagsgeleise, und
jene, welche ihn seiner Richtung und Gesinnung wegen
verfolgten und mit stolzer Miene die Schwächen an seinen
Werken aufdeckten, sind längst vergessen und die Schönheit,
das Erhabene, alle Herzen Ergreifende ist geblieben: Der
Dichter strahlt im Sonnenglanze der Unsterblichkeit. Doch
wir wollen hier nur Einiges über seine Glaubensrichtung sprechen und alles Uebrige Andern überlassen.

In einem vielgelesenen Blatte fanden wir folgende
Zeilen: „Schiller war religiös, aber nicht kirchlich. Er
achtete alle Glaubensschaften, wie er es auch der katholischen Kirche gegenüber gezeigt hat, aber er gehörte keiner
derselben an." Mit diesem Ausspruche werden alle jene
übereinstimmen, welche den Dichter aus seinen Werken
gründlich kennen gelernt haben. Den Strenggläubigen aber
war Schiller seit 70 Jahren immer ein Dorn im Auge.
Sie konnten ihm seine Ansichten „über die erste Menschenge-
sellschaft", über „die Sendung Moses" und so viele unbe-
queme Aeußerungen in seinen Gedichten nie verzeihen. Er
war nicht gottgläubig wie sie, und am allerwenigsten
kirchlich. Daß er andere Glaubensschaften achtete und
auf die edelste Weise ihre Gebräuche in das Gewand der
Dichtung kleidete, beweisen seine großen Bühnenstücke:
Maria Stuart, Johanna von Orleans, das schöne Gedicht: der Gang nach dem Eisenhammer und andere. Aber
er gehörte keiner der damals bestehenden Glaubensschaften
an, er hatte sich seine eigenen Ansichten über Gott,
Welt und Menschheit gebildet, von denen wir in seinen
Werken viele Bruchstücke finden, die für den Forscher als
Fingerzeig gelten, um einen tiefern Blick in das Innere
des großen Mannes zu werfen. Von dieser Art sind manche
Stellen in Don Carlos, in den Göttern Griechenlands,
vorzüglich in dem Lied an die Freude und in der Entsagung (Resignation) u. s. w. Hier strahlt überall die Sonne

---

*) Er brachte nie soviel Geld zusammen zur Erfüllung seines
Lieblingswunsches eine Reise nach Italien zu machen.

der Vernunft, der Freiheit und der Wahrheit durch und unterbrückt alle Nebel des Aberglaubens, der Knecht=schaft und der Lüge.

Durch diese erhabene Richtung, gepaart mit einer sel=tenen Schaffkraft, mit einer innigen Volks= und Vater=landsliebe, und einer nie erlöschenden Hochbegeisterung für die höchsten Güter der Menschheit wurde er der Liebling des deutschen Volkes und wird es nach Jahrhunderten noch immer sein. Mögen die Kirchlichgesinnten, die Streng=gläubigen und Dunkelmänner aller Glaubenschaften noch so sehr auf öffentlichen Redstätten gegen ihn und die ihm gespendete Verehrung von dem deutschen Volke eifern, alles das verschwindet und verhallt spurlos vor dem allgemei=nen Ruhme und Preis des unsterblichen Mannes. Wir, die wir aus der alten Kirche ausgetreten sind, wir sind es, welche durch die **That** seinen Ansichten huldigen und beistimmen und ihn mit Freude den unsern nennen. Wenn er noch lebte, würde er wohl mit ganzer Seele uns angehören, so wie wir jetzt nach hundert Jahren in seine Hochgedanken uns versenken, und ihn als den Stolz unse=res Vaterlandes verehren und bewundern. Für uns ist er nicht gestorben, sein Geist lebt immer fort und wird in je=dem jungen Menschengeschlechte, das nach seiner Richtung gebildet wird, aufs neue erwachen, um die Denkenden ih=rem Ziele näher zu bringen. Was er damals unter man=nigfaltigem Drucke und Neid dachte, wollte und erstrebte, dasselbe denken, wollen und erstreben auch wir. Wie er vielfach verkannt, verlästert und angefeindet wurde, so müs=sen auch wir Aehnliches von vielen Seiten her erdulden, weil wir nach Wahrheit, Freiheit und Menschenbe=glückung streben. Doch ferne sei es von uns, irgend einen Vergleich zwischen ihm und uns anzustellen, er bleibt die ewig strahlende Sonne, wir nur die kleinen vergäng=lichen, das Licht von ihm borgenden Wandelsterne. Aber was wir thun können, um dieses heilbringende Licht in weitere Kreise der dunkeln Lebensbahnen zu verbreiten, dazu wollen wir alle unsere Kräfte anstrengen, kein Hin=

derniß, kein Leiden soll uns abschrecken, diesem innersten Triebe zu folgen. Nach hundert Jahren werden viel mehr freie Gemeinden Schillers Geburtsfest als jetzt begehen, und seine schönen Gedanken und hellen Ansichten werden immer tiefer in das Mark des deutschen Volkes eindringen und am meisten beitragen zu dem langersehnten Ziele einer **Vereinigung der verschiedenen Glaubenschaften im Großen,** wie sie jetzt schon im Kleinen vorhanden ist.

Heidelberg, den 7. November 1859.

Wie gewöhnlich, so war auch gestern wieder die deutsch-katholische Kirche stark besucht, jeder Stand, wie es in der Kirche sein soll, vom Professor bis zum Tagarbeiter vertreten, obwohl mancher mehr aus Neugierde als aus religiösem Bedürfniß der Predigt anwohnte, welche dem großen Verstorbenen galt, dessen Andenken wir alle in den nächsten Tagen feiern werden.

Der von Hrn. Dr. Brugger gehaltenen Rede entnehmen wir Folgendes:

Zuvörderst verbreitete sich derselbe über Schillers Jugendjahre und wies in kurzen aber scharf gezeichneten Abrissen nach, wie ein so reichbegabter Geist sich habe unmöglich lange in dem Zwange bewegen können, den man ihm in der Karlsschule, wo so zu sagen jede Aeußerung des Lebens (dieser freundlichen Gewohnheit des Daseins und Wirkens, wie es Göthe nennt) gleichsam abgemessen, zugewogen gewesen sei. Neben dem eigenen Leiden habe das Leiden des Volkes, das Schiller mit angesehen, auf sein Gemüth einen tiefen Eindruck gemacht, in jener Zeit, wo die deutschen Höfe das üppige Treiben des französischen nachahmend dem Volke unerhörte Lasten aufgelegt hätten, wie z. B. gerade in Württemberg, wo die Bauern genöthigt worden seien, 6000 Hirsche auf einen Punkt zusammenzutreiben, welche dann in einen See gesprengt wurden, um dort von den vornehmen Jägern um so leichter erlegt werden zu können. Unter solchen Eindrücken sei dann

der Gedanke zur Flucht in Schiller reif geworden (vor
dem Sklaven, wenn er die Kette bricht, vor dem freien
Manne erzittere nicht) und so habe er Heimath, Eltern
und Geschwister verlassen und sich als Flüchtling längere
Zeit in einem ärmlichen Wirthshause in Oggersheim verborgen gehalten, und es sei bemerkenswerth, daß einer der
größten Geister Deutschlands im Viehhof, hinter schlechten
mit Papier verklebten Fenstern, in der traurigen Jahres-
zeit nicht einmal gegen Kälte geschützt, habe hungern müssen und obgleich man ob den großartigen Gedanken, die man
in dem ersten Stücke Schillers gefunden und die er gleichsam
wie Felsblöcke in die Ebene herabgeschleudert, erstaunt gewesen, so habe man ihm doch erst lange nachher den ge-
ringen Jahrgehalt von 300 fl. zuerkannt, worüber der
Dichter hocherfreut war, da ihm dadurch die Möglichkeit geboten gewesen, Schulden für unumgängliche Lebensbedürfnisse
zu zahlen.

Die Verdienste Schillers um das deutsche Volk, so
wie um die Menschheit überhaupt, hob der Redner hierauf, sich auf Stellen aus den Werken des Dichters bezie-
hend, nach drei Richtungen hervor.

Zunächst rühmte er sein ächt deutsches Gemüth, dann
seine allumfassende Menschenliebe und endlich seine Liebe
zum Fortschritt, zur Freiheit. Alle die, schloß der Redner,
welche heute diese Feier begingen, würden ihr nicht zum
zweiten Male anwohnen, ein anderes Geschlecht würde da
sein, aber, wie man an der Wiege Schillers nicht habe
sagen können, was aus dem Kinde einst werden würde, so
könne man auch jetzt nicht sagen, wie es nach uns werde.
Wohl können ganze Stämme eines Volkes untergehen,
aber die Gesetze der Bewegung, der Mannigfaltigkeit, des
Fortschrittes würden sich trotz aller Hemmnisse, die man
ihnen in den Weg lege, geltend machen.

§. 96. Fortsetzung.

Ferner soll ein Aufsatz aus der badischen Landeszeitung vom 19. Wintermonat 1859 über die Schil-

lerfeier und über die Versammlung der Mitglieder
der deutschen Reinsprache im Harmonie-Saale hier folgen,
und ein Brief aus der Didaskalia vom 15. Wintermonat.

Heidelberg, 15. November 1859.

Zur Ergänzung der hiesigen Berichte über das Schillerfest habe ich Ihnen noch Folgendes nachzutragen: Die
erste Feier hier fand am 6. d. M. im deutsch-katholischen Betsaale statt, wo Hr. Dr. Brugger sich über
die Ursachen verbreitete, welche Schiller zum Lieblingsdichter des deutschen Volkes machten. Es waren hauptsächlich folgende: sein ächt deutscher Geist, der sich in seinem
unermüdeten Streben nach Wahrheit kund gab; sein ächt
deutsches Gemüth, das nicht nur sein Volk und Vaterland,
sondern die ganze Menschheit mit Liebe umfaßte, und seine
Richtung nach Freiheit und Fortschritt, die in seinem Leben
und seinen Schriften überall hervortritt. Die zweite Feier
wurde in dem Harmonie-Saale vor dem Ball abgehalten, wo derselbe Redner, auf Ansuchen des Vorstandes,
einen Vortrag über die Bedeutung dieses Festes hielt und
darlegte, wie Schiller durch sein Streben und sein Leben
ein Vorbild für das deutsche Volk geworden sei. Zur
Nachfeier dieses Festes hielt gestern der Verein für
deutsche Reinsprache eine große Versammlung im un-
tern Saale der Harmonie, die sehr zahlreich von hiesigen
und auswärtigen Mitgliedern und Freunden, Herren und
Frauen besucht war. Herr Dr. Brugger, als Vorsteher
des Vereins, legte in ausführlicher Rede mit vielen Beispielen und Nachweisungen aus Schillers Werken die Verdienste desselben um die deutsche Sprache dar, nachdem er
als Einleitung einen Ueberblick über die Geschichte der
deutschen Sprache von Luther bis auf Schiller vorausgeschickt hatte. Hierauf trug Herr Dr. Otto zwei von ihm
verfaßte Festgedichte vor und Herr Meyer von Worms
machte den Schluß mit seinem schönen Gedichte zur Schillerfeier. Nachher fanden mehrere Anmeldungen zu dem

Vereine statt, der jetzt über 1800 Mitglieder in 314 Ortschaften zählt und immer mehr zunimmt, je mehr die Deutschen zum Bewußtsein ihres Werthes und der tieferen
Kenntniß ihrer Sprache gelangen.

Heidelberg, 15. Wintermonat 1859.

Gestern Abend hielt der „Verein für deutsche Reinsprache" zur Nachfeier des Schillerfestes eine Versammlung im Harmonie-Saale, woran sehr viele hiesige
und auswärtige Mitglieder und Freunde des Vereins,
Herren und Frauen, theilnahmen. Der Vorsteher, Herr
Dr. Brugger, legte in ausführlicher und sehr ansprechender Rede die Verdienste Schiller's um die deutsche Sprache
dar, nachdem er, als Einleitung, einen Ueberblick der Geschichte der deutschen Sprache, von Luther bis auf Schiller,
vorausgeschickt hatte. Hierauf trug Herr Dr. Otto zwei
von ihm verfaßte Gedichte mit Beifall vor. Den Schluß
machte Herr Meyer von Worms mit Vortrag seiner schönen Dichtung zur Schillerfeier. Mehrere Anmeldungen
zum Vereine, der jetzt über 1800 Mitglieder zählt, zeigten den Eifer, der immer mehr für diese schöne Sache rege
wird, je mehr die Deutschen zum Selbstbewußtsein ihres
Werthes und zur tiefern Kenntniß und Achtung ihrer Muttersprache, die alle lebenden Sprachen an Reichthum und
Bildungsfähigkeit übertrifft, gelangen. Die Einheit der
Sprache bleibt immer ein Vorbild und Sporn zur Einheit Deutschlands! Möchten die Deutschen das nie
vergessen!

§. 97. Fortsetzung.

Einem Jahresberichte vom J. 1859, 26. Wintermonat in der badischen Landeszeitung und einen Aufsatz im Heidelberger Tagblatt vom 30. Wintermonat muß hier noch ein Platz vergönnt sein, auch einer Probe
von Verdeutschungen, die ich in der badischen Landeszeitung vorschlug.

Heidelberg, 26. Wintermonat 1859.

Verein für deutsche Reinsprache.

Langsam, aber sicher dringt unser Gedanke sowohl in
den Schichten des Volkes, als in den Kreisen der Gelehrten und Gebildeten durch, daß unsere Sprache wegen
ihres Reichthums und ihrer Bildsamkeit vieler hundert durch
Mißbrauch eingeschlichener Fremdwörter entbehren und sie
durch ächt deutsche ersetzen kann. Beweise dafür liefern
die vielfachen Bestrebungen deutsch gesinnter Männer,
welche in ihren Schriftwerken schon manches Fremdwort
vertilgten, wie neulich Otto Volger in Frankfurt a. M. den
ganzen Entwurf des freien Hochstiftes für Wissenschaften,
und allgemeine Bildung von 56 S. beinahe ohne Fremdwörter verfaßte. Auch die Münchener Vorträge der dortigen Gelehrten geben Zeugniß von dem Eifer für die
Reinsprache. Endlich sind die Satzungen des Hochstiftes
reindeutsch geschrieben. Da hört man nichts von Statuten, Akademie, Nationalität, Referat, Präsident, Debatten,
Kurse, Sekretär, Kassier, Komite u. s. w., alle diese Wörter und noch viele andere sind durch deutsche ersetzt. Eben
so sieht man bei den höhern Behörden mit Wohlgefallen
das Bestreben, die Fremdwörter zu vermeiden und zu dem
Volke deutsch zu sprechen. Den tiefsten und erfreulichsten
Eindruck aber machte die Eröffnungsrede Sr. K. Hoh. bei
dem Landtage, welche in der schönsten und edelsten Ausdrucksweise zum Herzen des Volkes spricht. Ein solch' er-
habenes Beispiel wirkt mehr als alle Ermahnungen sonst.
Somit laden wir auf's Neue alle Freunde unserer Sache
zum Beitritt in freien Briefen ein, mit der Bemerkung,
daß der Verein jetzt über 1800 Mitglieder in 340 Ortschaften zählt. Der Vorstand Dr. Brugger.

Heidelberg, 30. Wintermonat 1859.

Seit einiger Zeit erschienen mehrere Aufsätze in diesem Blatte in Betreff der Fremdwörtervermeidung,
worin dieselbe theils mit Gründen empfohlen, theils vor
Uebertreibungen gewarnt wird. Es ist das ein erfreuliches

Zeichen, weil es immerhin eine rege Theilnahme für diesen wichtigen Gegenstand bezeugt, welche Theilnahme sich
auch bei unserer Schiller-Nachfeier lebhaft kundgab. Daß
dadurch die Vorstellungen deutlicher, die Begriffe bestimm-
ter und das Verständniß der Sätze gefördert werden, unterliegt keinem Zweifel, ebenso wenig, daß dadurch die
Volksbildung auf eine höhere Stufe gebracht werden
könne. Deßwegen haben sich Männer und Frauen aller
Stände an unserem, über ganz Deutschland ausgedehnten
Vereine von mehr als 1800 Mitgliedern betheiligt, weil
sie die Bedeutung und Tragweite dieser Bestrebungen erkannten. Daß die Freiheit der Einzelnen nicht
beschränkt werde, am allerwenigsten aber Uebertreibungen
geboten sind, erhellt aus dem Absatze I. unserer Satzungen, wo es heißt: „deutsche Wörter sollen statt der fremden, womöglich gebraucht und den zahllosen Abstufungen von mehr und weniger soll Rechnung getragen werden." Diesen Satz haben ausgezeichnete Denker und große
Gelehrte ohne Anstand unterzeichnet und bemühen sich, jeder in seinem Kreise nach Kräften zu wirken. Daß viele
zu wenig und nur sehr wenige zu viel thun, kann man
nach obiger Festsetzung nicht verhindern, weil dem Deutschen die geistige Freiheit höher als Alles steht. Aber
auch mit dieser kann er seinem erhabenen Ziele näher rücken,
nur braucht er Zeit, Geduld und Ausdauer dazu.

Verein für deutsche Reinsprache.

Die Mitglieder und Freunde der deutschen Reinsprache werden ersucht, künftig mündlich und schriftlich folgende deutsche Wörter statt der fremden zu gebrauchen: abkürzen statt abbreviren, abbanken st. abbiciren, un-
bedingt st. absolut, Lossprechung st. Absolution, ungereimt
st. absurd, annehmen st. acceptiren, Begleitung st. Akkom-
pagnement, Vertrag st. Akkord, einen Vertrag machen st.
akkordiren, genau st. akkurat, Genauigkeit st. Akkuratesse,
erhalten st. akquit, Erwerbung st. Akquisition, Forderungen
st. Aktiva, Thätigkeit st. Aktivität, Schauspieler st. Akteur,

Schauspielerin st. Aktrice, geschehen st. aktum, passend st.
adäquat, zusammenzählen st. addiren, anwenden st. abhi-
biren, leben Sie wohl st. Adieu, Eigenschaftswort st. Ad-
jektiv, verwalten st. administriren, Verwaltung st. Administration, bewunderungswürdig st. admirabel. Die Herausgeber anderer Blätter werden ersucht, dieses in ihre
Spalten aufzunehmen. Der Vorstand: Dr. Brugger.

§. 98. Fortsetzung.

Noch soll hier ein Aufsatz aus der Beilage zur allgemeinen Zeitung vom 11. Herbstmonat 1859 von einem Unbekannten und ein Aufsatz von Wilhelm Melcher aus dem Oberbarnimer Kreisanzeiger vom
10. Erntemonat 1859 eine Stelle finden. Auch in der
„Illustrirten Zeitung" in der „Glocke" und verschiedenen öffentlichen Blättern kamen Aufsätze über unsere
Versammlungen, die nicht alle hier können eingerückt werden.

Die deutsche Nationalität und die fremde Sitte.

(Mißbilligung der Fremdwörter ohne deren Vermeidung.)

Wir halten nicht allein selber zu wenig auf unsere
Sprache, wir haben ihr nicht nur bei den Ausländern zu
wenig Achtung und Pflege gewinnen können, sondern wir
haben auch zugegeben, daß der Organismus unserer Sprache
durch fremde Einflüsse verstümmelt worden ist. Geschichtlich betrachtet kam auch diese Schwäche in der Zeit nach
dem dreißigjährigen Krieg am ärgsten über unser Vaterland. Mit dem Nationalleben zerfiel auch unsere Sprache.
War Ludwig XIV. in einem großen Theil Deutschlands
der eigentliche deutsche Kaiser gewesen, so drangen von dort-
her auch die Fremdwörter wie Wespenschwärme zahlreich her-
über, und nisteten sich in das einst so gewaltige und ächte
Gebäude unsers Sprachdoms ein. Während dies von Westen her geschah, machten sich im Südosten, an dem ver-
einsamten Kaiserhof in Wien, italienische und spanische
Einflüsse geltend. Auch die übertriebene Verehrung der

„Studierten", zumal der Philologen und Juristen, für das
Lateinische zeigte vielfach eine störende Einwirkung. Die
classische Philologie sah alles Schöne nur allein im Alterthum vorhanden, und in demselben Verhältniß wie das
nationale Recht, das volksthümliche Urtel in Thing und
Malstätte verschwindet, gewinnen mit den römischen Einrichtungen die römischen Wörter im Rechtsleben Eingang.
So Justiz, Codex, Rescript, Decret, Appellation u. s. w.
Ueberhaupt trägt das ganze Beamtenthum mehr oder weniger einen lateinischen, d. h. spätrömischen Stempel, wie
die Titel der Minister und Präsidenten und alle die zahlreichen Geschlechter der Isten, Oren und Aren beweisen,
die Kanzlisten, Revisoren, Concipisten, Controlore, Refe-
rendare, Accessisten, Adjuncti, Secretäre, Practicanten, No-
tare, Assessoren und Doctoren. Den Preis der Abge-
schmacktheit in diesen Titulaturen trägt aber wohl der dä-
nische „Etatsrath" davon, eine französisch-deutsche Verbindung. Sonst überwiegt das Französische besonders im
Kriegswesen, und hier spiegelt die Sprache so recht den
ungeheuern Umschwung der politischen Verhältnisse ab.
Einst waren die Deutschen das oberste Kriegsvolk der
Welt; als unsere Vorfahren die romanischen Länder be-
zwungen und sich als Kriegsadel darüber hingebreitet hatten, da schoben sich deutsche Wörter in die romanische
Sprache ein, wie denn das guerre, guerra selbst, wodurch das lateinische bellum vollständig verdrängt ward,
offenbar deutschen Ursprungs ist (vgl. das deutsche Wehr,
das englische war). Eben so die höchste Kriegswürde der
Staaten, der „Marschall." Heute dagegen reden wir mit
Vorliebe von Militär, Armee, Corps, Regiment, Bataillon, Compagnie u. s. w. Noch Hr. Jörg v. Frundsberg
war „Feldhauptmann"; auch in Feldzeugmeister, Oberst,
Hauptmann, Feldwebel haben wir noch alte nationale Ue-
berreste vor uns, wogegen General, Major, Lieutenant,
Sergent, Corporal von Außen eingeführt sind. Statt von
Fußvolk, Reiterei und Geschütz hört man fast nur noch von
Infanterie, Cavallerie und Artillerie reden; wo wir eine

treffliche „Vorhut" haben, begünstigt man die „Avant=
garde"; statt „rittlings" stellt man sich „à cheval" der
Landstraße; statt frischweg von einem „Kopf des Heeres"
hört man eine tête nennen, wie ja auch den Soldaten ge=
genüber der schöne Befehl „Tête links!" erschallt. Wir
exerciren, präsentiren, marschiren, tirailliren; und selbst
Wörter, die ursprünglich aus dem Deutschen stammen, be=
halten bei uns die französische Form, z. B. Bivouac statt
„Beiwacht", oder Spion statt „Späher".

Ich bin nicht der Meinung, daß wir aus dem Amor
ein „Lustkind" oder aus dem Billiard einen „sechslöcheri=
gen Stoßstangenkasten" machen sollen; aber man gebrauche
wenigstens das deutsche Wort da, wo wir ein gutes Wort
haben, und wo dieß fehlt, da sollten wir weniger leicht
das fremde aufnehmen, als vielmehr bestrebt sein, aus der
Rede des Volks oder aus den Mundarten, kurz aus unse=
rem eigenen Hausschatz, das Fehlende zu ergänzen. Nicht
nur Göthe, sondern auch Haller und Bodmer haben be=
sammtlich manches verschollene oder nur mundartlich ge=
brauchte Wort in die Schriftsprache eingeführt. Sollte
jetzt ein solches Unternehmen, wie man glauben darf, für
den Einzelnen zu schwierig sein, so müssen wir uns an die
Genossenschaft wenden, als an diejenige Form, wodurch das
moderne Leben seine größten Erfolge erreicht. Die Zu=
sammenkünfte der Germanisten oder auch ein ständiger
Verein, wie ihn die in Nürnberg neugestaltete allgemeine ger=
manische Gesellschaft jetzt bildet, bieten die geeigneten Hülfs=
mittel, um solche Versuche mit der Aussicht auf Erfolg ins
Werk zu setzen. Es ist eine Unsitte, wenn die große Masse
für ein solches Unternehmen nur pedantischen Spott bereit
hat, während sie sich einem vom Ausland decretirten Fremd=
wort ehrfurchtsvoll unterwirft. In dieser Beziehung wird
eine etwas größere Freisinnigkeit nur wohlthätig sein. Neh=
men wir einen glücklichen Ausdruck, wenn er auch von an=
dern stammt, neidlos und freundlich auf! Es wird dann
wieder sprossende Triebkraft und frisches Leben in unsere
Sprache kommen.

Ein weiterer Mangel liegt bekanntlich darin, daß wir die einmal als unentbehrlich aufgenommenen Fremdwörter nicht sofort ins Deutsche umprägen und sie organisch unsern Sprachgesetzen unterwerfen. Der Engländer verarbeitet solche Fremdwörter, wie er denn z. B. aus dem Flußnamen Mäander, der im Alterthum seines gewundenen Laufes wegen berühmt war, ein eigenes Zeitwort to meander für „sich in Krümmungen fortbewegen" gebildet.

Um ein weiteres Beispiel zu geben, hat er aus einem ingénieur sein engineer gemacht, und betrachtet es nun, nachdem es mit dem englischen Stempel bezeichnet ist, rückhaltlos als sein angeborenes Eigenthum. Wir Deutschen halten dagegen gewissenhaft am fremden „Ingenieur" fest, und beladen damit unsern Sprachschatz mit einem gleichsam unverdaulichen Stoff. Dieselbe Erscheinung finden wir bei den ausländischen Namen wieder. Während ein deutscher „Becker", nach England gekommen, sehr bald zu einem Baker, ein „Schmidt" zu einem Smith, ein „Wald" zu einem Wood wird, schleppen wir die vor alter Zeit eingewanderten Namen Neuville, Savigny, Rénaud, Carrière u. a. noch in der fremden dem Volk unzugänglichen Form von Geschlecht zu Geschlecht. Das ist vielleicht philologisch richtig, aber es kennzeichnet die schwache nationale Fähigkeit des Aufsaugens und Umprägens.

Man merkt es überhaupt unserer Sprache gar sehr an, daß sie seit ein paar hundert Jahren zu viel gelesen und geschrieben, und zu wenig gesprochen wurde. Fast gänzlich fehlte ihr die Weihe der öffentlichen Rede. Mit dem Zusammensturz der alten deutschen Verfassungen, mit dem Aufhören der öffentlichen Volksgerichte, der alten Thadigungen und Banntheidinge, fiel eine Gelegenheit weg, wobei sicher vormals die deutsche Sprache um manch altes Kernwort, das wir in den alten Rechtssprüchen noch heute wegen seiner Kraft bewundern, bereichert worden ist. Auch dann würde unsere Sprache eine andere sein, wenn wir es zu einem tüchtigen Reichstag gebracht hätten. Es ist eine Folge unserer Geschichte, daß sich die deutsche Sprache jetzt,

als eine rechte „Schriftsprache", vorzugsweise zu den Arbeiten der Gelehrten, der Philosophen und der Dichter eig=
net, leider aber auch auf diesem Gebiet oft ausschließlich
und für das Volk ungenießbar geworden ist. Ebenso natürlich ist es, daß sie für den feinern Verkehr verödete, und
daß ihr die feinern Wendungen und wohlausgeprägten Redensarten, durch welche das Französische die Unterhaltung
so sehr erleichtert, fast vollständig fehlen. Wir vermissen
im Deutschen gleichsam das gemünzte Sprachsilber, welches den reichern Klassen dieselben Dienste leisten könnte wie
das Sprüchwort dem arbeitenden Volke. Im deutschen
Sprüchwort ist noch Kern; aber man betrachte nur einmal
die conventionellen Redensarten der höhern Gesellschaft,
und man wird sich über ihre Dürftigkeit und mangelnde
Anmuth verwundern. Soll hierin eine Besserung eintreten, so wird sie immer damit anfangen müssen, daß die
Höfe und der Adel sich der Muttersprache nicht ferner
schämen, und ihr den Zutritt in jene Kreise eröffnen, wo
sie allein den feinern Schliff für die gesellige Unterhaltung
erlangen kann. Auch auf diesem Punkt müssen wir wieder
zur Heimath zurückkehren. Erinnern wir uns, daß zur Zeit
der Unterjochung durch Napoleon einer jener Gelehrten,
welche ihren Vaterlandsverrath hinter wissenschaftliche Phrasen versteckten, Posselt, in den europäischen Annalen, die
Deutschen als unmündige Kinder bezeichnete, die der fran=
zösischen Schule, ja sogar der französischen Sprache
als einer viel gebildetern bedürften! Erinnern wir uns
aber auch, daß Blücher, als ihn 1815, unmittelbar vor der
Capitulation von Paris, Davoust unter eitlen Vorwänden
zu einem Waffenstillstand bereden wollte, diesem mit einer
Erinnerung an Hamburg in deutscher Sprache antwortete, Davoust möge sich hüten zum zweitenmal eine
große Stadt unglücklich zu machen; nicht so sehr die drohende Mahnung als vielmehr der Umstand, daß Blücher
die französische Sprache verschmähte, erregte die größte
Verwunderung. Die Franzosen täuschten sich keinen Augenblick über die bezeichnende Wichtigkeit dieser Thatsache; hier

hatten sie es nicht mehr mit einem halb französischen, sondern mit einem ächten Deutschen zu thun. Dem kleinen
Zug fühlten sie es an, daß hinter Blücher die deutsche
Nation im Felde lag. Was aber Blücher im Augenblick
des Sieges gethan, das scheint uns heute noch weit nothwendiger, da wir die Prüfung wahrscheinlich noch werden
zu bestehen haben.

Aus dem Barnimer Anzeiger.

Nebst den frühern Sünden der Gelehrten und Gebildeten haben die Zeitungsschreiber — nicht immer
die Herausgeber — sondern die Einsender und Verfasser
aller jener gräulichen Nachrichten und Aufsätze, mit denen
täglich die deutsche Lesewelt überschwemmt, gefüttert —
und gar oft an der Nase herumgeführt, und nicht minder
oft sogar hintergangen und angelogen wird — am Meisten zur Entstellung und Verderbniß unserer Sprache beigetragen. Man nehme nur ein solches Blatt zur Hand,
und schaue mit deutschem Sprachsinn und unbefan-
genen Blicken hinein — welch' eine erbärmliche Ausdrucksweise herrscht da oft durchgängig! Welch' ein
absichtliches Aufsuchen und Haschen nach Fremdwörtern,
nach unverständlichen und sonderbaren, nach prickelnden und
stichelnden, — nur um den verwöhnten Geschmack der Leser zu reizen! Wie quillt da Alles so verwirrt und so
abgeschmackt bis zum Ekel in allerlei Fremdzungen hervor,
daß man fast das Deutsche unter dem Ausländischen
suchen muß. Und das nennen die guten Leute einen schönen, kräftigen, oder besser einen energischen, einen Klas-
sischen Styl! Würde man doch nur nach alter Sitte
alle Fremdwörter mit lateinischen Buchstaben schreiben und
drucken, dann erst könnten die Abscheulichkeiten Jedem so
recht ins Auge fallen, welche durch die deutsche Schrift
sanft verdeckt und verhüllt werden. Dadurch täuscht man
nur das liebe Volk, indem man das Fremde wie das Einheimische mit denselben deutschen Buchstaben druckt; nun
meint das gutmüthige Volk, es müsse Alles Deutsch sein,

was mit solchen Buchstaben gedruckt ist, obgleich es ihm
fast grün und blau vor den Augen wird, wenn es die vielen, unnützen Fremdwörter sieht, die es kaum lesen, geschweige denn verstehen kann. Und dagegen soll man nicht
wirken, nicht eifern? — Solche Begriffsverwirrung, solche
Unordnung soll man gutheißen und billigen?! Dem Volke
soll man nicht sagen, wie die stolzen, falschgebildeten Leut-
chen, die Federritter, mit ihm und seiner herrlichen Muttersprache umspringen? — Nein, ihm sollen je länger je
mehr die Augen über dergleichen Mißstände geöffnet werden.

Melcher.

§. 99. Zahl der Mitglieder im Jahr 1860. —
Namen der Bedeutendsten. Neue Ortschaften.

Die Zahl der Mitglieder im J. 1860 erreichte
die bedeutende Höhe von 2259 von Anfang an gerechnet.

Die Namen der Bedeutendsten sind: Alfred, Gottlieb
Holder, Alterthumskundiger in Wien, Schneider, Mittel-
schulvorsteher in Hermannstadt, Wr. Prinzinger in Salzburg, als Ehrenmitglied. Er ist der Verfasser der „ältesten Geschichte des bayerisch-österreichischen Volksstammes
und der Grundsätze der altdeutschen Schriftsprache". Wr.
Hoorn v. Kalkenstein in Mannheim, Wr. Reckendorf, Inhaber einer Knabenerziehungsanstalt dahier, welcher mehrere sehr schöne Vorträge in unseren Versammlungen hielt,
Wr. Zillner in Salzburg, Pauline Biedermann in Barka
a. d. Werra, Wr. Kalk in Saarbrücken, Henrici aus Eberbach, Joh. Mich. Faller aus Kaiserslautern, Hermann Ahl
aus New-York, Wr. Barthelmes daselbst, A. Bürklin in
Karlsruhe, Wr. Adolph Kolbe in Linz, Eberhard v. Schrenk
aus Skeudnitz bei Leipzig.

Neue Ortschaften, die im J. 1860 hinzukamen, sind
folgende: 368. Neubrandenburg, 369. Windschläg, 370.
Hermannstadt, 371. Oberkirch, 372. Bremen, 373. Posen,
374. Wetzlar, 375. Neumark, 376. Mähren, 377. Singen,
378. Barka, 379. Reisenbach, 380. Beerfelden im Odenwald, 381. Erbach, 382. Ostindien, 383. Graben, 384.

Bretten, 385. Brombach, 386. Gernsbach, 387. Michel-
feld, 388. Castel bei Mainz, 389. Koburg, 390. Boxberg,
391. Niefern, 392. New-York, 393. Kaiserslautern, 394.
Wial in Dänemark, 395. Stockholm, 396. Königsberg, 397.
Linz, 398. Brasilien, 399. Flensburg, 400. Steudnitz bei
Leipzig.

§. 100. Ein neuer Zweigverein im J. 1860 in
Karlsruhe.

Im J. 1860 bildete sich ein neuer Zweigverein
von Mittelschülern der 5. Abtheilung in Karlsruhe,
wo schon vorher gegen 40 Mitglieder waren, welche sich,
wie die unten eingerückten Briefe darthun, voll Begeisterung diesem Gebiete zuwandten und wirklich mir sehr viele
Freude durch Ihren Muth und durch Ihre Liebe zur deutschen Reinsprache machten. Aber nicht lange dauerte dieses
schöne Bestreben; denn kurz darauf, als ich einen Vortrag
in Karlsruhe im Saale des Bürgervereins über
deutsche Reinsprache gehalten hatte, wo auch wieder
12 neue Mitglieder beitraten, erschien ein Erlaß von der
Oberbehörde der Mittelschule, wodurch der Zutritt
zu unserm Verein verboten wurde. Diesem mußten
die Einzelnen gehorchen, obschon in ihnen immer die Ueberzeugung leben wird von der Richtigkeit unseres Grundgedankens und von dem unverwerflichen Ringen nach Verdrängung unnöthiger Fremdwörter, wodurch das Verständniß für das Volk in allen öffentlichen Blättern verbreitet
wird. Hier sollen nun die Briefe folgen, welche von der
ehrenhaftesten, ächt deutschen Gesinnung der Verfasser Zeugniß geben.

Karlsruhe, Sonntag, Brachmonats 24. 1860.
Hochgeehrter Herr Brugger!

Durchdrungen von einem erhabenen Gedanken, wie
Sie ihn in Ihrem so herrlich aufblühenden deutschen
Sprachvereine verwirklicht, haben wir Schüler der fünften
Klasse der Gelehrtenschule zu Karlsruhe uns ebenfalls zu
einem Vereine zur Reinigung unserer deutschen

Muttersprache zusammengethan. Daß wir einen besondern
Verein gegründet, geschah in der schüchternen Voraussetzung,
daß wir unserer Jugend wegen es nicht wagen dürften,
uns zur Aufnahme in Ihren Verein zu melden. Nur un=
sere Jugend ist es, die uns verbietet, in die Gemeinschaft
deutscher Männer zu treten. Männer sind wir nicht;
deutsch aber sind wir; und dies mit Leib und Seele!
Sollten wir darum dennoch aufgenommen werden können,
so würde unsere Freude eine sehr große sein. Anbernfalls
aber bitten wir Sie inständig um Ihre gütige Unterstützung,
insbesondere aber um die Uebersendung Ihrer Vereinsge=
setze, damit wir ganz in Ihrem Geiste wirken können, auch
wenn unsere Namen nicht auf der Liste stehen! Der Ernst
und der gute Wille fehlen uns nicht; sie sind die Grund=
lagen jedes Unternehmens, das Erfolg haben soll. Wohl
aber bedürfen wir noch eines festen Haltpunktes, der rich=
tigen Anleitung, und wir vermeinen beide in ihren Ver=
einsgesetzen zu erblicken. In der festen Ueberzeugung, daß
Sie es nicht für zu gering achten, unserem Streben einige
Aufmerksamkeit zu schenken, und daß es Ihnen Freude
machen wird, auf dem Felde, das Sie bebauen, auch un=
ter der Jugend willige Arbeiter zu finden, empfehlen wir
uns Ihrem geneigten Wohlwollen auch für spätere Zeit!
Im Namen unserer übrigen Genossen

Albert Bürklin.

Karlsruhe, 30. Brachmonat 1860.
Geehrter Herr Brugger!

Ihr werthes Schreiben rief bei uns Allen gleich große
Freude hervor. Herzlichen Dank für dasselbe, für die Auf=
merksamkeit, deren Sie das Unsrige gewürdigt! Wir schicken
Ihnen mit beiliegendem Blättchen die gewünschten Namen
derjenigen, die aus völler Ueberzeugung sich zum Eintritt
in Ihren Verein gemeldet haben. Leider konnten wir die
Unterschriften der Andern, die sich mit uns verbanden, vor=
erst nicht zusammen bekommen: die 3 freien Sommerwo=

chen, in denen alle unfere Genoffen, die nicht in Karlsruhe wohnen, der Heimath zueilen, boten hier ein kleines
Hinderniß. Wir werden aber sobald als möglich auch
die Namen nachfenden.

Ihrem Wunsche, den Aufruf durch Abschriften möglichst zu verbreiten, soll vollkommen Genüge geleistet werden. Sie hatten die Güte, uns ein Verzeichniß Ihrer
Schriften zu senden; wir wünschen jedoch vorerst nur
das Wörterbuch und nehmen uns die Freiheit, von Ihrem
so freundlichen Anerbieten, uns die Bücher selbst senden zu
wollen, Gebrauch zu machen.

Wie wir bereits von andern Seiten vernommen, ist
die im Aufrufe vom Jahr 1848 versprochene Zeitschrift
für deutsche Reinsprache bereits in's Leben getreten. Es
wäre in diesem Falle unser innigster Wunsch uns auf dieselbe einschreiben zu laffen. Wir betrachten uns vollständig als Ihre Werkzeuge, als Werber für Ihren Verein,
für die gute Sache! Somit glauben wir auch Ihrem
Wunsche, immer in Verbindung mit Ihnen zu bleiben,
nachzukommen. Eine Ehre werden wir darein setzen, Ihnen von Zeit zu Zeit die Namen neuer Mitglieder nennen
zu können, jedoch nur solcher, von denen wir bestimmt wissen, daß sie aus Ueberzeugung und Begeisterung bei der
Sache sind!

In aller Hochachtung

A. Bürklin.

Karlsruhe, 4. Erntemonat 1860.

Geehrter Herr Brugger!

Ich werde Sie nicht erst zu versichern brauchen, welche
große, welche unendliche Freude Ihr geschätztes Schreiben
bei mir und meinen Genossen hervorgerufen! Durch einen
unglücklichen Zufall kam der Brief erst um 12 Uhr, nach
Beendigung der Schule, in meine Hände. Ich berieth mich
augenblicklich mit einigen meiner Freunde, die ich in der
Hast zusammenbekommen konnte; allein unser einstimmiges

Urtheil lautete dahin, daß in so kurzer Zeit die nöthigen
Vorbereitungen zu einem solchen Feste — denn so dürfen
wir die Ausführung Ihres Planes nennen — nicht mehr
getroffen werden können. Die Auffindung einer passenden
Oertlichkeit würde allerwenigstens die Zeit bis 2 Uhr in
Anspruch nehmen, von welcher Stunde an keine Ankündigungen mehr in die Zeitungen aufgenommen werden. Wir
würden uns um den Saal der Gelehrtschule bemüht haben, wenn derselbe von den Geräthschaften zweier Professoren, die im Schulgebäude ihre Wohnung nehmen werden,
nicht so besetzt wäre, daß eine Vorlesung unmöglich darin
stattfinden kann. Ein weiterer hindernder Umstand dürfte
sein, daß von heute 12 Uhr an — Montag frühe, die Schule
Freizeit hält, welche nicht erlaubt, unsere Schulfreunde, besonders die der oberen Ordnungen zu Ihrer Vorlesung
mündlich einzuladen, da vielen derselben die erwähnten Zeitungen nicht zu Gesicht kommen. — Wir bitten Sie daher
im Vortheile der guten Sache Ihren lieben Besuch um 8
Tage zu verschieben. Ueber den günstigen Erfolg desselben
sind wir nicht im geringsten Zweifel. Wollen Sie die
Güte haben und mir umgehend schreiben, damit wir den
Vorbereitungen in einer umfassenderen Weise Genüge leisten können, und einem günstigen Erfolg Ihres Vortrags a u ch
u n t e r d e r j u n g e n Welt Karlsruh's gehörig in die Hände
zu arbeiten vermögen; denn wir sind fest überzeugt, daß in dieser Hinsicht auch die größten Hoffnungen, die wir von Ihrem
Besuche zu hegen berechtigt sind, für unsern Verein und
somit auch für den großen Heidelberger nicht unerfüllt bleiben werden!

In aller Hochachtung

A. Bürklin.

Für einen tüchtigen Gesang soll gesorgt werden.

Karlsruhe, 22./8. 1860.

Ew. Wohlgeboren!

In Folge eines Erlasses großh. Oberstudienrathes
sehe ich mich zu meinem großen Leidwesen genöthigt, Ihnen

meinen Austritt aus dem Vereine für deutsche Reinsprache anzuzeigen.

Ich werde aber, auch wenn ich nicht mehr Mitglied
des Vereins bin, doch so viel es in meinen Kräften steht,
für Ausrottung der Fremdwörter im Kreise meiner Bekannten zu sorgen suchen, und habe bis jetzt auch schon
mehrere willige Nachahmer meines Strebens gefunden. Indem ich mich Ihrer Gunst empfehle,

zeichne ich mit
voller Hochachtung
Max Hochstädter,
Lyceist.

Karlsruhe, 28. Erntemonat 1860.

Geehrter Herr Brugger!

Beiliegendes Schreiben (das sogleich folgt) war schon
reisefertig, als ihr geehrter Brief bei mir eintraf, und Sie
dürfen fest überzeugt sein, daß ich auch ohne dasselbe nicht
unterlassen hätte, Ihnen ausführlichen Bericht über diese
unangenehme Thatsache zu erstatten, und Ihnen meine Ansicht über dieselbe mitzutheilen. Es war am Montag Morgens, als uns unser Hauptlehrer nach unmittelbar vorher
gepflogener Unterredung mit dem Vorstand der Anstalt,
Herrn Geh. Hofrath Gockel, die Mittheilung machte, daß
jeder Schüler der Mittelschule augenblicklich aus dem
Vereine zu Heidelberg auszutreten habe. Man
sprach hier von unlautern Bestrebungen dieses Vereins, von Deutschkatholicismus u. s. w. *) Mittags
theilte mir insbesondere derselbe Lehrer die Sache nochmals mit, holte jedoch die Gründe jener Maßnahme bedeutend näher her, indem er behauptete, nach den Gesetzen
der Mittelschule dürfe kein Schüler derselben Mitglied eines Vereins sein. Solche Art von Deutschthümelei sei Kin-

*) Da sieht man, was leider mein ketzerischer Name für Folgen
hatte, obgleich er hier nur als grundloser Vorwand gebraucht
wurde. A. d. H.

22*

derei, und wir sollten uns in Bezug auf den ganzen Verein keinen zu großen „Illusionen" hingeben! Gut. So
viel merkten wir, daß die Theilnahme an dem Heidelberger Verein unsern Lehrern im höchsten Grade unangenehm
sei. Wir beschlossen, in diesem Stücke nachzugeben, sahen
aber bis jetzt noch keinen Grund ein, warum wir uns
zu einem nur unter uns bestehenden, den Lehrern wohlbe-
kannten Verein bekennen dürften. Um uns über diesen
Punkt Aufschluß zu verschaffen und zugleich die Bitte um
Fortsetzung des hiesigen Vereins vorzutragen, gingen wir
zum Schulvorstand. Auch dieser berührte den Deutschkatholicismus, sprach sich im Uebrigen in derselben
Weise aus, wie unser Hauptlehrer und wollte sich von der
Nothwendigkeit eines Vereins durchaus nicht überzeugen
lassen; solche Vereine arteten aus u. s. w. Das Ende war:
Ihr dürft euch auch an dem hiesigen Vereine nicht
mehr betheiligen. Dies der bloße Sachverhalt. Schrift-
liches ist uns Nichts zu Gesicht gekommen, auch ging, so
viel ich weiß, diese Maßnahme nicht vom Oberwissenschafts-
rathe aus, sondern scheint mir einzig und allein ein Entschluß des Schulvorstandes zu sein. Ich bin sehr weit davon entfernt, gegenüber meinen Lehrern eine feindse-
lige Stellung einzunehmen; aber eben so fühle ich mich
auch verpflichtet, Ihnen den Sachverhalt wahrheitsgetreu
mitzutheilen; es wird dann auch ein Leichtes sein, dem
wahren Beweggrunde jener Thatsache auf die Spur zu
kommen, einem Grunde indeß, der grundfalsch ist, weil
man ihn aus einem Umstande geschöpft hat, der die eigentliche Sache durchaus nichts angeht. Die Gründe, derent-
wegen selbst die Theilnahme an dem hiesigen Vereine untersagt ist, sind ebenfalls leicht zu widerlegen. Ein Haupt-
schlag sollte durch einen nicht vorhandenen Prügel geführt
werden; denn das Gesetz: „Duelle und geheime Verbindungen sind strengstens verboten", findet auf unsern
Verein wahrlich keine Anwendung. — Kinderei ist es, zu
sagen, unser Unternehmen sei Kinderei; solche Aeußerungen richten sich selbst, und haben sich schon selbst gerichtet.

Ferner: Unser Verein möchte vielleicht ausarten. Meine Ansicht von der Sache ist die: Wären unsere Lehrer — ich meine unter diesen jedoch nur die schwächere Hälfte der Anstalt — von einer minder beschränkten Anschauung ausgegangen und hätten, anstatt einen Freiheit- und Vaterland liebenden Geist zu bespötteln, einen Geist lächerlich zu machen, der nicht im Griechisch und Latein verrosten will, hätten sie den zu lenken und zu leiten gewußt und sich an die Spitze der ganzen Unternehmung gestellt: ich möchte wissen, ob dann unser Verein hätte ausarten können! Aber freilich nur wenige Männer und darunter zähle ich Sie, werther Herr Brugger — wissen sich für's Alter auch noch einige jugendliche Begeisterung oder einen richtigen Maßstab für dieselbe zu bewahren! Nur wenige Greise bleiben Jünglinge! Bei aller Hochachtung für meine Lehrer muß ich diesen Tadel der Einseitigkeit über sie aussprechen, sie meinten es am Ende gut mit uns; aber sie waren geblendet durch Vorurtheile. Unter solchen Umständen wurden wir genöthigt zum Austritt aus dem hiesigen und somit auch aus dem Heidelberger Vereine. Wir gaben nach, denn Gehorsam war in diesem Falle unsere erste Pflicht, und Widersetzung hätte zu keinem Ziele geführt. Aber was für Einstweilen am Ausdruck verloren ging, das ist der Sache selbst, unserm Eifer und unsrer Begeisterung für Immer zugewachsen! Aufgelöst ist der hiesige Verein nicht: — aber auch nur zwei. — Mitglieder, Vielfachschüler, bilden die Grundlage, auf der ein neuer, kräftigerer Verein sich erheben soll. Der eine, ein Vetter von mir, Hermann Fecht, hat sich bereit erklärt, meine frühere Stelle zu übernehmen, das Ganze zu leiten. Mit den nämlichen Satzungen u. s. w. wird der Verein, unterstützt und gefördert von uns Allen, die wir nur äußerlich nicht mehr seine Mitglieder sind, fortdauern. Fecht wird in Nächstem sich die Freiheit nehmen und Ihnen seinen Amtsantritt brieflich anzeigen. Wir hoffen auf's bestimmteste, daß der Verein, auch von Ihrer Seite unterstützt, bald wieder zu Kräften kommen wird, und ich und alle Andern sind des

festen Entschlusses, nach unserm Austritt aus der Mittelschule wieder unter seine Mitglieder gezählt zu werden.
Neben an schicke ich Ihnen 4 neue Mitglieder oder vielmehr Mitgliederinnen, meine Mutter, Freundinnen und
Verwandte unseres Hauses. — Noch eine Bitte: Kommen
Sie recht bald wieder hierher; von einem Vortrag ver-
spreche ich Ihnen den günstigsten Erfolg!

Behalten Sie mich in gutem Andenken. Ich bleibe
stets Ihr ergebenster

A. Bürklin.

Karlsruhe, 28. Erntemonat 1860.

Geehrter Herr Brugger!

Vor wenigen Tagen wurde uns in Folge eines „Beschlusses der großh. Lyceumsdirection" eröffnet:
daß jeder Schüler der Karlsruher Mittelschule, der Mitglied des Heidelberger Reinsprachevereins sei, in kür-
zester Frist, mit Androhung von harten Strafen im
Weigerungsfalle, aus genanntem Vereine auszutreten
habe! Auch wurde uns die Theilnahme an dem von uns
gegründeten hiesigen Zweigverein untersagt; und
damit war natürlich auch dieses Unternehmen in seiner
Jugend erstickt, da mit Ausnahme von Zweien der Verein
nur Mittelschüler unter seine Mitglieder zählt. Wir berichten Ihnen eine uns schmerzlich berührende Thatsache,
die jedoch nur die äußere Schaale vernichtet, den Kern aber,
das Wesen unserer Bestrebungen, unversehrt hat lassen
müssen; eine Thatsache, die unsern Eifer und unsere Ueberzeugung nur stählen konnte. In jenen Zweien wird
indeß der Verein fortleben, und es wird, wovon wir Alle
ein- und dieselbe Stimme theilen, dieser kleine Zweig am
großen Baume wachsen, stark und groß werden und Früchte
bringen, bis auch uns, nicht mehr abgehalten durch äußerliche Verhältnisse, vergönnt sein wird, unseren Gefühlen
und Ueberzeugungen auch äußere Gestalt zu verleihen, und
so ein Theil des großen Ganzen auszumachen. Hiermit
empfehlen wir uns Ihrem geneigten Wohlwollen und spre-

chen unfern tiefgefühlteften Dank aus für die Aufmerkfam-
keit, die uns von Ihrer Seite in fo reichlichem Maße zu
Theil geworden.

Wir erlauben uns, die Namen derjenigen anzuführen,
die aus dem Vereine auszutreten fich genöthigt fehen.

Folgen die 17 Namen der Mittelfchule.

A. Bürklin. A. Beck. Otto Kraftel. S. Lewis. L.
Ettlinger. K. Mayer. K. Wahrer. Hesselbecher. F. W.
Hitzig. H. v. Bayer. Gottfried Richard. Ed. Keller.
Fr. Becker. W. Maler. L. Wolfmüller. A. Föppl. Th.
Hofmann.

Da haben es die Herren in Meiningen doch nicht
fo arg gemacht wie die in Karlsruhe. Edinhard Reichard wurde dort nicht verboten, in unfern Verein zu treten. Aber in Karlsruhe hatte man Angft vor deutfcher
Reinfprache und fah Gefpenfter, wo keine find! Man
fürchtete fich vor Deutfchkatholizismus oder vielmehr vor deutfcher Gefinnung. O armes Deutfchland! wie lange wirft du noch feufzen! Wann fchlägt die
Stunde deiner Erlöfung von dem Drucke der Beamten-
und Gelehrtenwillkührherrfchaft?!

§. 101. Briefe von Mitgliedern des Vereins im Jahr 1860.

Auch in diefem Jahre gingen von vielen edlen deutfchen Männern und Frauen Briefe bei mir ein, die mir
immer wieder die Ueberzeugung verfchafften, daß man in
Deutfchland nur Muth und Ausdauer befitzen muß,
um endlich doch einen richtigen Urgedanken verwirklichen zu können. Doch können hier nur folgende vier
Briefe abgedruckt werden, einer von Wr. Otto Volger
in Frankfurt a/M.*) einer von Wr. Prinzinger in Salz-

----

*) Sein erfter Brief vom J. 1857, den er mit feinem herrlichen
Werke: „Erde und Ewigkeit" mir überfandte, liegt bei 120 andern
Handfchriften in der hiefigen Hochfchulbücherei aufbewahrt.

burg, einer von Edinhard Reichard und einer von Uh=
lich in Magdeburg mit seiner Aeußerung über die Fremd=
wörter.

Das freie Deutsche Hochstift
für
Wissenschaften, Künste und allgemeine Bildung
zu Frankfurt a. M.

An Herrn Dr. theol. Brugger Mitglied d. F. D. H.
zu Heidelberg.

Frankfurt a M. 13. Dezember 1860.

Hochverehrter Herr!

Wollen Sie es gütigst mit der Unmöglichkeit entschul=
digen, wenn ich Ihren mir so werthvollen und so ermu=
thigenden freundlichen Zuschriften seit längerer Zeit nicht
ausdrückliche Erwiderung zu Theil werden ließ. Mit größ=
tem Danke empfing ich alle Ihre erwünschten Zusendun=
gen, deren jede mir den Ausruf entlockte: o wenn doch
viele Männer so wie dieser mit unermüdlichem Eifer jede va=
terländische Bestrebung unterstützten, wie Großes könnte er=
reicht werden! — Aber leider machen die Meisten theils
geheim, theils offen nur Ansprüche und lassen bald durch=
klingen, daß auf sie nicht mehr zu zählen ist, wenn diese
Ansprüche nicht alsbald verwirklicht werden. Und das F.
D. Hochstift ist eben noch erst der Keim und kann noch
kaum ein Läublein zu einem Ehrenkranze, noch weniger
schon einen breiten Schatten zum behaglichen Ausruhen für
überdrüssige Kampfesmüde, am Allerwenigsten aber Brenn=
holz für den häuslichen Bedarf der Vielen, die in der
Deutschen Gelehrten= und Künstlerwelt daran Mangel lei=
den, zur Verfügung bieten. Nur Opfer, Opfer und noch=
mals Opfer können den Keim zum Baume heranpflegen.
Die Eichen wachsen in den ersten zehn Jahren äußerst
langsam. — Ich werde, so klein der Verein noch ist, von
den Mühseligkeiten, die derselbe bereitet, fast erdrückt —
da meine Zeit so vielfach in Anspruch genommen ist, daß

für die nächste Pflicht — die Sorge für Haus und Herd — kaum die Nebenzeit übrig bleibt. Aber es ist bisher gegangen und wird auch ferner gehen! Hoffentlich fördert uns die nächste Sitzung um einen wichtigen Schritt.

Den Druck der Berichte haben wir absichtlich verzögern müssen, weil die Kosten schon anfingen, unsere Mittel zu übersteigen. Natürlich haben wir, in Rechnung auf Zuwachs, eine starke Auflage gemacht — und diese, sowie die Kosten der Sitzungen (deren jede mit den Anzeigen 20 bis 25 fl. kostet) überschritten natürlich bald die Mittel von 130 Beiträgen! Aber es wird wieder vorwärts gehen. Leider muß ich nun Alles schreiben! Doch soll noch in diesem Monate der ganze Jahrgang beendigt werden. Vergessen sind Sie nicht — auch Ihre Einsendungen bestens vermerkt, wie Sie seinerzeit ersehen werden.

Können Sie für Vermehrung der Mitgliederzahl wirken, so bitte ich sehr darum. Doch bei Ihnen bedarf es für eine gute Sache keiner Bitte!

Gestatten Sie einen herzlichen Handschlag Ihrem
verehrungsvollst ergebenen
Otto Volger, Dr.

Salzburg, 3. Hornung 1860.

Hochgeehrter Herr!

Ich sage Ihnen meinen besten Dank für Ihre anerkennenden Worte über meine letzte schriftliche Arbeit und für Ihre Gabe, welche ich am 29. v. Mts. erhielt. Wollten Sie als Gegengabe und zur Erinnerung an unsern freundlichen Verkehr meine frühere geschichtliche Arbeit annehmen, wovon ich noch ein paar Hefte besitze, während die übrigen in die Hände eines Buchhändlers kamen.

Ihre Gabe durchzulesen erlaubte mir mein Geschäft noch nicht; doch kann ich Ihnen mit Beziehung auf Ihre Klage am Schluß des letzten Heftes der Zeitschrift sagen, daß Tausende im weiten Vaterlande in ihrem Wirkungskreise nach Kräften dasselbe Ziel anstreben, welches Sie

und Ihre Freunde sich vorstecken. Sprachreiniger gibt es
bei uns in Deutschösterreich in allen Ständen, in allen
Gerichtshöfen und Gerichtsstuben, unter allen ärztlichen und
anwaltschäftlichen Zweigen. Es wird die Arbeit der Reinigung mit der Zeit gelingen; es ist aber auch eine Rie-
senarbeit, diesen Unrath wieder wegzuschaffen. Auch mein
Buch wird Ihnen bewiesen haben, daß ich ein Jünger der
Lehre bin, obwohl mir die Sprache meiner Gegnerschaft
hie und da ein fremdes Wort aufnöthigte. In meiner geschichtlichen Arbeit dagegen werden Sie keines finden. Dagegen schlichen sich in den Druck meiner Grundsätze der
altdeutschen Schrift eine Menge Fehler oder vielmehr
Ungleichheiten des Drucks ein, welche theils von der Abschrift des Manuscripts, theils von dem Umstande herrüh-
ren, daß ich wegen des Jahresgeschäftsschlusses die Durchsicht des Drucks nicht besorgen konnte. Hoffentlich wird
mir jeder Billige gleich Ihnen deßhalb Nachsicht angedeihen
lassen.

Führt Sie Ihr Weg einmal über Salzburg, so wird
es mich freuen, Sie von Angesicht kennen zu lernen und
Ihnen als Führer, wenn Sie Lust haben, auf die umlie-
genden Berge zu dienen. Sie werden die Bahn bis Herbst
fast fertig finden. Hochachtungsvoll empfiehlt sich

Ihr
ergebenster
Dr. Prinzinger, Anwalt.

Wasungen, 24. Herbstmonat 1860.
Mein lieber väterlicher Freund!

Sie werden sich wundern, daß ich so lange, lange
Zeit nichts von mir habe hören lassen, und wenn ich nicht
wüßte, daß Sie nicht böse sein können, so würde ich fast
auf den Gedanken kommen, daß Sie mir wegen meines
langen Stillschweigens zürnen würden. Oft nahm ich mir
ernstlich vor, Ihnen Nachricht über mich zu geben, aber es
blieb immer nur bei dem Vorsatz, zur Ausführung kam es

nie, weil ich fast immer zu sehr mit andern Arbeiten beschäftigt war. Und sogar jetzt, wo unsere Freizeit ist, muß
ich mir die Zeit dazu nehmen, Ihnen diesen Brief zu
schreiben, der diesmal aber Ihrem Wunsche nicht entsprechen wird, da ich Ihren letzten Brief, den ich mit der
freundlichen Sendung von Büchern erhielt, wofür ich meinen freundlichen Dank sage, nicht zur Hand habe, um auf
Alles darin Enthaltene die passende Antwort zu geben.
Doch werde ich bei meinem nächstem Briefe das Versäumte
nachzuholen mich bestreben.

Gegenwärtig halte ich mich in meinem Vaterhause in
Wasungen bei Meiningen auf, und liege einestheils meiner Fachwissenschaft ob, um mich in der Gottesgelehrtheit
mehr und mehr auszubilden, anderntheils komme ich der
Aufforderung nach, die ich erhalten habe, hier sonntäglich
einen Gottesdienst zu halten. Einen solchen hielt ich zum
ersten Male gestern Nachmittag in hiesiger Kirche bei einer vollen Versammlung über Amos V, 14 und 15. Ich
bin kein Freund vom Abschreiben d. h. ich bin zu faul dazu,
und sende deshalb meine Kirchrede, wie ich sie ausgearbei-
tet habe, sogleich mit. Dem Herrn Oberpfarrer Schneider, einem sehr freisinnigen Manne, gefiel es besonders,
daß ich in jeder Beziehung möglichst rein, ohne Fremdwörter gesprochen. — Nächsten Sonntag werde ich über
Epheser V, 20 sprechen und die Dankbarkeit gegen
Gott behandeln: 1) was uns zu derselben verpflichtet
und 2) wie wir dieselbe bezeigen. Meine Freizeit begann
schon am 22. Erntemonat, wo Rückert seine Vorlesungen
beschloß. Anstatt aber sogleich nach Hause zu gehen, machte
ich erst noch einen Ausflug nach Oppurg bei Pößneck, wo
ich einen Bekannten aufsuchte, mit dem ich dann von da
nach Neustadt und Schleiz ging, wo ich theils neue Be-
kanntschaften machte, theils alte erneute. Ich hatte nicht
einen Pfennig bei mir, und es wäre fast eine Kunstreise
zu nennen gewesen, wenn ich nicht die Vetter- (auch wohl
fette) Straße gezogen wäre. Ich hatte gerade die günstigsten Stunden zur Reise erwischt, indem ich von meinem

Aufbruch von Jena (am 22. Erntemonat) bis zu meiner
Ankunft in Oppurg auch nicht im Geringsten vom Regen
heimgesucht wurde. Kaum war ich aber unter Dach und
Fach, so strömte der Regen wie in Mulden vom Himmel
herunter. Auf meiner Rückreise nach Jena ging ich über
Pößneck, um Fritz Roth aufzusuchen, bei dem ich mich einige Stunden aufhielt, und in Gesellschaft seiner beiden
Schwestern auch gut unterhielt. Es war am 27. Erntemonat Nachmittags 2 Uhr, als ich nach einem Aufenthalt
von 4 Stunden von Pößneck abreiste und Abends um 10
Uhr in Jena ankam. Zwei Stunden lang verfolgte mich
ein Gewitter, und kaum war ich ½ Stündchen in meiner
Bude, so brach auch das Donnerwetter los. Noch hatte
ich keinen Pfennig Reisegeld, um nach Hause zu gehen.
Ich ging zu einigen bekannten Bürgersleuten (Wissenschafter waren nur noch wenige da, von meinen Bekannten kaum
einer), die mir pumpen sollten, aber die hatten ja nichts.
Ich erwartete stündlich Geld von zu Hause, es kam keines.
So lag ich denn noch in Jena bis zum 8. Herbstmonat,
dem Tage, wo ich vor einem Jahre in Heidelberg anlangte,
und dessen Erinnerung ich festlich in Jena beging. Meine
Hausfrau, bei der ich den Tisch habe, hatte Klöse gekocht,
auf die man bekanntlich Durst bekommt. Deshalb ließ
ich mir einen tüchtigen Kaffee machen, setzte mich mit einem im Hause wohnenden Wissenschafter, ebenfalls Got-
tesgelehrter, in das Hausgärtchen, rauchte dazu eine Pfeife
und erging mich mit mit ihm über Betrachtungen, woher
ich Geld nehmen sollte. Aber alle Rathschläge und Ent-
würfe, die wir machten, waren unausführbar und brachten kein Geld. So schlug ich denn zuletzt den Abriß der
Thüringer Länder auf, und sah nach, welches die zweck-
mäßigste Vetternstraße sei, die ich bis nach Hause nehmen
könnte. Und ich fand denn auch eine über Krannichfeld,
Arnstadt, Oberhof und von da über Schmalkalden nach
Wasungen. Es wäre dabei eine Zeit von 3 Tagen erforderlich gewesen, wenn nicht noch mehr, indem die Bekannten, die ich in den betreffenden Orten aufgesucht hätte,

mich wohl hin und wieder zum Bleiben genöthigt hätten,
dem ich nicht immer widerstehe. Ich sagte zu mir: Wenn
Du bis morgen um 10 Uhr kein Geld hast, so gehst Du
unwiderruflich übermorgen fort. Glücklicher Weise erhielt
ich andern Tages Geld, und so ging ich denn zu Fuß nach
Weimar, nahm einen Hund mit, den mein Hausmann gerne los
sein wollte, und den ich in Weimar an einen Kutscher für sechs
Groschen ablies. Von Weimar fuhr ich bis Gotha, suchte
dort meine Schwester auf und hatte nun noch einen Weg
bis nach Hause von 10 Stunden zu Fuß zu machen.
Ich machte mich also auf die Strümpfe, kehrte einmal in
Reichardsbrunn ein, um ein Glas Bier zu trinken, wo ich
denn zu meinem Schrecken bemerkte, daß mein Geld bis
auf 4 Groschen zusammengeschmolzen war. Ein Herr saß
da, erkundigte sich nach meiner Reise, ich gab ihm Auskunft, so viel ich geben durfte, und als ich wegging, be-
gleitete er mich ein Stückchen und sagte zu mir: „Es
scheint, daß Sie Mangel an Reisegeld haben, ich will Ihnen einstweilen einen halben Thaler geben." Ich nahm
ihn an, bat ihn um seinen Namen, damit ich das Geld
ihm wieder zustellen könnte, er weigerte sich jedoch, ihn
mir zu sagen. Nur als ich ihm sagte, daß ich wohl nicht
wieder nach Reichardsbrunn käme, sagte er: „Ich heiße
Emil Kräußlach und bin Bereiter beim Herzog von Koburg." Ich wollte ihm nun meinen Namen sagen, doch
da meinte er, ich würde ihn nur damit beleidigen. So
ging ich denn von ihm, dankte ihm und kam Nachts gegen
11½ Uhr in meiner Behausung an. Ich hatte von dem
Gelde keinen Gebrauch gemacht und schickte es Tags darauf wieder an Kräußlach zurück.

Meine Schwester erkannte mich nicht, als ich ankam
und war nicht wenig erschrocken, als sie fast um Mitter-
nacht einen bärtigen Menschen eintreten sah. Ich beru-
higte sie, mein Vater und meine beiden Brüder waren
schon zu Bette, ich verhielt mich so ruhig als möglich,
meine Schwester trug meine mitgebrachten Sachen bei
Seite, damit Niemand merke, daß ich da sei. Ich begab

mich darauf auch zu Bette, und als ich Morgens in die Wohnstube trat, überraschte, ich meinen Vater auf die angenehmste Weise durch mein plötzliches Erscheinen.

Meine Zeit verstreicht hier gewissermaßen in stiller Ländlichkeit. Ich habe wenig Gelegenheit zu Gesellschaften und Lustbarkeiten, habe auch kein Verlangen danach. Dagegen treibe ich eifrig nebenbei die Gabelsberger Kurzschrift, oder wie sie Gabelsberger selbst treffend nannte: Redezeichenkunst: freilich hört man am meisten statt dieser beiden Ausdrücke, denen man noch „Engschrift" beifügen könnte, stets Stenographie. Ich kann bei dieser Gelegenheit nicht unterlassen, ein Urtheil unseres alten Rückert in Jena über die deutsche Sprache anzuführen, welches sich in der Vorrede zu seiner „Theologie" findet, und also lautet:

„Nur über einen Punkt will ich mich noch erklären. „Ich habe mich bemüht in doppeltem Sinne Deutsch „zu sein. Zuerst, indem ich mich der fremden Aus- „drücke, mit welcher unsere Sprache und Wissenschaft „sich überladen hat, enthielt, so viel mir möglich war. „Sie scheinen einige Bequemlichkeit darzubieten, und „nachdem wir uns so lange damit geschleppt, ist es „nicht leicht, sie zu vermeiden, auch mir daher nicht „ganz gelungen. Aber jene Bequemlichkeiten dienen „nur oft dazu, dem Leser die wahre Meinung des „Redenden zu verhüllen, bald mit, bald ohne dessen „Absicht, und ihn in Irrthum zu stürzen, der bei Ver- „meidung solcher Ausdrücke, die oft vieldeutig sind, „und von Wenigen recht verstanden werden, leicht verhütet „würde; und mancher Gedanke, der in fremden Wör- „tern prächtig lautet, stellt sich als unbedeutend und „kaum zur Hälfte wahr heraus, sobald man die frem- „den Kraftwörter herausnimmt, und ehrliche deutsche „Rede dafür hinstellt. Möchten wir Deutsche, denen „ja ohnehin bald nichts mehr geblieben sein wird, „worauf wir stolz sein möchten, doch über unsere „Sprache halten, deren wir uns nicht zu schämen

„brauchen, und uns Mühe geben, sie so auszubil-
„den, daß auf dem Gebiete der Wissenschaft sowohl
„als des Lebens wir Nichts mehr in fremden
„Zungen auszudrücken brauchten.‟

„Das Zweite, worin ich deutsch zu sein bemüht
„gewesen, steht mit dem Vorigen in einigem Zusam-
„menhange. Ich habe Alles rein herausgeredet, wie
„ich es gedacht, Nichts halb verschwiegen, Nichts be-
„mäntelt, Nichts in Wörter gehüllt, die von dem Ei-
„nen so verstanden werden können, von dem Andern
„anders; und habe ich irgendwo Ausdrücke gebraucht,
„die zweideutig werden konnten, oder die von verschie-
„denen Parteien in verschiedenem Sinne angewendet
„werden, so habe ich es an genauer Bestimmung des
„Sinnes niemals fehlen lassen, in welchem ich sie ge-
„braucht, und werde im 2. Theile, der das eigen-
„thümlich Christliche enthält, das Gleiche thun.‟

Ich enthalte mich, Rückerts Worte weiter anzuführen,
bemerke nur, daß er auch jetzt in seinen Vorlesungen und
Schriften möglichst deutscher Rede sich bedient, was Einem
um so mehr wohl thut, als man nur bei Wenigen, am selten-
sten unter den Gelehrten, solche Grundsätze findet. Wenn
alle Gelehrten so dächten und handelten wie Rückert, es
würde bald um unsere arme und geschändete Muttersprache
besser stehen. An ihm kann man deutlich sehen, wie einer
grundgelehrt und dennoch ein ächter Deutscher sein kann.
— Bis jetzt habe ich zwar einige Aufsätzchen in öffentliche
Blätter einrücken lassen, aber nachhaltig konnte ich nicht
wirken, indem ich nur noch auf kurze Zeit in Jena anwesend war, so daß etwaige Meldungen zum Beitritt des
Vereins nicht gut möglich gewesen wären. Indes werde ich
sogleich nach meiner Rückkehr wieder von Neuem beginnen.
· Roth aus Pößneck ist unterdeß auch nicht müssig gewesen,
er hat in der Gesellschaft der Größenlehrer, deren Mitglied er ist, mehrere Sätze aufgestellt, in denen er über
die Nothwendigkeit der Umgestaltung der Wissenschaft-
Sprache (zunächst in der Größenlehre) spricht, und Jeder-

mann auffordert, sie anzugreifen, und ihn zu widerlegen.
Bis jetzt hat es noch Niemand gewagt, und Wißlehrer
Schäffer, der die Gesellschaft leitet, hat seine Vorschläge
nur gebilligt. Dagegen in seiner Verbindung hat Roth
bis jetzt noch gar nichts ausrichten können; es will das
eine deutsche Burschenschaft sein, und doch hält sie so wenig auf deutsche Sprache, was doch die ehemalige Burschenschaft besonders that.

Ich schließe nun mit einem herzlichen und freundlichen Gruß und deutschen Händedruck an Sie von

Ihrem
jungen Freunde
Edinhard Reichardt.

Magdeburg, 31. Januar 1860.

Lieber Bruder Brugger!

Ehe der zweite Monat, seit Du mir geschrieben, ganz
vergeht, muß ich meine Schuld abtragen. Du bist unge-
duldig geworden, und hast auch ein Recht dazu; aber ich
habe wirklich so viel zu thun — wohl mir! — daß ich
die Viertelstunden recht fest halten muß, wenn sie mir nicht
unter der Hand entschlüpfen und — eine Briefschuld über
die andere mir auf dem Halse sitzen lassen sollen.

Die Anzeige deiner Schriften wirst Du in einem
nächsten Sonntagsblatte finden. Vor einem Jahr habe
ich sie übrigens schon einmal angezeigt. Für die übersen=
deten habe herzlichen Dank, wobei ich dir gestehen muß,
daß ich noch nicht die Zeit gefunden habe, sie zu lesen. Es
ist das thätige Leben, was mich so vielfach in Anspruch
nimmt. Aber ich finde diese Zeit doch noch!

Du empfängst mit dem stenographischen Bericht von
Gotha zugleich Einiges von mir. Jenen muß ich nun
schon bezahlt nehmen.

Du sagst mir über mein Deutsch ein freundliches
Wort. Mir ists von Jugend auf Pflicht gewesen, meine
Muttersprache zu ehren, und längst ist mirs eine Freude,

mit Dir darin übereinzustimmen. Du bist rascher und zu-
fahrender als ich; dennoch fühle ich mich auch darin mit
dir verwandter als mit vielen andern unserer Mitarbeiter, denen immer von dem Zopfe des Fachstudirten noch
etwas hinten hängt.

Eins möchte ich von dir erbitten: schilt nicht so viel
auf die Menschen. Sie sind wohl immer nicht anders gewesen; und doch sind sie, die Menschheit, wie sie nun
ist, der Thon, aus dem der ewige Geist das Gebilde des
Lebens in Wahrheit, Recht und Schönheit allmälig zurecht-
formt. Je länger ich lebe, desto mehr lerne ich die Schwach-
heit der Menschen erkennen, aber desto mehr Achtung vor
der Menschheit empfinden.

Leb wohl, Brüderchen. Ist das nicht ein tröstliches
Lustspiel, das der kluge Mann im Westen mit der Kleri-
sei spielt? Nein, diese offenen Mäuler, diese langen Na-
sen, als er ihnen mit seiner Absicht hinsichtlich des Papstes
ein Neujahrsgeschenk machte, haben mich königlich ergötzt.
Sie sind schlau, sie sind rührig, sie halten zusammen, sie
tragen rastlos Steinchen und Steine, Hölzchen und Hölzer
zusammen, um ihren alten Bau zu erhalten, zu befestigen
und dann kommt ein Sturm, ein Erdstoß, und reißt in
einer Stunde ein und mehr dazu, was ihnen so viel Mühe
gekostet hatte. Es ist doch, bei allerlei Plage, ein gutes
Theil, das wir erwählt haben, auf dem Boden der Freiheit zu stehen, und diesem Treiben mit ruhigem Herzen
zusehen zu können. Leb wohl.

Dein

Uhlich.

Uhlich's Aeußerung über die Fremdwörter.
(Aus seinem Sonntagsblatte).

Jüngst fragten mich einige wackere Männer, was heißt
„Initiative". Sie knüpften daran die Bitte, um Erklärung noch einiger Fremdwörter. Es war nicht schwer,
ihnen die entsprechenden, verständlichen deutschen Ausdrücke
dafür zu geben. War jene Frage ein Zeugniß geistiger

Armuth, das sie sich selbst aufstellten? Gewiß nicht, wohl
aber ein Zeugniß, daß deutsche Schriftsteller, die für das
Volk schreiben, sich noch nicht genugsam befleißen, deutsch
zu schreiben. Auf ein gangbares Fremdwort, das sich nicht
kurz und gut deutsch sagen läßt, kommen hundert Fremdwörter, für die der gleiche deutsche Ausdruck sofort bei der
Hand ist. Wir können von Leuten, die nur den Unterricht der Volksschule genossen haben, und denen ihre Tag-
arbeit nachher nicht Zeit gelassen viel zu lesen, kaum fordern, daß sie gründlich denken über das, was für ein wür-
diges Menschenleben wichtig ist, sei es auch noch so hoch
oder so tief. Aber daß sie lateinisch oder französisch verstehen, das können wir von ihnen nicht fordern. Ich erlaube mir dies als eine Mahnung an Alle, die durch Wort
und Schrift wirken wollen, auszusprechen; es handelt sich
um eine Verwöhnung der Gebildeten und Gelehrten, die
durch Liebe zum Volke leicht überwunden wird.

§. 102. In Karlsruhe ist doch nicht alles todt
gemacht. Der Zweigverein steht wieder auf.

Nach obigem strengen Verbot, daß die Mittelschüler nicht Theil nehmen dürfen an unserm Verein, bei
Strafandrohung, sollte man glauben, der größte Schrecken
werde in Karlsruhe allen jungen Leuten in die Glieder
gefahren sein. Doch zum Glück war es nicht so; denn
obgleich die Mittelschüler austreten mußten, so ersetzte
sich wenigstens einigermaßen ihr Austritt durch den Eintritt von 12 Vielfachschülern (Polytechnikern) wie man
aus dem unten folgenden Schreiben ersehen wird. So
groß mein Schmerz bei der Unterdrückung durch die
allzustrenge Wißbehörde in Karlsruhe, so groß war meine
Freude bei dem Wiederaufleben des Vereins durch
die tüchtigen muthvollen Deutschen. Hermann Fecht
trat an die Spitze derselben. Hier folgen die Briefe.

Karlsruhe, 29. Erntemonat 1860.

Verehrtester Herr Brugger!

Ich habe die Ehre, Ihnen hiemit anzuzeigen, daß ich in Folge des bedauerlichen Vorfalls, von welchem Sie durch meinen Vetter Bürklin bereits Mittheilung erhalten haben, dessen Stelle in unserem Verein einzunehmen ersucht worden bin. Leider ist jetzt unser Zweigverein bis auf die unbedeutende Zahl von zweien zurückgebracht worden, so daß eigentlich von einem Verein jetzt fast nicht mehr die Rede sein kann, doch werde ich keine Mühe scheuen, unser im Keime ersticktes Werk wieder aufleben zu machen, obgleich ich weiß, daß dieses unter obwaltenden Umständen nicht leicht sein wird. Mein Wunsch ist jedoch, daß sowohl dieser, als alle rein vaterländischen Vereine stets wachsen und in den Geist des deutschen Volkes übergehen möchten.

Hochachtungsvoll
Fecht, Polytechniker.

Karlsruhe, 16. Weinmonat 1860.

Geehrter Herr!

Deutsch zu sein in jeder Richtung fordert jetzt das Vaterland.

Diesen Spruch unseres Dichters haben wir uns zu Herzen genommen, und durchdrungen von dem Gedanken an dessen Verwirklichung, begeistert durch ihr erhebendes Beispiel, und überzeugt von der Wahrheit dieses Ausspruches sind wir auch fest entschlossen, ihn, soweit es in unserer Macht steht, verwirklichen zu helfen. Leider hat sich das Fremde, das Wälsche, in unsere schöne kraftvolle Muttersprache, in unsere Sitten und Gewohnheiten eingeschlichen, und wir halten es für die Pflicht eines jeden Deutschen, der sein Vaterland wirklich liebt, unablässig dahin zu wirken, daß dieses wo möglich wieder verdrängt werde, und hoffen, daß mit unserer deutschen Sprache ein

23 *

deutscher Geist der Liebe zum größern Vaterlande in eines jeden Deutschen Brust einziehe. Damit nun unser Bestreben nicht durch Vereinzelung und Zersplitterung geschwächt werde, so bitten wir Sie, uns in den großen deutschen Sprachverein in Heidelberg aufzunehmen. Da wir größtentheils junge Leute sind, so halten Sie unsern Antrag deßhalb nicht für unbescheiden, da er aus Ueberzeugung und Liebe zur Sache entsprungen ist, und wenn Sie die Freundlichkeit hätten, unserem Streben einige Aufmerksamkeit zu schenken, so würden wir stolz darauf sein. Im Namen meiner Genossen. Folgen 12 Unterschriften:

Friedrich Koopmann. Albrecht Schirmer. Victor Paris. Emil Bürgin. Karl Maier. Moritz Fecht. F. Stürmer. August König. Adolph Drach. K. Reiß. Karl Perrin.

Achtungsvoll Hermann Fecht.

§. 103. Versammlungen des Vereins und Vorträge im J. 1860.

Die Didaskalia vom 7. Lenzmonat 1860 enthält folgenden Bericht über die Versammlung am 2. desselben Monats:

Heidelberg, 2. März 1860.

Auf Anregung mehrerer Mitglieder hielt gestern Abend der „Verein für deutsche Reinsprache" eine sehr zahlreich besuchte Versammlung von Herren und Frauen; auch Nichtmitgliedern war der Zutritt gestattet. Der untere Saal in der „Harmonie" war mit Zuhörern angefüllt. Der Vorsteher, Herr Dr. Brugger, erstattete zuerst über den Stand und die Leistungen des Vereins Bericht, wonach dieser gegen 1900 Mitglieder in 350 Ortschaften zählt. Er erwähnte unter mehreren Schriften, worin deutsche Reinsprache angestrebt wird, die von Dr. Otto Volger, von Biedermann, Prinzinger, Schuler, Moleschott u. A. Dann zeigte er in ausführlicher Rede, welche Fremdwörter man vermeiden könne und solle und welche nicht

mehr zu verdrängen find, in vielen erläuternden Beispielen. Am Schluße legte er den innigen Zusammenhang
zwischen Sprache und Vaterland dar und machte auf die
Größe und Macht des deutschen Volkes aufmerkfam, wenn
es einig in Gesinnungen und Handlungen sich bewähre.
Hierauf wies Herr Dr. Otto nach, daß auch in neueren
Dichtungen viele Fremdwörter angewandt würden und las
ein Gedicht von Freiligrath mit solchen vor. Ein anderes
von ihm selbst verfaßtes Gedicht: „Der ächte Deutsche",
fand lebhaften Beifall. Zunächst sprach Dr. Thoma darüber, daß man bei der Verdrängung der Fremdwörter
wieder auf Erfaß denken solle, den man aus dem eigenen
Sprachschatze zu nehmen habe. Nachher meldeten sich Mehrere zum Beitritt. Die rege Theilnahme an dieser, wie
an der früheren Versammlung zeigte, daß der Sinn für
diese schönen Bestrebungen immer mehr erwacht und ein
nicht unbedeutender Erfolg zu erwarten sei.

In demselben Blatte vom 12. Brachmonat 1860 steht
folgender Bericht über den Stand unseres Vereins.

Verein der deutschen Reinsprache.

Unser Verein, der im verflossenen Jahre mehrere
große Versammlungen mit freien Vorträgen hielt, zählt
jetzt über 1950 Mitglieder in 360 Ortschaften und findet
immer mehr Anklang, je mehr das deutsche Volksbewußtsein und das Streben nach Einheit erwacht und
sich thätig erweist. In den öffentlichen Kammerverhand-
lungen der deutschen Staaten, in den Reden und Zuschriften 2c. zeigt sich überall die volksthümliche Richtung und
das Bemühen nach verständlichem, ächt deutschem Ausbruc.
Daßelbe erhellt auch aus manchen Werken unserer vorzüglichen Geschichtschreiber, Weltweisen, Dichter 2c., wenn
auch einige noch aus Gewohnheit oder sonstigen Gründen
sich in einer überreichen Fülle von Fremdwörtern, die ganz
unnöthig sind, gefallen sollten. So ganz leicht ist die Sache
nicht durchzuführen, das lehrt die tägliche Erfahrung; doch
haben wir den Beweis für die Möglichkeit in vielen Büchern

und Vorträgen geliefert. Zu unserer Freude haben sich mehrere begabte junge Männer auf den Hochschulen in Berlin, Jena und Heidelberg dem Vereine angeschlossen, welche
das begonnene Werk mit Kraft weiter zu führen entschlossen sind. Je näher die Gefahr für Deutschland von außen
heranrückt, desto stärker entwickelt sich das deutsche Volksgefühl und mit diesem der Drang nach rein deutschem
Ausdruck. Zum Beitritt ladet ein in freien Briefen:

Der Vorstand:

Dr. Brugger.

Heidelberg, im Brachmonat 1860.

Den 29. Brachmonat erließ ich in öffentlichen Blättern folgenden „Aufruf an alle Turnvereine und
Turnfreunde Deutschlands."

Aufruf an alle Turnvereine und Turnfreunde Deutschlands.

In allen Gauen unseres großen Gesammtvaterlandes
ist in der jüngsten Zeit wieder der Sinn für Deutschlands
Einheit und vaterländische Bestrebungen erwacht, der sich
auch in der Wiederherstellung und Neuschaffung der Turnvereine kundgibt. Mit diesen körperlichen Uebungen gehen
auch die geistigen Fortschritte Hand in Hand und vor allem
dürfte es die reindeutsche Sprache, als der Ausdruck ächt
deutscher Gesinnung, sein, welche die Aufmerksamkeit aller
Vereine und ihrer Freunde auf sich ziehen sollte.

In diesem Sinne glaubt der Unterzeichnete keinen
Fehlgriff zu thun, wenn er die verehrlichen Mitglieder aller
deutschen Turnvereine und deren Freunde hiermit zum
Beitritte in unsern seit zwölf Jahren bestehenden Verein
von bald 2000 Genossen einladet, worin sich schon viele
Turner eingezeichnet haben. Zugleich erlaubt er sich, denselben sein Fremdwörterbuch als Grundlage bei ihren Bestrebungen zu empfehlen, und ist bereit, auf freie Briefe
von Anmeldungen die Satzungen mitzutheilen.

Die verehrlichen Herausgeber anderer Blätter werden ersucht, diesen Aufruf zur Verbreitung in ihre Spalten aufzunehmen.

Heidelberg, 29. Brachmonat 1860.

Der Vorstand: Wr. (Dr.) B r u g g e r.

§. 104. Bericht über meinen Vortrag in Karlsruhe v. 14. Erntemonat 1860 und Leichenrede in Neuenheim.

Karlsruhe, 14. Erntemonat 1860.

Vorgestern Abend wurde uns hier ein seltener und eigenthümlicher Genuß zu Theil durch einen Vortrag des Herrn Dr. B r u g g e r aus Heidelberg, den er im Saale des Bürgervereins vor einer zahlreichen Zuhörerschaft über deutsche Reinsprache in deutscher Reinsprache hielt. Manche der Anwesenden mochten früher ganz andere Vorstellungen von diesen Bestrebungen haben, wurden aber durch die Gründlichkeit und Verständlichkeit der Rede so sehr dafür eingenommen, daß sehr Viele ihren Beitritt zu dem Vereine erklärten. Dieser anscheinend trockene Stoff wurde von dem gewandten Redner mit solcher Frische und Lebendigkeit, mitunter sogar mit Witz und Laune behandelt, daß er durch Belehrung, indem viel Neues vorkam, wie durch Unterhaltung gleich anziehend wirkte, was der wiederholte Beifall zu erkennen gab. Unter den jungen Leuten bildete sich hier ein Zweigverein, der bei der Tüchtigkeit und dem Eifer der Theilnehmer zu den schönsten Hoffnungen für die Zukunft berechtigt. Auch wurde die Anwesenheit von gebildeten Frauen mit Vergnügen bemerkt, welche mit gespannter Aufmerksamkeit dem Vortrage folgten. Sollten wir später wieder einmal das Vergnügen haben, von Hrn. Dr. Brugger einen Besuch zu erhalten, so wird nach dem einstimmigen Urtheil der Anwesenden die Theilnahme eine weit größere sein, als sie bei dem ersten Vortrage war, wo man die Sache noch allzuwenig kannte. Möchte er bald dem Wunsche seiner Freunde hierin entsprechen!

Hier muß ich noch eines Vortrags in deutscher Reinsprache erwähnen, der in Gestalt einer Leichenrede in
Neuenheim bei Heidelberg von mir gehalten wurde. Es
starb daselbst ein vieljähriges Mitglied der hiesigen deutschkatholischen Gemeinde, ein hochbejahrter und allgemein ge-
schätzter Mann, den ich beerdigen mußte. Da es gerade
Sonntag war und an diesem schönen Nachmittage den 19.
Erntemonat eine große Volksmenge auf dem dortigen Kirch-
hofe versammelt war, so hielt ich es für zweckmäßig, einige
Ansichten über Gott, Welt und Mensch u. s. w. nach unserer Richtung darzulegen, die freilich von denen anderer Glaubenschaften abweichen. So kam unter andern
folgende Stelle vor: „Die Erde ist nicht von dem großen Urgeiste verflucht worden, er kann das als ein güti-
ger Vater nicht gethan haben, daß er wegen eines einzigen Sündenfalls die Unschuldigen sollte verflucht haben. Auch
trägt sie nicht die Kennzeichen eines Fluches an sich, nein,
sie ist vollkommen, ist das herrlichste was man sich
denken kann. Jede Blume, jeder Baum, jede Welle, jedes
Blatt ist schön und vollkommen geschaffen. Ueberall offenbart sich in ihnen der große Urgeist. Wer aber die Welt
voll Sünde hält, wer überall Böses sieht, wer den Fluch
fühlt, dem sind wir auch duldsam und lassen ihm von Herzen gern seine Ansicht u. s. w."

Dagegen schrieb nun ein gerade gegenwärtiger aus-
ländischer überfrommer Protestant eine Flugschrift, an
deren Spitze die Worte stehen: „Den Teufel wollte
man uns nehmen" die hier nur der Seltsamkeit wegen
als Folge obiger Rede eine Erwähnung verdient, sonst
aber spurlos den Weg alles Fleisches ging. Der arme
Teufel hat sich wohl nicht viel darum bekümmert, noch am
allerwenigsten seinem übereifrigen Anwalt und Vertheidiger eine unterthänigste Danksagung abgestattet. Diese wird
er erst im bessern Jenseits erhalten, wo er seinen Herrn
und Meister von Angesicht zu Angesicht wird kennen lernen.

**§. 105. Auch ein edler Fürst spricht rein deutsch,
wie folgender Erlaß zeigt.**

**Friedrich von Gottes Gnaden Großherzog von
Baden, Herzog von Zähringen.**

In einem ernsten Augenblicke, der manche Gemüther
mit bangen Zweifeln erfüllt, ergreife ich mein schönstes
Vorrecht und richte aus der Tiefe meines Herzens Frie-
densworte an mein theures Volk. Beklagenswerthe Irrungen mit dem Oberhirten der katholischen Kirche des
Landes bewogen mich, durch unmittelbare Verhandlungen
mit dem päpstlichen Stuhle eine Ausgleichung anzubahnen,
von dem innigen Wunsche beseelt, an die Stelle des Strei-
tes Eintracht und an die Stelle gegenseitiger Erbitterung
Wohlwollen und Frieden treten zu lassen.

Nach langen und mühevollen Verhandlungen wurde
eine Uebereinkunft abgeschlossen, welche zur Erreichung dieses Zieles Hoffnung gab. Mit tiefer Betrübniß erfüllte
mich die Wahrnehmung, daß die getroffene Uebereinkunft
viele meines Volkes in Besorgniß versetzte, und dem lauten Bedenken, ob nicht die verfassungsmäßigen Stellen
darüber zu hören seien, konnte ich meine ernste Aufmerksamkeit nicht versagen.

Ein Beschluß der zweiten Kammer meiner getreuen
Stände hat diesen Bedenken einen Ausdruck gegeben, der
einen verhängnißvollen Verfassungsstreit zwischen meiner
Regierung und den Ständen befürchten ließ. Daß ein
solcher Streit umgangen und die Rechtsunsicherheit, welche
aus einem Zwiespalt der gesetzgebenden Gewalten hervorgehen müßte, fordern nicht minder die Angelegenheiten der
katholischen Kirche, als die Wohlfahrt des Landes.

Es ist mein entschiedener Wille, daß der Grundsatz
der Selbstständigkeit der katholischen Kirche, in Ordnung
ihrer Angelegenheiten zur vollen Geltung gebracht werde.
Ein Gesetz, unter dem Schutze der Verfassung stehend,
wird der Rechtsstellung der Kirche eine sichere Grundlage
verbürgen. In diesem Gesetze und den darauf zu bauenden

weiteren Anordnungen wird der Inhalt der Uebereinkunft seinen berechtigten Ausdruck finden. So wird meine Regierung begründeten Forderungen der katholischen Kirche auf verfassungsmäßigem Wege gerecht werden und in schwerer Probe bewährt, wird das öffentliche Recht des Landes eine neue Weihe empfangen.

Es ist mir heute eine eben so werthe Pflicht, von meiner eigenen mir theuern Kirche zu reden. Den Grundsätzen getreu, welche für die katholische Kirche Geltung erhalten sollen, werde ich darnach streben, der evangelisch-protestantisch-vereinigten Landeskirche auf der Grundlage ihrer Verfassung eine möglichst freie Entwicklung zu gewähren.

Ich wünsche, daß der gleiche Grundsatz auch auf andern Gebieten des Staatslebens fruchtbar werde, um alle Theile des Ganzen zu dem Einklange zu vereinen, in welchem die gesetzliche Freiheit ihre segenbringende Kraft bewähren wird.

An die erprobte Vaterlandsliebe und den ernsten Bürgersinn meines Volkes richte ich nun die Mahnung, alle Irrungen zu vergessen, welche die jüngste Zeit hervorgerufen hat, damit unter den verschiedenen Glaubenschaften und ihren Angehörigen Eintracht und Duldung herrsche, wie sie die christliche Liebe uns alle lehrt. Manche Gefahren können unser Vaterland bedrohen. Das Einzige, was stark macht, ist Einigkeit. Ohne Haß über Gegensätze, welche der Vergangenheit angehören müssen, stehet fest in dem Vertrauen zu einer Zukunft, die Niemand verletzen wird, weil sie gegen alle gerecht sein will.

Gegeben zu Karlsruhe 7. Ostermonat 1860.

Friedrich.

Stabel. Ludwig. Rüßlin. Lamey. Vogelmann.

Schwarzart.

Möchten die Gelehrten, die Gebildeten und das ganze Volk das erhabene Beispiel eines edeln, ächt deutschen Fürsten auch in der schönen Ausdrucksweise nachahmen!

§. 106. Versammlung den 8. Wintermonat in Heidelberg als Vorfeier zum Schillerfest. Aus der badischen Landeszeitung.

Verein für deutsche Reinsprache in Heidelberg.

Den 8. d. Mts. fand, als Vorfeier zum Schillerfeste, eine von Mitgliedern und Freunden des Vereins sehr stark besuchte Versammlung im Saale der Harmonie statt. Der Vorsteher, Dr. Brugger, schilderte mit lebhaften Farben die vorjährige Schillerfeier und knüpfte daran Betrachtungen über den Zustand der Sprache am Ende des vorigen und am Anfange des jetzigen Jahrhunderts. Zugleich legte er in der Entwickelungsgeschichte einzelner Wörter, wie z. B. Diplom, Manifest, Kongreß, Konkordat u. s. w. merkwürdige Proben vor, wie oft ein einziges Wort so großen Einfluß auf die Schicksale ganzer Völker und Staaten erlangen kann, wenn sich aus ihm wie aus einem Kern eine ganze Wissenschaft und Kunst entwickelt hat. Herr Dr. Reckendorf hielt einen sehr ansprechenden Vortrag, worin er hervorhob, daß nebst dem Reinsprechen auch das Handeln bei den Deutschen mehr betrieben werden sollte, mit besonderer Betonung der Beseitigung des Druckes, der noch immer auf einem ganzen Volke in manchen Staaten herrscht. — Hieran schließen wir noch kurz den Jahresbericht über den Verein. Er hat auch in diesem Jahre durch den Beitritt vieler ächt deutscher Männer und Frauen an Ausdehnung und innerem Gehalte sehr gewonnen und zählt jetzt über 2000 Mitglieder in 400 Ortschaften. In manchen Büchern zeigen sich auffallende Spuren, die Reinsprache, so viel als möglich zur Geltung zu bringen und auch in Werken der Wissenschaft geschieht das nicht ohne guten Erfolg. Von ausgezeichnetem Werthe sind die Erlasse Sr. Königl. Hoheit unseres Großherzogs in Bezug auf ihren herrlichen Inhalt, wie auf ihre ächt deutsche Ausdrucksweise, die in ganz Deutsch-

land begeisterten Anklang gefunden haben. Dieses Beispiel von allerhöchster Stelle dürfte viele Andere zur Nachahmung ermuntern. — Zum Beitritt in den Verein in
freien Briefen ladet ein

Der Vorsteher:
Dr. Brugger.

Heidelberg, 7. Wintermonat 1860.

§. 107. Rede zur Vorfeier des Schillerfestes,
gehalten den 8. Wintermonat 1860 von Wr.
Hermann Reckendorf, Verfasser der „Geheimnisse
der Juden *).

Der Zweck des Vereines, welchem anzugehören ich
gegenwärtig die Ehre habe, ist bekanntlich Reinigung
der deutschen Sprache von allen fremden Wörtern; wahrhaftig ein schöner und löblicher Zweck! Die
Sprache aber ist nicht der einzige Vorzug des Menschen;
der Mensch hat noch Vorzüge, welche er sich rein erhalten
soll und zwar den Gedanken und die That. Der
Gedanke geht voran; jeder vernünftige Mensch, der etwas
zu sprechen oder zu thun im Begriffe ist, überlegt zuvor:
„Was will ich sprechen? Was will ich thun?" — In
unsrem lieben Deutschland nun wird viel gedacht, viel
gesprochen, auch viel geschrieben, verhältnißmäßig aber
sehr wenig gethan. Wollte man zwischen dem Deutschen
und unserm Nachbar im Westen einen Vergleich anstellen,
so könnte man am besten sagen: Der Deutsche ist ein
Mann des Gedankens, des Wortes und der Schrift;
der Franzose ein Mann der That. Mehrfache Beispiele können uns hierüber belehren. Wir wollen uns auf
die Anführung zweier beschränken. Wenn unser Nachbar
im Westen nach unsrem lieben Vaterlande Gelüste trug,

*) Ein herrliches Werk, das allen Christen zu lesen empfohlen
wird, um einzusehen, welche Schuld sie noch an das Volk Israel
aus vergangenen Jahrhunderten abzutragen haben.

fügte es sich immer derart, das während die Deutschen
Berathungen pflogen, der Franzose unterdessen den Rhein
überschritten hatte. Unser westlicher Nachbar denkt:
Wollen sie Sitzungen halten, in Gottes Namen! mögen
sie so lange als möglich sitzen, damit ich so lange als
möglich Zeit zu rüsten habe; wollen sie ihre großen Gei=
ster, die sie während des Lebens Hunger sterben lie=
ßen, nach dem Tode hochleben lassen, liegt auch nichts
daran! wollen sie ihre Sprache reinigen, thut auch
nichts zur Sache! ich begehre ja nicht die Sprache, die
an den Rheingegenden gesprochen wird, ich begehre die
Rheingegenden selber! — Ein anderes Beispiel:
Es war im Jahr 1789, als die Ansicht vom allgemeinen
Menschenrecht in Frankreich zur Geltung kam, da trat ein
Mann, Namens Mirabeau, in der Volksversammlung mit
den Worten auf: „Meine Mitbürger! Wir haben den
Grundsatz der Gleichberechtigung aller Menschen
nunmehr als wahr anerkannt, bringen wir denselben so=
gleich thätlich in Erfüllung; es lebt in unsrer Mitte ein
Volk, welches seit einem Jahrtausend von dem Genusse
der heiligsten bürgerlichen Rechte ausgeschlossen ist und un=
ter den drückendsten Ausnahmsgesetzen schmachtet. Auf!
brechen wir seine Fesseln und erkennen wir es als unsern
ebenbürtigen Mitbürger an!" Diese Worte fanden allge=
meinen Beifall; eine einzige Verhandlung genügte, und
die Gleichberechtigung aller Glaubensbekenntnisse wurde in
Frankreich eine Wahrheit, eine feststehende That=
sache, an welcher selbst die Wiedereinsetzung der Bour=
bonen nicht Hand zu legen wagte. In unserm lieben
Deutschland hingegen, wie viele Verhandlungen wurden
bereits gepflogen, wie viele Worte umsonst verschwendet,
wie viele Federn verschnitzt, wie viel Dinte verspritzt,
wie viele Flugschriften zusammen gekritzt — über die
Frage, ob man einer Anzahl Staatsangehörigen, welche
mit den andern Mitbürgern gleiche bürgerliche La=
sten tragen, auch gleiche bürgerliche Rechte einräu=
men soll! O Schmach über Schmach! Zu einer Zeit,

wo in Paris Landkarten angefertigt wurden, auf denen man
sämmtliche Rheingegenden als französisch bezeichnete
stritt man sich in der Hauptstadt einer deutschen Großmacht
herum; ob man Andersgläubige zur Kreisstandschaft zulaß-
sen solle; gab es damals keine zeitgemäßere Frage zu ver-
handeln! — Was die Volksbildung anbelangt, dies gestehen wir mit Freuden ein, stehen die Deutschen den meisten
europäischen Völkern weit voran. Männer, die weder
des Lesens noch des Schreibens kundig sind, gehören bei
uns Deutschen zu den äußersten Seltenheiten, während sie
bei andern Nationen alltägliche Erscheinungen sind; was
aber wahre Herzensbildung betrifft, worunter ich
Duldsamkeit und allgemeine Nächstenliebe verstehe, muß ich zu meinem größten Bedauern erkennen, daß
mancher Lehrer an einer deutschen Hochschule bei manchem
französischen Bauern, der seinen Namen nicht unterfertigen
kann, Unterricht nehmen dürfte. Ja, meine Lieben, ein
Bauer, der weder lesen noch schreiben kann und gerecht
und duldsam gegen Andersdenkende ist, besitzt mehr Aufklärung als ein Hochschullehrer, der zehn gelehrte Werke
geschrieben hat und sich zurückzieht und in's Fäustchen lacht,
wenn das gute Recht einer gedrückten Glaubensgenossen-
schaft niedergehalten wird; niedergehalten sagte ich,
ganz unterdrückt kann es nicht werden. Das gute Recht
gleicht der Sonne, welche wohl auf kürzere oder längere
Zeit von Wolken verhüllt werden kann, aber doch endlich
glänzend hervortritt. — Ihr wollt ein einiges Deutschland?
Fangt beim bürgerlichen Recht an, lasset es eine gemeinsame, allliebende Mutter sein, welche alle ihre Kinder mit
gleicher Zärtlichkeit umschlingt und nicht Ein Kind dem
andern vorzieht! — Wenn in ein Land, wo alle Unter-
thanen gleich berechtigt sind, ein Feind von außen kommt,
erhebt sich jeder einzelne Unterthan mit größter Begeisterung und denkt: das Vaterland meines Nachbars ist auch
mein Vaterland, der Feind meines Nachbars ist auch
mein Feind; kommt aber ein Feind in ein Land, wo
Ein Theil der Bevölkerung vor dem andern zurückgesetzt

ist, so denkt der Angehörige der unterdrückten Partei: Was
soll mich zum Heldenkampf begeistern? Wer weiß, ob
meine Stellung unter der Fremdherrschaft nicht eine gün-
stigere sein wird. Für wen soll ich kämpfen? Für mein
Vaterland? Wo ist es? Habe ich eins? Etwa das Land,
in welchem ich geboren wurde? Erkennt mich dieses als
seinen ebenbürtigen Sohn an? — O, meine Lieben, glaubt
mir sicher: die deutsche Einheit wird nicht dadurch erzielt,
daß man sämmtliche deutsche Länder unter Einen Kaiser-
hut stellt, sondern nur dadurch, daß man sämmtlichen deutschen Angehörigen, ohne Unterschied des Glaubens und
des Standes, ein gemeinsames liebevolles Vaterland gibt.
Liebe erweckt Gegenliebe: liebt das Vaterland den Unterthan, so wird die Liebe des Unterthans zum Vaterland
gewiß nicht ausbleiben! — Rein sei unser Gedanke,
sowohl gegen Gott, als gegen uns selbst, als gegen den
Mitmenschen: Gegen Gott, daß er frei von Aberglau-
ben und Heuchelei sei; gegen uns selbst, daß wir unsern
Werth als Deutsche nicht unterschätzen; rein gegen den
Mitmenschen, duldsam und liebevoll gegen uns alle zugleich. Rein sei das deutsche Wort, sowohl in sprachlicher als inhaltlicher Beziehung: in sprachlicher, daß es
möglichst frei von fremden Ausdrücken sei, in inhaltlicher,
daß es lauter und ohne Falsch aus dem Herzensgrunde
quille. Rein sei endlich die deutsche That! Bezeugen
wir, wenn es zum entscheidenden Augenblicke kommt, daß
wir Eine Seele in 40 Millionen Körpern sind. — Wird
sich einst unser deutscher Sprachreinigungsverein in einen allgemeinen deutschen Gedanken- und Thatreini-
gungsverein erweitert haben, so wird er gewiß zu den
schönsten und edelsten gehören, welche je auf Erden gestiftet worden sind, und jeder Einzelne von uns wird mit
vollstem Rechte darauf stolz sein dürfen, sagen zu können:

„Ich bin ein Deutscher!"

§. 108. Rede gehalten bei der Eröffnung der Festsitzung zum Antritt des zweiten Jahrganges von dem Vorsitzenden Mr. Otto Volger in dem freien deutschen Hochstifte in Frankfurt a/M.

Gegen das Weltbürgerthum in Deutschland.

Gestern war der Jahrestag jener großen Ehrenfeier, welche unser Volk in einem Feste, wie ein gleich schönes und erhebendes noch nie von einem Volke begangen ist, der Erinnerung eines seiner größten Geister bereitete, der Erinnerung desjenigen seiner Dichter, in dessen Dichten und Trachten dasselbe sein eigenes Wesen in höchster Vollendung ausgesprochen fühlt. Mir will es scheinen, als liege die größte Bedeutung dieses Festes nicht darin, daß unser deutsches Volk seinen Lieblingsdichter, sondern darin, daß es in diesem sich selbst, sein eigenes besseres Ich, seinen eigenen verklärten Volksgeist feierte. Das Erwachen des Bewußtseins dieses Volksgeistes ist ein großer Segen. Wohl träumt der Deutsche nur allzu gern von einem die gesammte Menschheit umfassenden Weltbürgerthume und von dem Verschwinden aller Sonderung und Verschiedenheit der Völker des Erdbodens. Aber ein Blick auf die Natur lehrt uns diesen Traum verwerfen! Die Natur sondert und scheidet überall, sie gibt dem Rosse den Lauf, dem Vogel die Schwingen, und strebt, die höchste Vollkommenheit in allen Befähigungen nicht durch eine verwirrende Vereinigung derselben, sondern durch Vertheilung und Besonderung zu erreichen. In der Menschheit verkörperte sie im Weibe die Schönheit, im Manne die Kraft, gab sie jedem Volke, je nach dem Lande, in welchem es wurzelt, ungleiche Anlage, ungleiches Wesen, deren leiseste Unterschiede schon durch die in der leiblichen Verschiedenheit begründete Verschiedenheit der Sprachen, ja innerhalb eines und desselben Volkes, je nach den besonderen Wohnsitzen und deren Einwirkung, durch die Abweichungen der Mundarten sich aussprechen. Wohl hört man oft behaupten, die Wissenschaft, die Kunst, die Bildung kenne keine Volksunterschiede. Keine Behauptung kann leichter widerlegt werden, als diese! Wo ist die Aehnlichkeit zwischen der Bildung der so hochgebildeten Chinesen und Japanesen und derjenigen der gebildetsten Völker Europa's, wo die Aehnlichkeit zwischen der Kunst und Wissenschaft jener und dieser Völker? Es kommt mir allerdings nicht in den Sinn, behaupten zu wollen, daß ein eben so großer Unterschied, wie zwischen jenen Völkern des fernsten Ostens und diesen Völkern des äußersten Westens der alten Welt, unseres Volkes Wissenschaft, Kunst und Bildung von derjenigen unserer nächsten Nachbarvölker scheide. Ich wählte den fernsten Gegensatz, um die Verschiedenheit schlagender nachzuweisen. Aber vorhanden ist eine solche auch zwischen den nächst benachbarten Völkern, und es lehrt uns das Vorbild der Natur selbst, nicht diese Verschiedenheit durch eine allgemeine Abschleifung jeder Schärfe zu vertilgen, sondern jede Besonderheit in ihrer Weise zur höchsten Vollendung zu führen, welche dem Wesen jedes Einzelvolkes entspricht! Ist doch auch jede Sprache nur in reiner Vollendung und in vollendeter Reinheit schön, während eine babylonische Verwirrung unmöglich Befriedigung gewähren kann. Schön mag er sein, der Traum von einer Einigung aller Völker in einer Bildung, schön wie der Traum von einer Allerweltssprache, vom ewigen Frieden und von der Glückseligkeit auf Erden — aber aus richtiger Erkenntniß der Natur, insbesondere der Menschennatur, ist er nicht entsprungen. Darum verwerfe ich ihn, darum preise ich das naturgemäßere Streben und das erreichbare Ziel, jedes Volk auf Grund der Eigenthümlichkeit seines eigenen besonderen Wesens seiner höchsten Entwicklung entgegen zu führen.

Diese selbstständige Entwicklung ist bei unserem Volke vielfach gehemmt durch die unzulängliche Stellung desselben in der Gesellschaft der durch ihre Bildung ihm nahestehenden Völker. Dieser Stellung Unzulänglichkeit aber ist unsere

24

eigene Schuld, — wie sehr auch der Vorwurf derselben
durch eine Hindeutung auf die Quelle derselben gemildert
werden mag. Wir verschulden dieselbe durch unseren Mangel an Selbstgefühl, durch unsere beklagenswerthe
Volksdemuth gegenüber allem, was fremd ist. Als die
Quelle dieses Mangels an Selbstgefühl ergibt sich der
traurige Mangel genügenden Spielraums und genügender
Anerkennung, welche den Fähigkeiten und Leistungen der
hervorragenden Söhne unseres Vaterlandes in diesem zu
Theil wird und dieselben nur zu oft veranlaßt, in der
Fremde Entschädigung zu suchen. Unsere Kräfte dürfen
ja leider nur einem der vielen kleineren und größeren Va-
terländer gewidmet sein, von deren scharfer Trennung die
bunten Linien auf unseren Landkarten uns zu überzeugen
— wenn auch vergeblich — streben; unser Ehrgeiz darf
nur den Dank des einen oder des anderen dieser engeren
Kreise erwarten. So in Staatsverhältnissen, so auf dem
Gebiete des Geistes. Staatlich hat das deutsche Volk keine
Machtstellung, weil ihm die unerläßliche Einheit versagt ist und weil in unglückseliger Eifersucht die eine seiner Mächte stets die andere lähmt und zu verkleinern strebt.
Daher ringen jetzt die Besten in unserem Volke, um demselben die staatliche Einheit zu schaffen. Leider sind über
die Form derselben und über die Mittel zum Zwecke die
Ansichten vielfach getheilt. Es ist eine schwere Aufgabe,
das Rechte zu finden, und nicht Jeder fühlt in sich die
Fähigkeit und den Beruf, ein Urtheil für und wider zu
fällen, und sich auf eine der entgegengesetzten Seiten zu
stellen. Eine solche Meinungsverschiedenheit kommt glück-
licherweise nicht ins Spiel auf dem Gebiete des Geistes.
Hier herrscht ein parteiloses Einheitsgefühl, welches so
glänzend, wie nie zuvor, in kaum von unserem Volke selbst
geahnter Weise, lebendig bei Schiller's Ehrenfeier sich aussprach. Diesem Einheitsgefühle fehlt es nur an einer ständigen Vertretung, an einem Mittel= und Anhaltspunkte.
Andere uns nahestehende Völker besitzen in ihrem staatlichen Mittelpunkte, in ihrer Hauptstadt, zugleich Gesammt-

vertretungen ihres geistigen Lebens, „Akademien und Institute", welche die Aufgabe und Verpflichtung haben, allen Leistungen gerecht zu werden, denselben die Anerkennung der Gesammtheit zu sichern und die Strahlen aller Einzelleistungen zu vereinigen zu dem gesammten Glanze und Stolze der ganzen Nation. In Deutschland gab es bis jetzt auch auf diesem Gebiete nur Sonderstaaten, Akademien, bestimmt den Glanz Deutschlands zu zertheilen, um sonderstaatliche Glanzpünktchen zu schaffen, und vielfach in kleinlicher Eifersucht sich gegenseitig verdunkelnd. Daher ist es nicht zu verwundern, wenn auch auf geistigem Gebiete der Deutsche so gern sich auf den weltbürgerlichen und menscheinheitlichen Standpunkt flüchtete, freilich nicht sowohl aus Ueberzeugung und Bevorzugung, sondern aus kläglichem Nothbehelfe. Wie thöricht! Während alle Völker ihre Kräfte in einem Brennpunkte sammeln, bereden wir uns, die unserige zu zerstreuen und aufzulösen! Wir müssen diesen Standpunkt auch hier verwerfen und für immer verlassen, müssen laut die geistige Einheit und Selbstständigkeit des deutschen Volkes fordern. Gerade auf dem Gebiete des Geistes, auf welchem unser Volk vor allen anderen so herrlich und groß ist, müssen wir die besonderen Eigenthümlichkeiten desselben, die glücklichsten und edelsten, welche einem Volke zu Theil wurden, hegen und pflegen, uns mit dem stolzen Selbstbewußtsein des Werthes und Vorzuges deutscher Wissenschaft, deutscher Kunst, deutscher Bildung durchdringen und dieselbe ihrer höchsten Entwicklung entgegenführen.

Seit mehreren Jahrhunderten hat das Bedürfniß selbst bereits zur Bildung von gesammtdeutschen Vereinen für Wissenschaften, Künste und allgemeine Bildung geführt. Frei alljährlich sich versammelnd, unbeirrt von sonderstaatlichen Gränzen, von Ort zu Ort durch das große Vaterland wandernd, haben dieselben unermeßlichen Segen gestiftet. Aber weil diese Vereine nur zeitweilig sich versammeln, und weil sie wandern, genügten sie nicht zu einer ständigen Vertretung des geistigen Deutschlands — so

wenig, als Volksversammlungen zur Darstellung und Vertretung der staatlichen Einheit genügen könnten. Außerdem
umfassen dieselben stets nur einzelne Fächer oder Fächer-
gruppen des Wissens, der Künste und Bildungsbestrebun-
gen. Es fehlt eine Vereinigung aller Fachvereine und eine
ständige Vertretung derselben, es fehlte uns ein Bundes-
tag aller deutschen Geistesmächte, der deutschen
Gesammtbildung.

Einen solchen durch freie Verbrüderung zu schaffen, hat unser Verein sich vorgesetzt. Daß die Kleinheit
unseres Anfanges, das Bewußtsein unserer Schwäche uns
nicht entmuthigte, kann uns nimmermehr zur Unehre gereichen. Wir begannen das Werk, weil es einmal eines
Beginnens bedurfte, klein, wie der Baum beginnt, der unseres Volkes und dessen Keim unseres Vereines Sinnbild
ist, — bereit für dasselbe Rede zu stehen mit Hutten's
Wort, der auf geistigem Gebiet unserem Volke als glän-
zendes Vorbild leuchtet: „ich hab's gewagt."

Ueber den Ort, an welchem ein solcher Verein seinen Sitz zu nehmen habe, konnte wohl kein Zweifel sein.
Ihnen allen ist bekannt, wie sehr Frankfurt geschichtlich
berufen ist, Deutschlands Mittelstadt zu sein. Daß dasselbe räumlich nicht genau in der Mitte, sondern etwas
gegen Westen vorgerückt liegt, erscheint mir bei der jetzigen
Weltlage als eine glückliche Vorbedeutung. Als Staat
fast ohne Ausdehnung, ist es der staatlichen Eifersucht zu
klein. Doch als Mittelpunkt ist es von großer Bedeutung,
weil es als solcher gleichsam gedankennothwendig auf das
Reich hindeutet und seine Einheit vertritt. Auch abgesehen aber von allen diesen Beziehungen bietet Frankfurt
für eine Stiftung, wie die unsrige, die günstigste Grundlage. Noch jetzt, nach vierjährigem Aufenthalte, will es
mir scheinen, als herrsche in keiner anderen Stadt Deutschlands ein so lebendiger und so allgemeiner Sinn für Wissenschaft, Kunst und Bildung, wie hier. Derselbe stellt
sich gleichsam verkörpert dar in jenen großartigen Stiftungen zur Pflege geistiger Bestrebungen, welche die Liebe

hochherziger Bürger zur Zierde ihrer Vaterstadt gegründet
hat. Derselbe bethätigt sich rastlos in der immer wachsenden Zahl von Vereinen, welche die Pflege von Wissenschaften, von Künsten, von allgemeinen Bildungsbestrebun-
gen sich zur Aufgabe gemacht haben. Der Segen freier
Gemeinwesen beruht wesentlich in der freien Entfaltung,
zu welcher dieselben die Einzelkräfte auffordern, und durch
welche sie einen außerordentlichen Grad der Leistungsfä-
higkeit erreichen. Nichts gedeiht in solchen freien Gemeinwesen auf bloße Anordnung von oben herab; alles gedeiht,
was aus dem Bedürfnisse selbst durch die Anregung und
Aufopferung der Einzelnen hervorgerufen wird. Aber eine
doppelte Gefahr kann als Begleiterin jenes Segens dem
aufmerksamen Beobachter nicht entgehen — das Ausarten
des Wetteifers in eine gewisse Eifersucht, in Folge deren
die Einzelbestrebungen nicht immer genügend das Wohl
der Gesammtheit im Auge behalten, und ein gewisses
grundsätzliches Widerstreben gegen die über das Ziel der
Einzelbestrebungen hinaus auf das Gedeihen der Gesammtheit aller Bestrebungen gerichteten Wünsche. Es hat sich
mir mitunter die Frage aufdringen wollen, ob nicht auch
in Frankfurt diese Gefahren bisweilen sich fühlbar machen,
ob nicht auch in den hiesigen Vereinen für verschiedene Richtungen des geistigen Strebens mitunter der Eifer für das Gedeihen des einzelnen engeren Kreises dem gemeinsamen Zusammenwirken zu einem höheren Ziele hinderlich zu werden drohe, und die verehrten Anwesenden, welche die hiesigen Verhältnisse noch länger und gründlicher kennen, als
ich, sind vielleicht in noch höherem Grade, als ich es wage,
geneigt, diese Fragen bejahend zu beantworten. Um so
mehr ist es an der Zeit, uns zu erinnern, daß, wie alle
Werke und Worte zum Guten werthlos und leer sind,
wenn sie geschehen ohne Liebe, so auch alle Bestrebungen
der Wissenschaften und Künste erst ihre Weihe empfangen
durch ihre Beziehung auf das gemeinsame Ziel der Bildung. Als ein solcher Verein für die Gesammtheit
der Bildung wollte unsere Stiftung sich zu den zahl-

reichen hiesigen Vereinen für einzelne Wissenschaften, Künste
und Bildungsfächer hinzugesellen. Nicht eine Ueberflüge-
lung der Einzelbestrebungen, nicht eine Verschmelzung, am
wenigsten eine Beseitigung derselben, konnte unser Bestreben sein, sondern vielmehr die Unterstützung aller durch
gegenseitige Befruchtung und durch Belebung des allgemeinen Sinnes für Bildung in immer weiteren Kreisen.
Und indem wir Solches hier erstrebten, gedachten wir
eben dadurch Frankfurt zum geistigen Vororte
Deutschlands zu erheben — ein Ziel, welches gewiß die
Anerkennung und Unterstützung zunächst der Bürger Frank-
furts verdient. Ich selbst bin nicht Frankfurter; aber als
Deutscher anerkenne ich mit freudiger Begeisterung Frank-
furts Vorzüge und seine Bedeutung für die Gesammtheit
Deutschlands und möchte nach Kräften dazu beitragen, den
Abglanz der geistigen Strahlen unseres gesammten deut-
schen Volkes aus allen deutschen Landen und den fernsten
Welttheilen hier zu einem Glanzpunkte sich vereinigen zu
lassen. In diesem Sinne allein habe ich meine hiesige
Stellung und Wirksamkeit stets aufgefaßt, nur in diesem
Sinne konnte mir dieselbe einen Werth zu haben scheinen.
Nur in diesem Sinne konnten sich Männer aus den ver-
schiedenen Gegenden Deutschlands diesem unserem Vereine,
dem freien deutschen Hochstifte für Wissenschaften,
Künste und allgemeine Bildung, anschließen.

§. 109. Vorgeschlagene Uebersetzungen von Fremdwörtern.
Eine Stelle aus dem „Teut.“

Auch in diesem Jahre machte ich in der badischen
Landeszeitung viele Uebersetzungen von Fremdwörtern als Vorschläge zum mündlichen und schriftlichen Gebrauche bekannt. Dergleichen Anregungen haben immer
etwas Gutes und bringen bald da bald dort einen nicht
erwarteten Erfolg hervor. Darüber könnte ich mehrere
weitläufige Mittheilungen machen, allein um den Umfang

des Buches nicht gar zu sehr zu erweitern, will ich es bei dieser Anzeige bewenden lassen.

Doch soll hier noch eine Stelle aus dem „Teut" von Fr. J. Kruger folgen:

Zur Geschichte der deutschen Reinsprachbestrebungen. Im IV. Hefte des Teut. Jahrbuch der Junggermanischen Gesellschaft, herausgegeben von Fr. J. Kruger" S. 657 und 658 heißt es:

„Was die ernste Prosa (Schlichtrede) betrifft, so haben wir der Bestrebungen unseres Gesellschaftsrathes Dr. Brugger in Heidelberg bereits im ersten Hefte gedacht. Von seinen Schriften, welche sämmtlich ohne Fremdwörter geschrieben sind, liegen uns sein „Fremdwörterbuch" die „Ansichten über Welt und Zeit" (Heidelberg bei Bangel und Schmitt 1859) und sein eben daselbst erschienenes „Christenthum im Geiste des 19. Jahrhunderts vor. Das erstere ist eine so umsichtige Arbeit, daß später die „Germanische Gesellschaft" sie bei ihren Reinigungsbestrebungen zu Grunde legen dürfte. Das zweite Werk gibt auf Grund einer früheren Schrift vom Rechtsrath Jassois in Frankfurt a/M. eine Sammlung von Denksprüchen und Betrachtungen, die auch dort, wo man nicht beistimmen möchte, doch geeignet sind, zum Nachdenken anzuregen. Das Christenthum im Geiste des 19. Jahrhunderts ist eine Sammlung von Kanzelreden, welche Hr. Brugger als deutschkatholischer Prediger in verschiedenen freien Gemeinden gehalten hat, und die für die junge Kirche sehr bezeichnend sind. Der Verfasser hat selbst die sonst gewöhnlich biblischen Fremdwörter übersetzt und doch ist der Eindruck, den das Buch macht, keineswegs ein befremdlicher, die Uebersetzungen sind durch den bloßen Sinn verständlich, auch wenn sie sonst nicht gewöhnlich sind. Unter allen Arten von Aufopferung ist die, sich dem Spotte der Thoren auszusetzen, die seltenste und wenigst gesuchte. Daß Herr Dr. Brugger Jahrzehnte lang demselben Trotz geboten, muß ihm zur höchsten Ehre gereichen und die endgültige Anerkennung für seine vaterländischen

Bestrebungen wird ihm auch in der Allgemeinheit nicht ausbleiben!"

§. 110. Zahl der Mitglieder im J. 1861. Namen der bedeutendsten. Neue Ortschaften.

Die Zahl der Mitglieder im J. 1861 stieg auf 2424 von Anfang an gerechnet. Die Namen der bedeutendsten sind: Meltzer in Berlin, Wr. Schwarzenbach in Würzburg, Joh. Bap. Kraus k. k. Rechnungsrath im Münz- und Bergwesen in Wien, Locher in Venedig, M. Bessels in Heidelberg, Wr. Bergson in Berlin, Karl Seibert in Danzig, Friedrich Herterich in Gera, Richard Imhof in München, C. Falcke, Kreisrichter in Neuwedell in der Kurmark, Wernher, als Ehrenmitglied, Rummer Professor in Heidelberg.

Neue Ortschaften sind folgende im J. 1861 hinzugekommen: 401. Kassel, 402. Reisenbach, 403. Amorbach, 404. Nonnenweier, 405. Allstedt, 406. Venedig, 407. Marburg, 408. Wehr, 409. Paris, 410. Kehl, 411. Düsseldorf, 412. Erlangen, 413. Hüffenhard, 414. Danzig, 415. Kaltenbach bei Müllheim, 416. Grießen bei Waldshut, 417. Gemmingen, 418. Castel am Rhein, 419. Münchweier bei Ettenheim, 420. Brüssel, 421. Heudorf, 422. Worndorf, 423. Würzburg, 424. Mahlberg bei Ettenheim, 425. Engen, 426. Osnabrück, 427. Helmsheim, 428. Gera, 429. Neufreistädt, 430. Ippingen bei Donaueschingen, 431. Bachzimmern, 432. Waldkirch, 433. Willstädt, 434. Seggern in Oldenburg, 435. Lörrach, 436. Göppingen, 437. Rheyd in Rheinpreußen, 438. Brötzingen, 439. Callenberg bei Lichtenstein in Sachsen, 440. Heinstetten 441. Schweigern, 442. Hausen im Thal, 443. Stein am Kocher, 444. Rheindürkheim, 445. Landau, 446. Dietenhausen, 447. Nieder-Stoll, 448. Einsheim, 449. Linz, 450. Coburg, 451. Bessarabien, 452. Brasilien, 453. Neuwedell in Kurmark.

§. 111. Briefe von Mitgliedern des Vereins im Jahr 1861.

In diesem Jahre gingen wieder, wie in allen frühern, sehr viele Briefe mit Anmeldungen, Nachrichten u. f. w. bei mir ein. Hauptsächlich meldeten sich viele Lehrer an Volksschulen, denen ich als Andenken einen Abdruck der deutschen Eiche zum Geschenke machte *). Von allen diesen Briefen können nur folgende hier eingerückt werden: nämlich der Letzte von Wr. Kannegießer in Berlin vor seinem Tode; einer von Edinhard Reichardt und ein Bericht über den Zweigverein in Karlsruhe von Adolph Drach.

Berlin, den 1. Hornung 1861.

Hochgeehrter Herr!

Es ist eine geraume Zeit verflossen, seit unser Briefwechsel unterbrochen ist, und da ich leicht daran schuld sein mag, eile ich, mich einmal wieder nach Ihrem Befinden, sowie nach dem Fortgange des Vereins für deutsche Reinsprache, dessen Mitglied ich durch Ihre gütige Fürsprache geworden bin, zu erkundigen. In öffentlichen Blättern erinnere ich mich nicht, davon gelesen zu haben, obgleich ich hinzufügen muß, daß mir bei weitem nicht alle Zeitungen und Schriften dieser Art zu Gesicht kommen. Leider kann ich, so sehr ich für Ihren Verein eingenommen bin, nur wenig dafür thun. In den hiesigen Vereinen nehmen es die meisten Mitglieder mit der Sprache nicht genau, und damit Sie sehen, wie sehr ich Recht habe, brauche ich Ihnen nur die Namen der beiden zu nennen, an welchen ich theilnehme: „für Hebung des Drama's" und für

---

*) Ueberdies schenkte ich jährlich bei der Prüfung den 3 besten Schülern der obersten Abtheilung der hiesigen Mittelschule einen Abdruck der deutschen Eiche, damit sie auch, nach dem vieljährigen Griechisch und Latein sich wieder erinnern möchten, daß sie doch noch Deutsche seien und für Deutschlands Wohl ihre Kräfte anstrengen sollen.

das Studium und die Literatur der neueren Sprachen. Letzterer gibt ein Archiv heraus, für welches ich mehrere Aufsätze geliefert habe, wie ich denn auch in dem ersteren, dessen Vorsitzer ich sogar bin, mich thätig zu beweisen suche. Es sind bereits mehrere neue Schauspiele öffentlich mit vertheilten Rollen vorgelesen, und die Zuhörer scheinen daran Gefallen zu finden, auch eines von mir, und ich bin so frei, einen Abdruck desselben beizulegen und Sie um gütige Annahme zu ersuchen. Sie sehen daraus, daß ich ungeachtet meines hohen Alters (ich stehe im 80. Jahre) noch nicht erschlafft bin — auch in dem Sonntagabend Ihres Herrn Stadtpfarrers Zittel bin ich, besonders in den ersten Jahrgängen zu finden — und wenn die unruhige Zeit und meine Mittel es erlaubten, würde ich gern noch eine größere Reise, namentlich nach dem schönen, mir noch unbekannten Heidelberg, im nächsten Sommer unternehmen.

Hochachtungsvoll, und mit der angelegentlichen Bitte, mich bald etwas hören zu lassen,

Ihr

ergebenster
Dr. Kannegießer
Prof. u. Dir. a. D.

Jena, den 6. Hornung 1861.

Mein lieber väterlicher Freund!

Gegen Neujahr las ich in der „Illustrirten Zeitung" Bl. 907 S. 338 unter Vereinsnachrichten die Beschreibung der Vorfeier zum Schillerfeste.

Es war mir eine große Freude hier etwas wieder über den Verein zu vernehmen, und auf der andern Seite war es eine Ermunterung für mich, auch in meinem Wirken für die Reinheit der Muttersprache zu kämpfen und nicht zu ermüden. Wo ich kann, bringe ich die Sache zur Sprache, und wenn ich auch vielfach angefochten werde, ja sogar mein Streben bespöttelt wird (für Schwachköpfe ist

das ja die leichteste Art, davon zu kommen) so lasse ich
mich doch in keiner Weise beirren, und der Vernünftige
nimmt auch Vernunftgründe an, und ist zu überzeugen. —
Meine Weihnachtsfreizeit verlebte ich in Allstedt, einem 18
Stunden von Jena entfernt liegenden Orte, auf den ich
unten noch einmal zurückkommen werde, im Kreise von
Verwandten. Dort war es auch, wo ich oben erwähnte
Nachricht las. In mehreren Gesellschaften brachte ich die
Rede auf deutsche Reinsprache, aber bei alle dem ist es
mir nur bei einem Manne gelungen, ihn für unsern
Verein zu gewinnen, und ich erlaube mir ihn hiermit anzumelden und in seinem Namen um Eintrag in das Mitgliederverzeichniß zu bitten. Es ist dies Lehrer Schau-
seil in Allstedt, ein Mann, der sehr anregend (nach
dem Urtheil der Bürger) auf die Kinder einwirkt und der
gewiß manches gute und fruchtbringende Saamenkorn in die
jugendlichen Gemüther aussäet. Möchten doch recht viele
deutsche Lehrer unserer Sache beitreten, so würde bald
ein Fortschritt auf unserem Gebiete bemerkbar sein. Auch
aus Jena habe ich ein Mitglied anzumelden, nämlich den
Buchbindermeister Herrn Siegmund Müller, der schon
seit längerer Zeit, ohne es zu wissen, für unsern Verein
wirkte, und der am letzten Donnerstag d. 31. v. M. in
der Gewerbeausstellung einen sehr lebendigen Vortrag, der
auch Beifall fand, hielt, indem er wie ein jugendlicher
Kämpfer gegen die Fremdwörter zu Feld zog. Ich machte
ihn auf unsern Verein aufmerksam und mit Freuden wil-
ligte er ein, als Mitglied beizutreten.

Schon vor längerer Zeit, geliebter Freund, war es
meine Absicht, Ihnen zu schreiben, aber mehr als sechs
mal habe ich Briefe begonnen, sie aber nie vollendet, indem eine Menge Arbeiten auf mir lasten. Das Hoch-
schulleben geht seinem Ende entgegen, noch 1½ Jahr und
ich muß in die Schranken treten, und beweisen, daß ich etwas gelernt habe. So gehe ich mit einem meiner Freunde
und Wißgenossen Kirchengeschichte durch; für mich lese ich
Jesaias, den ich der Uebung halber in's Lateinische über-

setze; außerdem lese ich den Galaterbrief nach Rückerts
Erklärung, und wiederhole die Geschichte des Lehrbegriffs
der heiligen Schrift, sonst biblische Theologie genannt, ein
ganz unpassender Name, der etwas Anderes bedeutet, als
er ist. Das möchte Alles noch hingehen; aber täglich habe
ich 5 Stunden lang die Vorlesungen zu besuchen. Da
höre ich dann von 9 — 10 Uhr Vormittags bei Rückert
Glaubenswissenschaft. Es ist dies eine meiner liebsten
Stunden, einestheils wegen des deutlichen und deutschen
Vortrags, anderntheils wegen der Klarheit seiner Begriffe,
und der Schärfe seines Denkens. Wenn ich auch nicht
in Allem mit ihm übereinstimmen kann, so halte ich doch
das, was er uns darbietet, für hinlänglich geeignet, daß
ich bei meiner Staatsprüfung bestehen kann, wenn auch
da noch unsere strenggläubigen Herren in Meiningen saure
Gesichter schneiden werden, denen ja Jena immer noch viel
zu frei ist. — Von 10 — 11 höre ich bei Hase „Leben
Jesu." Und von 11 — 12 bei Schwarz Fragelehrkunst
(Katechetik) und Seelsorge (Pastoraltheologie) an den Tagen: Montag, Dienstag und Mittwoch, Donnerstag und
Freitag um dieselbe Stunde bei Schwarz Schriftausle-
gung für das Leben (praktische Exegese). Mittwochs und
Sonnabends habe ich, am letzteren von 11 — 12 und an
jenem von 12—1 die Priesterschule (homiletische Seminar)
zu besuchen. — 5 mal in der Woche höre ich bei Stickel
von 2 — 3 Nachmittags Hiob und 4 mal von 4 — 5 bei
Kuno Fischer Seelenlehre. Außerdem habe ich Montag
und Donnerstag Abends von 6 — 7 Glaubenswissenschaft
bei Rückert. Außerdem treten zu dem Allen noch Dien-
stags von 7 — 9 Abends die morgenländische Sprach-
übungsschule bei Stickel, Mittwochs von 8 Uhr Abends an
der bürgerliche Gesangverein; Freitags von 7—9 das gott-
lehrische Kränzchen bei Rückert. Sehen Sie, so geht meine
Zeit hin und ich habe viel zu thun. Die Abende kann ich
kaum für mich benutzen, deshalb sind die Morgenstunden
meine Arbeitszeit in diesem Winter gewesen. Und da ich
jetzt öfters als sonst Gelegenheit habe, Gottesdienst zu

halten, so lasse ich diese auch nicht vorübergehen, denn ich will mich im Reden üben. Bereits habe ich am letzten Sonntag zum 31. mal Kirche gehalten.

Die Kurzschrift habe ich jetzt soweit inne, daß ich meine Hefte durchgängig mit ihrer Hülfe schreibe, und mir bei nicht allzuraschem Vortrag kein Wort entgeht. Sie kommt mir recht zu statten; es wäre sehr zu wünschen, daß wenigstens auf den Mittelschulen schon der Anfang gemacht würde, sie zu üben. Denn hätte ich z. B. in Meiningen sie schon erlernt, so wäre ich schon viel weiter, hätte auch die Vorträge genauer als früher es geschah nachschreiben können. Der Uebung halber stehe ich mit einem, der schon längere Zeit Kurzschrift trieb, im Briefwechsel, und ich freue mich selbst über die Fortschritte, die ich gemacht habe.

Von Rückert, dem ich Ihre Freude über seine Liebe zur Muttersprache meldete und zugleich einen Gruß sagte, folgt ein herzlicher deutscher Gegengruß; er erkundigte sich mehrfach nach dem Vereine, seinem Gedeihen, und freut sich, daß es doch Männer gäbe, in denen noch nicht alles deutsche Ehrgefühl und die Liebe zur Muttersprache erstorben sei. Auch Hase läßt Sie freundlich und dankend durch mich grüßen. Desgleichen folgt auch von Theodor Schreiber ein freundlicher Gruß; er würde ein neues Heft von dem Werke Hagens beigefügt haben, wenn selbiges durch den Druck vollendet wäre; sobald es vollendet ist, werde ich es nachsenden.

Daß der Turnverein, dessen Aufgabe doch auch die Reinhaltung der Muttersprache sein sollte, nicht Ihrem Aufrufe gefolgt ist, ist nur zu bedauern und man kann wohl sagen, auch ein trauriges Zeichen unserer Zeit.

Auf die Hochschulbücherei konnte ich bis jetzt noch nicht gehen, um Ihrem Auftrage, Ihre Handschriften u. s. w. zur Einsicht mir vorlegen zu lassen, nachzukommen. Hofrath Göttling, der als Oberbuchwart die Schlüssel hat, ist nur Mittwochs von 10—12 Uhr anwesend, und diese Stunden sind für mich mit Vorlesungen besetzt, die ich nur ungern aussetze. Sobald indeß die Vorlesungen geschloffen find, eile ich hin, und nach Einsichtnahme des Ihrigen erhalten Sie sofort Nachricht.

Von Gebrüder Melcher habe ich lange nichts vernommen, ebenso wenig über das Schicksal ihres Vaters. Daß er aus der Staatskirche nicht anstritt, wundert mich sehr; denn er steht doch bei seiner ehemaligen Gemeinde so in Ansehen, daß sie freudig ihm anhängen und dahin gehen würde, wohin er sie führe.

Freund Noth, der gegen Ende vorigen Jahres längere Zeit krank darnieder lag, ist jetzt bei seiner Verbindung, der Burschenschaft Germania, Sprecher und thut Alles, was ihm möglich ist, nicht nur rein deutsch zu sprechen, sondern auch seine Genossen zur gleichen Thätigkeit anzufeuern; es gelingt ihm das aber ebenso wenig als mir bei meinen Freunden. Es ist sonderbar, daß gerade die Verbindungen, die gleichsam das Deutschthum im Banner tragen, deren Wahlspruch ist: „Leben und Streben dem Vaterlande„, so gar nichts für die Muttersprache thun wollen, als ob dieselbe nicht mit zum Vaterlande gehörte. Ich möchte manchmal an ihren Grundsätzen irre werden, und denke oft so im Stillen: deren Sache ist doch nur Spielerei. Wer seine Muttersprache verachten kann (und das thun doch Alle, die sie durch Fremdwörter entstellen), wie kann der sein Vaterland und sein Volk lieben! Und Leute, die von Liebe zum deutschen Volke und Vaterland erglüht sind wie z. B. Arndt, Jahn, Rückert u. s. w. haben bewiesen und beweisen es noch, daß wahre Vaterlandsliebe sich in der Liebe zur Vaterlandssprache kund gibt.

Nun noch Etwas besonderes aus meinem Leben. Meine Herbstfreizeit verlebte ich zum Theil im Vaterhause, zum Theil in Berka an der Werra, wohin es mich immer mit unwiderstehlicher Gewalt zieht und was mich dort fesselt, werden Sie sich leicht denken können. Die Weihnachtfreizeit kam heran und ich hatte nicht übel Lust, auch da nach Berka zu gehen, indeß es fehlte mir zu sehr das Nöthigste, nämlich Geld. Da fiel mir ein, ich könne ja auch einmal nach Allstedt, wo Verwandte lebten, die ich seit

drei Jahren nicht gesehen, einen Abstecher machen und wie
gedacht, so gethan. In der Nacht vom 19. auf den 20.
Christmonat brach ich von Jena auf und zwar, wie es sich
für unser Einen geziemt, zu Fuß nach Apolda. Dort setzte
ich mich auf die Bahn und fuhr nach Naumburg, wo ich
Morgens gegen 8 Uhr ankam; ich hielt mich nicht lange
auf, sondern setzte meinen Weg zu Fuß weiter fort und
kam nach Freiburg, dem ehemaligen Wohnorte des Turn-
vaters Jahn. Da ich wo möglich noch an demselben Tage
nach Allstedt wollte, so hielt ich mich nicht auf, sondern
zog die Straße nach Querfurt zu. Schon lag damals
Schnee, aber im Ganzen genommen noch sehr dünn: die
Kälte war nicht übergroß, aber auf dem zerfahrenen und
wieder gefrorenen Wege ging es sehr schlecht vorwärts;
doch kam ich endlich gegen 2½ Uhr Nachmittags in Querfurt
an. Ich erkundigte mich nach dem Wege, der nach Allstedt führe, da dieser mir aber als ein nicht leicht zu fin-
dender geschildert wurde, so entschloß ich mich, in Querfurt zu übernachten, fürchtete aber, mein Geld würde da
nicht ausreichen. Wenn dieser Fall eintreten sollte, so
wollte ich Etwas versetzen, und da mich selbst der Wirth
am wenigsten genommen haben würde als Pfand, so schien
es das Gerathenste meinen Ueberzieher hebräisch lernen zu
lassen. Indeß, was ich fürchtete, traf nicht zu; ich hatte
für Abendessen, Kaffee und Nachtlager 15 sgr. = 52½ kr.
zu bezahlen und behielt noch genug übrig, um nöthigen
Falls noch einmal in einer Dorfschenke übernachten zu können. Hätte ich indeß gewußt, daß der Weg von Querfurt
aus nach Allstedt so leicht zu finden sei, wie es sich am
andern Tage herausstellte, so wäre ich noch an demselben
Tage nach Allstedt gereist. Nach einem Weg von drei
Stunden kam ich dann Mittags am Freitag den 21 Christmonat bei meinen Verwandten glücklich an; dort fand ich
auch Pauline, und Lindemanns jüngere Schwester Berta
und ich habe eine recht angenehme Weihnachtfreizeit verlebt. Gegen Neujahr wurde der dortige Obergeistliche
krank, und am Freitag nach Neujahr erhielt ich von ihm

die Aufforderung, am nächsten Sonntag Nachmittag für ihn Gottesdienst zu halten. Ich sagte es ihm auch zu und wählte die vorgeschriebene Schriftstelle Jes. 60, 1—6 und machte zum Hauptgedanken meiner Kirchrede: Es werde Licht.

Am 7. Schneemonat brach ich von Allstedt Morgens 8 Uhr auf und kehrte auf demselben Weg, den ich von Jena aus genommen, zurück. Diesmal war der Weg ein sehr schlechter, besonders zunächst von Allstedt aus nach Querfurt. Eine schneidende Kälte war es, und Glück für mich, daß ich warm gekleidet war. Auch hatten meine Verwandten meinen fast immer an der Schwindsucht leidenden Geldbeutel mit stärkenden Mitteln wieder etwas gekräftigt, so daß ich nöthigen Falls unterwegs einkehren und rasten konnte. Daran war aber vor der Hand nicht zu denken, denn der Weg führt durch die sogenannte Wüste, wo man von Allstedt aus drei Stunden fast zu gehen hat, ehe man zu einer menschlichen Wohnung kommt. Der Wind blies mit vollen Backen und wehte das bischen Bahn wieder mit Schnee zu, und wenn ich auch nicht bis an den Hals in den Schnee sank, so doch bis weit über die Knöchel. Es fiel mir eine Wasunger Redensart ein. Wenn z. B. ein Kind sich bei der Mutter beklagt, daß die Zwiebeln beißen, oder ein Thierchen es jucke, so entgegnet die Mutter gewöhnlich: beiße sie wieder, oder jucke es wieder. Und als Wasunger muß ich ja immer ein wenig an Wasunger Sitte festhalten, und so dachte ich, während mich der Wind blies: blase ihn wieder, und ich mußte auch gehörig blasen und fauchen, ehe zum Berg hinauf und durch den Schnee gewatet war. Es fror mich nicht, eher hätte ich sagen müssen, ich sei in Schweiß gerathen, und etwas ermüdet war ich auch, trotzdem ich mich sonst rühmen kann, ein tüchtiger Läufer zu sein. Gegen 11 Uhr kam ich nach Querfurt, wo ich eine Schale Fleischbrühe trinken wollte, die ich nicht erhalten konnte, dagegen eine Schale Kaffee bekam, die zwar nicht gut, aber doch schlecht genannt werden konnte, an dem der Rauch von gebranntem Torf her-

angeschlagen war. Murrend über mein Schicksal ging ich
weiter und zur Beruhigung zündete ich als Wasunger einen Glimmstengel an, und ließ die Dampfwolken empor
wirbeln. Aber ich hatte noch nicht die Hälfte geraucht,
als mir schlecht wurde. Bemerken muß ich, daß ich bereits
wieder unterwegs und zwar nach Freiburg zu bin. Die
Ursache war, daß mir der Wind fortwährend in's Gesicht
blies, und ich mit meinem schwachen Blasen nichts gegen
ihn ausrichten konnte. Ich warf meinen Glimmstengel weg
und wünschte bald in den nächsten Ort zu kommen. Das
dauerte freilich noch 2 Stunden, um 1 Uhr kam ich erst
nach Steigra. Hier, dachte ich, kannst du eine Schale
Fleischbrühe wohl erhalten. Aber meine Hoffnung ging
nicht in Erfüllung. Mein Hunger war wohl ein solcher
daß der von sieben Wölfen, die 4 Wochen lang nichts ge-
fressen haben, ein geringer gegen den meinen war, und
mein Durst war unbezahlbar zu nennen. Wenn ich
Ihnen sage, daß ich 3 mal Kaffee nebst dazu gehörigem
Butterbrod verzehrte, so mag Ihnen das eine ungefähre
Vorstellung von meinem, aber noch nicht gestillten Hunger
und Durst geben. Doch eingedenk des Wortes meines Vaters: man bindet auch einmal den Sack zu, wenn er noch
nicht voll ist, beschloß ich nichts mehr zu essen; aber da
ich müde war und noch einige Zeit warten wollte, so trank
ich während meines Aufenthaltes noch 3 Glas sehr guten
Biers. Endlich um 2½ Uhr brach ich auf und nun im
schlechten Wetter, aber ohne Glimmstengel im Gesichte,
rüstig weiter. Es gab, da alle Bahn vom Winde verweht war, Stellen, wo ich mitunter bis an die Kniee fast
durch den Schnee mußte, und fortwährend trieb mir der
Wind Schnee entgegen; kein Wagen war zu sehen, mit
dem ich hätte ein Stück fahren können, und wenn mir ein
Fuhrwerk aufstieß, so setzte es sicher seinen Weg nach der
entgegengesetzten Richtung hin fort. Endlich nach 5 Uhr
kam ich, als ich auf eine Stunde Wegs doch eine ziemlich
gangbare Straße gefunden hatte, nach Freiburg, wo ich
vorher zu übernachten beschlossen hatte. Doch gab ich das

25

bald auf und ging zu Fuß nach Naumburg, wo ich Abends gegen 8 Uhr eintraf. Ich hatte noch hinlänglich Zeit mich zu durchwärmen, und zu erholen. Indeß, an ein ordent= liches Abendessen war nicht zu denken, es war eine lum= pige Wirthschaft auf dem Bahnhofe. Endlich kam der Zug, der mich nach Apolda bringen sollte, und an diesen Ort gelangte ich so gegen zehn Uhr. Von da aus bis Jena oder umgekehrt brauche ich gewöhnlich 2¹/₂ Stunden. An diesem Abende aber, oder in dieser Nacht brauchte ich 4 Stunden, denn erst nach 2 Uhr Morgens kam ich nach Hause. Der Weg geht nämlich bergan, und wenn irgend ein Weg auf meiner Reise schlecht war, so war es dieser. Bis über die Knice galt es im Schnee zu waten, alle 10 Schritte lang mußte ich stehen bleiben, frische Luft zu schö= pfen. Einmal begegnete mir ein mit Getreide schwer be= ladener Schlitten; ich ging seiner Spur ungefähr 24 Schritte entlang nach, da war diese vom Wind schon wieder so verweht, als ob gar kein Schlitten auf diesem Weg gefah= ren wäre. Ich schwitzte durch und durch und die Schweiß= tropfen, die von meiner Stirne an das Mützenschild kamen, gefroren zu Eiszapfen. Der Wind, der mir auch hier ent= gegenblies und mir (wahrscheinlich aus Rache, weil ich ihn von Allstedt aus nach Querfurt auch geblasen hatte) mäch= tige Schneewolken entgegenwehte, ermüdete mich mehr und mehr, und die Verzweiflung schien kommen zu wollen. Ich überlegte eben, ob es nicht besser sei, mich in den Schnee hinzulegen, als nach Hause in solchem Wetter zu gehen. Da fiel mir aber ein, daß ich noch 25 Stück Glimmsten= gel bei mir habe, die mir durch den Schnee verdorben werden könnten, daß wohl Briefe angekommen sein müß= ten, und da zog ich denn doch vor, weiter zu gehen. Als ich endlich auf der Höhe war und von da wieder thalwärts nach Jena zu ging, fand ich guten Weg und kam glücklich um 2 Uhr nach Hause. Niemand war froher als ich, und da ich nur einen einzigen Brief von zu Hause vorfand, so entkleidete ich mich und legte mich nieder, schlief auch ge= sund bis am Mittag fest, nämlich um 11 Uhr des Dien=

stags erwachte ich erst, ordnete meine Sachen, und besuchte
andern Tags von Neuem meine Vorlesungen und kam so
wieder in meine gewohnte Lebensweise hinein. Aber an
diese Reise gedenke ich, so lange ich lebe; jetzt lache ich
zwar darüber und freue mich sie vollbracht zu haben, aber
damals war es mir nicht lächerlich zu Muthe.

Nun, leben Sie wohl, geliebter Freund, und empfangen Sie noch nachträglich meinen sehr spät kommenden
Neujahrglückwunsch.

Ihr
jugendlicher Freund
Eb̄inhard Reichardt.

Karlsruhe, 18. Frühlingsmonat 1861.

Geehrter Herr Brugger!

Im Auftrag und im Namen meiner Freunde nehme
ich mir die Ehre, Ihnen vom Stande unseres Zweigvereins zu berichten.

Es wird Ihnen wohl aus früheren Briefen von unserm Freunde Fecht bekannt sein, wie sich unser Verein in
jener Zeit kund gab. Leider verloren wir vor einigen Wochen unsern Vorstand und sehr thätigen Mitwirker Fecht,
welcher wegen getheilter Meinung über einen zu bestim-
menden und unseren Verein betreffenden Punkt, — hoffentlich nur äußerlich — aus demselben trat; man übertrug mir damals die Sorge für die Angelegenheiten desselben.

Leider müssen wir noch immer beklagen, daß die schöne
Sache, deren wir uns gemeinsam bestreben, unter den hiesigen jungen Leuten noch nicht den ihr gebührenden Anklang gefunden hat, daß vielmehr von den meisten, die mit
unseren Absichten bekannt sind, eher dagegen gearbeitet
wird. Dazu verloren wir vor einiger Zeit mehrere unserer Gefährten durch ihren — ich muß zu meinem größten Bedauern sagen — sowohl äußerlichen, als innerlichen
— Austritt aus dem Verein, wodurch diesem, vorher so

25*

frisch aufblühenden Keime beinahe die Erstickung drohte,
indem die Mitgliederzahl bis auf 4—5 herabschmolz; glückli=
cher Weise und zu unserer größten Freude fanden wir aber
bald darauf wieder einige Genossen, die sich mit uns der
schönen Sache thätig annahmen und uns halfen, den Verein vor äußerlicher Auflösung zu bewahren.

Die schönen Hoffnungen, die uns damals bei dem
Wiederaufblühen desselben erfüllten, aber leider noch nicht
in Erfüllung gingen, — haben uns trotz aller Hindernisse
noch nicht verlassen, besonders seit wir in dem hiesigen
Turnverein, zu dessen Mitgliedern einige von uns zäh=
len, ein neues Feld unserer Thätigkeit erblicken, da dieser
auch noch junge, aber ungeheuer zunehmende Verein sich
einigermaßen die Vermeidung von Fremdwörtern zur Pflicht
macht.

Die Mitgliederzahl unseres Zweigvereins beläuft sich
jetzt auf 10, welche ziemlich geringe Zahl in nächster Zeit,
wenn uns unsere Hoffnungen nicht wieder trügen, wohl
um einige vermehrt wird.

Unser Aller Bestreben wird immer sein, das erhabene
Werk, dessen Aufbau wir unsere Thätigkeit widmen, immer
weiter zu bauen, und unser Aller Wunsch und Hoffnung
ist, dasselbe einst, wenn auch nach manchem Jahre, vollen=
det dastehen und unsere herrliche deutsche Sprache von den
sie verunzierenden Anhängseln befreit zu sehen.

Noch richte ich im Namen meiner Genossen die Bitte
an Sie, uns gefälligst die Satzungen Ihres Vereins be=
hufs der Aufnahme unserer neuen Mitglieder in denselben,
zu schicken, da dieselben durch Nachlässigkeit eines frühern
Mitgliedes uns verloren gingen.

In der Hoffnung, daß Sie auch fernerhin unsere
Wünsche gütig aufnehmen und unsern Bemühungen einige
Aufmerksamkeit und Unterstützung zukommen lassen, em=
pfehlen wir uns Ihnen zum fernern geneigten Andenken.

Im Namen meiner Genossen
Adolph Drach,
Polytechniker.

§. 112. Versammlungen und Vorträge im J. 1861.

Ueber die Versammlung am 22. Hornung d. J. steht in der badischen Landeszeitung folgender Bericht.

Heidelberg, 22. Hornung 1861.

Gestern Abend fand in dem Harmoniesaale eine sehr zahlreich besuchte Versammlung der Mitglieder und Freunde des Reinsprachvereins statt, woran auch viele gebildete Frauen Theil nahmen. Der Vorsteher Dr. Brugger knüpfte an die frühere Versammlung an und setzte die Anwesenden von den Fortschritten des Vereins in Kenntniß, der immer im Zunehmen begriffen ist und jetzt über 2000 Mitglieder in 400 Ortschaften zählt. In seiner Rede gab er einen kurzen Lebensabriß des Jugendschriftstellers und Sprachverbesserers J. H. Campe und setzte seine großen Verdienste um Erziehung und Volksbildung auseinander. Daran schlossen sich vaterländische Ermuthigungen zur Verdrängung der immer noch gebrauchten Schlagwörter wie Patriot, Patriotismus, Nation, Nationalität, u. s. w., die längst gut deutsch übersetzt sind. Herr Dr. Reckendorf hielt einen schönen Vortrag über fait accompli, Annexiren, Arrondissement, Allusion und Humanität, deren Bedeutung und Mißbrauch er lichtvoll erklärte. Hr. Hauptlehrer Neff unterhielt die Anwesenden durch Proben seiner Gedächtnißkunst, die ganz gelungen waren. Die gespannte Aufmerksamkeit war ein erfreuliches Zeichen der regen Theilnahme für diese Vorträge. Mehrfach äußerte man den Wunsch, es möchte bald wieder eine so belehrende und unterhaltende Versammlung stattfinden.

Ein anderer Bericht von mir steht in demselben Blatte vom 18. Ostermonat 1861 und lautet so:

Heidelberg, 18. Ostermonat 1861.

Verein für deutsche Reinsprache.

Da gegenwärtig sich in allen Gauen unseres großen Vaterlandes mehr und mehr ein Streben nach Einheit und

Einigkeit sich regt, welches später von guten Folgen begleitet sein kann: so wird man sich nicht wundern, daß mit diesem neu erwachten Leben auch wieder das Volks- und Sprachbewußtsein sich lauter kund gibt. Das geht aus den vermehrten Anmeldungen zu unserem Reinsprachverein hervor, indem aus weiter Ferne solche uns zukamen, wie aus Stuttgart, Würzburg, München und Wien. Die Richtigkeit unseres Grundgedankens, daß der Deutsche in seiner Ursprache einen unerschöpflichen Schatz von Wörtern besitzt und sehr viele Fremdwörter entbehren kann, wird immer mehr von den denkenden und vaterlandsliebenden Männern und Frauen anerkannt. Es ist nicht die Rede davon, alle auszurotten, nur jene, für welche wir schon längst gut deutsche Ausdrücke besitzen. Auch unsere freisinnige Regierung geht mit gutem Beispiele voran, indem sie schon manche Fremdlinge verdrängte, besonders in unserm Landrechte. Die neuerdings eingeführten Wörter Amtsarzt statt Physikus, Vereinbarung statt Konkordat, Kirchenbuch statt Agende und so viele andere beweisen dies. Möchten nur die Gebildeten und Gelehrten sich mehr von diesem Unwesen befreien; das Volk verschlechtert die Sprache niemals, wenn die Mundart noch so sonderbar klingt, so vernimmt man doch deutsche Töne. Zu ferneren Anmeldungen in freien Briefen ladet ein

der Vorstand: Dr. Brugger.

§. 113. Fortsetzung.

Ferner soll hier ein Bericht von Dresden aus der Versammlung der Rechtsgelehrten folgen, der so lautet:

Das Streben nach deutscher Sprachreinheit fand auch auf dem zweiten deutschen Juristentag zu Dresden seine gebührende Vertretung. In der Sitzung der dritten Abtheilung legte Hofgerichtsrath Brauer aus Bruchsal, obwohl ihm zu näherer Begründung der bezüglichen Anträge das Wort nicht gewährt wurde, den deutschen Rechtsmännern an das Herz, sich mit Vermeidung unnöthiger Fremdwörter ihrer schönen deutschen

Sprache zu bedienen und sich zu erinnern, daß die Beschlüsse des Juristentags nicht bloß für die deutschen Regierungen, sondern auch für das Volk bestimmt sein sollen. Diese zeitgemäßen Worte sind nicht ohne Anklang
geblieben, wenngleich die bezüglichen Anträge zurückgezogen
wurden.

––––––––

Ueber unsere Versammlung zur Vorfeier des
Schillerfestes am 10. Weinmonat, steht folgender Bericht in der Badischen Landeszeitung:

Heidelberg, 10 Weinmonat 1861.

Gestern Abend hielt der hiesige Reinsprachverein zur Vorfeier des Schillerfestes eine zahlreich besuchte Versammlung im Saale der Harmonie, worunter
man mehrere Fremde und auch Engländerinnen bemerkte,
welche diesen Gegenstand kennen lernen wollten. Der Vorsteher Dr. Brugger stattete Bericht über den Stand des
Vereins ab, der jetzt über 2200 Mitglieder in 430 Ortschaften zählt und immer im Zunehmen begriffen ist. Hierauf gab er ein ausführliches Lebensbild des Sprachfor-
schers und Schriftstellers Christian Heinrich Wolke, der zu
seiner Zeit viel für die Sprachreinigung that. Dann
behandelte Dr. Reckendorf in ansprechender Weise mehrere Fremdwörter, wie: Religion, Tempel, Altar, Konfes-
sion, Dogma u. s. w. Beide Vorträge wurden mit rau-
schendem Beifall aufgenommen. Zum Schlusse trug Dr.
Thoma ein Gedicht über die Vergangenheit und Gegenwart Heidelbergs vor. — Heute beging die hiesige deutschkatholische Gemeinde früh 9 Uhr den Gedächtnißtag
Schillers auf feierliche Weise, unter großem Andrang der
Verehrer des unsterblichen Dichters. Die Rede des Dr.
Brugger enthielt viel Neues, welches früher nie gehört
worden war und den Beifall aller verschiedenen Glaubensgenossen fand.

––––––––

Auch dieses Jahr schlug ich viele Verdeutschungen und Uebersetzungen von Fremdwörtern in der

Badischen Landeszeitung zum mündlichen und schrift=
lichen Gebrauch vor, wie schon früher geschah.

Auf diese Weise zeigt auch der Verein im Jahr 1861
eine bedeutende Zunahme und einen tüchtigen Fortschritt.
Hauptsächlich werden die jungen Männer und Frauen
die Sache der Sprachreinigung mit ganzer Seele auf=
fassen und weiter zum künftigen Geschlechte tragen.

§. 114. Aus Waßmannsdorf's „Vorschläge zur Einheit in der Kunstsprache des deutschen Turnens."

Auch der tüchtige deutsche Turnlehrer Waßmanns=
dorf in Heidelberg, der seit Jahren sehr viel für diese
Sache leistete, äußert sich in den oben angeführten „Vor=
schlägen in der Kunstsprache des deutschen Tur=
nens", folgendermaßen:

„Nicht so sehr weil Sprachmengerei das Schönheits=
gefühl beleidigt, selbst nicht aus dem Grunde allein, daß das
Fremdwörterwesen dem Verständniß der Sache, dem Geist
der Zucht und Ordnung selbst feindselig entgegentritt,
eifre ich gegen die drohende Verwälschung der deutschen
Turnsprache, als vielmehr aus dem Gefühle des Bedau=
erns, daß die Turnsprache in Gefahr kommt, durch Auf=
nahme der Fremdwörter einen Ehrenvorzug zu verlie=
ren. Jahn hat sich über den Grund, warum er eine
deutsche Kunstsprache für die Turnkunst forderte, in
dem Turnbuche unzweideutig ausgesprochen. Spieß hielt
aus demselben Grunde an der Reinheit der deutschen
Turnsprache fest: ein Aufgeben des Jahn-Spießischen Ver=
mächtnisses käme einem Aufgeben der **vaterländischen
Gesinnung** gleich, mit der in Aufrechthaltung der ächt
deutschen Kunstsprache des Turnens beide Männer eine
Pflicht gegen das deutsche Volksthum selber zu erfüllen
glaubten. Die deutschen Turner werden auch in Bezug
auf die Reinheit ihrer Kunstsprache diesen Führern
niemals untreu werden."

Möchten alle Turner und Turnvereine ihre deutsche
Gesinnung auch durch reindeutsche Sprache kund geben und in ihren Umgebungen darauf bringen, daß sie
mehr und mehr Eingang finde!

§. 115. Neue Bewegung in Deutschland. Vereine.

In diesem und schon im vorhergehenden Jahre entfaltete sich ein immer regeres Leben auf dem staatlichen
Gebiete in Deutschland. Eine Menge von Vereinen
trat ins Leben, wie Schützen- Arbeiter-Fortbil-
dungs-, Gewerb-, Turner- Sänger- und andere
Vereine und vor allem der große Nationalverein mit
30,000 Mitgliedern, (dem wir aber lieber den **deutschen**
Namen, **Volksverein** wünschten). Wenn diese vielen
nebst den gelehrten Vereinen nur einigermaßen sich
auch der Verdrängung der Fremdwörter anneh-
men wollten, so könnte viel, sehr viel geschehen *). Aber
manche vergessen über ihre Sonderzwecke, daß sie **Deutsche** sind und werden erst zu spät daran erinnert werden,
wenn ein Anstoß von dem **Auslande** kommt. Wann
das geschehen wird? — wer weiß das? Aber es **wird
sicher geschehen!** — Noch müssen wir das allgemeine
deutsche Schützenfest in Frankfurt a/M. im J. 1862
erwähnen, wobei aus allen deutschen Gauen gegen 15,000
Schützen erschienen, und welches eines des großartigsten,
war, die je gefeiert wurden.

§. 116. Fichtefeier den 19. Wonnemonat 1862.

Noch will ich eine Thatsache hier erwähnen, die zwar
in das Jahr 1862 fällt, aber doch hier nicht unangenehm
berühren wird; es ist nämlich die Feier des hundert-

*) Alle diese Vereine kosten viel Geld und Zeit, wogegen der
unsrige noch immer der billigste ist, indem er keine andern Ausgaben
veranlaßt, als die von deutschen Wörtern. Das sehen
aber manche nicht ein!

jährigen Geburtstags von Johann Gottlieb
Fichte, welche die hiesige deutschkatholische Gemeinde am 19. Wonnemonat in ihrem Saale beging.
Hier hielt ich die Festrede, versteht sich, wie immer, ohne
Fremdwörter und zeigte in ausführlicher Lebensbeschreibung die harten Schicksale dieses seltenen Mannes, der sich
auszeichnete als großer und eigenthümlicher Denker auf
dem Gebiete der Weltweisheit; auf dem Gebiete der Sitt-
lichkeit durch seltene Festigkeit und Reinheit; auf dem Gebiete der Vaterlandsliebe durch Muth, Standhaftigkeit und
Ausdauer, welche er in seinen „Reden an das deutsche
Volk" bewies. Die hiesige und die Gemeinde in Mannheim waren die einzigen im Großherzogthum Baden,
wo auf einer solchen Redstätte dieses Mannes so ehrenvoll gedacht wurde. Protestanten und Katholiken
übergingen ihn in den Kirchen mit Stillschweigen,
denn er war ein Ketzer, ein Volksführer, ein Jakobiner, ja sogar ein Gottläugner! Das ist mit der frühern Göthe-
und Schillerfeier die dritte, welche ich zum ersten-
und letztenmal das Glück hatte in unserm schönen Vaterlande zu begehen, vielleicht im nächsten Jahr noch die
von Johann Paul Richter, geb. den 21. Lenzmonat
1763.

Berichtigungen.

———

S. 90 von unten Zeile 15 lies: zernichtend statt zerreißend.
Auf derselben Seite von unten Zeile 3 lies: gebar, statt gaben.
S. 147 Zeile 14 von oben lies: konnte, statt konnten.

————

Neuntes Buch ohne Fremdwörter.

(Von meiner Seite.)